Kurt Eisner

# Revolte für den Frieden

edition pace | Band 33

*Regal: Pazifisten & Antimilitaristen*
*aus jüdischen Familien 8*

Herausgegeben von Peter Bürger

In Kooperation mit dem
Lebenshaus Schwäbische Alb

# Kurt Eisner

# Revolte für den Frieden

## Nachlese, Erinnerung und Kontroversen

Zusammengestellt von Peter Bürger

Mit Beiträgen von Helmut Donat
und Lothar Wieland

edition pace

Diese Buchausgabe
folgt der schon erschienenen
Digitalversion des Online-Regals
www.schalom-bibliothek.org

© 2025

Kurt Eisner

REVOLTE FÜR DEN FRIEDEN
Nachlese, Erinnerung und Kontroversen

Zusammengestellt von Peter Bürger – mit
Beiträgen von Helmut Donat und Lothar Wieland

edition pace (Gründungsreihe) Band 33
*Regal: Pazifisten & Antimilitaristen aus jüdischen Familien* | 8

Satz & Gestaltung: Peter Bürger
Umschlagmotiv: Kurt Eisner – im Januar 1918
(Aufnahme: Germaine Krull | Bearbeitung: Bernd Schaller)

Verlag: BoD · Books on Demand GmbH, Überseering 33,
22297 Hamburg, bod@bod.de
Druck: Libri Plureos GmbH, Friedensallee 273, 22763 Hamburg
ISBN: 978-3-8192-2747-9

# Inhalt

edition pace ı Kurt Eisner

1.

Kurt Eisner: *Texte wider die deutsche Kriegstüchtigkeit.*
Zusammengestellt von Peter Bürger – mit einem einleitenden
Essay von Volker Ullrich. (= Regal: Pazifisten & Antimilitaristen
aus jüdischen Familien, Bd. 6). Erschienen 2025. [448 Seiten]

2.

*Kurt Eisner als Revolutionär und Ankläger des deutschen Militarismus.*
Ein Lesebuch – eingeleitet durch die Darstellung des Weggefährten
Felix Fechenbach. Herausgegeben von Peter Bürger. (= Regal: Pazifisten &
Antimilitaristen aus jüdischen Familien, Bd. 7). Erschienen 2025. [464 Seiten]

3.

Kurt Eisner: *Revolte für den Frieden.*
Nachlese, Erinnerung und Kontroversen. Zusammengestellt
von Peter Bürger – mit Beiträgen von Helmut Donat und Lothar Wieland.
(= Regal: Pazifisten & Antimilitaristen aus jüdischen Familien, Bd. 8).
Erschienen 2025. [404 Seiten]

# Anmerkungen des Herausgebers

Mit diesem dritten Band liegt unsere friedensbewegte ‚Trilogie' zum Pazifisten und Revolutionär Kurt Eisner (1867-1919) für die ‚Schalom-Bibliothek' nunmehr vollständig vor. Nach der umfangreichen Sammlung von „*Texten wider die deutsche Kriegstüchtigkeit*" aus den Jahren 1893-1918 folgte das Lesebuch „*Kurt Eisner als Revolutionär und Ankläger des deutschen Militarismus*", eingeleitet durch eine erstmals 1929 erschienene biographische Darstellung von Felix Fechenbach. Aus dem Anspruch, möglichst alle für eine pazifistische Re-Lektüre bedeutsamen Arbeiten bzw. Primärquellen zusammenzuführen, erwuchs sodann die Bearbeitung der hier unter dem Titel „*Revolte für den Frieden*" dargebotenen ‚Nachlese'. Doch mitnichten beruht der vorliegende Band auf ‚pflichtgemäßen Ergänzungen', bei denen womöglich Nachrangiges nur um der Vollständigkeit halber herangezogen wird. Alle, die dem ersten Ministerpräsident des Freistaates Bayern über seine eigenen Wortmeldungen noch näher begegnen möchten, dürfen sich freuen. Es warten weitere ‚Zeugnisse von Rang' und Überraschungen. – In drei Abteilungen werden nachfolgend die Texte der ‚Nachlese' chronologisch ediert:
- Zeit des Kaiserreichs bis zum Weltkrieg (1891-1914)
- Kriegszeit – vor dem Bruch mit der Mehrheits-SPD (1914/1915)
- Antikriegs-Streik und Revolution (1918/19).

Friedensbewegte Leserinnen und Leser mögen es dem Bearbeiter nachsehen, dass die erste Abteilung auch vier Texte zum politischen Kampf der Arbeiterbewegung beinhaltet, die vordergründig keine Bezüge zur Kritik von Militarismus und Krieg aufweisen. Die erweiterte Auswahl soll helfen, Selbstverständnis, Standort und ‚Pro-Existenz' Eisners besser kennenzulernen. Zudem lässt sich die ressourcenfressende Kriegsreligion der Mächtigen zu allen Zeiten ja nie unabhängig von der ‚Sozialen Frage' – d. h. dem Los der Besitzlosen – betrachten.

Manche werden sich vielleicht wundern über die vollständige Aufnahme des Essays „*Die Tragikomödie des deutschen Liberalismus*" (1910), der vom Umfang her ein eigenständiges Bändchen füllen könnte (→S. 58-107). Wer aber wollte es über's Herz bringen, diesen prächtigen Text, der Wesentliches zum Verständnis des militaristischen Kaiserreiches beitragen kann, durch Kürzungen zu verunstalten ?

Ohne das Aktionsfeld der Kultur ist Eisners Kampf als Sozialist und Pazifist nicht nachvollziehbar. Der Dichter und seine Dichtungen dürfen auch deshalb nicht unterschlagen werden. Die vollständige Darbietung des 1918 im Gefängnis vollendeten Bühnenwerks „*Die Götterprüfung – Eine weltpolitische Posse in fünf Akten*" (→S. 185-298) soll uns exemplarisch die Bedeutung der künstlerischen Formen des Aufstandes gegen Militarismus und Krieg vor Augen führen.

Noch bevor Kurt Eisner sich Immanuel Kant und Karl Marx (bzw. einem ‚postumen Dialog' dieser beiden Großen) zuwandte, hat er sein Buch über Friedrich Nietzsche verfasst. Passagen aus diesem zuerst 1891 veröffentlichten Werk eröffnen unsere Auswahl (→S. 11-21). Der ‚Übermensch' wollte das ‚Mitleid mit sich selbst verlernen' – so sein Beginnen – und hart werden. Eisner aber forderte seine Mitmenschen (wie sich selbst) auf: „Werdet weich!" – Auch Aphorismen, Gedichte, Tagebuchblätter und Brieffragmente aus der 1926 erschienenen Anthologie „*Wachsen und Werden*" (→S. 299-322), die unsere ‚Nachlese' beschließen, vermitteln uns Eisners Verwundbarkeit und die Option für das ‚Weich werden'. Wer seine Revolte wider die Machtmenschen und die Welt der Krieger nicht nur als äußeres Phänomen beschreiben möchte, findet hier einen ‚Schlüssel' zu tieferem – *innerlichem* – Verstehen.

Helmut Donat hat als Autor und Verleger unser ‚Eisner-Projekt' in uneigennütziger Weise unterstützt. Ihm verdanken wir die abschließende Abteilung dieses Bandes zu geschichtlichen Kontexten der neu edierten Quellen, in der auch ein Beitrag des verstorbenen Historikers Lothar Wieland (1952-2021) aufgenommen werden konnte. Erschütternd ist, was Donat uns zur Erinnerung an Kurt Eisner – zur Geschichte eines schwierigen oder sogar verweigerten Gedenkens – mitteilt. Bedacht werden zudem die vor einem Jahrhundert ausgetragenen Kontroversen. Das hat mit gelehrter ‚Staubwedelei' rein gar nichts zu tun. Die neuen deutschen Militaristen können *heute* die Eisner bewegende ‚Kriegsschuld'-Frage nur deshalb als – in ihrem Sinne – erledigt betrachten, weil ihre intellektuellen Wegbereiter mit der Ausblendung zentraler Quellen-Segmente zum Zeitraum 1914-1918 offenbar sehr gut durchkommen. Andererseits erfüllt die Konstruktion einer Scheidung von sogenannter „Verantwortungsethik" und „Gesinnungsethik" (Max Weber) noch immer ihre ideologische Funktion: Wer durch technologische Revolutionen und eine ultimative Aufrüstung – zulasten aller sozialen Felder der Lebenswirklichkeit – den großen globalen Krieg vorbereitet, kommt zur besten Sendezeit als ‚Realpolitiker' und ‚Anwalt der Vernunft' auf die Bühne! Jene aber, die sich dem allgegenwärtigen Irrationalismus nicht fügen, heißen – wie ehedem – ‚Narren' und ‚Unheilspropheten' – oder alt- wie neudeutsch: ‚Lumpenpazifisten'. | pb

Kurt Eisner – Herbst 1918, nach der Haftentlassung
(Aufnahme: Germaine Krull)

„In dieser Zeit des sinnlos wilden
Mordens verabscheuen wir alles
Blutvergießen. Jedes Menschenleben
soll heilig sein."

Kurt Eisner, 8. November 1918

# Zeit des Kaiserreichs bis zum Weltkrieg

## Psychopathia spiritualis

Fünf Zitate aus Kurt Eisners Buch über
„Friedrich Nietzsche und die Apostel der Zukunft"[1]
(1891/92)

[ *„Wir sind heute nicht mehr Herren des Krieges,
sondern seine Sklaven"* ]

Nietzsche unterschied in seiner Erstlingsschrift die *apollinische und
die dionysische* Kunst, diese das wildbegehrende Leben selbst, unmittelbar in Kunstmittel umgesetzt (Musik), jene die naive, ruhige
Nachträumung des Daseins, eine Art friedliches, zweites Gesicht einer ungeberdigen leidenschaftlichen Fratze. Im Laufe seiner Entwickelung verlor Nietzsche immer mehr aus seiner Ideenwelt das
Apollinische, und dafür wuchs in steigendem Maße das dionysische, dessen Erfüllung er nun nicht mehr in der Musik sah, sondern
das eben nur im Leben Wesen gewinnen konnte, im Leben des Übermenschen. In der Anerkennung des Apollinischen merkte man den
klassisch erzogenen, anerzogenen Philologen, erst mit der *Mänadisierung*[2] *des Hellenismus*, mit dem *Dionysus–Fanatismus*, gelangte er
zu sich selber.

Nietzsche huldigte schließlich einem andern Hellenismus als
Goethe. Nicht in der „klassischen Ruhe" sah er sein Ideal, sondern
in dem orgiastischen Dionysuskultus. Der dionysische Mensch war

---

[1] Textquelle | Kurt Eisner: *Psychopathia spiritualis*. Friedrich Nietzsche und die
Apostel der Zukunft. [Erstveröffentlichung in der Zeitschrift ‚Die Gesellschaft'
1891]. Leipzig: Verlag von Wilhelm Friedrich 1892, S. 14-16 (Kap. IV), 22-23 (Kap.
V), 37-38. 41. 44-45 (Kap. XI), 59-63 (Kap. XIV), 69-70 (Kap. XV).

[2] [*Mänaden* – Begleiterinnen der dionysischen Umzüge; Kultanhängerinnen.]

sein werdender Mensch, die wild überquellende ungezähmte Kraft seine Kultur. Man wäre fast versucht zu glauben, Nietzsche würde *Goethes Iphigenie* in die Formel gepreßt haben: „Iphigenie bringt den Tauriern die Decadence, Iphigenie ein Anzeichen der sinkenden taurischen Kraft, der beginnenden Zähmung, der endenden Züchtung. *Humanität* sagen die wurmhaften Ausdeutlinge, ich sage: *Decadence.*"

Übrigens scheint es fast, als ob die Beschäftigung mit der hellenischen Kunst geeignet ist, ein *ästhetisches Junkertum* zu ziehen. Gerade unter den Archäologen findet man vielfach schlimm vornehme Genußmenschen und hochmütige kalte Schlingel. Ist diese psychologische Beobachtung richtig, so würde damit die merkwürdige Thatsache minder seltsam erscheinen, daß gerade ein klassischer Philologe, und nicht etwa ein eingefleischt darwinistischer Naturforscher, die neue Moral des Egoismus und der Härte gekündet.

Der Hellenismus ist Nietzsches Ideal. Daneben schlenderte er ein wenig in das *orientalische Ariertum* und brachte von dieser Reise seinen Zarathustra heim. Sehr bezeichnend ist es, daß Nietzsche gerade bei dem Volke scheu vorüberging, das auf die modernen Anschauungen des Abendlandes den größten Einfluß geübt; ich meine Indien. Er durfte ja die indische Kultur nicht kennen. Die leiseste Berührung des *Buddhismus* hätte sofort jedem die abenteuerliche Unwahrhaftigkeit offenbart, die in der Scheidung von *semitischer Sklavenmoral* und *arischer Herrenmoral* liegt. Wenigstens hätte er dann annehmen müssen, daß das indische Ariertum „semitisch" par distance auf dem geheimnisvollen Wege telepathischer Suggestion geworden ist. Und doch ist gerade die indische Kultur überaus wertvoll für die Erkenntnis menschlicher Entwickelung, da diese Kultur allein aus sich gewachsen ist und unberührt von fremden Einflüssen bis zu ihrem Absterben sich ausgelebt hat. Ich will nicht beurteilen, ob Nietzsches Blindheit gegenüber Indien eine Krankheit oder eine – Kunst war.

Es ist stets *gefährlich für Wünsche der Gegenwart, Zustände vergangener toter Zeiten geltend zu machen.* Wenn die modernen *Kriegsschwärmer* an die Zeiten der alten Germanen erinnern und in dem freudigen Krieg eine Schule der Persönlichkeit erblicken, so ist das eine folgenschwere Thorheit. Der Krieg von heute ist mit den germanischen Kämpfen nicht vergleichbar. Bei diesen kann man die erzieherische Wirkung zugeben, bei jenem nicht. Wir sind heute nicht mehr Herren des Krieges, sondern seine Sklaven. Der Krieg führt uns, nicht wir den Krieg. Die Menschen sind fast nur noch Versuchsobjekte für technische Erfindungen. Man könnte ebensogut die Völker auf die Schienen strecken und Eisenbahnzüge über sie hinwegfahren lassen. Das Problem des Sieges scheint mir in der Zukunft nur rein psychiatrischer Natur zu sein: Auf welcher Seite zuerst der kritische Augenblick kommt, wo die anerzogene und zumeist anerlogene Unterdrückung des Lebenstriebes aufhört, wo der gefesselte Trieb wieder mit ungestümer Leidenschaft erwacht und die Panik, die Flucht zeugt – auf dieser Seite ist die Niederlage, auf der anderen der Sieg. Die Entscheidung führt wohl mehr der Zufall, als die Tüchtigkeit herbei. Die Schmach ist *die Gesellin der triumphierenden Natur*. – Ich habe gerade dieses Beispiel gewählt, um die Trüglichkeit historischer Gleichungen zu erweisen, weil aus Nietzsches Gedankenarsenal die Gegner und Verächter des immer lauter brausenden Rufs: Die Waffen nieder! ihre Waffen holen könnten.

Die Augen sind den Menschen unter der Stirn, nicht auf dem Hinterkopf gewachsen. Sie sehen vorwärts, sie schreiten vorwärts. Wer in die Zukunft strebt und in die Vergangenheit schaut, der muß straucheln, weil er mit verdrehtem Haupt in schwindelnder Blindheit tappt.

In *die Gegenwart blicken und in die eigene Brust, wo die Instinkte eine leise, aber deutliche Sprache reden! Jede Zeit zeugt ihre Instinkte, die neues Handeln, neues Wissen bestimmen*: Man muß auf sie nur hören, um die Zeit zu erfüllen. Aber die Instinkte sind schüchtern und einsam. Bringt man sie in Gesellschaft, wo alle Zeiten und Völker laut durcheinander schwatzen, dann verstummen sie. Und dann haben die Menschen ihre Leiter verloren; sie wissen nicht aus noch ein. Sie irren taumelnd umher und geberden sich wie Verrückte und rennen sich die Schädel ein an den Totenhäusern der Vergangenheit, während sie wähnen, neue Pfade zu brechen.

(Aus: Kapitel IV)

[ *„Nahrungsmittelpreise", nicht „Blut"* ]

Gerade die hochtrabenden, geistvollen, psychologischen Ableitungen, Begründungen, Verknüpfungen auf dem Gebiete der Politik sind, bei Lichte besehen, häufig barer Unsinn. Die Nahrungsmittelpreise dienen oft mehr zur Erklärung irgend welcher rätselhaften Erscheinungen als die tiefsinnigsten Abstammungsgrübeleien. Aber daran denkt der „Erzieher"[3] nicht, das ist ihm zu gemein, wie er uns auch statt des nüchternen Brotes wirbelnden Dunst giebt. Dennoch ist es nun einmal wahr: Nahrungsmittel ist zwar prosaischer und unkünstlerischer als etwa das Wort „Blut", gleichwohl übt die Magenbeschaffenheit einen wichtigeren Einfluß aus, als das „Blut", die Rasse, die Kreuzung.

(Aus: Kapitel V)


[ *„Der ganze Rassenunsinn …"* ]

Alle, die über die Dinge dieser Welt möglichst eilig klar zu werden oder wenigstens – das ist die eigentliche causa movens! – mitzureden sich verpflichtet fühlen, sind seelenfroh, wenn sie einen noch so rostigen und wackligen Nagel gefunden haben, an dem sie ihren schäbigen Gedankenplunder anhängen können. Der Rassenbegriff ist so ein Nagel, der allerdings sofort zu Boden fällt, wenn man ihn wissenschaftlich antastet. Man weiß, daß z. B. die *Schädelstatistik* in Europa für *scharfe Rassenscheidungen nichts ergeben* hat. Die individuellen Unterschiede erwiesen sich als mindestens ebenso groß wie die sogenannten Rassenunterschiede.

Wo die Wissenschaft im Stiche läßt, hilft die mehr oder minder böswillige Absicht aus. Die Rasse ist ein zu bequemer Anknüpfungspunkt für allerlei Folgerungen als daß man dieses Dogma ohne Weiteres fahren ließe. […]

Der ganze Rassenunsinn verlohnte nicht der Widerlegung, wenn er sich nicht in die Handlungen der Menschen eingefressen hätte. Der *begriffliche Unfug* wird eine *frevelhafte Fahrlässigkeit* und *strafwür-*

---

[3] [Gemeint ist hier der antisemitische ‚Kulturkritiker' Julius Langbehn (1851-1907), Verfasser des Buches „Rembrandt als Erzieher I 1890".]

*dige* Gewissenlosigkeit, wenn man auf dieses *mystische Ungefähr* und *Nichtweither praktische Folgerungen* baut: *Antisemitismus*.

Wenn ein Arzt durch leichtfertige Behandlung den *Tod* eines Kranken herbeiführt, wenn ein Apotheker fahrlässig die Mittel verwechselt oder gar in gewinnsüchtiger Absicht gefälschte Mittel verkauft, so entrüstet sich alle Welt, und der Strafrichter bekommt zu thun. Weit schlimmer als solche Verbrechen aber scheint mir die niederträchtige Anwendung angeblich wissenschaftlicher Lehrsätze auf praktisches Handeln, wenn die Anwendung Millionen von Menschen den moralischen oder materiellen Tod bringt. Man wäre fürwahr versucht, einen neuen Strafgesetzbuchparagraphen zu verlangen, der da besagt: „Wer Handlungen begeht oder empfiehlt auf Grund unwahrer oder unreifer, vorgeblich wissenschaftlicher Behauptungen, wird mit Gefängnis nicht unter fünf Jahren bestraft." Die Gefahr ist nur, daß dieser Paragraph just auf die – Wahrheiten angewendet würde. [...]

Als Anhänger der Rassenvererbung dürfte Nietzsche eigentlich kein Individualist sein. Es ist in der That sonderbar, daß gerade die krassen Individualisten mit erstaunlicher Übertreibung generalisieren, anstatt zu differenzieren. Erst lösen sie die Menschheit in Atome auf, und dann ballen sie die Teile wieder zusammen in willkürliche Haufen, in Rassen und Nationalitäten, in Männer und Weiber. Indessen erklärt sich der Widerspruch leicht: Aus dem Rassendogma läßt sich Vererbung des edlen Blutes als Kulturbedingung, mithin die aristokratische, antidemokratische Weltanschauung gewinnen. Da nun andererseits die Demokratie zum Sozialismus neigt, so wird unter Vernachlässigung des Rassenstandpunktes der Individualismus, eben als ein antisozialistisches Prinzip, gleichzeitig gepredigt. Daß Individualismus und Sozialismus keine Gegensätze, sondern umgekehrt sich gegenseitig bedingende und ermöglichende Ergänzungen sind, wird weiter unten nachgewiesen werden. *Für Nietzsche sind Individualismus und Sozialismus Gegensätze höchster Potenz: Rassengegensätze.* Individualismus ist arisch, Sozialismus semitisch. Letzterer ist die Konsequenz der semitischen Sklavenmoral, deren Wesen Nietzsche durch die Sklavenunmoral charakterisiert: „Wollust, Herrschsucht, Selbstsucht: Diese drei wurden bisher am besten verflucht und am schlimmsten beleu- und belügenmundet." (Zarathustra III, 53.)

Die Sklavenunmoral ist die Herrenmoral, die wahre Moral der Zukunft, der genesenden Welt, der Übermenschenzeit. [...]

(Aus Kapitel XI)


[ „Werdet weich!" ]

Werdet weich! *Mitleid*! Da wäre ich ja mitten in der Revolution der Werte. Ach ja, es genügt nicht mehr, euch das Wort Mitleid zu nennen, um euch zu bekehren, ihr habt sie jetzt durchschaut, diese verschrumpelte, verlogene christliche Erfindung. Ich muß euch auch hier Beweise geben. Aber ich bin warm geworden, mich packte der Zorn über die verbrecherische Leichtfertigkeit der Immoralisten. [...]

Wohl mancher hat in schwarzen Stunden einen ätzenden, verzehrenden *Haß gegen alles Sieche, Kranke, Verkrüppelte* empfunden, das sich so widerwärtig breit auf der Erde macht. Aber aus dieser Empfindung kann man keine Weltanschauung bauen, ebenso wenig wie aus Weiberhaß oder Antisemitismus, das sind keine zentralen Gedanken, sondern solche, die höchstens in einem finsteren Winkel unter dem Giebel Platz finden sollten, da, wo die Spinnen auf Beute lauern und die Fledermäuse hausen. Noch weniger aber dürfen wir für das Dasein des Elends das Mitleid verantwortlich machen! Eine Krankheit sehen und dann aufs Geratewohl irgend eine Ursache hervorzerren und an den Pranger schleppen, das heißt Köhler- und Hexenglauben. Die Kühe der Frau Nachbarin Welt sind krank. Wo steckt die Hexe, die sie bezauberte? Ha! man hat die Hexe schon, die blasse, schöne, schüchterne Dirne mit dem weichen Haar und den weichen Augen. Und doch hatte sie den Kühen nichts zu Leide gethan, sie ging überhaupt selten unter die Menschen, ihr Treiben war zu roh und laut, nur selten erschien sie und leise, sonder Gewalt und prunkender Macht. Aber man hatte sie schleichen sehen zu den Ställen mit den kranken Kühen, etwas Verdächtiges in der Hand. Da griff man sie und verhörte sie und folterte sie, und schließlich warf man sie in das Wasser, die stumme, verstockte Dirne, die ihre Schuld nicht eingestehen wollte. O du grausamer, thörichter Hexenrichter Nietzsche! Warum prüftest du nicht das Verdächtige in der Hand der Hexe. Heilkräuter wollte sie bringen, die nur sie allein kannte. Und du verschüttetest grausam und thöricht den einzigen Heilsweg!

Ja, bin ich denn blind? Ich vermag nicht zu sehen, wo das Mitleid weilt, wo es herrscht. In den Religionsstunden wurde es gelehrt, dann vergaß man es, wie die griechischen unregelmäßigen Verba, die Römerzüge der Hohenstaufen und die Stereometrie. *Wir sind mitleidig aus denselben Gründen, wie wir gerecht sind.* Wir sperren die Verbrecher in das Gefängnis, die Krüppel in die Zuchthäuser der Wohlthätigkeit. *Unschädlich wollen wir Verbrecher und Krüppel machen, unschädlich für unseren Leib und unsere Seele. Egoismus ist unser Rechtsgefühl wie unser Mitleid.* Und wie? Wagt man es wirklich, von krankhafter Mitleiderei zu sprechen in *unserer Zeit, der Zeit umbarmherziger Interessenvertretung und Interessenzertretung, der Zeit des industriellen Massengiftmordes, der finanziellen Plünderungszüge, der junkerlich-agrarischen Jagdfreiheit, des rauchlosen Pulvers, des Melinits und der Millionenheere, Millionenherden von Schlachtvieh!* Wagt man es wirklich? Und niemand lacht in zornigem Hohn und ballt hohnlachend die Faust? ...

Nietzsche setzt die *unerfüllten Ideale einzelner, erlesener Menschen einfach als erfüllt und legt nun dieser gewähnten Erfüllung seine liebe Decadence zur Last.* Durch diese optische Täuschung, die ihn auf leerer Fläche die Bilder wiedersehen ließ, die er eben in der grellen, scharfen Beleuchtung verbesserungssüchtiger Apostel geschaut hatte, gelangt er zu seinen verhängnisvollen Folgerungen. Der Johannes in der Wüste wandelte sich ihm in einen Weltherrscher, der sich nicht von Heuschrecken kümmerlich nährt, sondern sich von den Seelen der eingefangenen Menschen mästet. So fließt Nietzsches Lehre aus einem Spuk, einer gespenstischen Verblendung und Verkehrung. *Und wenn wir nun zugeben, daß Nietzsches Kritik der bestehenden Zustände richtig ist, so müssen wir gerade umgekehrt folgern, daß nicht jene Decadence-Moral die Schuld trägt, sondern der Mangel dieser Moral, der Egoismus, nicht der Altruismus.*

*Egoismus* und *Altruismus* ist eine Antithese, die wie Gut und Böse, Schön und Häßlich und wie alle diese menschlichen Begriffsantithesen *Maximalwerte* gegenüberstellt. Von den zahllosen Abstufungen des psychischen Spektrums greift die Sprache meist nur die Pole, das Violett und das Rot auf. Ein Irrtum ist es aber, aus dieser sprachlichen vergröbernden Auslese anzunehmen, daß diese Antithesen brückenlos neben einander klaffen, und dann die ganzen Begriffe als Phantome zu verwerfen, weil sie in dieser krassen Scheidung der tieferen Erkenntnis nicht entsprechen. Deswegen, weil Egoismus und Altruismus (oder Gut und Böse etc.) in Wahrheit nicht hart und scharf getrennt aneinanderstoßen, darf man nicht die beiden Begriffe entwerten. Sie sind abstrahierte Maximalwerte, die für eine unendliche Summe von fließenden Werten sprachsymbolisch stehen, sie sind zwei Arme Eines Hebels. Mag man die Unvollkommenheit der Sprache schelten, aber nicht die zu Grunde liegenden Wahrheiten anzweifeln.

In der That ergiebt jede genauere Analyse derartiger Antithesen, daß die beiden Begriffe sich durchaus nicht reinlich scheiden lassen, daß sie in einander überfließen, daß sie eine *Einheit* des Wesens bilden; der *begrifflichen* Einheit müßte dann eine *Vereinheitlichung* in der *praktischen* Ethik entsprechen.

Der Egoismus strebt nach der Icherhaltung und der Ichentfaltung, der Ichlust; letzteres Element tritt namentlich bei den modernen Individualisten hervor. Der künstlerisch-philosophische Ichgeist will sich nicht nur erhalten, er will sich auch schön erhalten, er will sich seiner Pracht freuen. Wie in dem Egoismus die Ichlust nur ein Element ist, so ist in dem Altruismus das Mitleid nur ein, nicht das einzige Element. Schon in dem Mitleid steckt ein Gutteil unbewußten Icherhaltungstriebes, der aber auch bewußt im Altruismus auftritt. Daneben strebt der Altruismus nach der Arterhaltung, beruhend auf dem allmählich zum *Sozialtrieb* erwachenden *Herdentrieb*. Es wäre eine Zeit denkbar, wo das Mitleid nicht mehr notwendig und rudimentär würde und an seine Stelle die *Mitlust* träte. Man will dann, daß die Welt nicht nur erhalten, daß sie schön erhalten werde. Die nahe Verwandtschaft von Egoismus und Altruismus, die Einheitlichkeit beider Wesensinhalte würde alsdann noch mehr hervortreten, man würde gar nicht mehr diese jetzt schroff aneinander prallenden Gegensätze scheiden.

Ich verhehle mir nicht, daß meine dialektischen Zergliederungen der Begriffe Egoismus und Altruismus durchaus nicht einwandsfrei sind. Solche begrifflichen Auseinandersetzungen scheitern ja stets an gewissen Denkhindernissen. Nur das Eine glaube ich klar gemacht zu haben, daß Egoismus und Altruismus nicht Gegensätze in dem vollen Sinne dieses Wortes sind. Gemeinsame Elemente haben sie von Haus aus, nur das *Ziel der Entwickelung* scheint mir die *wachsende Annäherung, Anähnlichung, Angleichung beider Begriffe und zwar in der Richtung nach dem Altruismus, der alle Elemente des Egoismus in sich verschmilzt.*

Damit glaube ich zugleich gezeigt zu haben, daß der *Begriff: egoistische Moral* ein Nonsens ist, es ist ein Wort ohne Inhalt, Quecksilber in Blei gegossen, eine Mischung, die sich selbst zersetzt.

Noch klarer wird diese Wahrheit, wenn wir uns ihr auf empirischem Wege nähern. Kein Mensch *steht allein.* Hat er nicht Kinder, so ist er doch Kind. Das Verhältnis der Gatten zu einander, das der Eltern zu ihren Kindern bietet eine Fülle von altruistischen Selbstentäußerungen. Ein *egoistischer Wille würde sich gar nicht bethätigen können.* Selbst der egoistische Hagestolz, der sich um niemanden in der Welt kümmert, er hat doch einmal wenigstens den Altruismus gelitten; ohne die Selbstentäußerung seiner Mutter wäre er nicht. Es ist klar, daß die Menschheit noch schneller auf dem Wege des Egoismus in der abstrakten Vollbedeutung dieses Begriffs zu Grunde gehen würde als durch die Askese. *Der Gedanke des absoluten Egoismus ist überhaupt undenkbar,* er ist eine Abstraktion, der nichts Reales entspricht, noch entsprechen kann. Von Anfang an weben sich Tausende von Fäden zwischen dem Ich und dem Ummich; man kann sie leugnen, aber nicht beseitigen. [...]

(Aus Kapitel XIV)

[ *„Aber der Kampf ums Dasein?"* ]

„Aber der Kampf ums *Dasein?* – Die darwinistische Auslese? – Der naturwissenschaftlich begründete *Fortschritt* der Menschheit ? ..." So schallt es mir entgegen von allen Seiten. Ich sah es längst an Euren vorgereckten Hälsen, wie Pulver lag der Einwurf auf Euren glühenden Lippen, jeden Augenblick drohend, gegen mich loszuspringen. Nur gemach! gemach! Ich will mich nicht totstellen, wenn ein dräuender Gegner kommt. Ich fürchte mich nicht vor dem schwarzen Mann der Naturwissenschaft.

*Falsche Analogien können ganze Generationen verdrehen.* Aus dem Kampf um das Dasein geht nicht notwendig das Vollkommene her-

21

vor. Wir übersehen in diesem naturwissenschaftlichen Theorem das Grausame, Furchtbare, weil es uns zugleich einen herrlichen Optimismus, den Glauben an den Sieg des Schönen, Edlen und Starken vorblendet. Nirgends aber sehen wir, daß das Bessere im Ringkampf mit den Gewalten Herr bleiben muß. Unzählige *kreuzende „Zufälle"* drängen sich dazwischen. Ein gewaltiger Eichbaum wird neben einem kümmerlichen vom Blitze zerschmettert: das Kümmerliche siegt im Kampfe mit den Elementen. Weite Gefilde sind bedeckt mit Obstbäumen, die blütenschimmernd starren: ein Hagelschlag vernichtet die duftende Hoffnung. Beim Gärtner unter dem schützenden Glasdach treibt spärlich ein kleines Bäumlein ein paar Blüten. Der Hagelschauer konnte ihm nichts anhaben. – Wir schmeicheln uns jetzt mit der Vorstellung, als ob die Welt sich vorwärts zum Höheren entwickelt – übrigens auch nur eine anthropomorphische Vorstellung! –, indem der Kampf ums Dasein langsam und allmählich das Gute stärkt und das Schlechte ausmerzt. Ja, wie in aller Welt ist man denn berechtigt, den Kampf etwa unter dem Bilde einer sorgsamen Baumschule sich vorzustellen? *Der Kampf arbeitet mit Katastrophen, mit gewaltigen, blinden, vernunftlosen Katastrophen.* Es ist seltsam, daß man das katastrophische Element als weltbildenden Faktor völlig vergißt über dem schönen Glauben an eine stufenweise Entwickelung, während in Wahrheit die Welt in ruckweisen Katastrophen sich „umgestaltet", um den wertenden Anthropomorphismus *„vorwärts geschleudert wird"* zu vermeiden. Wohl stählt der Kampf, es muß aber ein rechter, ordnungsmäßiger Kampf sein, keine Balgerei mit Schlichen und hinterhältigen Waffen. Frei kämpfen unter gleichen Bedingungen – das erst gebiert die kraftvolle Auslese. *Im Menschendasein nun giebt es nicht diesen Kampf, sondern nur jene heimtückische Balgerei.* Das ist der verhängnisvolle, verblendende Irrwahn, daß wir den Kampf ums Dasein immer unter dem Bilde des geordneten Ringkampfes sehen, in dem der geistig und leiblich Stärkere obsiegt. Nur so können wir es wagen, auch den Völkerkrieg zu verteidigen, obwohl es doch klar ist, daß z. B. die Franzosen 1870 gesiegt hätten, wenn sie allein damals schon die technische Vollendung der Mordkunst gehabt hätten, die heute das gemeinsame fluchbeladene Erbteil Europas ist.

Geht man so dem Begriff „Kampf" auf den Grund, so wird man mit dieser Erkenntnis erleuchtet ebenso die Nichtigkeit der liberalistischen Freikonkurrenz-Theorie einsehen, wie die Unmöglichkeit, daß man durch Nietzschesche Härte und egoistischen Kampf zum Übermenschen gelangt. Der Menschheit ist es gegeben, durch Zusammenschließen aller für alle einen Kampfplatz zu schaffen, auf dem nur die Kraft das Entscheidende ist, nicht der „Zufall". Ist der Mensch selbst imstande, durch die Solidarität elementare Ereignisse in ihren Wirkungen fast aufzuheben (ich denke z. B. an das Gebiet der „Versicherungen"), wie sollte er es nicht vermögen, auch die von Menschenthorheit erzeugten Zufälle zu beseitigen und dem fessellosen Streben jedes einzelnen Menschen freie Bahn zu gewähren.

Die dunkle Mystik der Kampf-ums-Dasein-Anschauung ist geradezu eine tötliche Gefahr für die Entwickelung der Menschheit. So kann denn nicht eindringlich genug betont werden: *Noch haben wir den Kampf ums Dasein nicht, wir müssen uns ihn erst erwerben.* Was wir jetzt mit jenem Schmeichelnamen bedauernd preisen, ist nichts als hinterhältiger Überfall, gemeiner Meuchelmord, schlauer Diebstahl, blind-rohe Gewalt. […]

(Aus Kapitel XV)

# Das Manöver

(Aus: ‚Kleine Märchen' 1894-1897)[1]

Das Kriegsspiel war zu Ende. Das Nordcorps hatte über das Südcorps einen glänzenden Sieg davongetragen. Als die Kritik gerade
mit Begeisterung feststellte, daß im Ernstfalle 20.000 Feinde gefallen
wären, stürzte plötzlich ein Soldat des Südcorps tot nieder. Eine Kugel hatte sein Herz durchbohrt. Die Nachforschungen ergaben alsbald, daß ein Mann vom Nordcorps mit Vorsatz die tödliche Kugel
gegen den anderen gesandt hatte.

Der Mörder wurde vor das Militairgericht geschleppt.

Seine Verteidigung war kurz: Er war mein Feind. Ich haßte ihn;
denn er hat mir mein Mädchen genommen. Für mich war das Manöver also ein Ernstfall, ich kämpfte gegen einen wirklichen Feind,
und so schoß ich ernsthaft. Das ist, so lehrte man uns, das Recht des
Feindes.

Der Soldat wurde zum Tode verurteilt. In der Urteilsbegrün-
dung war die beiläufige Bemerkung eingefügt: Wenn 100.000 Menschen erschossen werden, die uns nichts zu Leide gethan haben, so
ist das edler Patriotismus. Wenn aber ein Mensch seinen Feind tötet,
weil er ihm Unrecht gethan, so ist das Mord.

Der Mörder gab sich vergebliche Mühe, in den wenigen Tagen,
die ihm noch blieben, den Sinn der Lehre zu ergrübeln. Er wurde
vor der Hinrichtung wahnsinnig und forderte unablässig eine Aus-
zeichnung für hervorragende Leistungen im Manöverdienst.

---

[1] Textquelle | Kurt EISNER: *Taggeist. Culturglossen.* Berlin: Dr. John Edelheim Ver-
lag 1901, S. 393.

# Parlamentarismus und Ministerialismus

## (Die Neue Zeit, Jahrgang 1900/1901)[1]

[„Der Eintritt eines Sozialisten in ein bürgerliches Ministerium stellt
keine Eroberung der politischen Macht dar, auch keine teilweise. Die
Erwerbung eines Ministerportefeuilles ist nur graduell verschieden
von der Erlangung eines parlamentarischen Mandats ... Die Eroberung der politischen Macht vollzieht sich in der Eroberung des Volkes für den klar bewußten Sozialismus."]

Die Frage, wieweit es der Sozialdemokratie gestattet sei, an den politischen Arbeiten und Institutionen der bürgerlichen Gesellschaft
teilzunehmen, hat auch die deutsche Partei seit jeher beschäftigt.
Während sie damit begann, so ziemlich alles zu untersagen, hat sie
schließlich das Problem dahin gelöst, ungefähr alles nicht nur zu er-
lauben, sondern zu fordern. Die Prüderie der Abstinenz spielt keine
Rolle mehr in der mächtig gewordenen deutschen Partei.

Im Beginn mißtrauten die Eisenacher selbst dem Bismarckschen
„Geschenk" des allgemeinen, gleichen, direkten und geheimen
Wahlrechts. Man dachte anfangs sogar an Wahlenthaltung. Dann
entschloß man sich, zwar an den Wahlen sich zu beteiligen, aber nur
aus agitatorischen Gründen, beileibe nicht, um den bürgerlichen
Parlamentarismus und damit die bürgerliche Gesellschaft durch ge-
setzgeberische Mitarbeit zu stärken. So vereinbarte die Eisenacher
Richtung völlige Enthaltung bei der Beratung der Gewerbeordnung
im Norddeutschen Reichstag. Wer über ein Gesetz der bürgerlichen
Gesellschaft mit den bürgerlichen Parteien verhandelt, paktiert mit
dem Feind, wer paktiert, verrät den Klassenkampf und die Partei –
so ungefähr argumentierte man, und dieses Argument kehrt in allen
taktischen Streitfragen der Folge in der einen oder anderen Form
wieder. Gegen diesen politischen Malthusianismus empörte sich
aber die politische Natur. Es war der Eisenacher August Bebel, der,
eigentlich gegen die Abrede, sich an den Debatten der Gewerbeordnung beteiligte und, wenn ich nicht irre, sogar mit einem von ihm
gestellten Besserungsantrag durchdrang.

---

[1] Textquelle | Die Neue Zeit (Wochenschrift der deutschen Sozialdemokratie),
Jahrgangsband 1900/1901, S. 484-491. – Texterfassung hier nach Kurt EISNER, *Zwischen Kapitalismus und Kommunismus*. Hg Freya Eisner. Frankfurt 1996, S. 124-135.

Schrittweise überwand man in den nächsten 30 Jahren der sozialdemokratischen Parteibewegung – nicht ohne heftige innere Kämpfe und Widerstände – völlig die Theorie der stolzen Enthaltsamkeit. Man debattierte im Reichstag, stellte Anträge und versuchte die Gesetze möglichst zu verbessern. Die anfangs anstößige Beteiligung an den Ausschüssen wurde ein selbstverständlicher Anspruch. Der Seniorenkonvent, den die sozialdemokratische Partei heute durchaus respektiert, wurde vordem nicht anerkannt. Die Beteiligung an den unter dem Dreiklassensystem erfolgenden Gemeindewahlen wurde zuerst ebenso leidenschaftlich abgewehrt, wie sie dann zur dringlichsten Parteipflicht erhoben wurde. Auch die sozialpolitische Gesetzgebung, so armselige Pfuscherei sie an sich ist, helfen wir nach Kräften für das Proletariat vorteilhaft zu gestalten. Wir beteiligen uns an jeder Frage der Tagespolitik, und Angelegenheiten, „die nur die bürgerlichen Parteien untereinander angehen", gibt es für uns überhaupt nicht mehr. Die Diskussion der Beteiligung an den preußischen Landtagswahlen war der letzte Streitfall auf dem Gebiet der Abstinenztaktik – auch er ist zugunsten der aktiven Arbeit entschieden worden.

Damit ist für Deutschland im wesentlichen der Kreis der hier in Betracht kommenden Arbeitsmöglichkeiten erschöpft – geringfügige Äußerlichkeiten, wie die Übernahme eines parlamentarischen Präsidiums, mögen noch diskutiert werden, sind aber mehr untergeordnete Fragen des Taktes und des persönlichen Empfindens, als politisch bedeutsame Entscheidungen. Die Frage der Budgetablehnung, die eine Demonstration der prinzipiellen Gegnerschaft darstellt, gehört nicht hierher. Die Bewilligung vermehrt nicht die politische Arbeits- und Wirkungsgelegenheit des Proletariats, und ohne zwingende, aus der staatsrechtlichen Lage oder einer augenblicklichen politischen Situation sich ergebende Notwendigkeit sollte diese scharfe Markierungslinie zwischen dem Sozialismus und der kapitalistischen Welt nicht verwischt werden. Andererseits scheidet auch in Deutschland wie in allen monarchisch-absolutistischen Staaten die Frage sozialistischer Ministerschaft aus, und wenn im folgenden der Versuch unternommen wird, zu zeigen, daß in parlamentarisch-demokratischen Staaten der „Ministerialismus" nur eine Konsequenz des Parlamentarismus ist und über jenen nicht anders zu entscheiden ist wie über diesen – so trifft die ganze Argumentation nicht für die mehr oder minder absolutistischen Staaten zu, unter die Deutschland in erster Linie zu rechnen ist.

All die taktischen Diskussionen über die Teilnahme der Sozialdemokraten an der bürgerlichen Politik und Verwaltung, all der erbitterte Hader, die schlimmen Trennungen und Zerwürfnisse, die zur beklagenswerten Zersplitterung der sozialistischen Kraft geführt haben, entspringen letzten Grundes der nicht genügend klaren Einsicht in den dualistischen Charakter des sozialdemokratischen Programms und der daraus folgenden dualistischen Taktik, deren zwei Methoden so wenig sich widersprechen, daß sie sich vielmehr aufs innigste ergänzen und daß auf ihnen die beste Kraft der Sozialdemokratie als politischer Partei beruht. Unser prinzipielles Zukunftsprogramm, das die eigentlichen Forderungen des Sozialismus enthält, kann nur, davon sind wir überzeugt, durch die radikale Beseitigung der kapitalistischen Gesellschaft erfüllt werden, und diese Beseitigung kann nur erfolgen durch die Eroberung der gesamten politischen Macht durch die Partei der organisierten proletarischen Klasse. In unserem spezifisch sozialistischen Programm liegt die Abweisung jeglicher opportunistischen Politik, die um augenblicklicher Scheinerfolge willen Grundsätze preisgibt. Wir dürfen bei aller Elastizität der praktischen Gegenwartsarbeit unweigerlich nichts tun, was gegen das wissenschaftlich erhärtete System der sozialistischen Weltanschauung verstößt, und wir dürfen uns mit keinem Erfolg auf dem Boden der kapitalistischen Gesellschaft irgendwie begnügen. Auf der anderen Seite steht die große Anzahl jener Reformforderungen, von denen wir annehmen, daß sie der bourgeoise Klassenstaat recht wohl zu befriedigen imstande ist. Und weil uns diese wichtige Aufgabe obliegt, die herrschende Gesellschaft mit allen tauglichen Mitteln zur Erfüllung unserer Gegenwartsforderungen zu zwingen, darum müssen wir selbst, so verdrießlich uns das sein mag, in das Getriebe der bürgerlichen Parteien hinabsteigen. Wir müssen uns an allen Wahlen beteiligen, wir müssen parlamenteln, die Maxime der Wahl des kleineren Übels und des größeren Vorteils befolgen, in Stichwahlen selbst bürgerliche Gegner unterstützen. Uns ist weder die Lagerung der bürgerlichen Parteien untereinander gleichgültig, auf deren für uns möglichst günstige Zusammensetzung wir hinarbeiten müssen, noch sind wir uninteressiert an der Gestaltung der bürgerlichen Regierung.

Fordert der grundsätzliche Teil des Programms strenge Negierung der gesamten bürgerlichen Gesellschaft und Unverkäuflichkeit unserer weltaufbauenden einheitlichen Gedanken, so erheischt das Gegenwarts- oder auch das Minimumprogramm die Durchdringung aller Institutionen mit sozialistischer Arbeit – soweit das ohne Preisgabe der sozialistischen Erstgeburt möglich ist.

Wie ordnet sich nunmehr das Problem einer sozialistischen Ministerschaft in den Dualismus des Programms und der Taktik ein?

Als der Fall Millerand in Deutschland zuerst diskutiert wurde, geschah das unter der Fragestellung: Darf ein Sozialist an einem bürgerlichen Ministerium teilnehmen? Das heißt ein kompliziertes politisches Problem in die starre Anstandsregel eines Zeremonienmeisters auflösen. Vernünftigerweise kann nur zweierlei untersucht werden. Erstlich: Welcher Anspruch ist an einen sozialistischen Minister in einem bürgerlichen Ministerium zu stellen? Und zweitens: Kann in der gegebenen Situation die in Betracht kommende Persönlichkeit diesen Anspruch erfüllen?

Es ist ausgeschlossen, daß ein Mann sozialistischer Herkunft in einem bürgerlichen, wenn auch noch so radikalen Ministerium verpflichtet sein sollte, spezifischen Sozialismus zur Durchführung zu bringen. Ein Sozialist, der ein solches utopisches Versprechen ablegen würde, wäre ebenso närrisch oder unehrlich wie ein Sozialist, der eine solche Forderung stellte. Gewiß muß von jedem Sozialdemokraten verlangt werden, daß er auch als Minister seine sozialistische Überzeugung bekennt und jede Gelegenheit benützt, um kraft seiner Autorität für die Ziele und Ideale des Sozialismus agitatorisch zu wirken, aber praktisch vermag er ausschließlich und allein in der Richtung des Gegenwartsprogramms zu arbeiten; er hat voll seine Schuldigkeit getan, wenn er so viel sozialpolitische und demokratische Reformen durchsetzt, wie er nur irgend vermag. Ein Sozialist vermag als Minister nichts weiter zu tun, was freilich auch jeder bürgerliche Radikale tun könnte, wenn sie es eben täten. Es ist eine allgemeine Erscheinung in allen kapitalistischen Staaten, daß auch die Forderungen, die an vorgeschrittene bürgerliche Reformer zu richten sind, eben nur noch ernsthaft von Sozialisten verfochten werden, denen auch das Gute und Fruchtbare der alten bürgerlichen Programme von dem entarteten Liberalismus als Erbe überantwortet ist.

So verstanden, reduziert sich der „Fall Millerand" auf die simplen Fragen: War die Situation beim Eintritt des Ministers so, daß sie unserem Parteigenossen eine ersprießliche Reformarbeit im Sinne unseres Gegenwartsprogramms versprach? Und war Millerand die charakterfeste und politisch fähige Persönlichkeit, solche Pläne zu unternehmen und durchzuführen?

Gegen diese bescheiden begrenzte Auffassung des Falles Millerand erhebt sich sofort mit heftigem Ungestüm – ein Wort, ein bloßes Wort, in dem doch die ganze Schar der Anklagen verletzter Parteigrundsätze marschiert: Verantwortlichkeit.

Ein einzelner sozialistischer Arbeitsminister übernimmt, ruft man lebhaft aus, die Verantwortung für die Gesamtpolitik der kapitalistischen Bourgeoisie. Die Sozialdemokratie unterstützt damit – so geht die eilige und geläufige Argumentation weiter – die bürgerlich-kapitalistische Politik selbst, samt ihrem Militarismus, ihrer kolonialen Raubpolitik, ihrer Ausbeutung und Unterdrückung aller Art. Der Klassengegensatz und der Klassenkampf ist damit aufgehoben, das Proletariat hat mit der Bourgeoisie paktiert, die Sozialdemokratie wird zum Mitschuldigen und Hehler des kapitalistischen Feindes. Alle Wege führen nach Rom, und jede Diskussion über sozialistische Grundsätze oder Taktik führt alsbald zum Parteiverrat, zum Überläufertum ins kapitalistische Lager. Dieses Argument, weil es Totschlägerelastizität hat, kehrt in der Geschichte unserer prinzipiellen und taktischen Auseinandersetzungen mit solcher Regelmäßigkeit wieder, daß es aus dem stärksten Beweisstück längst zum Schatten eines Nichts, zu einer leeren, aber bösartigen Formel geworden ist, zu deren Ausscheidung aus jeder Diskussion man füglich sich verpflichten sollte. Dieses gewalttätige Argument dient lediglich dazu, die Klärung zu hindern und die Verständigung zu erschweren. Und schließlich gilt die Fabel von dem Hirten, der sich daran belustigte: „Ein Wolf, ein Wolf!" zu rufen, auch für politische Parteien.

Was steckt hinter der Wendung, daß ein einzelner sozialistischer Minister und damit die sozialdemokratische Partei selbst die Verantwortung für die Gesamtpolitik des bürgerlichen Klassenstaats auf sich lädt? Nur nebenbei sei die an sich klare Tatsache gestreift, daß bei der tausendfältigen Verästelung der heutigen Regierungspolitik, in der vielfach das dürre Laub des Herbstes mit dem eingehüllten Knospentrieb des zukünftigen Frühlings hart aneinanderstößt, überhaupt keine Einheit in dem Sinn bildet, daß jedes Ressort in gleicher Weise von der sozialistischen Kritik negiert werden müßte. Unser Gegenwartsprogramm wäre die schlimmste Utopie und im Gegensatz zu unseren Zukunftsforderungen gänzlich unmöglich, wenn jene unlösbare Einheit in der Tat bestände. Man kann aber etwa das Verkehrswesen auch nach unseren Anschauungen vorzüglich gestalten – wie denn die Schaffung des Weltpostvereins eine wahrhaft zukunftsstaatliche Tat inmitten tiefster kapitalistisch-feudaler Reaktion gewesen ist – und doch kirchenpolitisch rückständig regieren. Es gibt zwischen der gewaltsamen Unterdrückung jeder sozialen und politischen Freiheitsbewegung auf der einen, radikaler Sozialreform und Gewährung aller Freiheiten auf der anderen Seite so viele Nuancen innerhalb der kapitalistisch-bürgerlichen Regierung, daß die Bestimmung der Nuance für das Proletariat eine Lebensfrage ist. Wäre dem nicht so, wäre die Regierung des kapitalistischen Klassenstaats in jedem Punkte einheitlich starr, ganz und gar durchtränkt von dem einen unverbrüchlichen Wesen des Kapitalismus, dann wäre es allerdings die lächerlichste Tollheit, wenn die Sozialdemokratie sich vermessen würde, von dieser ehernen Einheit auch nur die bescheidenste Konzession zu verlangen, und dann gehörte eine sozialdemokratische Ministerschaft in das Reich der blöden Träume und des plumpen Schwindels. Aber so liegen die Dinge nicht, Vergangenheit und Zukunft berühren sich auch in der kapitalistischen Regierung, und dasselbe Ministerium, das nach China geht, den Militarismus propagiert und Freundschaft mit dem Absolutismus unterhält, kann die nützlichsten Rechte und Schutzreformen für das Proletariat gewähren. Da die verschiedenen Geschäfte der kapitalistischen Ordnung keine geschlossene sachliche Einheit bilden, so stellt auch ein kapitalistisches Ministerium keine sachliche Einheit dar, und jeder Minister ist schließlich materiell nur für sein eigenes Verwaltungsgebiet verantwortlich, wenn er auch formell für die Gesamtpolitik haftet.

Indessen, würde man selbst eine solche Trennung der Ressorts nicht zugeben, hielte man an der formellen Gesamtverantwortung fest – wer trägt denn in einem parlamentarisch regierten Staat die wirkliche Verantwortung für die Politik der Regierung? Das Ministerium ist lediglich der Ausschuß des Parlaments oder genauer der

Parlamentsmehrheit, und das Parlament setzt der Volkswille zusammen. So trägt die wirkliche Verantwortung nicht der Minister, sondern der Abgeordnete und letzten Endes der Wähler. Die Mehrheit der Stimmen im Lande und im Parlament trägt die Verantwortung für eine Politik, für die das Ministerium nur ein Komitee angestellter Vollziehungsbeamten ist.

Legt man mithin ein so entscheidendes Gewicht auf den Begriff der Verantwortung, so beginnt der Sündenfall der Sozialdemokratie nicht beim sozialistischen Minister, sondern bereits beim – Parlamentarismus. Freilich, solange die Sozialdemokratie als trotzige Minderheit beharrt, Opposition und nichts als Opposition zu treiben, trägt sie noch keine Verantwortung für die Gesamtpolitik des kapitalistischen Regimes. In dem Augenblick aber, wo sie mit bürgerlichen Parteien zusammengeht, um irgendeine Aufgabe durchzusetzen, übernimmt sie mit dem Einzelfall indirekt die Verantwortung für die Gesamtpolitik. Und entschließt die Partei sich gar, ein ihr genehmes Ministerium gegen die Reaktion zu unterstützen, dann ist die Vestalinnentugend erloschen, das keusche Kränzchen verloren: Sozialdemokraten, die durch ihre Abstimmung die Fortdauer eines bürgerlichen Ministeriums veranlassen, anstatt jede Gelegenheit wahrzunehmen, die verhaßte Repräsentation der kapitalistischen Gesellschaft zu stürzen, übernehmen damit nicht nur formell, sondern auch tatsächlich die Verantwortung für die Gesamtpolitik der von ihnen gestützten Regierung, indem sie ihr überhaupt erst weitere Handlungen ermöglichen.

An diesem Punkte wäre füglich die Verantwortungsfrage zu diskutieren, nicht bei der sekundären Erscheinung eines sozialistischen Ministers.

Wir beobachten eben in Italien die Unterstützung eines bürgerlichen Ministeriums durch die Sozialdemokratie. Noch auf dem Pariser internationalen Kongreß waren es gerade italienische Genossen, denen die Resolution Kautskys über die Ministerfrage nicht genügte und die mit den Guesdisten zusammen den Eintritt eines Sozialisten in ein bürgerliches Ministerium grundsätzlich verwarfen. Jetzt haben sie sich entschlossen, das bürgerlich-liberale Ministerium zu unterstützen, das nach einer Ära wüster und steriler Unterdrückungspolitik den Vorsatz hat, Bewegungsfreiheit zu gewähren und sozialreformerische Arbeit zu verrichten. Unsere Parteigenossen haben das bisher mit allen unvermeidlichen Konsequenzen getan, und diese Handlungsweise ist so wenig von irgendeiner Richtung angefochten worden, daß vielmehr der Herausgeber der *Neuen Zeit* sie in einer Zwischenbemerkung ausdrücklich gebilligt hat.

Damit hat nun in der Tat die italienische Sozialdemokratie die Verantwortung nicht nur für einzelne Aktionen, nicht für ein einzelnes Ressort, sondern für die Gesamtpolitik der bürgerlichen Regierung formell und materiell übernommen, während das sozialistische Mitglied eines bürgerlichen Ministeriums nur formell, aber nicht materiell mit der Gesamtvertretung für alle Unternehmungen des gemischten Kabinetts belastet ist. Zudem ist in parlamentarisch regierten Staaten jene wünschenswerte schöne logische Reinheit im Formellen unmöglich, die in halbabsolutistischen Staaten aus dem Grunde durchführbar ist, weil eine parlamentarische Abstimmung keinerlei Einfluß auf die Zusammensetzung der Regierung hat.

In konstitutionellen Ländern gebietet die parlamentarische Technik mit ihren Schlichen und Kniffen, ihren Bosheiten und Überfällen mitunter sehr widerspruchsvolle und anstößige Entschließungen, die nicht vermieden werden können, wenn man es einmal unter gewissen Umständen als politisch zweckmäßig erkannt hat, ein Ministerium zu halten. In der französischen Kammer geschah es bei einer Abstimmung, daß der größte Teil unserer Genossen für eine die sozialistischen Grundsätze verwerfende Tagesordnung stimmte, während die reaktionären Melinisten gegen sie votierten – diese wollten das Ministerium durch das Votum der verkehrten Welt stürzen, unsere Parteigenossen es durch den gleichen scheinbaren Unsinn stützen. Von den Rigoristen wurden wegen solchen Verzichts auf alle Prinzipienfestigkeit die schwersten Anklagen gegen die „ministeriellen" Sozialisten erhoben. Wer aber nicht grundsätzlich jede parlamentarische Unterstützung eines Ministeriums verwirft, der kann in jener Maßnahme nur einen unvermeidlichen und selbstverständlichen Schachzug erblicken: Politiker, welche die Sache über die Form stellen, müssen natürlich auch die traurigen Tricks in den Kauf nehmen, den die unvollkommene parlamentarische Maschinerie gebietet; andernfalls wäre jedes vernünftige politische Arbeiten, das zwischen Übeln und Vorteilen sich entscheiden muß, schlechterdings ausgeschlossen.

Inzwischen haben unsere italienischen Genossen etwas viel

„Schlimmeres" getan als die „ministeriellen" Sozialisten in Frankreich, und gleichwohl hat sich bisher nirgends eine Entrüstungsserie von Protestartikeln angesponnen. Die auswärtige Dreibundspolitik wird gerade von den italienischen Sozialdemokraten entschieden bekämpft. So haben sie bei der letzten Budgetberatung mit größter Schärfe gegen die auswärtige Politik des Ministeriums Zanardelli gesprochen, um dann – im Interesse der Erhaltung dieses Kabinetts – für das Budget des Auswärtigen zu stimmen. Ein größerer logischer Widerspruch, ein schwärzerer „Prinzipienverrat" ist nicht gut denkbar, und dennoch nimmt mit Recht niemand daran Anstoß, weil die parlamentarische Notwendigkeit eben eine derartige scheinbare Inkonsequenz erzwang.

Warum mißt man in Frankreich mit anderem Maß, warum urteilt man dort nach entgegengesetzten Maximen? Gibt es eine Geographie der politischen Logik und verschiedene Rassen prinzipieller und taktischer Erkenntnis? „Ja, in Frankreich handelt es sich eben um einen sozialistischen Minister", versucht man noch einmal einzuwerfen. Es ist gezeigt worden, daß alle Argumente, die gegen einen sozialistischen Minister geltend gemacht werden können, in verschärftem Maße die Unterstützung eines bürgerlichen Ministeriums treffen, die doch niemand grundsätzlich verwirft. Die Verantwortung der Partei ist in letzterem Fall noch größer, die scheinbaren Unsauberkeiten und Treulosigkeiten im parlamentarischen Verhalten noch bedenklicher. Ja, man muß sogar sagen: Es ist gerade der mildernste Umstand für die Unterstützung eines Ministeriums durch die Sozialdemokratie, wenn wenigstens ein oder das andere Ressort von einem zuverlässigen und begabten Parteigenossen verwaltet wird. Dann kann die Partei wenigstens sicher sein, daß die Regierungspolitik in einzelnen Fächern doch nach Kräften in der Richtung des sozialistischen Gegenwartsprogramms getrieben wird. Ein sozialistischer Minister bietet uns doch schließlich mehr Garantien für seine Einsicht und seinen guten Willen als ein liberaler Bourgeois, der sich zu sozialen Reformen nur deshalb versteht, weil er den Sozialismus durch Konzessionen zu schwächen und zu vernichten strebt. Die schwierige und mit Fährlichkeiten jeder Art belastete Aufgabe unserer italienischen Genossen würde vermutlich nicht gerade in ihren Gefahren gesteigert werden, wenn statt des Herrn Giolitti unser Enrico Ferri die Sozialpolitik versehen würde, zumal ein bürgerliches Ministerium am ehesten dann über sich selbst hinausgetrieben wird, wenn es durch die Mitgliedschaft eines Sozialisten einige Sicherheit erhält, daß es für seine radikaleren Entschlüsse auf Deckung durch die Sozialdemokraten rechnen kann. Andernfalls würde ein solches Versuchsministerium in der Luft schweben und nichts Größeres wagen dürfen. Übrigens ist die sozialistische Partei stets frei, in jedem Fall ihr Votum in der Unterstützungsfrage zu ändern, gleichgültig, ob ein sozialistischer Minister in ihm sitzt oder nicht. Besondere Rücksichten kann ein sozialistischer Minister nicht beanspruchen. Es ist zwar vorauszusetzen, daß die Anwesenheit eines Sozialisten im Kabinett der Partei die Hilfeleistungen zugunsten der Regierung erleichtert, und es ist natürlich, daß ein radikales, den Sozialisten sympathisches Kabinett desto weiter gehen kann, je entschiedener, einheitlicher und mächtiger die Unterstützung der Sozialdemokraten ist, auf die es rechnen kann. Doch darf sich die Sozialdemokratie in ihrer Stellung zu einem Ministerium, in dem ein Genosse Mitglied ist, in keiner Hinsicht anders verhalten als gegenüber einer rein bürgerlichen Regierung, die man zu unterstützen beschlossen hat.

Glaubt man also, unter dem Gesichtspunkt der Verantwortlichkeit, Frankreich mit Ruten geißeln zu müssen, so wird es schon notwendig sein, die italienische Partei auf die Streckfolter zu spannen, mit glühendem Reibeisen zu frottieren und zu vierteilen.

Werden sich die für Entdeckungen von Parteiverrat disponierten Freunde nunmehr entweder bekehren oder doch die Konsequenz ihrer bisher unklaren Meinung ziehen und zu völliger Abstinenz und ausnahmsloser Opposition zurückkehren? Ich fürchte, sie werden uns ein allerletztes Argument nicht ersparen, das freilich auch ihr allerschwächstes ist. Geht es mit der Verantwortlichkeit vernünftigerweise nicht mehr, so wird das Gespenst der Verwirrung beschworen. Wir werden hören, daß durch die Erscheinung eines sozialistischen Ministers die proletarischen Parteigenossen verwirrt werden, daß sie in dem stählernen Grundsatz des Klassenkampfs zu wanken anfangen, daß sich ihnen der unüberbrückbare Gegensatz zwischen Bourgeoisie und Proletariat, zwischen Kapitalismus und Sozialismus ausfüllt, daß sie Illusionen nähren über die Möglichkeiten der gegenwärtigen Ordnung, kurz daß die wertvollsten Eigenschaften und Einsichten den proletarischen Freiheitskämpfern wieder verlorengehen – und alles dies aus dem Grunde, weil die heutige Gesellschaft durch eine sozialistische Ministerschaft sanktioniert erscheint.

Ich kann mir keine falschere und gefährlichere Beweisführung denken als diese Geltendmachung einer möglichen Verwirrung der breiten Massen. Es spricht nicht gegen eine an sich richtige Aktion, daß ein Teil der Partei durch sie verwirrt wird. Und es spricht nicht für die Reife einer Partei, die sich durch ein als zweckmäßig erkanntes Verfahren verwirren läßt. Parteien, die politisch wirken wollen, müssen so aufgeklärt und beweglich sein, daß sie politisch notwendige Maßnahmen verstehen, ohne an ihren Grundsätzen irrezuwerden. Parteiführer, die der mangelnden Reife einer mehr oder minder großen Zahl von Parteigenossen Rechnung tragen wollten und deshalb – im vermeintlichen Parteiinteresse – an sich gebotene Handlungen unterlassen oder bekämpfen, erniedrigen sich zu Sklaven des verderblichen Opportunismus. Ich glaube allerdings, daß die Verwirrung der Führer bisweilen Schutz sucht hinter einer gar nicht vorhandenen Verwirrung der Massen. Zudem steht es mit der Verwirrung nicht anders als mit der Verantwortung. Verwirrend kann auf die unaufgeklärten Massen auch der Dualismus unseres Programms, jede praktische Betätigung, der Parlamentarismus mit seinen Konzessionen, das zeitweilige Zusammengehen mit bürgerlichen Parteien oder gar die Unterstützung einer bürgerlichen Regierung wirken. Es ist eben die Aufgabe der Führer, die Massen auch für die Technik und Strategie des Tageskampfes zu erziehen. Es wäre schlimm um die Zukunft der gewaltigsten Bewegung der Menschheit bestellt, wenn der Sozialismus an einem sozialistischen Minister zugrunde gehen könnte. Dann müßten wir noch weit mehr davor zittern, daß ein großer wirtschaftlicher Aufschwung die Parteigenossen ihrem sozialistischen Ideal abtrünnig machen, ihre Einsicht in die Notwendigkeit der revolutionären Beseitigung der kapitalistischen Rechtsordnung verdunkeln könnte.

Umgekehrt ist die Tatsache einer sozialistischen Ministerschaft gerade geeignet, in jenen weiten proletarischen Kreisen aufklärend zu wirken, die bisher uns feindselig oder gleichgültig gesinnt waren. Vergessen wir doch niemals, daß nur ein Bruchteil der 96 Prozent der Bevölkerung, die ihrer Klassenlage nach, als Ausgebeutete des Kapitalismus, im Sozialismus das Heil und die Rettung aus ihrer

Not erkennen müßten, bisher zu uns gehört. Diese fast unüberwindliche Schranke der sozialistischen Agitation baut zu erheblichem Teil die Verleumdung des Sozialismus durch die Autoritäten des Staates und der Kirche. Wenn nun der Sozialismus durch die Person eines Parteigenossen selbst zur höchsten Autorität steigt, so werden auch bei den Massen des ewigen, autoritäts-gläubigen Philistertums neue Erkenntnisse dämmern, die Zugänglichkeit für die sozialistische Wahrheit wird sich steigern, nachdem die hemmenden Verleumdungen seitens der Autoritäten durch die Autorität selbst entkräftet sind.

Ob nun im besonderen Fall der Eintritt Millerands ins Ministerium Waldeck-Rousseau und sein Verweilen in ihm, der Situation und der Persönlichkeit nach, sich als vorteilhaft erwiesen hat, diese nur aus der intimsten Kenntnis der Vorgänge zu entscheidende Tatsachenfrage steht hier nicht zur Debatte, und ich maße mir kein Urteil über sie an, weder im bejahenden noch im verneinenden Sinn. Für die von mir versuchte theoretische Würdigung des ministeriellen Problems kommt die mehr oder minder glückliche Anwendung im konkreten Fall nicht in Betracht. Die Entscheidung bleibt in jedem einzelnen Fall ein recht schwieriges und bedenkliches Unternehmen. Die Ministerschaft kann sowohl eine große Torheit und ein Quell der Korruption sein, aber auch höchst vorteilhaft wirken für die gegenwärtigen und mittelbar selbst für die zukünftigen Aufgaben der proletarisch-sozialistischen Revolution. Überdies ist der Fall Millerand schon deshalb als Schulbeispiel nicht recht geeignet, weil dieses Ministerium gerade durch die Uneinheitlichkeit und Zerfahrenheit des französischen Sozialismus und die daraus folgende Unsicherheit der Bundesgenossenschaft in seiner Aktionskraft und Leistungsfähigkeit geschwächt wird. Könnte sich das Kabinett Waldeck-Rousseau auf das ganze sozialistisch-organisierte Proletariat stützen, gäbe es nur eine sozialistische Partei in Frankreich, so würde vermutlich dieses und jenes anders gekommen sein. Daran ist aber nicht der sozialistische Minister schuld, sondern die Unklarheit und Uneinigkeit der Sozialisten über diese Frage.

Ist dermaßen in wahrhaft konstitutionellen Staaten der „sozialistische Ministerialismus" nichts als ein Ausläufer und eine Konsequenz des sozialdemokratischen Gegenwartsprogramms mit seiner parlamentarischen Gegenwartsarbeit, steht es mit dem Ministerialismus nicht anders als mit dem Parlamentarismus, so sollte man doch weder seine Kraft in der Erreichung dieses Ziels erschöpfen noch diesen Triumph des sozialistischen Machtzuwachses überschätzen. Der Eintritt eines Sozialisten in ein bürgerliches Ministerium stellt keine Eroberung der politischen Macht dar, auch keine teilweise. Die Erwerbung eines Ministerportefeuilles ist nur graduell verschieden von der Erlangung eines parlamentarischen Mandats. Auch ein durchweg sozialistisches Ministerium stellt noch keine Eroberung der politischen Macht dar, wenn es die Laune eines Monarchen oder, in parlamentarischen Staaten, der Zufall einer augenblicklichen Parteikonstellation beruft. Die Eroberung der politischen Macht vollzieht sich in der Eroberung des Volkes für den klar bewußten Sozialismus. Erst wenn diese Eroberung vollendet ist, dann bedeutet die im Reifezustand der Verhältnisse erfolgende endgültige Übernahme der Staatsmaschinerie durch die Organisation des Proletariats jene wahrhafte Eroberung der politischen Macht, die Vorbedingung ist für die Durchsetzung und Erarbeitung des Sozialismus in der Wirklichkeit. Parlamentarismus und Ministerialismus in den heutigen Formen sind nur bescheidene Vorbereitungen für diese Enderoberung der politischen Macht.

# „Satiriker und Kulturpolitiker haben schlimme Zeiten"
## (1904)[1]

Satiriker und Kulturpolitiker haben schlimme Zeiten. Der Satiriker ist nicht mehr gewachsen der Fülle satirischer Tatsachen, die jeder Tag anspült. Da hilft kein künstliches Worteschärfen, kein phantastisch-greller Einfall mehr, auch der brennendste Teufelswitz verdünnt und schwächt nur den schreienden Hohn des Geschehens selbst. Nicht einmal übertreiben lassen sich mehr die Geschehnisse, durch karikierende Beziehungen werden ihre Formen nicht grotesker. Der Scharfsinn des Spötters ist entbehrlich geworden. Sogar die bloße gestempelte Bildunterschrift „Kommentar überflüssig" ist ein verbogenes Ausrufungszeichen, das den Ausruf der Tatsachen knebelt.

Muß der Satiriker den Witz im Stall behalten, so hat auch der Kulturkritiker nicht mehr die Möglichkeit, durch das Pathos der Anklage, durch die Dialektik der Empörung die natürliche Wucht der Ereignisse zu steigern und dem Bewußtsein der Menschen aufpeitschend einzuprägen. Die Superlative des Wortes reichen nicht mehr heran an die Superlative der Dinge. Die „Besprechung" der Angelegenheiten tötet nur ihre innere Wirkung. Die Nachricht allein wird zum Nachrichter, jede kritische Zutat erstickt die Grausamkeit des immanenten Urteils. Zudem vermag keine Geißel mehr die abgestumpften Nerven zu reizen. Wir haben uns an alles gewöhnt, an das Tollste und Ruchloseste. Die Dinge erreichen schnell die Grenze, wo sie für die Empfindung nicht mehr überboten werden können. Vorgänge, die vordem ein Jahrzehnt hindurch die Menschen erregten, haben heute nur noch den Wert von Neuigkeiten, die man unter tausend anderen flüchtig in der Zeitung liest und vergißt. Vergebens ist das Bemühen der Sehnsüchtigen der Kultur, die Gewissen zu schüren, die Schlafenden wachzuschreien. Und wirft man die Fackelbrände aufreizender Wahrheit unter sie, so wickeln sie die Fackeln in ihre gutgepolsterten Schlafröcke und zeigen, wie leicht und ungefährlich ihre Flammen erstickt werden können; kaum ein Wollhärchen wird bei der Prozedur versehrt.

---

[1] Textquelle I Vorwärts, 20. März 1904 (Texterfassung hier nach Kurt EISNER: *Zwischen Kapitalismus und Kommunismus*. Frankfurt a. M. 1996, S. 185-186).

# Das Lichtfünkchen

(August 1905)[1]

Irgendwo in einem fernen, fremden Erdteil, vielleicht auch auf einem anderen verloren im Universum kreisenden Stern, grenzen zwei Völker aneinander. Nur ein schmaler Bach, den man in stiller Zeit durchwaten kann, scheidet die beiden Völker; eine Holzbrücke, schwank und morsch, führt hinüber.

So eng die beiden Nachbarvölker gesellt sind, sie haben nichts miteinander gemein. Nur eine Million Seelen zählt das eine, in 50 Millionen entfaltet sich das andere Volk, aber an Land besitzt die eine Million das 50fache des Raumes, auf dem die 50 Millionen hausen.

In dem Volk der einen Million besitzt jeder eine weite Fläche fruchtbaren Landes, jeder Paläste mit zahllosen Räumen, kunstvollen Möbeln und allerlei schwelgerischem Gerät. Indessen die Paläste verfallen – denn die Hände der Besitzer verstehen sich nicht auf Maurer-, Zimmerer-, Schlosser- und Malerarbeit. Die Möbel erblinden und das Gerät rostet; denn ihre Arme reichen nicht aus, um auch nur den Staub von den tausend kostbaren Dingen zu entfernen. Nur ein Fenster halten sie noch sauber, um doch durch die Scheiben in die Sonne sehen zu können. Und die Felder sind dürr oder überwuchert von Unkraut. Nur einige Handbreiten sind mit elendem Korn, Küchen- und Futtergewächsen bestanden. In den Stallruinen stehen traurig ein paar Stück mageren Viehes, krank und schmutzig; wenn sie es schlachten wollen, probieren sie mühselig und grausam stumpfe, rostige und schartige Messer; denn wer wollte sie wohl, bei der Fülle zu bewältigender Arbeit, immer schleifen und säubern! Fällt der Regen nicht reichlich, so geht auch das wenige zugrunde. Die Kleider, die einmal aus edlem Samt und Gold bestanden haben müssen, sind mürbe, fleckig und häßlich geworden. Die jungen Fräulein sticheln wohl zur Aufbesserung ihres Kostüms seidenen Zierrat, aber die Vorräte von Garn sind nur noch spärlich. Ekle Dünste brüten über den Palästen.

---

[1] Textquelle | Kurt EISNER: *Feste der Festlosen*. Hausbuch weltlicher Predigtschwänke. Dresden: Kaden & Comp. 1906, S. 3-6. [Erneut in: Arbeiter-Feuilleton Nr. 9 vom 7. März 1914.]

In den Kellern hat das Volk, jeder einzelne, unendliche Haufen von Gold und Edelsteinen aufgespeichert. Aber alle Rücken zusammen sind nicht stark und zahlreich genug, um auch nur das gemünzte Gold vom Orte zu bewegen.

In der Erde schlummern ungenutzt gewaltige Lager von Kohle und Erzen – wer vermag sie zu fördern!

Zum Schutze gegen die Feinde haben sie Millionen furchtbarer Kanonen, Maschinengewehre, Flinten, doch wer soll alle die Mordwerkzeuge bedienen? Wahre Gebirge von Pulver und anderen Sprengstoffen türmen sich auf; sie könnten höchstens die ganze Masse auf einmal zur Explosion bringen, aber sie nicht verwerten. In den Höfen der Küste liegen zahllose Panzerkolosse, tot und stumm seit undenklicher Zeit, plumpe, sinnlose Klötze: niemand vermag sie zu heizen, zu lenken.

Finster und feindselig sind die Gedanken dieses Volkes, sie denken an Blut, Tod, Zerstörung – sie hassen alles …

Jenseits des Baches aber, die 50 Millionen, drängen sich übereinander in engen Löchern. Der fleißig bestellte Boden reicht nicht aus, um den Hunger zu stillen. Sie haben kein Geld, keine Schätze, keine Kanonen, Gewehre und Panzerschiffe. Aber ihre starken Arme schaffen ohne Unterlaß. Ach, wenn sie nur Land hätten, Kohle und Erze, Wälder und Wasserkräfte! Doch die Natur, in die sie gebannt sind, ist arm und gibt auch dem Schweiß nur geringe Mittel her. Sie arbeiten alle miteinander, schlafen bei offenen Türen, sie haben nichts, das man ihnen stehlen könnte; und sie lieben sich, es fürchtet nicht der Mensch den Menschen. Darum sind sie wohl auch, trotz allem Elend, so aufrecht, heiter, voll von Sehnsucht und Vertrauen auf ihre Kraft und ihre Zukunft. Heiter sind ihre Gedanken, und sie lachen gern.

————

Den Forscher und Denker, dem ich von diesen beiden Völkern erzählte, fragte ich, wie er sich wohl das Verhältnis der beiden Völker zu einander dächte.

„Das läßt sich, auch ohne daß ich jemals den Fuß in jene Welt gesetzt, mit astronomischer Sicherheit ermessen. Das Volk der einen

Million lebt natürlich in ewiger Sorge, zu verhungern, unter den Trümmern der eigenen Paläste umzukommen. Tag und Nacht schreckt sie die Angst, das Nachbarvolk könnte sie überfallen, diese ungeheuere physische Übermacht würde sich ihrer Schätze und Waffen bemächtigen und die Wehrlosen ausrotten. Es muß furchtbar sein, in der ewigen Furcht solcher Gefahr zu leben; denn dieses Volk der Million hat nichts – außer tote, für sie unnütze Materie –, und die anderen besitzen alles: die Zahl, die Kraft, die Arbeit, den Mut und den hellen, fröhlichen, schaffenden Geist.

Und eines Tages werden die 50 Millionen auch den Bach überschreiten – aber nicht als Feinde, sondern als Erlöser – sie werden all die ungefüge, sinnlose Materie, den toten Reichtum zur Auferstehung bringen: Diese Grenzüberschreitung wird das Paradies erschaffen. So ist's, ich wette meinen Professorenkopf darum; es kann nicht anders sein!"

„Das glaubte ich auch anfangs", erwiderte ich, „aber als ich näher zusah, entdeckte ich, daß alles *genau umgekehrt* war. Sie haben Ihren Professorenkopf verwettet!"

„Unmöglich!" sagte der Forscher und Denker unerschüttert.

„Unmöglich vielleicht, aber jedenfalls wirklich! Die eine Million betrachtete sich als das Herrenvolk, unbesieglich und über allem Rechte und Besitze thronend, unendlich reich, stark, gebietend über die Welt, und fähig, jeden Augenblick die 50 Millionen nach ihrem Willen zu lenken, zu beugen, zu zerschmettern."

„Die Möglichkeit solcher dummen und blinden *Einbildungen* will ich nicht leugnen. Diese Million war offenbar in ihrer endlosen Not geistig entartet und unterlag den Halluzinationen des Größenwahnsinns. Auf solchem Boden mußte ja jede geistige Erkrankung wuchern. Indessen, diese Wahnvorstellungen gingen die anderen nichts an. Sie lachten darüber."

„Keineswegs! Die eine Millionen dachte nur, was die 50 Millionen fühlten. Dieses große und rüstige Volk von 50 Millionen lebte in dem Gedanken, daß es ohnmächtig sei, jederzeit von den Nachbarn völlig zertreten werden könne. Sie fürchteten das Gold, das Land, die Kohle, die Waffen der einen Million!"

„Aber das war doch samt und sonders wesenloser Spuk!"

„Das glaubten die anderen keineswegs. Zwar fühlten sie das Unerträgliche, daß alle ihre Kraft, alle ihre Arbeit ihr Elend nicht linderte, aber sie sahen kein Mittel, das Glück und die Macht zu erobern. Ihnen fehlte ja *alles*."

„*Fehlte*? Sie brauchten doch nur hinüberzugehen, und zu holen, was sie brauchten. Wer hätte ihnen widerstehen können?"

„Sie *sind* schließlich auch über den Bach gegangen –"

„Nun also", triumphierte der Forscher und Denker.

„Und sie erneuten für jene die Paläste, bestellten für jene die Äcker, holten für jene die Schätze aus dem Boden, schleppten für jene das Gold und bedienten für jene die Kanonen, Gewehre und Panzerschiffe. Ganz wehrlos, ganz ohnmächtig fühlten sie sich, schmachteten in Elend und Not. Und die Besten unter ihnen marterten sich die Köpfe, welche Mittel es wohl für sie gäbe, der Übermacht der einen Million Herr zu werden. Sie ersannen sich hundert Methoden und verwarfen sie alle wieder als unmöglich, als zwecklos."

„Sie reden von einem Reich des Wahnsinns" – lachte der Denker und Forscher.

„Ich rede von gestern und heute und morgen, von euch und uns, von einer Wirklichkeit, die ihren Wahnsinn als die Vernunft, und ihre Vernunft als den Wahnsinn gesetzlich festlegte!"

„Das ist tolle Phantasie" – erklärte der Professor – „Gespenstergeschichten aus Nebelheim, wo man den Golem als Gott fürchtet. Die 50 Millionen hatten doch *alle* Mittel der Macht, und die eine Million *keines*. Was brauchten die 50 Millionen da erst nach Wegen zu suchen, sie erstickten ja fast im Überfluß der Machtmittel!"

„Ja", sagte ich, und das Blut drang mir zum Herzen, „sie hatten wohl alle Mittel, aber es fehlte ihnen das Mittel, das einzige Mittel, die Welt für sich zu erobern: Das kleine winzige *Lichtfünkchen*, das die Macht über alles Elend bedeutet, das Fünkchen, das im *Gehirn* aufleuchtet: die *Erkenntnis*. –"

# Die ewigen Arbeiter
## Aus einem Reich 24stündiger Arbeitszeit
### *Eine soziale Wanderung*
#### (1909)[1]

**I.** |

Die Tragödie der großen Masse, der namenlos Vorübergehenden, Vorübergewehten, lebt und vollendet sich in der toten Ware, die allen Glanz dieses Daseins ermöglicht. Die blutige Runenschrift der Waren entziffern, heißt die Bedingungen unseres gesellschaftlichen Daseins erkennen. Geronnene Tränen, geschliffene Seufzer, verwebte Lungen, zerhämmertes Hirn, das sind die gesellschaftlichen Urelemente, die sich unsichtbar mit den natürlichen Stoffen und der kunstfertigen menschlichen Weisheit verbinden. Und je heller die Ware schimmert, desto dunkler ist die Höhle, in der sie geboren ward. Gäbe es ein Gesetz, das den Käufer verpflichtet, jeder Ware einen Ursprungszettel beizugeben, in der die soziale Zeugungsgeschichte des Gegenstandes wahrheitsgetreu verzeichnet ist, die verhärtete Menschheit würde diese Urkunde nicht ertragen.

Der grausamste Spiegel aber menschlicher Not, die zur Ware wird, ist der Spiegel. Wenn er sich selbst bespiegeln könnte, wenn er wiedergäbe, nicht was vor ihm steht und das Echo seiner Eitelkeit zu hören begehrt, sondern wenn in ihm das Bild, die Bilder seiner Entstehung sichtbar würden, das hellste Kristallglas würde in grauenhaften Blutflecken erblinden. Eine Leidensstation des Spiegels hat vor Jahren Bruno Schönlank der entsetzten Öffentlichkeit geschildert: die menschenfressenden Quecksilberbeleg-Anstalten in Fürth. Aber das ist nur *eine* Station. Von Anbeginn bis zum Ende, von der Herstellung des ersten Rohprodukts bis zur letzten Veredelung wandert der Spiegel in wirren Kreuz- und Querzügen von Not zu Not. Alle Sinnlosigkeit und alle Qual der kapitalistischen Verfassung häufen sich in diesem schimmernden Glas, das dann den Selbstgenuß der Schönheit zeugt. Von Feuer zum Wasser und vom Wasser zum Feuer wandert das Produkt, und indem in ihm die Spuren der Unzulänglichkeit des Stoffes bis zum letzten Rest getilgt

---

[1] Textquelle | Kurt EISNER: *Gesammelte Schriften. Zweiter Band.* Berlin: Paul Cassirer 1919, S. 70-85.

werden, schleppt es rastlos häufend mit sich die Male gemarterten und zerbrochenen Menschentums. In der Oberpfalz am bayerischen Wald, fernab von den großen Heerstraßen, beginnt das Leben des Spiegels. In der Höllenglut der Glashütten opfern Menschen ihre Lungen, um das rohe Spiegelglas zu blasen. Zwar liest man wohl im Konversationslexikon, daß die schon 1688 erfundene Glasgießerei das Blasen der Spiegelscheiben vollständig verdrängt habe, aber die Lungen von Menschen sind immer noch die billigsten Maschinen und so wird in der Oberpfalz das Spiegelglas eben immer noch geblasen. Die glühende Masse, die der Glasmacher durch die Pfeife hin- und herschwingend mit dem Munde aufbläst, wiegt bis zu 80 Pfund und die Fertigkeit, die er anwenden muß, um den Hals der Riesenflasche abzusprengen, die so entstehende Röhre zu spalten und sie dann in Flammen flach zu walzen, ist für den Zuschauer unfaßbar. Dann wandert das rohe Glas in die Schleif- und Polieranstalten, die die Flußtäler des bayerischen Waldes besiedeln. Das Elendskind des rauhen Waldes kommt in die rauchige Stickluft von Fürth. Auch hier wandert das Glas noch durch manche Hände, bis die Veredelung vollendet ist. Unablässig rinnt das Wasser über die Hände des Arbeiters, der in den Polier- und Facettieranstalten die Kanten anschleift, die Hände schwellen auf wie Leichenhände, aber der Arbeiter achtet des nicht; mit gespanntem Körper und starrem Blick, unermüdlich zwingt er dem spröden Glas die Facetten ab. Drüben, ein paar Straßen weiter, hat wieder das Feuer die Herrschaft, hier erhält der Spiegel seine Seele, den Metallbelag. Seit Schönlanks Schrift sind die Fabriken, die Quecksilber benutzen, bis auf zwei ausgestorben. Das Gewissen hat sich seitdem beruhigt. Aber es ist trotzdem kaum viel besser geworden, denn nun müssen Arbeiterinnen in lähmender dumpfer Hitze, in Sommer und Winter überwärmten Räumen, die Luft voll ätzender Dämpfe, 12 Stunden lang die Silberlösung auf das Glas bringen. Kein Luftzug ist zulässig, denn er würde schwarze Flecken in den Glanz wehen. Mädchen von 16 Jahren verlieren in dieser Temperatur von 35 Grad und mehr schnell ihre Jugend, und Greisinnen mit 60 Jahren, den verrunzelten Körper notdürftig bekleidet, mühen sich gleichmütig, stumpf und längst hoffnungslos geworden über derselben Arbeit, in der sich schon ihr Tod spiegelt. Ich war in einer der besteingerichteten dieser Fürther Spiegelanstalten; die kurze Zeit meines Aufenthaltes genüg-

te, um mich für ein paar Tage meiner Stimmmittel zu berauben ...
Nun aber folgt auf die Tragödie das freche Satirspiel. In der Veredelung des Glases gehen all die fleißigen Arbeiter zugrunde. Wenn aber der Spiegel fertig ist, wenn gar nichts mehr an ihm gearbeitet wird, dann veredeln sich plötzlich die Menschen, die mit ihm zu tun haben. Der Spiegel, der mit dem Hunger genährt wurde, solange an ihm gearbeitet wurde, beginnt auf einmal Gold zu hecken, nachdem die Arbeit abgeschlossen ist. Die Menschen werden Millionäre, Kommerzienräte, geheime Kommerzienräte, sogar Wohltäter der Menschheit, stiften patriotische Denkmäler und fühlen sich als Herren der Welt.

In der Tat: der Spiegel ist die Ansammlung aller denkbaren kapitalistischen Monstrositäten. Die längsten Arbeitszeiten kuppeln sich mit den niedrigsten Löhnen. Der Raubbau der Akkordarbeit wuchert auf allen Leidensstationen seiner Herstellung. Die Arbeitsteilung, die den Menschen zur Maschine macht, ist bis in die feinsten Verästelungen durchgeführt. Ein vielfaches, kompliziertes tückisches Zwischenmeistersystem, das einzelne Leute bereichert, drückt schwer auf die Löhne der Arbeit. Die Arbeit selbst wird hin und her geworfen zwischen toller Überarbeit und unfreiwilligem Feiern: wenn die Bäche zu viel oder zu wenig Wasser haben oder wenn auf dem Markt Krise herrscht. Auf dem ganzen Wege wird nirgends unter gesunden, nicht einmal unter erträglichen Verhältnissen gearbeitet. Übergroße Hitze wechselt mit verheerender Kälte und Nässe. Beizender Staub, quälende Dämpfe, verfaulte Luft verbreiten Krankheiten. Nirgends Schutz gegen gefährliche Unfälle. Schon die früheste Jugend wird in diesem Maelstrom verwüstender Arbeit hineingerissen, die Frauen werden noch schlimmer und schneller zerstört als die Männer, und selbst die verbotene Kinderarbeit blüht insgeheim und unausrottbar noch fort. Der aber, der endlich diese ungeheure Ernte des Todes in Geld ummünzt, leistet nicht einmal die organisatorische Arbeit des Unternehmertums. Es ist der Exporteur, der Händler, der die Saat mäht. Er leistet nicht nur gar nichts zur Herstellung des Produkts, er ist sogar befreit von aller kapitalistischen Verantwortung und jedem finanziellen Risiko. Diese Unternehmerintelligenz besteht darin, daß sie ohne jede eigene Leistung den höchsten Gewinn erzielt. Während die Arbeiter durch eine feindselige gemeinsame Haftpflicht aneinandergekettet sind, während sie – und zum Teil auch die kleinen Zwischenmeister oder Zwischenfabrikanten – die ganze Verantwortung auch für die möglichst große Produktivität der Arbeit auf sich nehmen, während einer den anderen in seiner Arbeit kontrolliert, weil nicht nur mißratene Ware von dem Arbeiter ersetzt werden muß, sondern weil auch jede Pfuscherei eines Gliedes in der Kette alle in der Teilarbeit folgenden Glieder in ihrer Leistungs- und Verdienstfähigkeit vermindert – bedarf der Kaufmann, der am Schluß erntet, was die anderen gesät haben, nur eines Hauptbuches und eines Geldschranks. Gerade in diesem System, wo nicht der Arbeiter und auch nicht der Fabrikant, sondern der Exporteur der Ausbeuter ist, entblößt sich sinnfällig und unentschuldbar der Aberwitz einer Gesellschaftsordnung, in der zugrunde geht, wer die Güter der Gesellschaft mit seinem ganzen Leben verantwortet, wo gebietet und emporsteigt, wer verantwortungslos nur die Arbeit der anderen rafft.

Von einer Station nun des Spiegelmartyriums möchte ich einiges erzählen, von Zuständen, wie man sie in Deutschland nicht für möglich halten sollte, und die radikal zu ändern eine unaufschiebbare Aufgabe der Gesetzgebung ist. Ich will von den „ewigen Arbeitern" in den Schleif- und Polierwerken des bayerischen Waldes reden, den „ewigen Arbeitern", wie sie sprichwörtlich genannt werden, weil sie in Wahrheit niemals zur Ruhe kommen, solange sie arbeitsfähig sind, das heißt zumeist: bis sie das Grab umfängt.

## II. |

Die Schleif- und Polierwerke, die das halb veredelte Spiegelglas zur Fertigstellung nach Fürth liefern, sind überall in der Oberpfalz verstreut; sie folgen den Flußläufen, deren Wasser ihnen die mechanische Kraft gibt. Ich sah die entlegensten dieser Werke. Bei einer Wanderung im Murntal, schon nahe der böhmischen Grenze. Diese Hütten des Murntals gelten als die verhältnismäßig erträglichsten in diesem Gebiet, und ich besuchte sie an einem heiteren warmen Herbsttage, nicht im Winter, wo sie verschneit liegen. Ich besuchte sie am Tage und nicht in der Nacht. Und ich sah sie endlich gerade an dem Tage, da vierwöchentliche unfreiwillige Ferien zu Ende gegangen waren und der Betrieb wieder aufgenommen wurde; da herrschte noch etwas wie Feiertagsstimmung, wie Ausgeruhtheit und Behaglichkeit. Die Hetzjagd war noch nicht im Gange. Wenn trotz dieser günstigen Umstände sich die Verhältnisse mehr wie Ausgeburten eines toll gewordenen Menschenquälers, wie kapitalistische grausame Fieberträume, denn wie Wirklichkeit darstellten, so mag man einen Begriff davon erhalten, welche Eindrücke ein Wanderer mit sich nehmen würde, der in eisiger Winternacht die schlimmsten dieser Arbeitsstätten besuchen würde.

Über Schwandorf-Bodenwöhr zweigt das Bähnchen von der Hauptlinie ab, das nach Neunburg vorm Wald führt, in dieses lustige alte Städtchen, dessen helle Häuser bergwärts zum Schloß und zur Kirche klettern, in dessen Hauptstraße nur Gasthäuser zugelassen zu sein scheinen, wo ehemalige Klöster und Schlösser zu Bierbrauereien umgewandelt sind, die das billigste Bier der Erde hervorbringen; denn in der Oberpfalz kostet der Liter nur 20 Pf. In einer kleinen Wanderung erreicht man von hier den Wald, noch eine anmutige Ortschaft, und dann geht es hinauf in die unendliche Einsamkeit des ernsten Tales. Bald springt am Bach die erste Ansiedelung schroff und plump hervor. Trotz ihres Alters haben sich die ungefügen Gebäude nicht in die Waldeinsamkeit hineingewöhnt. Sie sind der Natur fremd geblieben in ihrer nackten geschäftlichen Öde. Sie sollen Gewinn abwerfen, Produktionskosten sparen, nicht menschenfreundliche Hausung gewähren. Um die langgestreckte Scheune, die das Werk birgt, ein paar armselige Hütten, in denen die Menschen wohnen. Diese Hütten sind der Stolz der Murntalwerke, denn anderswo haben die Arbeiter überhaupt keine Wohnung, sondern sie hausen unter dem Dach des Werks oder in der Werkstatt selbst. Alles ist schmutzig, verfallen, wie unfertig. Und die Öde der Ansiedelung wird noch gesteigert durch die Blutfarbe, die Häuser, Boden, Gegenstände und vor allem die Menschen beschmutzt. Alles ist von diesem abscheulichen Rot befleckt, das die Leute dort Pottic nennen: Es ist das Polierrot (Eisenoxyd), das zum Polieren des Glases verwendet wird. Der Farbstaub dringt überall ein, malt die Gesichter und die Hände, die Haare, die Kleider, die Wäsche, die Betten. Die Zeitung, die sie lesen, ist rot gefärbt, der Lohnzettel, ebenso wie der Brief, den sie schreiben. Ein Brief von einem Glaspolierer verrät auch uneröffnet und ohne Poststempel den Ursprungsort – durch die roten Flecken. Der Farbstoff macht die Generationen, die hier das im Familienbetrieb überlieferte Gewerbe ausüben, zu einer Rasse von Rothäuten. Die Wiege, die der ewigen

Arbeit neue Opfer nährt, ist ebenso rot betupft wie das Leichenhemd, das das Opfer erledigt. Dieses entsetzliche, schmutzige alldurchdringende Rot wird nur beschattet von dem tiefen Schwarz der politischen Färbung. Denn in der Oberpfalz herrscht das Zentrum, und christ-katholische Geistliche lehren in schöner Toleranz allsonntäglich die braven Arbeiter, daß sie geduldig für alle Zeiten die „Spiegeljuden" von Fürth zu füttern hätten. Im Murntal freilich hat die sozialdemokratische Aufklärung schon die Köpfe erhellt. Und dieser kernige tüchtige Menschenschlag gewinnt durch den neuen Glauben die Kraft, der kapitalistischen Zerstörung ihres Daseins in tätiger Hoffnung Widerstand zu leisten.

In drei Abteilungen, die auch räumlich getrennt sind, vollzieht sich das Schleifen und Polieren des Rohglases. Die Technik der Kraftzuführung hat sich den modernen Möglichkeiten nicht angepaßt. Das große Wasserrad leitet in direkter Umsetzung die Kraft zu. Daher die unfreiwilligen Pausen der Arbeit bei Trockenheit oder Überschwemmung. In diesen Pausen erhält der Arbeiter nichts. Nur wenn wirtschaftliche Ursachen Arbeitseinstellung veranlassen, wird neuerdings eine Entschädigung bezahlt, 6 Mark die Woche für den Mann, 3 Mark für die Frau. Aber selbst wenn bei nicht allzu niedrigem Wasserstand der Betrieb noch nicht eingestellt zu werden braucht, so wirkt die verminderte Kraft auf die Arbeitsleistung ein und senkt den elenden Akkordverdienst noch mehr. Binnen einem Jahre mußten die Murntalleute 7 Wochen (Oktober 1908 vier Wochen, Februar 1909 drei Wochen) wegen elementarer Ursachen ohne jede Entschädigung, 4 Wochen (August-September 1909) wegen angeblich schlechten Geschäftsgangs feiern. Aus der ewigen Arbeit werden die Menschen in die Untätigkeit und in den Hunger gestürzt und die Muße belebt deshalb nicht ihre verbrauchte Energie, sondern sie zermürbt sie vollends, so daß sie gebrochen schließlich nur noch von einem Wunsch getrieben werden: nur Arbeit haben, gleichgültig unter welchen Bedingungen. Diese „Ferien" sind höchst wirksame Antreiber für die Unternehmer …

Das Rohglas wird zunächst poliert. Auf großen Eisenscheiben, 4 Meter im Durchmesser, werden die Gläser in zwei Quadraten aufgegipst. Auf zwei viereckigen Marmorblöcken von derselben Größe werden ebenfalls Gläser aufgegipst. Der Schleifer hat dann diese Marmorplatte, die mit den Gläsern etwa 5 bis 6 Zentner wiegt, äußerst behutsam auf die Unterlage zu fügen. Jeder Bruch einer Scheibe ist – wie in dem ganzen Produktionsprozeß überhaupt jede Beschädigung oder Unvollkommenheit – von dem *Arbeiter* zu zahlen. So ruht Glas auf Glas. Und indem die untere Scheibe wie die darauf liegende Platte in gegenläufig rotierende pfeilschnelle Bewegung gesetzt werden, schleifen sich die Gläser aneinander. Nun beginnt die höchst verantwortungsvolle Leistung des Schleifers. Fließendes Wasser bespült ständig die Scheiben; der Arbeiter aber hat in regelmäßigen Abständen Sand hinaufzuwerfen, erst den gröbsten, dann immer feineren, sieben Sorten nacheinander, darauf noch drei Sorten Schmirgel. Wenn neuer Sand gestreut wird, so zischt es auf wie Meeresbrandung, ist doch auch das Meer die große Schleifmühle der Kiesel. Aber die schrillen, spitzen Obertöne scheiden diese künstliche Brandung peinigend von der erhabenen ruhigen Sturmgewalt der Natur, die im stärksten Brausen noch die Schönheit des Orgelklangs bewahrt. Alle Geräusche der Industrie quälen. Das allmähliche Verebben des schreienden Zischens zeigt dem Schleifer, daß er wieder Sand auf die Scheiben zu werfen hat.

In 8 bis 9 Stunden sind die Scheiben auf *einer* Seite geschliffen und werden gewendet. Die Arbeit wiederholt sich, so daß das Schleifen der Scheiben auf beiden Seiten den ganzen hier üblichen 16stündigen Normalarbeitstag erfüllt.

Aber nicht nur die Scheiben, sondern auch die Menschen werden aneinander gerieben und schmerzhaft geschliffen. Hat der Sandsortierer seine Arbeit nicht sorgsam geleistet, so mißraten dem Schleifer die Gläser. Ist der Schleifer aber unachtsam gewesen, so vermehrt er die Arbeit und mindert den Lohn der Douciererin, die in der Regel seine Frau oder Tochter ist. Aus der Schleiferei nämlich wandert die Scheibe in den Doucierraum, wo Frauenarbeit herrscht. Hier wird mit der Hand die Feinschleiferei vollendet. Mit Hilfe einer Glasscheibe und feinstem Schmirgel fährt die Arbeiterin unablässig über die zu schleifende Spiegelscheibe hin und her. Hat der Schleifer gut gearbeitet, so ist wenig auszubessern, sind starke Mängel, so beansprucht die Veredelung viel Zeit und die gelohnte Stückzahl vermindert sich. Der Doucierraum ist zugleich Wohn- und Schlafraum, Küche und Kinderstube der Arbeiter. In dieser menschenleeren Gegend wird mit dem Raum gespart wie in der Hauptstraße einer Weltstadt. Schon die unendliche Arbeitszeit, die notwendig ist, um ein paar Mark zu verdienen, fesselt ja den Arbeiter unablässig an die Arbeitsstätte. Warum soll er dort nicht gleich ganz wohnen! Das haben sich in vielen Werken die Besitzer zunutze gemacht, und nicht nur die Douciererin, sondern alle Arbeiter wohnen in, neben und über dem Werkraum. Emil Girbig schilderte kürzlich im „Fachgenossen", dem Organ der freien Gewerkschaft der Glasarbeiter, solche Wohnungsverhältnisse: „Die Wohnungen befinden sich fast ohne Ausnahme auf dem Boden der Polierwerkstätte. Die Räume sind aber nicht abgeteilt. Ein großer Bodenraum gilt als Aufenthalt für 6 bis 8 Familien. Es steht das Bett, in dem die Eltern schlafen, dicht neben dem Bett der Kinder; dazwischen steht der Doucierblock und das Faß mit Wasser zum Abspülen der doucierten Gläser. Dann folgen die Betten der Nachbarn und Mitarbeiter. Es gibt keine Scheidewand. Jahraus, jahrein hausen die Familien nebeneinander. Die Kinder werden in den Räumen geboren, und wenn der Tod an den Arbeiter herantritt, dann stirbt er unter dem Dach und bleibt auch in diesem gemeinsamen Raum drei Tage bis zur Beerdigung liegen." Die Geschlechter sind nicht getrennt, und eine bayerische Verordnung, die die Trennung verfügte, wird kaum gehalten, wie denn für dieses ganze Arbeitsgebiet alle Schutzmaßregeln versagen.

Aus den Händen der Douciererin kommen die Scheiben in den Polierraum. Wieder werden die Gläser auf große Bänke aufgegipst und darüber fährt dann, von einem Gestänge geführt, ein schwerer mit Filz bekleideter Block. Eng aneinander, oft zu hunderten, stehen die Blöcke nebeneinander, so eng, daß ein ungeübter Mann nur mit äußerster Gefahr durch das Getriebe hindurch zu gleiten vermag. Der Polierer aber, der eine die einzelne Arbeitskraft weit übersteigende Anzahl von Blöcken zu bedienen hat, wenn er leben will, drückt sich zwischen den Blöcken hindurch und richtet sie, damit der Filz allmählich alle Teile der Scheibe gleich glättet. Eine dieser Poliererfamilien, die ich besuchte, hatte nicht weniger als 72 Blöcke zu versehen. Alles Ächzen der leidenden Kreaturen in der ganzen Welt, alles Heulen der Schmerzen auf Erden scheint sich in diesen Räumen vereinigt zu haben. Von hier beginnt das Polierrot seine Wanderung in alle Poren des Betriebs und der Gegend. In diesem Geächz und Geheul verbringt der Polierer sein ganzes Leben. Er wird scherhörig und man muß laut zu ihm sprechen, wenn man sich draußen auch in der Waldstille mit ihm verständlich machen will.

Sein ganzes Leben – buchstäblich! Denn hier wandelt sich die 16stündige Arbeitszeit in die *24stündige Endlosigkeit*! Tag und Nacht fahren die Polierblöcke gespenstisch hin und her und sie bedürfen von Zeit zu Zeit der Wartung, sei es, daß die Lage verändert werden muß oder Polierrot hinzuzufügen ist. Die Arbeiter hausen Tag und Nacht in diesem Grauen. Am Montag in aller Frühe beginnt das Rackern und endigt erst, wenn die Kirchenglocken des nächsten Orts Sonntags zum Christendienst rufen; denn die erforderliche Religionsübung läßt sich eben doch nicht im Polierraum vornehmen. Während der ganzen Woche kommt der Arbeiter nicht aus den Kleidern. Wohl kann er, wenn die Blöcke richtig laufen, eine Weile sich auf einer Bank niederstrecken, aber er ist die ganzen 24 Stunden des Tages zur Arbeitsbereitschaft verpflichtet! Will er ein paar Nachtstunden ungestörter Ruhe haben, so muß er sich entweder von Familienmitgliedern vertreten lassen, oder auf seine Kosten einen Hilfsarbeiter stellen. Auch seine Arbeitsleistung hängt in ihrem Ertrag wesentlich ab von dem Zustand, in dem ihm die Douciererin die Scheiben überliefert.

Der Polierer weiß nichts von der Welt. Sein ganzes Dasein ist erfüllt von dem Lärm der Polierblöcke, dem roten Polierstaub und dem *Kampf mit dem gemeinen Hunger.*

### III. |

Denn der ewige Arbeiter muß ewig hungern! Der Schleifer verdient mit seiner 16stündigen Arbeitszeit 15 M. die Woche. Der Sandsortierer 11 M., die Douciererin (bisher bei 12stündiger Arbeitszeit) wöchentlich 5 M. Der Hilfsarbeiter erhält 7 M. (mit Kost), 13 – 14 M. (ohne Kost). Er muß Tag und Nacht zur Verfügung stehen; vertritt er den Polierer zur Nacht, so bezieht er von ihm für 6 Stunden Nachtarbeit 40 Pf., nämlich für alle 6 Stunden insgesamt. Der Polierer ist der König in diesem Reich. Er schwingt sich bei 24stündiger Arbeitszeit mit 48 Blöcken zu 17 – 18 M. die Woche empor. So beläuft sich der Familienjahresverdienst insgesamt auf 600 – 700 M. Dafür müssen Mann und Frau, die erwachsenen Töchter und Söhne, aber auch – trotz des Verbots – die kleinen Kinder arbeiten. Diese Löhne haben erst nach den letzten Tariferhöhungen von 1907 den Stand von 1885 wieder erreicht. Die Arbeitszeit ist nicht kürzer geworden, aber die Lage hat sich insofern verschlechtert, als die ganze Lebensmittelteuerung mit voller Wucht auf diesen Unglücklichen lastet. Und sie segnen heute nicht gerade mehr den Bauerndoktor Heim, der sie im Reichstag vertritt. Die Arbeiter müssen alle Lebensmittel kaufen, sie besitzen nicht das kleinste Äckerchen, kein Nutztier. Die Preise sind auch in diesem entlegenen Winkel nicht billig; Kuhfleisch 60 Pf., Ochsenfleisch 80 Pf., Schweinefleisch 80 Pf., Kalbfleisch 60 Pf. Das sind freilich für die Glasarbeiter nur *theoretische* Preise. Sie verfallen nicht auf den Gedanken, Fleisch zu essen. Die trockene Kartoffel ist ihr Nahrungsmittel. Die paar Stunden Rast in der Woche müssen sie noch zur Arbeit nutzen. Sie wandern in den Wald, um Holz zu freveln; Polizeistrafen für solche Eingriffe in das Waldeigentum bilden regelmäßige Abzüge ihres Lohnes.

Der furchtbare Lohndruck ist wesentlich bedingt durch das raffinierte Zwischenmeistersystem. Diese Werke gehören Besitzern, die in München oder sonst fern in einer Stadt wohnen und für die Exporteure diesen Teil der Veredlung besorgen. Die Besitzer der Schleifwerke setzen nun Werkmeister ein, die den Betrieb beaufsichtigen. Gelegentlich ist dieser Zwischenmeister zugleich auch der Besitzer, aber es ist nicht die Regel. Der Meister stellt die Betriebsmaterialien. Er liefert von dem Geld, das ihm der Besitzer zur Verfügung stellt, Filz, Gips, die rote Farbe, Sand und Schmirgel. Er hat also das Interesse, daß mit diesem Material sparsam umgegangen wird. Die Rechnung stellt sich nun so: Der Meister erhält von dem Besitzer 1000 M. in 14 Tagen. Die Summe fällt zur Hälfte ihm zu, zur anderen dem Arbeiter. In die 500 M. teilen sich – ich führe ein konkretes Beispiel an – 7 Schleifer, 4 Poliergesellen, 11 Douciererinnen. Je ein Drittel der 500 M. entfällt etwa auf die drei Kategorien. Von den 500 M. bezahlt der Meister Hilfsarbeiter und die Materialien. Ihm bleiben als dem einzigen, der nicht arbeitet, 150 M. für 14 Tage übrig. Durch dieses System wird auch der letzte Rest von Verantwortung von den Unternehmern abgewälzt. Aber es ist klar, daß der parasitäre Zwischenmeistergewinn ein Raub am Arbeitslohn ist.

In ähnlichen Verhältnissen leben 2300 bayerische Arbeiter und Arbeiterinnen. Aber gibt es denn keine Gewerbe-Inspektoren, nimmt sich kein Gewerbearzt dieses Elends an? O, dieses Reich ist den beamteten Hütern der sozialen Wohlfahrt durchaus nicht unbekannt. Jahr für Jahr tönen aus den Gewerbeberichten dieselben Klagen, die, so gedämpft sie auf leisen Sohlen schleichen, die Wahrheit ahnen lassen. Der Streik der Glasschleifer von 1905 lenkte die Gewerbe-Inspektoren auf die ungeheuerlichen Mißstände. Damals verkauften sogar noch die Zwischenmeister die Materialien an die Arbeiter zu Wucherpreisen und zogen sie vom Akkordlohn ab. Das wenigstens wurde beseitigt. Die Wohnungsverhältnisse werden immer wieder in grotesker Sanftmut als „nicht gute" bezeichnet. 1906 wurden 88 Wohnungen beanstandet, weil sie zugleich Wohn- und Arbeitsräume waren. Sie waren „feucht, zu stark belegt, schmutzig, Böden, Wände und Decken schadhaft, Fenster, Fensterrahmen und Türen schadhaft oder nicht schließend". Es wird von Kindern unter 12 und 13 Jahren berichtet, die arbeitend betroffen wurden. Es wird geklagt, daß die Bestimmungen über ärztliche Zeugnisse nicht beachtet werden. Es wird das Gutachten eines Arztes mitgeteilt: „Tagtäglich kann die Beobachtung gemacht werden, daß die Arbeiter in den Glasschleifereien und -Polierereien meist blasse, anämische, krankhaft aussehende Leute sind, welche fast sämtlich an chronischen Bronchialkatarrhen und tuberkulösen Erkrankungen der Lungen leiden." Ein anderer Arzt schreibt: „Bei den Arbeitern in den Glasschleifereien und Glaspolierereien handelt es sich um die Einatmung eines äußerst scharfen, die Respirationsorgane im hohen Grade angreifenden, meist quarzhaltigen Staubes. Äußerst schädlich auf die Atmungsorgane wirkt auch die rauchige Atmosphäre, welche die schlechten Öllichter verbreiten, womit die Arbeitsräume beleuchtet werden." Auch *Nachtarbeit von kleinen Kindern* wird konstatiert. Aber die Gewerbeberichte entschuldigen diese unerhörten Zustände immer schließlich mit den unvermeidlichen Bedingungen des schlecht gehenden Gewerbes, das man nicht zerstören dürfe, und keinem fällt es ein, zu erklären, daß eine Industrie wert ist, so schnell wie möglich zugrunde zu gehen, wenn sie nicht bei menschenwürdigen Bedingungen existieren kann. Aber die Verhältnisse *könnten* gebessert werden. Es ist die Brutalität einer verantwortungslosen Ausbeutung, die dieses verruchte System erzeugt hat.

So leben diese Arbeiter. Wie sterben sie? Auch im Tode finden sie keine Ruhe. Vor mir liegt ein Aktenheft, das den Kampf um die Rente für einen getöteten Arbeiter erzählt. Auch diese Papiere sind rot bestäubt. Eines Morgens findet man einen Polierer tot mit zerschmettertem Kopf unten im Radraum. Neben ihm liegt ein Handbeil und die geliebte Schmalzlerdose, die ihm beim Niedersinken offenbar aus dem Schurz gefallen ist. Niemand war bei dem Unfall zugegen, aber jeder Arbeiter weiß, wie er sich zugetragen hat. Am Wasserrad war irgend etwas nicht in Ordnung. Der Mann nahm ein Beil und kroch in der nächtlichen Benommenheit der Überarbeit hinunter, um die Maschine zu richten und in der Akkordarbeit nicht beeinträchtigt zu werden. Dabei traf ihn eine Kurbel. Der Fall war klar. Nur nicht für die Berufsgenossenschaft in Fürth, deren Phantasie eine tolle und schamlose Räubergeschichte ersinnt, um die Witwe ihrer Rente zu berauben. Der Rentenanspruch wird abgelehnt mit der Begründung, daß der Ehemann sich der Gefahr selbst ausgesetzt habe, weil er verbotswidrig, während das Werk im Gange war, in den Radraum kroch. Dann heißt es: „Wenngleich nicht festgestellt werden konnte, zu welchem Zweck Ihr Ehemann in die Radstube gegangen ist, so muß doch aus der Sachlage der Schluß gezogen werden, daß Ihr Ehemann nicht einer mit der üblichen Betriebsarbeit an sich verbundenen Gefahr erlegen ist." Der Vertrauensmann der freien Gewerkschaft nimmt sich der Witwe an und legt Berufung gegen diesen Entscheid ein. Die Berufsgenossenschaft beantragt die Verwerfung der Berufung und begründet ihr Begehren wie folgt: „Es sei nicht anzunehmen, daß der Getötete in der Radstube einen Keil hätte antreiben wollen. Neben der Leiche ist auch die Tabaksdose gefunden worden, so daß in den staatsanwaltschaftlichen Akten … auch der Ansicht Ausdruck gegeben wird, die *Tabaksdose* sei durch eines der Löcher im Boden des Polierraumes … in die *Radstube* gefallen, Schmidt (der Getötete) habe sie holen wollen und sei dabei verunglückt. Das *Handbeil* könnte dabei sehr wohl zum *Hervorlangen* gedient haben." In der Tat ein höchst geeignetes Instrument für diesen Zweck! Das Schiedsgericht erkannte auf die Zubilligung einer Rente. Darob geriet der Vorsitzende der Berufsgenossenschaft, ein königlicher Kommerzienrat, in eine wilde Aufwallung tief verletzten Rechtsbewußtseins. Und er legte beim Reichsversicherungsamt Rekurs ein, indem er das Schiedsgericht wie folgt anblies: „Das Schiedsgericht hat auf bloße Vermutung und ohne jede positive beweiskräftige Unterlage hin als feststehend angesehen, daß Schmidt zum Zwecke irgendeiner Betriebsarbeit das Werk betreten habe. *Das ist kein Recht, sondern Willkür, gegen die wir uns wehren.*" Aber auch das Reichsversicherungsamt war der Meinung, daß ein Glasarbeiter nicht für seine Tabaksdose sein Leben opfert und daß ein Handbeil keine Stange ist. Es verwarf den Rekurs.

Seitdem ist der königliche Kommerzienrat der Fürther Aristokratie überzeugt, daß es auf der Welt kein Recht mehr gibt …

# Unter der Sonne
## (1. Mai 1910)[2]

Nie geschaute Frühlingsbilder hat dieses starre Preußen uns heuer gezeichnet: Aus den bewegten Linien dunkler Kleider, die sich zu Tausenden drängen, recken sich weiß leuchtende Hände zum Himmel empor. Es sind harte Hände der Arbeit und der Drangsal, verwitterte Hände der Sorge und des Schmerzes, gefurchte, verstümmelte Hände; aber alle diese Risse des Alltags sind unsichtbar geworden, aufgelöst in dem schimmernden Weiß, so wie sie sich jetzt aus dem düsteren Gewirr strecken, sind es alles dieselben schwörenden Hände des großen Willens und des furchtbaren Zornes, weit und hoch entfaltete Hände, die sich nicht in demütigen Gebeten verschränken, sondern die frei und stolz rufenden Finger dem Lichte zukehren, das an ihnen mild und reich herabrinnt, als wollte es die Sonne selbst in die Herzen leiten. Wie Blüten sind diese Hände, die plötzlich der Frühling auf steinigem Brachland erweckte. Eine neue Schönheit hat der bedeutsame Augenblick geboren: Über dem finsteren Millionenelend betrogener, geplünderter Menschen, der farblosen Masse, die immer nur anderen Farbe gewinnt, hat sich die unendlich gegliederte, in zahllosen Wandlungen doch einheitliche Riesenblüte schaffender Hände strahlend ausgebreitet, und diese öde Welt der Fron hat auf einmal die Form und Farbe des Frohen gewonnen. Eine neue Sonnenfeier ist wie über Nacht geworden.

Die Machthaber wußten wohl, was sie taten, als sie sich weigerten, die Menschheitsbewegung unserer Zeit in ungehemmtem Sonnenlicht sich ausbreiten zu lassen. Mochten die Rebellen immer sich

---

[2] Textquelle | Kurt EISNER: *Gesammelte Schriften. Zweiter Band*. Berlin: Paul Cassirer 1919, S. 86–91.

in öden, qualmigen Sälen einsperren, sich als Höhlenmenschen vor dem natürlichen Licht verkriechen, da sah man sie nicht, da sahen sie sich selber nicht, nur ihre Lungen wurden zerdrückt und verstaubt und ihre Augen verlernten im Licht zu schauen. Es war eine Aussperrung aus der Natur, und die fahle Dämmerung ließ alle Schrunden und Wunden in einem Grau sich verstecken. Nur unter der Sonne reift die unzerstörbare Kraft, nur wer in ihrem Licht, das jede Lüge entkleidet, zu bestehen vermag, bezeugt sein großes, gesundes, ungebrochenes Menschentum. Indem die Masse unter dem Himmel sich ausbreitet, zählt sie sich nicht nur, fühlt sie sich nicht nur, wächst in ihr nicht nur die sehnsüchtige Daseinsfreude und die tätige Entschlossenheit, sie gewahrt auch die Zerstörungen, die ihr Leben an ihnen verübt hat: die Sonne bringt es an den Tag, daß in der heutigen gesellschaftlichen Verfassung, dieser ewig währenden Schlacht, die große Mehrzahl der Menschen entstellende Wunden der Not und der Fesselung mit sich schleppt, die sie schamvoll verhüllen möchte. Die Sonne heischt die ungebrochene Schönheit des Menschen, und sie selbst wird zur Anklägerin wider die Verbrecher an menschlicher Kraft, Größe und Reinheit. Unter der Sonne wird alles Unechte entlarvt, aller hüllende Plunder und alles erheuchelte Gefühl zerzaust: Nur die ganz starke Wahrheit kann sich in ihrem richtenden Glanz bewähren. Nur in ihr können frohe, ehrliche, brausende *Feste des Lebens* entstehen!

Es lag von Anbeginn in der Maifeier des Proletariats, daß die Wiedergeburt der Natur sich mit dem Frühlingswillen menschlichen Strebens innig verbände – ein Sonnenfest erwachter Völker, ein Menschheitsfest, das zum erstenmal wieder in farbiger Freude und lachender Schönheit die ganze Erde einigen sollte. Aber fast schien es, als ob die Kraft, Feste zu feiern, versiegt sei. Das Maifest bildete sich keine eigenen Formen seines tiefen und heiligen Wesens. Es schleppte den Geruch und den Druck des Werktags mit sich. Wir nahmen an *Veranstaltungen* teil, nicht aber an einem Fest, in dem sich der erhöhte Sinn des Lebens offenbarte. Nur in unlustigen Sälen gab es etliche Vergnüglichkeit und flüchtige Erbauung.

Von unseren Festen, diesen Ausströmungen menschlicher Freude in den Formen der Kunst, der zu unmittelbarem Leben gewordenen Kunst, gilt, was William Morris von der Kunst selber sagt: „Verkauft ist sie worden und billig fürwahr, achtlos vernichtet durch die Gier und Unfähigkeit von Narren, die nicht wissen, was Leben und Freude bedeuten, und sie weder selbst besitzen, noch anderen gewähren wollen, zum Opfer gebracht jenem Ungeheuer, das alle Schönheit zerstört hat, und dessen Name ist – Handelsgewinn." In Wahrheit: sind nicht auch unsere Feste zur Ware geworden, Spekulationsobjekte für Saalbesitzer und Bierbrauereien? Nicht nur unsere Arbeit wird ausgeschrotet, sondern auch unsere Freude, und wenn wir in den kargen Minuten losgebundener Knechtschaft mit ermüdeten Sinnen und kaum sich selbst wagender und bejahender Sehnsucht uns dem Schein einer Freiheit hingeben, so wird auch sie auf dem Markt lärmend ausgeboten und feilschend verwüstet. Unsere Feste von heute sollen eine Vorahnung der Wirtschaftsordnung von morgen sein. Diese Ordnung, die aus dem rohen Chaos der menschlich-staatlichen Gesellschaft selbst ein Kunstwerk gestaltet, wäre nicht wert des Kampfes und der Opfer gewesen, wenn sie nur (wieder mag William Morris reden!) „die Bürde der Arbeit erleichtert hätte, ohne ihr wiederum jene Elemente sinnlichen Vergnügens beizumischen, das den Kern aller wahren Kunst ausmacht." Der englische Künstler-Sozialist weiß, was die Proletarier wollen, „und was sie aus den tiefsten Tiefen ihrer Barbarei zu erretten vermöchte: Arbeit, die ihr Selbstgefühl nähren, ihnen die Anerkennung und Teilnahme ihrer Genossen eintragen könnte, ein Heim, das sie mit Freuden aufsuchen, eine Umgebung, die sie besänftigen und erheben würde; vernünftige Arbeit, vernünftige Rast. Aber nur eine Macht in der Welt kann ihnen das schenken, die Kunst." Keine Kunst der Wenigen, sondern „eine Kunst, geschaffen durch das Volk, als ein Glück für den Schöpfer, wie für den Genießer." Die belebende Seele dieser neuen Ordnung wird die Kunst sein und sie wird eine Gesellschaft entwickeln, in der „die künstlerische Veredelung des Tagewerkes, an Stelle von Furcht und Not, Hoffnung und Freude als diejenigen Kräfte einsetzen wird, welche die Menschen zur Arbeit antreiben und so die Welt in Gang erhalten."

Dieser großen Zukunft Gleichnis und körperlich im voraus gestaltetes Abbild ist das Maifest, *sollte* es sein! Darum muß auch *seine* belebende Seele die *Kunst* sein. Wenn in der Völkerfeier des Mai die Schreie des Zornes und die Weckrufe zukunftsträchtiger Zuversicht in Massenchören über die Erde hallen, so bedarf der politische und soziale Gehalt des kämpfenden Festes der reinen, farbigen Formen, um auf die Seelen zu wirken, ihnen für immer ein Erlebnis zu bleiben, sie als ewig treibende, gläubige Trösterei durch alle die dumpfen und stumpfen Tage zu geleiten. Die Maifeier kann niemals zugrunde gehen, wenn es gelingt, ihren erhabenen Sinn in dem künstlerischen Ausdruck ihrer Verkörperung heranzuholen. Nur wenn sie in einer eilig gepfuschten Routine erstarrt, wenn sie Jahr für Jahr in barbarischem Gemengsel lediglich Antriebe und Vorwände für Lustbarkeitssteuern darbietet, dann hat sie ihre Seele, ihr Daseinsrecht verloren, auch wenn man sie mit peinlicher Gewissenhaftigkeit zum fälligen Termin auf die Tagesordnung immer wieder setzen mag.

Die früheren Zeiten kannten den bunten, ein wenig rohen, doch lustigen Kirmeslärm der Volksfeste, die die Massen in einem Drang vereinigte und die echt und lebensstrotzend waren, wenn sie auch zumeist das listig verführende und beschwichtigende Geschenk der Mächtigen waren. Die Volksfeste sind gestorben, und was sich noch so nennt, sind, da ihnen alle innere Volksgemeinschaft fehlt, leere entartete Nachahmungen und Fälschungen. Wir aber streben heute von den alten Volksfesten, die sich durch viele Tage des Jahres häuften, zu *einem* Völkerfest: Ein Fest nur, doch *alle* Völker! Das ist das Neue, Unerhörte, Gewaltige des Maifestes. Kein tollendes Betäuben über den Jammer des Alltags, den man wehrlos wie eine ewige Schickung trug, kein bocksmäßiges Herausspringen aus sonst versperrtem Stall, wie in den Volksfesten von ehedem, sondern ein Bergen und Ernten zukünftigen Reichtums in der symbolischen Versinnlichung ernster Freudenfeier – das ist das Maifest und das muß es zu formen imstande sein.

Wir brauchen die Farben der schlichten, echten, feierlichen Freude. Die Masse selbst, die von einem Ideal bewegt wird, gewährt uns den gewaltigsten Urstoff, ein würdiges Fest zu gliedern, den die Menschheitsgeschichte bisher dargeboten hat. Erfinden wir ihm die Linie und die Farbe seiner stolzen Weihe, rufen wir die Künstler, die mit uns fühlen, uns zu helfen. Nicht daß wir uns mit glitzerndem Plunder und täuschendem Flitter behängen wollen, grelle Papierblumen aufpflanzen und die Textilindustrie der Anilinfarben über die Natur breiten, nein, wir rufen nach der großen Einfachheit des Ausdrucks freier Freude, die sich innig schmiegt in die umgebende Natur und sichtbar auswirkt, was uns in Herz und Hirn gärt und zur Sonne hervordrängt. Lichte Kleider der Frauen und Mädchen, Frühlingsblüten in dem gelösten Haar der Kinder, helle Gesänge der unfertigen Jugend und die markigen Lieder der Reifen, und die große Kunst der klassischen Musik, der in Tönen eine neue Menschheit kündenden Meister – und alles unter der Sonne, furchtlos sich darbietend ihrer unbestechlichen, unbeirrbaren Prüfung. Und dann wird am Ende einst der Tag kommen, wo wir nicht nur geordnet, wie preußische Soldaten, durch die Straßen ziehen und in den Parks uns regelrecht säuberlich sammeln, wunderbar angepaßt der streng äugenden Polizei, die im Lineal das Szepter Gottes anbetet, sondern die farbig erglühende Masse tanzt durch die Straßen und schlingt unter den Bäumen der jetzt nur fürs Anschauen behüteten Stadtgärten den Reihen[3] – und alle Straßenbahnen, Automobile, Droschken halten vor solchem Mirakel still, und die ältesten Schutzmannsgäule wiehern vor erstauntem Vergnügen und hüpfen, daß ihre Reiter herunterfallen und – mittanzen …

---

[3] [sic; *Reigen* ?, pb]

# Die Tragikomödie des deutschen Liberalismus

## (1910)[1]

*„Geist genug zu allen Fragen und Zweifeln*
*und kein Genie zu ihrer Lösung."*
*Rudolf v. Bennigsen an seine Mutter.*
*17. September 1847.*


**I. |**

Vom deutschen Liberalismus, der immer und überall dabei war und doch niemals zur Macht gelangte, erzählt Hermann Oncken auf fast anderthalbtausend großen Lexikonseiten, indem er aus den nachgelassenen Papieren Rudolf v. Bennigsens das Leben des liberalen Führers schreibt und die von ihm selbst nicht aufgezeichneten Memoiren eines im Vordergrund geschäftigen Daseins zu rekonstruieren versucht. Hermann Oncken hat damit ein Quellenwerk ersten Ranges für die deutsche Parteigeschichte geliefert und reiche Beiträge zu der Durchdringung des Problems gespendet, warum wir in Deutschland immer nur einen zugrunde gehenden, sich verlierenden, faulenden Liberalismus gehabt haben.

Wir kannten aus persönlicher Anschauung nur den Bennigsen des neuen Deutschen Reiches und des Reichstages. Auch damals unterschied sich der Führer der älteren nationalliberalen Generation noch wesentlich von seinen Epigonen, den platten politischen Geschäftsleuten von der Rasse der Paasche, Bassermann, Semler. Er hatte doch etwas von einem gebildeten europäischen Politiker, er hatte Kenntnisse, ein idealistisch gerichtetes Wollen, oder besser Wünschen, und durch seine blasse, ein wenig müde Rhetorik schimmerte doch zuweilen eine vornehme Gesinnung und feinere Geistigkeit durch, die sich an allerlei Schätzen der Kultur genährt hatte. Aber dieser Mann war schon zugrunde gegangen, als er im Deutschen Reich zu wirken begann, ein Liberaler, der am deutschen Liberalismus verkommen war. Er war von Haus aus in Wahrheit eine politische Natur. Der bei uns so seltene politische Dämon wohnte und wirkte in ihm, wenn auch ein deutsch temperierter Dämon.

---

[1] Textquelle | Kurt EISNER: *Gesammelte Schriften. Erster Band.* Berlin: Paul Cassirer 1919, S. 342-405.

Aber diese Zeit politischer Kraft und geschichtlicher Charaktere lag längst hinter ihm, als wir ihn in der Nähe agieren sahen. Auch er war zerschellt an dem unpolitischen Krämer- und Philistersinn des deutschen Bürgertums. Er wollte kein Verbannter sein, wie die großen Vorkämpfer deutscher Freiheit, er wollte das Mögliche, das Erreichbare durchsetzen, und so riß er vom Liberalismus Stück für Stück los, bis er nur noch ein wirres Gefüge treibender Trümmer war.

Von zwei Klippen ist die deutsche bürgerliche Politik niemals losgekommen: von einem starren Doktrinarismus, der seine Feigheit tätiger Verantwortung hinter die Pflicht verschanzt, unantastbare Grundsätze in voller Reinheit zu erhalten, und von seinem Gegenspiel, wirklich grundsätzliches Handeln in eine überzeugungs- und richtungslose leere Betriebsamkeit aufzulösen, die immer siegt, indem sie nie eine Schlacht wagt. Bennigsen hatte in jungen Jahren diese beiden Todsünden der Politik erkannt, dann aber, um nicht doktrinär zu sein, ward er der machtpolitisierende Opportunist der Ohnmacht, der echte Irrealpolitiker im Wahne realistischer Politik.

Rudolf v. Bennigsen stammt aus einem uralten niederdeutschen Adelsgeschlecht. Die Bennigsen – nach einem Dorf, südlich von Hannover – sind schon als Herren von Bennucheshusen im 14. Jahrhundert nachweisbar; sie gehörten zu den 80 herrschenden Rittergeschlechtern, die Hannover als ihre Domäne ausbeuteten, wenn auch nicht zu dem Kern der 20 Familien, die die Minister- und alle höheren Posten im Staate einnahmen. Sie waren mäßig begütert, leisteten vielfach Kriegsdienste im Ausland; der russische General v. Bennigsen gab 1801 das Signal zur Familienermordung des Zaren Paul I. Bennigsens Großvater war preußischer Offizier, der den ruhmlosen Feldzug gegen die französische Revolution mitmachte und dann 1806 zu den Kapitulanten von Magdeburg gehörte; eine in jeder Hinsicht zerrüttete und verbitterte Existenz, unglücklich in seinem Familienleben, gebrochen in seiner Laufbahn, von Schulden belastet, das Familiengut dem Konkurs ausliefernd. Sein Sohn, Rudolfs Vater, baute dann in zäher Hingebung die verfallene Familienexistenz auf, auch er ein Militär, in Wahrheit mehr eine humane Gelehrtennatur, beschaulich und philosophisch gestimmt, kein Sklave seiner Kaste und voll zärtlicher Sorgfalt für seine Söhne, deren freie Entwicklung er opfernd und verständnisvoll förderte. Von mütterlicher Seite hat Rudolf v. Bennigsen Hugenottenblut ererbt.

Die englische Fremdherrschaft ersparte Hannover das Schicksal der anderen deutschen Vaterländer, von ihren angestammten Fürstenhäusern ausgesogen zu werden; die fremde Monarchie kostete Hannover durchschnittlich nur 12.542 Taler jährlich. Auch gestattete die englische Herrschaft eine größere geistige Freiheit. Auf der hannoverschen Universität Göttingen wirkte der erste liberale deutsche Publizist, Schlözer, der die zweite Hälfte des 18. Jahrhunderts mit seinem Ruhm erfüllte, und freilich auch gleich „nationalliberal" gesinnt war, mit seinem Kultus des „gemäßigten Fortschritts" und seiner Angst vor radikalen Forderungen und Taten als Teufeleien, die nur die „Reaktion" fördern. Aber die liberale Gesinnung war doch nur ein zartes Pflänzchen literarischer Zivilisation. Sonst drückte auf dem Staat eine extrem konservative Adelsherrschaft; zwei Drittel aller Rittergüter waren in den Händen des Adels, der alle Staatsstellen als seine Majorate erblich inne hatte.

Rudolf verbringt seine Kindheit in Hameln, Lüneburg, Hannover. Er ist eine „Primus"-Natur, ein ausgezeichneter Schüler, der in einem freien, geistigen und innigen Familienleben seine Gaben entfalten kann. Er ist ein Büchervertilger und Schillerschwärmer; Wilhelm Tell ist sein Held. Aber in dieser später so glatt harmonisch erscheinenden Natur geht doch ein Gespenst jäher Leidenschaft um: Der sechzehnjährige Knabe unternimmt einen höchst ernsthaften Selbstmordversuch, vermutlich in der Zerrissenheit einer jungen Liebe. Mit einem Reifezeugnis „erster Klasse" verläßt er das Lyzeum. Vier Jahre später nennt er die Schulmethode „geistestötend" und spricht von seiner „glänzenden Oberflächlichkeit", die für Genie gehalten worden sei. Er studiert in Göttingen die Rechte. Die Universität stand noch ganz unter dem Eindruck der Maßregelung der „Sieben" im Jahre 1837. Was da noch lehrte, war öde Mittelmäßigkeit; so bezog Bennigsen seinen ersten volkswirtschaftlichen Unterricht von dem jungen Roscher, dem Begründer der „historischen Schule", dem ebenso platten wie erfolgreichen übervulgären Kompendienschreiber der Nationalökonomie, der in seiner „Geschichte der Nationalökonomie" noch 1874 Karl Marx in einer Fußnote erledigte.

Bennigsen wird aus rein persönlichen Gründen Korpsstudent, obwohl er politisch zu den Burschenschaften neigt. Er ist lebenslustig, auch wild und stürmisch, macht Schulden, aber niemals roh und gemein. Als die Familie 1842 – der Vater wurde militärischer Bundesbevollmächtigter beim Bundestag – nach Frankfurt a. M. übersiedelt, gerät der Student in die liberale Luft der Heidelberger Universität, wo Gervinus und Schlosser wirkten. Er vertieft sich hier in politisch-radikale Schriften, ist empfänglich für den Romansozialismus Eugene Sues, dessen „sehr anregende Diskussionen über jetzige soziale Verhältnisse, besonders über die Erleichterung des traurigen Loses der arbeitenden Klassen" ihn mächtig bewegen.

Er verbummelt ein wenig, bleibt nicht ohne studentische Disziplinarstrafen, mit einem schlechten Zeugnis, der Wirkung eines alsbald von ihm selbst beklagten „wilden und leidenschaftlichen Studentenlebens", tritt er in die hannoversche Beamtenlaufbahn ein, die er unruhig und unzufrieden sofort wieder aufgeben will. Er denkt an den akademischen Beruf, er träumt von dem Professor als Schöpfer und Former eines neuen staatlichen und gesellschaftlichen Lebens: „Die Wissenschaft muß sich vom Schulstaub immer mehr befreien und nur in einer höheren Auffassung und Gestaltung des Lebens ihr Ziel suchen, dann hört sie aber von selbst auf, reine Theorie zu sein, und wird gewiß in edlerem Sinne ‚eine praktische' genannt werden können als die gesamte Beamtenschreiberei", schreibt er 1846 an den Vater. Er sieht den Sturm kommen, der alle europäischen Verhältnisse aufzuwühlen droht und schwärmt: „Soll nicht zum zweiten Male in Europa eine jahrhundertelange Barbarei, folgend auf eine ebenso lange dauernde Umwälzung an die Stelle einer dem Untergange nahen Kulturepoche treten, so ist das nur durch eine Vereinigung der im Volke liegenden schöpferischen Kraft und noch ungebrochenen Leidenschaft und des wärmsten, aufopferndsten wissenschaftlichen Eifers aller derer aus unseren sogenannten gebildeten Klassen möglich, die für das Wohl der Menschheit noch einer Begeisterung fähig sind und die an einer glücklichen Entwicklung zu einer besseren Epoche noch nicht verzweifelt haben." Schon regt sich in solchen Wendungen ein radikaler Geist.

Aber Bennigsen ist schon früh ein Mensch von schnellem Verzicht. Die nebensächliche Hemmung, daß er als Beamter keinen Urlaub erhält, um sich auf die Universitätskarriere vorzubereiten, bestimmt ihn, den Plan überhaupt aufzugeben. Doch er geht von der Verwaltung in die freiere Richterlaufbahn über. Noch hat er einen

Hang zur goldenen Mitte der Lebensauffassung. Er verabscheut in seiner religiösen Weltanschauung Atheismus und Materialismus, aber ebenso den Katholizismus und die protestantische Orthodoxie, und erwartet eine neue Reformation. Ein Besuch im Kölner Dom erfüllt ihn mit Widerwillen: „Kein Ende nahm das Knien und Knixen und Räuchern und Klingeln. Bequem ist die katholische Religion wahrlich, aber wo bleibt die menschliche Würde bei diesen Spielereien?" Und er sehnt sich nach einem Befreier: „Wann wird endlich der für das schwer ringende Deutschland so notwendige Genius erstehen, der an die Stelle des verfallenden, in dem Bewußtsein der größeren Menge der gebildeten Männerwelt wenigstens verloren gegangenen Christentums einen Ideenkreis von gleicher Fülle und Innerlichkeit und gleicher Gestaltungskraft für alle Lebensverhältnisse zu setzen imstande ist?"

## II. |

Die tolle Wunderkraft des Jahres 1848 läßt Bennigsens Ideen rasch zum äußersten Radikalismus klären. Er bleibt Zuschauer der Ereignisse, aber ein tief hingerissener Zuschauer. Er ist Republikaner, Demokrat, ein wenig selbst Sozialist. Er findet die bittersten Worte über die Monarchen und Monarchien, die herrschenden Klassen und Parteien. Aber er verbindet mit dem Enthusiasmus für die Ideen ein helläugiges Mißtrauen für die Menschen, die sie verwirklichen wollen – bis zur verzweifelnden Menschenverachtung, die ihn zugleich scharfsichtig macht und ihn bald den Zusammenbruch der überschwenglichen Hoffnungen voraussehen läßt.

Der Anfang des Jahres 1848 findet Bennigsen als Auditor in Osnabrück, wo mit ihm Windthorst und Planck, der spätere Hauptschöpfer des deutschen bürgerlichen Gesetzbuchs, wirken. Mit 23 Jahren erlebt er die Revolution. Er neigt zum linken Zentrum in Frankfurt a. M. und dilettiert in sozialistischen Gedanken französisch-utopistischer Herkunft. Und am Anfang des Jahres erwartet er naiv die unblutige deutsche Revolution, die Deutschland die Einheit und Freiheit bringen soll, von den Fürsten, die sich freiwillig durch die Parlamente auf die Stellung englischer Lords herabdrücken lassen. „Wäre eine Politik, die freiwillig den Übergang von der Monarchie zur Republik herbeiführt, indem sie sich mit der Rolle eines konstitutionellen Königs begnügt, eines deutschen Königs nicht würdig ...!" (6. März.) Er hofft auf Männer wie Lamartine und Louis Blanc, deren Partei „durch den Sozialismus den Kommunismus und mit ihm die Anarchie" bewältigen könnte. Eine „großherzige Politik" vermöchte das mittlere und westliche Europa vor Kriegen zu bewahren, „die endlich zu einem furchtbaren Prinzipienkampfe zwischen Dynastien und Völkern nicht bloß – da wäre der Sieg schon entschieden –, sondern auch zwischen Besitz und Arbeit führen, wo der geistige Kampf erst begonnen hat – also zur Barbarei". So trübe werde es jedoch nicht werden. Deutschlands Werk wäre es vielmehr, „nachdem ihm durch Frankreichs letzte Revolution die politische Entwickelung gesichert ist", jene „Einheit von Altertum und Christentum" heraufzubeschwören, die neue Religion einer praktischen Liebe, die von dieser Welt wäre und die die Aufgabe durchführte, „das physische und geistige Elend der arbeitenden Klassen durch die Energie der Vernunft und der Liebe in dem neuen sozialen Staate zu bewältigen".

In dem Wirbelsturm der rasenden Ereignisse verwehen schnell solche Illusionen und Phantasien. Ganz anders schreibt Bennigsen wenige Tage später, nach den deutschen Märztagen, am 22. März: *„Schwarz-rot-goldene Fahnen wehen von vielen Häusern, die deutsche Kokarde trägt beinahe jeder. Alle paar Tage große Volksversammlungen, sogar auf offenem Markte ... Mit Freiheit und Gleichheit wird man in den Schlaf gesungen und wieder aufgeweckt."* Er berichtet begeistert der Mutter von der einstimmig angenommenen Petition um ganz allgemeines Wahlrecht und um sofortige Beeidigung des Militärs auf die Verfassung. Er interessiert sich für das Landproletariat: „Die Lage der hiesigen Heuerleute (Zeitpächter) den Kolonen (Grundeigentümer) gegenüber soll sehr drückend sein, die französischen sozialistischen Zusicherungen sind in gedruckten Proklamationen von der äußersten Partei auch hier schon unter das Volk geworfen." Er zeichnet mit unverhohlener Genugtuung dieses revolutionäre Erlebnis, das seinem Standesgenossen Schele-Schelenburg passierte. Der hat einem seiner bäuerlichen „Untertanen" einen Hund totgeschossen. Die Bauern lassen einen großen schönen Sarg für den Hund zimmern, legen ihn hinein, tragen ihn in feierlicher Prozession vor das Erbbegräbnis des Herrn v. Scheie. Eine Deputation erscheint vor dem Herrn und fordert ihn auf: „Er möge diesen Hund zu den anderen Hunden in die Gruft stellen lassen."

Der ganz unwiderstehliche Zug der Bewegung werde nun auch dem Blindesten klar: Deutschland einig und das Volk frei! Eine Demonstration vor dem Schloß dünkt Bennigsen recht angenehm: „Tausende hatten das Schloß belagert. Als der König nicht nachgeben wollte, ist ein Zettel mit den Konzessionen dem Herrn v. Münchhausen (dem Kabinettsrat des Königs) übergeben worden mit dem Bedeuten, „wenn nicht binnen fünf Minuten alle diese Punkte bewilligt seien, so würde man das Schloß und Palais an allen Ecken anzünden". Diese Drohung hat durchgeschlagen. Zwei Jahrzehnte später durfte Graf Münster, der spätere Pariser Botschafter, an jene Hannoversche Schloßszene von 1848 in folgender Weise zu erinnern wagen – in einem Brief an Bennigsen: „Ich sehe den Mann (Münchhausen) noch immer, wie er … sich auf der Leinestraße durch zwei Hoflakaien auf einen Stuhl heben ließ und dem versammelten Pöbel, den hundert Bummlern, zweihundert Straßenjungen und einigen Zuschauern … die verlangten Konzessionen … in langer Rede im Namen des Königs zugestand". Pöbel, Bummler und Straßenjungen waren nach der Bismärckischen Restauration aus dem Volk von 1848 geworden, dessen Kundgebung damals Bennigsen so gewaltig schien, daß er die Frage aufwirft: ob der König, „überzeugt von dem Recht dieses übereinstimmenden deutschen Willens, die gänzliche Rettungslosigkeit seines Systems eingesehen und aufgegeben habe, um seinem Enkel den Thron zu sichern? Armes Kind! Wenn du erwachsen bist, wird es keinen Thron mehr zu besteigen geben". Eine Prophezeiung, die freilich nur für die Welfen, nicht für die Throne in Erfüllung ging. 1848 aber dachte Bennigsen über das Schicksal der Hohenzollern nicht anders, wie über das der Hannoveraner:

„Über das schändliche Verfahren des Königs von Preußen ist auch bei allen Konservativen nur eine Stimme. Diese unselige Nacht hat aber den großen Erfolg, daß keine freie Nation ihr Schicksal ferner dem Zufall der Geburt anvertrauen wird und einem solchen frömmelnden, unfähigen Scheusal die Macht gibt, ein Volk in den Abgrund zu stürzen. Während einer solchen Nacht hat sich seine Eitelkeit und Frömmelei endlich in ihrer wahren Nacktheit gezeigt. Die gezwungene Demütigung war aber auch eine furchtbare Rache für einen Frömmler." (Brief vom 22. März.)

Über das Recht der Revolution wird in diesen Frühzeiten Bennigsens nicht diskutiert; mit keiner Silbe wird darüber vernünftelt, die ganze Rechtsfrage fehlt so völlig in seinem Bewußtsein, daß er gar nicht an sie denkt. Alle Lügen des feudal-absolutistischen Zeitalters sind auf einmal zerstoben, die bewährten germanischen Gefühle für Thron und Altar, für Ordnung und Sitte entkleidet und verloren. Selbst der alte Vater bereitet sich ernsthaft auf den neuen Zustand der Dinge vor, er, der Militärbevollmächtigte des Deutschen Bundes, macht Vorstudien für eine Verbindung des stehenden Heeres mit der Volksbewaffnung. Seine Vorschläge wurden auch gedruckt, sie zielen zugleich auf höhere Wehrhaftigkeit, Beseitigung des militärischen Kastengeistes und eine innigere Verbindung zwischen Volk und Heer ab (Linie mit stark verkürzter Dienstzeit, Bürgerwehr, militärischer Unterricht in den Schulen, Abschaffung der Garde und der Kadettenhäuser). Der Sohn grübelt derweilen über die Demokratisierung der Rechtsinstitute. Öffentlichkeit und Mündlichkeit des Strafprozesses ist nur ein Anfang. „Das Recht, wie es doch seine Natur verlangt, wieder vollständig in Volksbewußtsein und Sitte wurzeln, daher sein lebendiges Bestehen und seine gute Fortbildung nehmen zu lassen, das ist freilich das Ziel, in welchem alle einig sind." Die beginnende Wiederbelebung des Adels ist ihm ein Abscheu. Er ist mit den Demokraten, „die durch Eifer und Talent ihre Zahl verdoppeln", erbittert über den „krassen Egoismus der hiesigen Patrizierfamilien", und er legt das Bekenntnis ab: „Ich glaube jetzt an den Sieg der Freiheit in der Demokratie so fest wie an mein eigenes Dasein und nicht minder daran, daß wir nicht wie Frankreich 58 Jahre mit fünf Revolutionen mit Strömen von Blut zu demselben werden nötig haben." (16. Mai 1848.) Einen Monat später ist er mit der Politik der äußersten Linken in Frankfurt höchst unzufrieden, deren Ziele er sich doch zu eigen macht:

„Schade ist es immer, daß sich so kräftige Persönlichkeiten wie Hecker und Rüge bislang so traurige Rollen auferlegt haben, um so mehr, als man doch jede Stunde mehr sich überzeugt, daß das Prinzip der linken Partei Deutschlands, die reine Demokratie, und damit die frühere oder spätere Errichtung der Republik siegen muß. Was ist aus der Kaiseridee geworden? Was überhaupt aus den Doktrinen von Gervinus und Dahlmann? Ohne Diskussion sind diese Gedanken eines konstitutionellen monarchischen Oberhauptes zu Boden gefallen, und doch ist es an sich klar und von der doktrinellen Partei evident bewiesen, daß ein republikanisches Haupt und monarchische Fürsten sich gegenseitig nicht dulden können. Wer aber da siegen wird, scheint mir trotz aller äußerer Eventualitäten bei der in geometrischer Progression täglich wachsenden Energie des demokratischen Geistes keinen Augenblick zweifelhaft. Umsonst hat die Nemesis der Geschichte nicht auf fast alle Throne Europas und speziell Deutschlands Fürsten gesetzt, entweder an Geist oder an Willen oder auch an beiden unfähig für die Bewältigung, und wäre es auch nur eine momentane, der heutigen Bewegung." (23. Juni 1848.)

Er eilt im Sommer 1848 nach Frankfurt, hört in fiebernder Erregung die Verhandlungen in der Paulskirche und denkt daran, in das Reichsministerium des Äußeren zu treten, wie der junge Chlodwig von Hohenlohe, ohne sich doch ganz die Laufbahn in Hannover verderben zu wollen. Der Septemberaufstand zerstört den Plan Bennigsens; er kehrt im Herbst in die Osnabrücker Gerichtsstube zurück. In Hannover vollzieht sich eine radikale Beseitigung der Junkerherrschaft. Die erste Kammer, bisher die unumschränkte Domäne der Ritter, wird eine „zweite zweite" Kammer, in der die Bauern die Mehrheit haben. Trotzdem ist sein Radikalismus nicht befriedigt. In verzweifelnder Resignation und doch zukunftsgläubig sieht er die neue Erde wieder im Nebel verschwinden. Sein enger Beruf ekelt ihn; wird er doch täglich, stündlich daran erinnert, „daß eine Welt in Trümmer geht, in der man doch lebte, wenn man sie auch haßte". Der Sieg kommt nicht so rasch. „Sind wir doch nur die vordersten Linien eines stürmenden Heeres, und erst wenn wir mit unseren Leibern den Graben ausgefüllt haben, wird es der nachdringenden Generation gelingen, über uns hinweg die Bresche zu nehmen. Den Staat der Liebe sollen wir gründen helfen, und unsere Waffen sind der Haß, unser Ziel die Vernichtung. Und alle träumten doch so schön, die Alten von ihrer demokratischen Monarchie, die alles versöhnen, und die Jungen von der sozialen Republik, die den Himmel auf Erden verwirklichen sollte. Aber das Register hatte ein Loch." Den deutschen Fürsten und Aristokraten sei es ebensowenig ernst mit einer konstitutionellen Monarchie, wie Ludwig XVI., und trotz Louis Blanc und G. Sand sei der gemeine Mann ebenso roh wie die mittleren und höheren Klassen. Seine Bekannten wollten von seinen radikalen Grundsätzen nichts wissen, und mit den Osnabrücker Radikalen möchte er wieder nichts zu tun haben, da sie an Engherzigkeit und Roheit ihresgleichen suchen, klagt er der Mutter am 4. November 1848.

In düsterster Volksfeindstimmung beendigt er das Jahr der zertrümmerten Verheißungen:

„In unseren deutschen Angelegenheiten sehe ich auch täglich schwärzer. Der Enthusiasmus ist überall verflogen, und der Bodensatz, der geblieben, stinkt. Trunkene Reformatoren und jugendliche Helden haben wir gehabt, und den Intriganten und Jesuiten sind wir wieder in die Hände geraten. Nüchtern ist man geworden; aber der Katzenjammer ist noch keine Klarheit. Und dazu als breiteste demokratische Basis unser deutsches Gelehrten- und Philistertum! Man könnte rasend werden ... Wenn uns nicht bald große Ereignisse packen und zusammenschütteln, daß wir etwas munter und frisch werden, so liefern wir mit allen Märzerrungenschaften nichts als den allerelendesten Abklatsch des 16. und 17. Jahrhunderts. So ein Stück dreißigjährigen Krieges, im Lichte der neuesten Zeit. Wie würden unsere Nachbarn Chorus machen: Hot Österreich, hü Preußen, faß ihn, Protestant, pack ihn, Katholik ! Für diese dicken, dummen deutschen Schädel ist nichts unmöglich."

Im März 1849, nach der Frankfurter Kaiserwahl, zuckt die Hoffnung wieder empor, um bald wieder für immer zu verlöschen. Schon taucht das nationalliberale Dogma auf „von dem Grundübel der Deutschen, dem eigensinnigen Beharren auf der sofortigen und vollständigen Verwirklichung ihrer Prinzipien". Noch aber ist er gegen die Gemäßigten. Unerbittlich werde die Geschichte die ins Deutsche übertragenen Girondiers richten, die sich so jämmerlich in der Natur der deutschen Fürsten getäuscht, die in feiger Verzweiflung den Platz verlassen, auf den das deutsche Volk sie gestellt. „Ich hasse diese Männer, und doch sehe ich klar, daß nur mit ihrer Hilfe Deutschland zu retten ist." Und zum erstenmal schaut er klarer in den sozialen Urgrund der Dinge: „Was bedeuten heutzutage das absolute Veto, die Monarchie selbst, wo in der nächsten Zukunft ein zufälliges Ereignis, ein paar Mißernten oder irgendein an sich gänzlich äußerlicher Umstand einen sozialen Kampf hervorrufen kann, in dem, so roh und aller organisierenden Kraft bar, wie die sozialen Lehren bis jetzt noch sind, alle Kultur und Menschlichkeit zugrunde gehen müßte." (22. Mai 1849.) „Auf die niederträchtigen preußischen Mittelklassen mit ihrer besonnenen Bettelweisheit" kann er im Juni 1849 nicht mehr rechnen, und wie in einer Ahnung seines eigenen späteren Schicksals spottet er über die „politischen Handlanger, die ewig nur von einem Tage zum anderen leben", über die „Politik des *fait accompli*". Ja, er weiß auch die letzte Ursache des Scheiterns der Revolution: „Da kam die Furcht vor der roten Anarchie, und die ewige Halbheit und süßliche Gutmütigkeit, alles läuft davon; die großen liberalen Blätter liebäugeln mit der Frankfurter Verfassung links und den Berliner Projekten rechts."

Sein Abschied von der Revolution ist bitter. Er sagt allen Hoffnungen auf Freiheit und politische Macht in Deutschland Lebewohl. „Denn was die Regierungen von geschenkter Freiheit halten, wenn an die Stelle der Furcht bei ihnen die Verachtung getreten ist, haben wir doch zur Genüge gesehen." (9. Juni 1849.)

### III. |

Auf den unerhörten Aufschwung des Revolutionsjahrs – mehr ein Aufschwung des Gefühls als der Tat – folgt die trostlose Zeit der reaktionären Starre, in der alles Hoffen versiegt und alles Handeln polizeilich verboten ist. Der unpolitische Deutsche pflegt sich in politischen Perioden, ohne sonderliche Ungeduld und Qual, in Philosophie, Kunst und Familienkultus zu flüchten. So folgen auch bei Bennigsen auf revolutionäre Ergüsse gänzlich unpolitische Liebesbriefe an die Verlobte, die bald sein Eheweib ward; Briefe von einer eigentümlichen kühlen Zartheit, ohne leidenschaftliche Ausbrüche, mehr Umschreibungen des bürgerlichen Rechts als Offenbarungen innerster Empfindungsglut. Es sind – fast möchte man vorausnehmend sagen – nationalliberale Liebesbriefe. Sie kennzeichnen in der Tat auch den Politiker und seine Partei: Die große revolutionäre Phantasie, die Grundbedingung des starken, geschichtlich wirkenden Geistes, das Ungestüm, das brennende Hirn in der Verwirklichung seiner verzehrenden Gebilde zu löschen, ist ihm fremd. Der Mann, der einmal Raimunds Märchen- und Zauberspiele „scheußlichen Unsinn" nennt – nach zwei Akten vom „Bauer als Millionär" wurde ihm übel und er ergriff die Flucht –, hatte nichts von einem Romantiker. Aber vielleicht gerade deshalb war er auch niemals das, was er sein wollte, ein Realpolitiker. Indem er immer auf Gelegenheiten lauerte, ergriff er keine. Sein jugendlicher, demokratisch und selbst sozialistisch gefärbter Radikalismus wandelte sich schnell in einen staatsmännischen Liberalismus, der idealer Zielgedanken nicht entbehrte.

Bennigsen wird der Gründer der ersten großen Parteibildung in Deutschland, des Nationalvereins, er ist sein Präsident von Anfang bis zum Ende, und er steht an seinem raschen, ruhmlosen Grabe, wie an seiner hoffenden Wiege. Der deutsche Liberalismus vor den Bismarckschen Kriegen hat noch politisches Feuer, aber es genügt gerade nur, um die Öffentliche Meinung ein wenig anzuwärmen und im übrigen seinem Todfeind, Bismarck, damit das Brennmaterial zu liefern, mit dem er Deutschland anzündete, um Preußen auszubauen; mit dem er das liberale Bürgertum ausräucherte, um die dynastische Junkerherrschaft des Ostens zu verewigen.

Von allem geschah das Gegenteil des Erstrebten: Das war das Schicksal des deutschen Liberalismus und Bennigsens. Einmal – 1866, am Vorabend des deutschen Krieges – trat an ihn das Angebot regierender Macht heran, aber in der Form einer schamlos entehrenden Bismarckschen Aufforderung zum Hoch- und Landesverrat; für solche Dienste war Bennigsen nun wieder zu wohlanständig. Und als schließlich der Traum seines Lebens sich erfüllte, die deutsche Einheit, da war es doch gerade nur das verhaßte und bekämpfte Großpreußen ohne Freiheit, und Bennigsen selbst und seine Nationalvereinler waren, wie er in einem Brief vom 26. Juli 1866 schrieb, in dem entscheidenden Augenblick nicht die Sieger, sondern unter den Zuschauern.

In den wirren, ohnmächtigen und zielzittrigen Strebungen des Nationalvereins erkennt Bennigsen wohl bisweilen die Ursache aller Mißerfolge, und er sehnt sich nach der Hilfe der großen starken Volksmasse der Besitzlosen, aber er beruhigt sich doch immer gleich wieder bei jener redefrohen und kongreßlustigen Politik, die nicht einmal bürgerliche Klassenpolitik ist, sondern nur betriebsame Honoratiorenpolitik. Er schilt über dieses feige, unlustige, zu keinem Opfer fähige deutsche Bürgertum, aber er geht über seine Grenzen nicht hinaus. Er sieht wohl das schnelle Ende aller rein demonstrativen Politik, die bald die Grenze der Steigerungsmöglichkeit und damit des Erfolges erreicht, aber er stürmt doch nur – von Demonstrationen zu Demonstrationen. So ist der Liberalismus von Anbeginn der Lärm eines Dinges, das im Grunde nicht existiert. Nur eins mag ihm in seinen Anfängen zum Ruhm dienen: seine Anhänger wurden verfolgt und sie hielten den Verfolgungen stand …

Die preußische Reaktion, die nach Hannover übergreift, begleitet Bennigsen zunächst mit brieflichen Flüchen. Er versteht die Schandtaten der preußischen Machthaber; „der Ärger, vor einem so feigen Gesindel – den „konstitutionellen Helden" –, das freilich die Peitsche täglich verdient und freudig empfängt, jemals gezittert zu haben, mag groß genug sein", schreibt er Anfang 1850 an die Mutter. Eher werde der Prinz von Preußen eine Palastrevolution machen, „als die preußische konstitutionelle Partei mit ihrer langweiligen Philisterhaftigkeit und überklugen Feigheit das Verständnis erhält, daß man nach einem jahrelangen Nachgeben wenigstens in der einen Stunde eine so wohlfeile Festigkeit zeigen muß, wo es … alles zu gewinnen und gar nichts zu verlieren gibt". Aber man brauche ihnen nur mit dem Arnim und Gerlach zu drohen: „Wartet nur! Seid artig, oder der Butzemann kommt! Und sie waren artig." – Die ewige liberale Furcht vor der noch schlimmeren Reaktion! Bald sollte Bennigsen selbst mit dem „Gesindel" Politik treiben müssen.

Noch sieht er bisweilen den Sieg der freilich schon geläuterten Revolution voraus. Der fürstliche Wahnwitz wird in wenigen Jahren auch die ruhigsten Männer zur Verzweiflung und Leidenschaft und an die Seite der Partei treiben, welche vor Jahren allerdings zum großen Teil aus unreifer Jugend, blinder Wut und entfesselter Roheit zusammengesetzt war, die aber dann auch gewiß durch äußere und innere Erfahrungen gekräftigt und geläutert den Kampf beginnen und den Sieg festhalten wird. (1. Juli 1850.)

Drohender klingt es am Ende des Jahres aus Bennigsens Briefen: „Die Ruhe unserer europäischen Königsgeschlechter über so viel Gräbern soll nicht durch böse Erinnerungen und Träume allein gestört werden. In höchstens einem Dutzend Jahren wird es ja wohl wieder gewittern und dreinschlagen, und von uns Jüngeren schwören täglich mehrere im stillen, daß man, einerlei ob Konstitutioneller oder Radikaler, durch elende Versprechungen im Augenblicke der Furcht sich nicht wieder täuschen lassen wird. Man wird die ganze Gesellschaft nach Amerika schicken und nachher sich zu einigen suchen, ob man sich einen König oder Präsidenten setzen will."

Doch diese königsmörderischen Stimmungen verebben mit den Jahren, und ein halb Jahrhundert später, beim Jubiläum der Revolu-

tion, war es Bennigsen, der gegen Bebels Verherrlichung der März-
tage im deutschen Reichstage auftrat!

Die äußeren Schicksale Bennigsens zeigen den Mann von Charakter. Er wird Richter und Staatsanwalt (1850–1856); einsam und
unbefriedigt in kleinstädtischer Enge. Die Reaktion lastet auf seinem
Gemüt. Scharf erkennt er im konterrevolutionären Preußentum den
klerikalen Grundzug. Alle Reaktion in der modernen Zeit ist irgendwie klerikal. „Tut Buße, kreuzigt eure Vernunft und fallet vor uns
nieder, predigen die Jesuiten schon am Rhein, in Münster, in Osnabrück. Das protestantisch pietistische Gesindel, welches freilich der
Kreuzigung der Vernunft überhoben bleibt, drängt sich zu ihren
Predigten ... Und der preußische Minister lächelt blödsinnig über
die Niederlagen der Revolution und bereichert die Literatur mit al-
bernen Gleichnissen und Noten, während die ‚Kreuzzeitung' lehrt,
daß die Zeit erfüllt ist und die Rückkehr in den Schoß der alleinse-
ligmachenden Kirche kommt. Die Träume der Romantiker und die
Phantasien von Radowitz erhalten Form und Wirklichkeit. In dem
einen Jesuitenorden ist wieder mehr Wille und Kraft als in sämtli-
chen protestantischen Regierungen ... Was seine Macht nicht tut,
bewirkt der entsetzliche Taumel und jene angstvolle Verblendung,
die in einer Zeit, wo die Reiche zerfallen, die Kirchen sich auflösen,
wo den Gesetzen die Furcht und dem Glauben die Hoffnung genommen ist, alle Menschen überwältigte, welche den festen Halt
nicht in sich, sondern nur in äußeren Schranken und Mächten tragen." So schreibt er 1851 an die Mutter. Aber solche briefliche Ge-
ständnisse eines aufrechten Liberalismus hindern ihn doch wieder
nicht, recht peinliche Adelsvorrechte für seine hannoversche Laufbahn eifrig nutzbar zu machen. Staatsanwalt in Hannover, geht er
aus Gründen politischer Unabhängigkeit in das Richtertum über –
nach Göttingen. Er neigt zur Menschenfeindschaft, verliert die Lust
an Leben und Wissenschaft. Er tritt nicht öffentlich hervor. Die hannoversche Reaktion begleitet er zunächst nur als zorniger Beobach-
ter. Dann aber wird er in die Verfassungskämpfe seines Heimatstaa-
tes hineingestoßen, unfreiwillig, und nun wächst er rasch zum tapferen Vorkämpfer des Liberalismus empor, wird der anerkannte
Führer im Parlament und in der Parteibewegung, gehört zu den
volkstümlichsten Gestalten der bürgerlichen Opposition in
Deutschland und gewinnt europäischen Ruf. Als die Regierung ihm

nicht erlaubt, sein Mandat in der Ständeversammlung auszuüben – das soeben oktroyierte Wahlgesetz forderte für die Beamten solche Erlaubnis –, zieht er entschlossen die letzte Konsequenz, scheidet aus dem Staatsdienst aus (1856) und widmet sich der Bewirtschaftung seines Familiengutes. Seitdem ist er ein unabhängiger Landwirt.

Die hannoversche Reaktion ist ein Werk des deutschen Bundes, der dort die vorher beseitigte Adelsherrschaft gewaltsam wiederherstellte, gerufen von einem geistig verwirrten Gottesgnädling auf dem Throne! Es ist der Fluch der deutschen Einheit, daß ihre Form immer ohnmächtig zu allem Guten und Freien war, dagegen stets brutal in der Exekution der Unterdrückung und des Rückschritts. Der preußische Bundesrat des Deutschen Reichs hat in dieser Hinsicht das Erbe des seligen Bundes angetreten: Die nationale Konzentration als Werkzeug reaktionärer Absonderung!

In den parlamentarischen Kämpfen verteidigt Bennigsen mit besonderer Energie die völlige Unabhängigkeit der Beamten. „Man will diesen unteren Organen" – ruft er dem Minister v. Borries entgegen – „alle eigene Meinung, Freiheit und Selbständigkeit nehmen und sie unbedingt der Willkür der konzentrierten Organe, speziell des Ministerii, preisgeben." Er weist auf das Beispiel Frankreichs hin: „Was nutzten die Maschinen, zu denen man die Staatsdiener herabgewürdigt hatte, als es ernstlich darauf ankam, die Monarchie zu stützen?" Die Charakterfestigkeit, die freudige Erfüllung der schwierigen Pflichten müsse für den Beamtenstand verloren gehen, wenn man von ihm verlange, sich den Ansichten, den wechselnden Ansichten der Regierung stets unterzuordnen, wenn man ihm den Stolz nehme, selbständig zu handeln, wenn man ihn darauf hinweise, politische Belohnungen zu suchen, politische Strafe zu fürchten. Er fordert die Vereidigung der Beamten auf die Verfassung, die nicht Bediente des Königs sein dürfen.

Bennigsens hannoversche Opposition ist durchaus radikal. Er verweigert dem Staat 1857/58 die Ausgaben für Kasernenbauten, weil es sich bei derartigen Bewilligungen um die Gesamtheit des politischen Systems handelt, dem das Volk Opfer zu bringen hat. Er greift die Politik der Pfaffen, der „kleinen Nachfolger eines großen Apostels" an, die sich als diejenigen darstellen, „welche allein den Zorn und das Gericht Gottes zu verwalten haben". Er verteidigt das

Recht auf Revolution: Die Inhaber der Gewalt verzichten nie freiwillig auf sie. Man muß sie ihnen entreißen. Wenn man derartige zwingende Verhältnisse als ein Unrecht auffasse, so hebe man damit die Möglichkeit aller geschichtlichen Entwicklung der rechtlichen und politischen Verhältnisse auf, man gebe sich dem Dogma unpraktischer Stubengelehrter hin, demzufolge lediglich die Gewalt der Stärkeren über den Schwächeren bestimmend sei. Bennigsen tritt für die Bürgerwehr ein. Wenn die Regierung so wenig Vertrauen im Volke genieße, daß man sich scheuen müsse, Waffen in den Händen der Bürger zu sehen, dann werde doch alles gar nichts helfen.

## IV. |

Die große europäische Krisis des Jahres 1859, in der die Marx, Engels, Lassalle den Weg des Sozialismus und der Demokratie kündeten, gedeiht für Bennigsen zur Schöpfung der Partei des Liberalismus. Der Nationalverein wird begründet.

Die große Auseinandersetzung zwischen Frankreich und Österreich im Jahre 1859 brachte alle deutschen Fragen in Fluß. Die aufsteigende Bourgeoisie bedurfte für wirtschaftliche Zwecke der politischen Einheit. Darüber herrschte Übereinstimmung. Nur über Form und Mittel gingen die Meinungen immer weiter auseinander. Sollte Österreich ein- oder ausgeschlossen werden? Sollte es die Führung übernehmen? War Süddeutschland einzubeziehen? Oder mußte man sich vorerst mit der Einigung Norddeutschlands begnügen? Einheitsstaat oder föderative Verfassung? Monarchie oder Republik? Preußische Spitze oder rheinbundähnliche Organisationen mit süddeutschem Übergewicht? Einheit oder Freiheit oder beides zugleich oder in welcher Rangordnung, erst die Freiheit, dann die Einheit oder umgekehrt? Zwei Strömungen sonderten sich: Die großdeutschen Einheitsbestrebungen, demokratisch süddeutsch, alle deutschen Stämme umfassend. Die großpreußische Bewegung, nord- und mitteldeutsch, liberalisierend, bundesstaatliche Verfassung mit gemeindeutschem Parlament und preußisch-monarchischem Oberhaupt. Die großpreußische Bewegung fand in der 1859 erfolgten Gründung des Nationalvereins ihre Parteiorganisation. Aber unter den Leuten des Nationalvereins war man wiederum in keiner Frage einig. Nur das Ziel irgendeiner Einheit stand fest. Mit den Vokabeln Einheit und Freiheit wurde jongliert, und die Freiheit ließ man gern auf den Boden rollen – Jongleur und Parodist komischen Ungeschicks zugleich. Auch über die preußische Vormachtstellung war man sich ziemlich einig, nur wollte man mit dieser Ehre nicht das wirkliche, das reaktionäre, verjunkerte und verpfaffte Preußen betrauen, sondern ein ideales Preußen, das man aus Illusionen auferbaute.

Der Nationalverein begann seine die Gründung vorbereitende Tätigkeit mit jener Erklärung, die Preußen mit allen schönen Aufgaben vertrauensvoll belehnte: „Möge Preußen nicht länger zögern, möge es offen an den patriotischen Sinn der Regierungen und den nationalen Geist des Volkes sich wenden und schon in nächster Zeit Schritte tun, welche die Einberufung eines deutschen Parlaments und die mehr einheitliche Organisation der militärischen und politischen Kräfte Deutschlands herbeiführen, ehe neue Kämpfe in Europa ausbrechen und ein unvorbereitetes und zersplittertes Deutschland mit schweren Gefahren bedrohen." Eine Erklärung, die auf Preußen den Eindruck machte, daß der Versuch unternommen werden könnte, ein paar einflußreiche nichtpreußische Politiker für Preußen zu kaufen; Preußen treibt ja seit jeher den Ankauf nichtpreußischer Geheimagenten im großen Stil. Mit Bennigsen wurde durch den Staatsrechtslehrer Karl Aegidi verhandelt, der bis in unsere Tage als zählebiges, preußisches Reptil wirkte. So viel wurde erwirkt, daß man mit den preußischen Liberalen Fühlung bekam. Zudem wendete das herrschende Preußen den anderen, immer wiederholten Trick an, liberal zu schillern. Auf die wilhelminische „neue Ära" und den „völligen Umschwung" nach den Tollhauszeiten Friedrich Wilhelms IV. fielen alle liberalen Gründlinge gründlich herein. In der hannoverschen Ständeversammlung feierte damals Bennigsen das neue Preußen, das die Ideale von 1848 praktisch durchführe. Schon seien Konstitutionelle und Demokraten einig. Aber auf diese radikalen Preußenträume antwortete der Minister v. Borries (nicht mit Unrecht), das seien alles Utopien, und dazu strafwürdige Utopien, weil man an die Massen bis zu den „unteren Handwerkerklassen" hinab appelliere.

Der Koburger Herzog Ernst, der dem Nationalverein als gefürsteter „Volkstribun" betriebsam, eitel und ungeschickt voranmarschierte, wollte ursprünglich einen straff zentralisierten Geheimbund organisieren. Aber die Männer des Nationalvereins wollten in der Mehrzahl loyale Untertanen bleiben. So wurde er als öffentlicher Verein gegründet. Mit Bismarck, dem Erzjunker, versuchte man vergebens anzuknüpfen. Bald sollte der Sturz Bismarcks, als Vorbedingung jeden Einheitskampfes, die lauteste und wirksamste Losung der Nationalvereinler werden. Und Bismarck hatte man in Verdacht, daß er bereit sei, die nationale Todsünde zu begehen und das linke Rheinufer an Frankreich auszuliefern, um sich in Norddeutschland zu arrondieren. Der bekannte Professor Biedermann beruft sich in einem Brief an Bennigsen vom Februar 1860 auf derlei Pariser Informationen. Es sei darüber schon mit „gewissen diplomatischen Persönlichkeiten (nicht unmittelbar im Ministerium, aber demselben nahestehend) korrespondiert worden". Damit war Bismarck gemeint. Bismarck selbst hat das als eine vom Koburger Herzog ausgehende Verleumdung bezeichnet. Bennigsen jedoch war von der Richtigkeit der Meldung überzeugt, sie hätte übrigens auch nur der hundertjährigen Tradition preußischer Politik entsprochen.

Die großdeutschen Demokraten bekämpfen die Gothaer: „Unland ist mehr für Österreich und hat den Beitritt abgelehnt … Auch jetzt spukt die rote Demokratie wieder allenthalben. Vogt in Genf … empfiehlt jetzt einen Bund der Republiken und arbeitet gegen den Nationalverein, bei dem es ihm zu gesetzlich zugeht. Er, der mit fremdem Gelde nur aufwühlt, um keine Saat aufkommen zu lassen, findet aber Glauben bei vielen …" So klagt es aus einem Briefe an Bennigsen. Aber ebensowenig Vertrauen haben die Regierungen zum Nationalverein. Warnend kündigt Gustav Freytag, zugleich Vertrauter des Koburgers, preußischer Agent und Nationalvereinler, die Exekution des Vereins durch den Bund an. Tatsächlich hat es ihm nie an Verfolgungen gefehlt, vor allem nicht von Preußens Seite, obwohl die leitenden Männer des Nationalvereins immer aufs neue zur „strengsten Legalität" auffordern und die „radikalen Elemente" zurückscheuchen.

Die Illusionen von preußischer Freiheit zerstieben bald, doch bleibt die „preußische Spitze" als Dogma des Nationalvereins. Man entwirft Programme und Resolutionen: Deutsche Einheit unter der Führung eines befreiten Preußens. Auf ein Ideal mehr oder weniger kam es so genau nicht an. Schon 1860 schreibt Bennigsen von dem „beschränkten spezifischen Preußentum", von seiner „unfähigen, erbärmlichen Diplomatie". In Berlin findet er das „alte Lied oder

Leid, Überweisheit oder Beschränktheit des politischen Gesichts-
kreises bei den älteren, Mangel an Selbstvertrauen, an Beruf, selbständig aufzutreten, seinen Ruf, seinen Einfluß einmal zu riskieren,
bei den jüngeren Politikern, das Interesse für die preußischen Krisen
ganz vorherrschend, das Verständnis und Pathos für Weltfragen
kaum vorhanden oder zu gering, um zur Tat zu treiben". Die ange-
stammte Regierung Bennigsens aber verhängte die Acht über alle
Männer des Nationalvereins und spielte geraume Zeit hindurch mit
dem Gedanken, Bennigsen wegen Hoch- und Landesverrats zu verfolgen. Das gelang nicht. Dafür ließ man den strebsamen, ehemaligen preußischen Regierungsassessor Oskar Meding (den späteren
Verfasser vielgelesener „zeithistorischer" Kolportageromane) eine
Schmähschrift gegen Bennigsen verfassen, die ihm den ewigen
deutschen Vorwurf wider jede radikale Politik entgegenhielt: er
habe sich „in dem Dienste der Negation" einen wohlfeilen Ruhm zu
erwerben gesucht. Bennigsen wurde darin als blutiger Umstürzler
behandelt: „Wenn Sie ... mit daran arbeiten, dem Bauernstande
seine innere und äußere Grundlage zu zerstören und an die Stelle
dieses gesunden Kerns der staatlichen Gliederung ein faules und
nichtsnutziges Proletariat zu setzen, so werden Sie freilich – im Falle
des Gelingens – ein vortreffliches Material der Revolution geschaffen haben ... Sie haben die *misera contribuens plebs* (die besitzlose,
steuerzahlende Masse) gegen Adel und Beamtentum ins Feld geführt." Meding, der eben erst Hannoveraner geworden war, wütete
ebenso als streng hannöverscher Legitimist wie die vielen Nicht-
Preußen, die preußisch wurden, dann sich schwarz-weiß über-
schrien; man denke an den Sachsen Treitschke.

Wie bürgerlich gemäßigt immer der Nationalverein begann – er
radikalisierte sich erst in der Konfliktszeit –, so erweckte er doch die
Angst der deutschen Fürsten. Das Jahr 1848 war noch nicht vergessen, und das Verlangen nach Wiederherstellung der Frankfurter
Reichsverfassung von 1849 dünstete für die höchsten Herrschaften
den Ludergeruch der Revolution aus. Als der ehemalige preußische
Minister Heinrich von Arnim 1860 eine Zusammenkunft aller Abgeordneten deutscher Landtage in Heidelberg anregte, schrieb der
Prinzregent von Preußen, Wilhelm, in einem Brief an den Koburger
Herzog, er würde solchem Plane einer Art von Vorparlament bestimmt entgegengeschritten sein, „weil dies die Repetition des

schmählichen Anfanges von 1848 gewesen wäre und wir keine Repetition der Volksbeglückung von unten herauf brauchen können". Das schrieb der Heros liberaler Hoffnungen Dabei trat das Verlangen nach der Reichsverfassung von 1849 erst später in den Vordergrund, als sich der Nationalverein dem Kampf gegen Bismarck anschloß. 1860 ersuchte Bennigsen seine Freunde noch dringend, „in dieser Sache sich nicht zu weit avancieren". Das Zustandekommen der Reichsverfassung ist mit so erbärmlichen Intrigen verknüpft. Von der preußischen Regierung zurückgewiesen, von der Partei, welche sie schuf, im Stich gelassen, von der demokratischen als Vehikel benützt zur Erreichung anderweitiger Parteizwecke, durch Kot und Blut geschleift, hat sie der trüben Erinnerungen und gefährlichen Bedenken zu viel, um große Chancen zu bieten, unter ihrer Form eine Einigung zustande zu bringen."

Von den deutschen Fürsten hofften die Nationalvereinler nichts. Sie sind österreichisch und preußenfeindlich gesinnt. Bei der Zusammenkunft der deutschen Fürsten mit Napoleon III. in Baden-Baden (Sommer 1860) machen die deutschen Potentaten vor dem kleinen Napoleon, als ob er der große gewesen wäre, den „untertänigen Katzenbuckel, wie denn zum Beispiel der König von Sachsen im Wagen aufstand, um zu grüßen", schreibt Rochau an Bennigsen. Dafür bemühten sich die deutschen Fürsten um Einschränkung des Nationalvereins und seiner „bouleversierenden Zwecke".

Doch worauf stützte sich denn nun der Nationalverein? Verfolgt man seine Tätigkeit an der ausführlichen Darstellung des Oncken-Werkes in all seinen Kreuz- und Querzügen, so büßt diese erste bürgerliche Parteibewegung Ruhm und Glanz völlig ein. Es sind die eifrigen Leute mit Namen, die der Reporter bei großen Leichen zu bemerken pflegt, die ihre Unterschriften unter gemeinnützige Aufrufe zu setzen pflegen: Höhere Beamte, Professoren, Publizisten, einzelstaatliche Parlamentarier, Industrielle bearbeiten unter duodezfürstlicher Protektion die öffentliche Meinung. Sie veranstalten Kongresse, Demonstrationen, Versammlungen; halten Reden und inspirieren Zeitungsartikel (für 3500 Gulden jährlich bearbeitete man auch die ausländische Presse!). Weder haben sie die Einheit der Überzeugung und des Ziels, noch irgendeine Klarheit über die Mittel. Das Ganze ist redselige Ohnmacht. Bennigsen selbst fühlt tief die politische Unfruchtbarkeit. Was seien Verfassungen, die man durch

Verordnungen umwerfen könne! Der neue Versuch, den Kampfplatz auf das nationale Gebiet zu verlegen, sei recht schwächlich geblieben, „und der Rest des politischen Kampfes ist – selbst Preußen nicht ausgenommen – so durchaus unwahr und verlogen und so bar allen Ernstes, welcher Entscheidungen nicht scheut und herbeizuführen imstande ist ...", schreibt Bennigsen Weihnachten 1860, zugleich eine Kritik über die Tätigkeit seines Nationalvereins, für den er doch unermüdlich arbeitet. Schon zeigt sich auch bereits die liberale Klage über den schlechten Ton der Leute, der ein Zusammengehen hindere. Diese Klassengegensätze innerhalb der liberalen Schichten verkleiden sich von Anbeginn gern als Anstandsregeln. „Wir können mit Leuten nicht umgehen," schreibt ein Frankfurter Gesinnungsgenosse an Bennigsen, „die uns fortwährend feig, Kretin, Eunuch usw. benennen ... wir halten uns für zu gut, um mit derartigen Leuten innig zusammenzugehen." Und dabei waren die Nationalvereinler zum Teil Barrikadenkämpfer von 1848 !

Schließlich erwartete man alles Heil von irgendeinem Umschwung draußen, in der Ferne, der ohne ihr Zutun wie ein Göttergeschenk kommen sollte. Irgendein äußeres Ungefähr mußte helfen. Deshalb hatte man kriegerische Stimmungen, man wollte einen nationalen Krieg. Waren einmal die Waffen losgebunden, so würde es sich auch im Innern wandeln; im Kriegstaumel brauchte man sich dann auch nicht vor Schutzmann und Staatsanwalt zu fürchten. Es kam ja dann auch die Umwälzung von einem Kriege, aber gerade einem, den sie nicht wollten, von dem Bruderkrieg 1866, in dem nicht der deutsche Liberalismus, sondern die preußische Reaktion triumphierte.

Der Nationalverein, als Organisation von Besitz und Bildung, widerstrebte der Masse; das wurde sein Verhängnis, wie das des deutschen Liberalismus. Und diese Massenscheu behauptete sich selbst in den Zeiten radikalster Opposition !

## V. |

Die liberale Furcht vor der Masse nahm dem Nationalverein die Macht. Wir finden in dieser Partei neben Radikalen wie Johann Jacoby und dem (später sozialdemokratischen) Schweriner Hofbaurat Demmler Großindustrielle wie Werner Siemens, Hermann Gruson, Georg Egestorff, den Begründer des Norddeutschen Lloyd H. H.

Meier, Graf Henckel von Donnersmarck, Schriftsteller, Advokaten, Gutsbesitzer, Studenten und als breite Staffage den bürgerlichen Mittelstand. Aber die Masse fehlte und sollte fehlen, obwohl man sie doch wieder zu gewinnen begehrte als anspruchslose Gefolgschaft für gutbürgerliche Zwecke. Der hannoversche Industrielle Egestorff, der aus geschäftlichen Gründen für den anrüchigen Verein mit seinem Namen nicht hervorzutreten wagte, gab insgeheim Unterstützungsgelder zur Gründung eines Blattes für Bauern, Handwerker und Arbeiter; „denn in den Massen liegt die Macht". Der Nationalverein hat 1862 die höchste Zahl der Mitglieder erreicht, nicht viel mehr als 25.000; mit der Unterdrückungs- und Abtreibungspolitik Bismarcks schmolz die Zahl rasch und unaufhaltsam zusammen – nach den kriegerischen Erfolgen Bismarcks war es mit Verein und Liberalismus gleichermaßen aus. Immerhin war es bis dahin in Deutschland unerhört, daß ein Agitationsverein über so große Geldmittel verfügte, die freilich an heutigen Verhältnissen gemessen, lächerlich gering waren: er nahm 1861 bis 1867 300.000 Gulden ein. Die Presseunternehmungen gediehen nur kümmerlich.

Man sehnte sich nach den Massen und hielt sie doch künstlich fern. Deshalb lehnte man den Antrag ab, den Vereinsbeitrag von einem Taler jährlich in monatlichen Raten zahlen zu lassen.

Das sperrte die Arbeiter aus, die man dann wieder durch so läppische Mittel zu ködern versuchte, daß man auf Kosten des Vereins zwölf richtige Proletarier zur Londoner Weltausstellung sandte.

So kam es, daß der Nationalverein in demselben Maße, als er sich während der Konfliktszeit radikalisierte – so daß ihn Gustav Freytag in einem Briefe an Treitschke aus dem Jahre 1865 „eine Kleinkinderbewahranstalt für zuchtlose Demokratie" nannte –, zerbröckelte statt zu erstarken. Zwar hielt es Bennigsen persönlich für erwiesen und erfreulich, daß der intelligente Arbeiterstand Deutschlands fähig und bereit sei, an den nationalen Bestrebungen teilzunehmen, aber er drang bei den Freunden nicht durch, denen vor einer Überflutung durch „Handwerkgesellen" bangte; und wenn ihm selbst eine Sache am Herzen lag, wie etwa die Angliederung von militärischen Turnvereinen an den Nationalverein (als eine Art Volkswehr), so möchte er am liebsten sogar den verdächtigen Nationalverein im Hintergrund halten. Bei solcher Gelegenheit schreibt er zum Beispiel einmal an den Sekretär des Herzogs von Koburg: „Soll die Sache in größerem Umfange ermöglicht werden, so müssen außer den Geldern, die der Verein zahlt, um die Sache in Gang zu bringen, Gemeindebehörden, reiche Privaten, womöglich auch wohlmeinende Regierungen sich der Sache öffentlich annehmen. Letzteres hat den großen Vorteil, der Sache in den Augen der Piepmeier jeden bedenklichen revolutionären Beigeschmack zu nehmen." Mit diesen Piepmeiern aber wollte Bennigsen Politik treiben, obwohl er über das deutsche Bürgertum keine Illusionen hatte. In einem Briefe vom Jahre 1862 schreibt er über den „empörenden Mangel an wirklichem Verständnis für das, was zu politischen Erfolgen nötig ist und an wahrer Opferwilligkeit". Er hält es für fraglich, „ob das deutsche Bürgertum für die Dauer zur politischen Herrschaft berufen ist", und er beweist sich als ein wahrer Prophet, wenn er dieses Zukunftsbild des deutschen Liberalismus malt: „Inmitten der kirchlichen und politischen Reaktion auf der einen Seite und der drohenden Arbeiterfrage auf der anderen, wird der deutsche Bürger sich bald entschließen müssen, die unendliche Wertschätzung seiner kostbaren Person und des *nervus rerum* etwas herabzusetzen, sonst wird er dem wohlverdienten Schicksal des französischen Bourgeois schwerlich entgehen. Feigheit und Geiz sind die verderblichsten Laster für jede politische Partei. Für eine Partei aber, die es darauf angelegt hat, durch ihre allgemeine Haltung – vorläufig also jedenfalls durch bloße Worte – ihren Gegnern zu imponieren, könnte schon der bloße Verdacht solcher Untugenden tödlich werden."

Aber es war doch wieder nur ein Ausdruck solcher bürgerlicher Angstpolitik, wenn Bennigsen selbst in den hannoverschen Parlamentskämpfen an der Spitze einer festen liberalen Majorität nichts Durchgreifendes zu unternehmen wagte, um nicht durch vorzeitigen Sturz des lauliberalen Ministeriums Erzreaktionäre von der Art des Grafen Borries wieder ans Ruder zu bringen. Damals – 1864 – verleidete ihm diese seine höchst fatale Stellung noch die ganze Politik. Er findet solche Diplomatie aufreibend und verzweifelt, und doch erscheint ihm die Politik des ewigen Abwartens als das einzig mögliche. So trieb man im Grunde doch nur von einer großartigen, aber wirkungslosen Versammlung zu einer noch großartigeren und noch wirkungsloseren. Nicht als ob man dem Aberglauben der unbedingten Gesetzlichkeit gefrönt hätte. Besonders war es Miquel, der nächste Gefährte Bennigsens, der die jugendlichen Aufstandsstimmungen seiner Briefe an Karl Marx durchaus noch nicht überwunden hatte und immer wieder leidenschaftlich mahnte, es käme nicht auf Resolutionen, – sondern aufs Handeln an: „Ehe wir an dem Erfolg der gesetzlichen Mittel verzweifeln, müssen wir mit nachhaltiger Kraft sie gebrauchen; schlägt dann ohne unsere Schuld der Versuch fehl, scheitert derselbe … dann … findet sich das andere." Aber das andere fand sich eben nicht, sondern es fanden sich nur abermals Resolutionen, Versammlungen, Kongresse, und zur Abwechslung höchstens Volksfeste. Deutsche Politiker sollten die Seiten 494 und folgende des ersten Bandes des Onckenschen Werkes gründlich studieren.

Es war ein Zusammentreffen von symbolischer Bedeutung, wie damals der künftige Massenführer August Bebel flüchtig an den schwankenden Kahn des Nationalvereins streifte. Von ihm als dem Vorsitzenden des Leipziger Arbeiterbildungsvereins unterschrieben, aber nicht verfaßt ist jener Brief vom 24. Juli 1865, in dem der Leipziger Verein den Ausschuß des Nationalvereins um 200 Gulden zur Unterstützung gegen die Agitation Lassalles bittet: „Denn das Gift jener Irrlehren schleicht sich unvermerkt in die Massen ein, und die grellen Farben, mit denen man das Elend der arbeitenden Klassen gegenüber der Tyrannei derer schildert, ‚die sich auf ihren Geldsäcken wälzen', der ewige Refrain, daß man ‚nicht dafür könne, wenn man zur Revolution gezwungen werde', dürften uns deutlich zeigen, daß die Fahne des roten Kommunismus nur auf die Gelegenheit harre, um mit all ihren Schrecken entfaltet zu werden." Bebels Dankschreiben für die Bewilligung der Summe stammt von ihm persönlich und enthält dergleichen Phrasen nicht, vielmehr versichert Bebel in taktvoller Klugheit dem Präsidenten des Nationalvereins, daß „eine solche Unterstützung der guten Sache das beste Mittel sein wird, diese häufig ausgesprochenen Vorwürfe und Verdächtigungen gegen den Nationalverein zu entkräften und dafür Hochachtung und Anerkennung zu verbreiten".

Bald war Bebel Führer der Masse, während Bennigsen an der Spitze liberaler Piepmeier von der preußischen Gewaltpolitik elend zerbrochen wurde. Mit welchen Mitteln aber die Politik Bismarcks arbeitete, daran zu erinnern ist nicht unnütz in unseren Tagen, da die preußischen Junker und das liberale Bürgertum schon darüber aus den Fugen geraten, wenn Sozialdemokraten den Verfassungseid der Abgeordneten nicht höher einschätzen als was er ist: eine erzwungene Formel und Formalität.

## VI. |

Für Bennigsen ward mehr und mehr Bismarck das Hemmnis aller nationalen Einheits- und Freiheitsbestrebungen. Preußen, die einzige Macht, die er für fähig hielt, Deutschland zu einigen, mußte zunächst von Bismarck befreit werden. Die militärische Diktatur Preußens genügte ihm nicht; mit der Machtentfaltung müsse die freiheitliche Entwicklung Hand in Hand gehen. Er mißtraut auch den Rechten, die monarchisches Wohlwollen schenkt und die durch keine Anstrengung des Volks erworben. 1863 schreibt einmal Gustav Freytag an Bennigsen: „Das ganze Unglück der Preußen läßt sich in die Worte zusammenfassen, daß sie nach dem Eintritt der Bewegungszeit für Deutschland das große Unglück gehabt haben, zwei Fürsten zu erhalten, die in der öden Zeit Metternichs und der Karlsbader Beschlüsse aufgewachsen sind. Das hatte auch das Volk zurückgehalten. Der Kampf gegen eine abgestandene Generation, die gespensterhaft alle wichtigen Stellen des Staates besetzt hält, ist wie ein Kampf gegen Tote." Drohend antwortet Bennigsen auf diesen im Grunde doch byzantinischen Seufzer: „Wenn nicht in wenigen Wochen das Bismarcksche Regiment beseitigt ist und König Wilhelm oder sein Nachfolger sich für die Einberufung eines wirklichen (deutschen) Parlaments erklärt und wirksam auftritt, so steht für Preußen das Äußerste auf dem Spiele und der Verlauf der deutschen Geschichte wird auf Jahre hinaus ganz abnorm und unberechenbar. Halbe Maßregeln und Verbesserungen in Preußen würden höchst nachteilig sein."

Auf diesen Ton sind alle Äußerungen Bennigsens über Preußen und Bismarck in jenen Jahren gestimmt. Aber Bennigsen drohte doch wieder immer nur mit der Revolution, die andere machen würden, wenn man die Wünsche der Gemäßigten, die selber durchaus keine Revolution machen wollen und können, nicht berücksichtige. Das waren Wendungen, die den Hohn Lassalles in seiner (sonst höchst bedenklichen und offenbar krankhaft erregten) letzten Solinger Rede rechtfertigten, wenn er auch fälschlich den Anschein zu erwecken suchte, als ob der Führer des Nationalvereins mit seiner verhüllten Revolutionsankündigung für immer die Revolution abgeschworen habe: „Erheben wir also unsere Arme" – rief Lassalle den Arbeitern zu – „und verpflichten wir uns, wenn jemals dieser Umschwung, sei es auf diesem, sei es auf jenem Wege, käme, es den Fortschrittlern und Nationalvereinlern gedenken zu wollen, daß sie bis zum letzten Augenblicke erklärt haben: sie wollen keine Revolution! Verpflichtet euch dazu, hebt eure Hände empor." Der jähe Tod hat Lassalle vor dem furchtbaren Schicksal bewahrt, die demokratische und sozialistische Sache mit Bismarck gewinnen zu wollen; sein Zusammenbruch wäre noch verheerender gewesen als der des Liberalismus, der die Einheit und Freiheit gegen Bismarck zu erringen versuchte! Dennoch erkannte Lassalle durchaus richtig die Neigung Bennigsens zur „realpolitischen" Halbheit. Mußte doch selbst Miquel den Freund vor Konzessionen bei einem klerikalen Synodenentwurf warnen, indem er – Oktober 1863 – ihm schrieb: „Man ist im Volke durchaus nicht mehr auf dem alten, starren Glaubensgrunde, der in der Kirche noch zu Recht besteht. Wenn die Bewegung dies auch nicht laut proklamiert hat, so ist dies nur die Folge des richtigen Instinkts in den Massen, daß man erst die Pfaffenherrschaft brechen, sich selbst zum Herrscher machen und dann weitergehen müßte."

„Ist es nicht geraten, gegen diesen gemeingefährlichen Menschen alle Minen springen zu lassen," schreibt Bennigsen im Herbst 1863, als ihm kompromittierende Enthüllungen über Bismarcks Verhalten in der Holsteinschen Sache angekündigt werden. Der gemeingefährliche Mensch war Bismarck. Im Nationalverein war man damals dafür, in Schleswig-Holstein einen Aufstand zu entfesseln, ein Freikorps für einen Handstreich zu werben, und in der nationalen Begeisterung Bismarck zu stürzen. „Es gilt einen Generalsturm auf die Regierungen, vor allen anderen auf die preußische und hannoversche. In Preußen muß der Schrei: ‚Nieder mit Bismarck!' organisiert werden," heißt es in einem Brief Rochaus an Miquel. „Preußische Spitze unter allen Umständen ist unser Programm nicht." – „Im Norden nimmt die Bismarcksche Richtung, das ist die Anbetung der militärischen Macht und diplomatischen Erfolge, in erschreckender Weise überhand." – „Eine militärische Vergewaltigung Nord- und Mitteldeutschlands von Berlin aus (wird) um so sicherer eintreten und um so länger die allgemeine Einigung Deutschlands aufhalten, je träger und gleichgültiger das Bürgertum den Akten und Erfolgen preußischer Gewalt zusieht oder je mehr eine feige Überklugheit dem Altpreußentum speichelleckt und auf Süddeutschland verzichtet" – so tönt es aus Bennigsens Briefen im Jahre 1864. Und selbst als Bismarck, am Vorabend der kriegerisch-dynastischen Revolution von 1866, plötzlich das Ideal des Nationalvereins, das deutsche Parlament auf Grund des allgemeinen Wahlrechts, zu seinem eigenen Programm erhebt, meint Bennigsen, er wolle der Frontveränderung Bismarcks, angesichts der Vergangenheit des Mannes, eine gewisse Großartigkeit nicht absprechen, „eine Großartigkeit, die aber zum Ridikülen (Lächerlichen) doch in einer näheren Beziehung zu stehen scheint als zum Tragischen". Am 15. April 1866 prophezeit Bennigsen: „Treibt Bismarck die deutschen Fürsten auf das unbeschiffte Meer, zerstört er die Fundamente und alle Prinzipien der konservativen Parteien, so kann sich daraus eine ungeheure Entwicklung gestalten, in der nicht allein Bismarck, sondern auch ganz andere Existenzen schleunigst verschwinden." Ja sogar nach 1866, als Bennigsen sich im treuesten Gefolge Bismarcks befand, konnte er über seine zu inneren Zwecken angestifteten Kriegstreibereien gegen Frankreich schreiben: „Er hat die Franzosen in einer ganz fabelhaften Weise hinters Licht geführt. Napoleon, früher in den Augen der Welt sein eigentlicher Lehrmeister, ist wie der dümmste Junge von ihm genarrt. Die Diplomatie ist eins der verlogensten Geschäfte, aber wenn sie im deutschen Interesse in einer so großartigen Weise der Täuschung und Energie getrieben ist wie durch Bismarck, kann man ihr eine gewisse Bewunderung nicht versagen." (Bennigsen an seine Frau, 8. April 1867.) Ein hübsches Beispiel zu dem unergründlichen Kapitel bürgerlicher Heuchelei: Ethik und Politik!

Für Bismarck gab es in der Tat keinerlei Skrupel in der Wahl seiner Mittel: er schoß wirklich nicht mit öffentlicher Meinung, wie die Liberalen, sondern mit Pulver und Blei, und obendrein mit Bestechung, Verrat, Treubruch, Lüge und jeglichem Verbrechen. Bismarcks plötzliche Bekehrung zum deutschen Parlament erregte gradezu eine Panik unter den Vorkämpfern dieses Ideal von 1849. War es nur ein listiger Trick, um die Gemüter für seine andern Zwecke preußischer Machterweiterung zu gewinnen? Das glaubten die meisten, und die wenigsten ahnten, daß es ihm ernst war, ganz ernst – mit dem Parlament des demokratischen Wahlrechts: Das Aufgebot der unaufgeklärten Masse gegen die bürgerliche Opposition, die pommerschen Grenadiere nicht nur gegen Österreich, sondern auch gegen die liberale Intelligenz!

Bennigsen aber begann, mit Bismarck zu rechnen. Und so wagte der hannoversche Politiker, nach dessen Vaterland Preußen bereits die Hand ausstreckte, im Mai 1866 den zwar nicht unehrenhaft gemeinten, aber höchst zweideutig wirkenden Besuch bei Bismarck, einer Einladung folgend. Bismarcks Absicht war, den Führer der hannoverschen Opposition für Preußen zu gewinnen. Zwar bot Bismarck ihm damals nicht die persönliche Mitwirkung an der preußischen Regierung an, aber er unterließ diese direkte Aufforderung zum Landesverrat nur deshalb, weil er an dem Verhalten Bennigsens merkte, daß er dafür nicht zu haben sei. Am 16. Mai 1866 „beruhigte" Bennigsen seine Frau mit der Mitteilung, „daß ich zwar bei meiner Ankunft eine bestimmte Nachricht aus dem kronprinzlichen Lager bekam, Bismarck beabsichtige mich und Herrn N. N. (der ursprünglich hier geschriebene Name des Badener Staatsmannes Roggenbach ist durchstrichen) ins Ministerium zu nehmen, daß mir Bismarck selbst aber in der langen Besprechung … kein solches Anerbieten gemacht hat". Jedenfalls gelang es Bismarck, durch diese Unterredung Bennigsen schwer zu kompromittieren. Als jedoch das Los Hannovers entschieden war, schreckte Bismarck auch davor nicht mehr zurück, dem Hannoveraner das äußerste Verbrechen anzusinnen.

Bennigsen lag ernstlich an der Rettung der hannoverschen Selbständigkeit. Nur war es eine Illusion, wenn er glaubte, sein Vaterland könnte sich durch neutrales Wohlverhalten retten. Die Frucht war längst reif für den preußischen Hunger – so oder so. Die hannoversche Regierung wußte es besser, als sie sich, gegen Bennigsens Rat, entschloß, an der Seite Österreichs das Waffenglück zu probieren; Bennigsens Neutralitätspolitik hätte Hannover nicht erhalten können, es wäre doch – unter irgendeinem Vorwand – verschluckt worden.

Unmittelbar vor der Katastrophe Hannovers bemühte sich Bismarck, den Führer der hannoverschen Opposition zu gewinnen. Zunächst beauftragte er den preußischen Gesandten, Prinzen Ysenburg, mit Bennigsen über die Übernahme der Verwaltung Hannovers nach dem Einmarsch der preußischen Truppen zu verhandeln;

der wich, unter allerlei Vorwänden, der Aufforderung aus, den Kuppler solchen Hoch- und Landesverrats zu spielen. Dann schickte Bismarck den Bürgermeister Duncker aus Berlin zu Bennigsen. Der brachte ihm die Botschaft, die Besetzung Hannovers durch preußische Truppen und Errichtung einer preußischen Regierung stünde unmittelbar bevor. „Bismarck machte mir," so skizziert ein Jahrzehnt später Bennigsen seinem Freunde Lasker die Darlegungen Dunckers, „den Vorschlag, an die Spitze dieser Regierung zu treten. Ich erwiderte Herrn Duncker in continenti, daß ich die Proposition ablehnen und mir jede weitere Verhandlung darüber verbitten müsse. Nachdem … Herr Duncker sich entschuldigt hatte, daß er mir den Vorschlag überbrachte, da er den Auftrag nicht gut habe ablehnen können, bat er um Erlaubnis, noch mit einem anderen Auftrag herauskommen zu dürfen, wogegen ich natürlich nichts einwendete. Bismarck wünschte eine Erklärung von mir, ob ich bereit sei, meinen Einfluß dafür zu verwenden, daß in Deutschland zu einem Reichstage mit allgemeinem Wahlrecht gewählt werde, wenn Preußen, in dem Kriege gegen Österreich siegreich, dazu auffordere."

Die Absichten der Bismarckschen Niedertracht waren offenbar. Einmal wollte er durch den Verräter im feindlichen Lager sich den Sieg erleichtern und dann zugleich in dem Verräter, nach dem Siege, die liberale Opposition für immer unschädlich machen! Bennigsen aber widerstand dem äußeren Verrat, jedoch nicht der inneren Unterwerfung.

Österreich wurde besiegt, Hannover wie Hessen-Nassau, Frankfurt a. M. von Preußen aufgezehrt. Bennigsen und seine hannoverschen Freunde waren Preußen geworden. Sie wußten, was bevorstand. Noch während des Krieges schrieb Planck an Bennigsen: „Daß Preußen, welches unter diesem Junkerregiment gesiegt hat, nach dem Siege von selbst eine liberale Regierung erhalten sollte, ist mir innerlich höchst unwahrscheinlich, und wir werden, wenn auch die Einheit erreicht wird, aber mit jenem bitteren Zusätze (des preußischen Junkerregiments), der der Masse des Volkes sofort fühlbar wird, während sie Segnungen der Einheit nicht so bald fühlt, einen schweren Stand haben. Indessen …" Ähnlich äußerte sich Bennigsen selbst; und auch er fügte das „indessen" hinzu, das heißt, den Entschluß nach dem Scheitern aller liberalen Jugendträume nun mit

Bismarck im Tauschhandel den Liberalismus sacht in den Junker-
staat einsickern zu machen. Und während Bismarck nun die erste
Probe jener echt preußischen Blockpolitik unternahm, die den Liberalen gestattete, konservative Politik zu treiben, begannen die deutschen Liberalen jene verhängnisvolle Taktik, ihre unvermeidlichen
Siege zu organisieren, indem sie den Liberalismus Stück für Stück
preisgaben. Jeder neue Erfolg der liberalen Führer ward eine neue
Niederlage der liberalen Idee!

**VII.** |

Es gehört zu den eisernen Geschichtslegenden, aus denen in
Deutschland die Geschichtswissenschaft besteht, daß die Gründung
des Deutschen Reiches sich seit 1866 unter liberalem Gestirn vollzogen. Auch Oncken huldigt diesem Märchen, das ihm ja allein ermöglicht, seinen Helden – wenn zwar unter starkem Vorbehalt – liberale
Siege gewinnen zu lassen. Das liberale Gestirn stand in der Tat pran-
gend am Himmel. Aber es hatte ebensowenig Einfluß auf die Geburt
des Deutschen Reiches, wie sonst ein Zusammenhang zwischen
Sternen und Geburten besteht – trotz Horoskop und Hokuspokus.
    Der Liberalismus in Preußen-Deutschland bestand zu jener Zeit
genau in derselben Erscheinung wie vorher und seitdem: daß sich
die preußische Politik durchsetzt im Kampfe gegen die Junker der
rabiaten Färbung. Aber deshalb, weil die Regierung in Preußen stets
mit den wilden Männern der feudalen Welt sich raufen muß, ist sie
niemals liberal. Im Gegenteil: die Reibereien mit den Junkern, die
Verweigerung ihrer blödesten Tollheiten hat doch stets nur den
Zweck und stets den Erfolg, das konservative preußische System zu
erhalten. Dem deutschen Liberalismus ist die Aufgabe zugefallen,
die konservative Sache gegen die Konservativen, das Junkerwesen
gegen das Junkertum zu retten. Das war der liberale Sieg, der mit so
viel staatsmännischer Selbstentäußerung erkauft wurde. Die Liberalen wurden Sieger, indem der Liberalismus besiegt wurde, und die
liberalen Führer blieben, nach einem ebenso hübschen wie boshaf-
ten Wort Bismarcks – Bennigsen teilt die Äußerung seiner Frau in
einem Brief vom 2. Dezember 1867 mit – „die Minister des Kronprin-
zen". In Wahrheit, das war die Rolle des deutschen Liberalismus: sie
blieben immer die Minister des zukünftigen Herrn, und um diese
große Gunst nicht zu verscherzen, opferten sie für die Gegenwart

ein Stück des Liberalismus nach dem anderen. Die endlosen Reibungen Bismarcks mit seinen junkerlichen Standesgenossen, deren klügster er war, hinderten ihn ebensowenig, deren sonst verlorene und verfallene Sache zu restaurieren, wie er auch die kirchliche Reaktion stärkte, obwohl er die Pfaffenmacht, persönlich ein Ungläubiger – trotz seiner angeblichen Jugendbekehrung nach wüster Gottlosigkeit – bekämpfte; wie er endlich die hoffnungslos erschütterte Monarchie wieder belebte, wenngleich er vor den Trägern der Krone nicht die mindeste Achtung hatte und weder vor dem Großvater, noch vor dem Sohne, noch vor dem Enkel, seinen drei königlichen Herren, Achtung hatte! Auch vor dem Heldengreis nicht! Bennigsen sagt die Wahrheit, wenn er 1867 seiner Frau schreibt: „Der König und er haben eher Haß wie Freundschaft gegeneinander; mit dem Nachfolger hat Bismarck ein ganz kaltes Verhältnis."

Die liberale Konzessions- und Kompromißpolitik blieb also ohne jede Frucht. Man erntete nur liberale Attrappen, die wie Früchte aussahen. Das zeigte sich sofort, als Bennigsen seine Wirksamkeit im Reichstage des Norddeutschen Bundes und im preußischen Landtag begann. Er und die Seinen hatten von vornherein alle weiterstrebenden liberalen Grundsätze als Ballast über Bord geworfen, um vorerst wenigstens ein paar „unveräußerliche" liberale Forderungen zu sichern. Aber auch diese setzen sie nicht durch, Bismarck bewilligte ihnen allenfalls einige personale Liebenswürdigkeiten – Sturz eines besonders dumm-reaktionären Ministers und dergleichen mehr! –, aber die konservative preußische Sache ließ er im Kern nicht antasten. So scheiterten die Liberalen sofort mit ihren beiden dringendsten Forderungen: mit den konstitutionellen Sicherheiten in der Reichs-(Bundes-) Verfassung und bei der Regelung des Verhältnisses von Preußen zum Reich. Und wenn sich die Liberalen damals trösteten, das augenblicklich „Unerreichbare" werde durch die innere Naturgewalt der Dinge sich doch bald durchsetzen, so sind auch jene bescheidensten liberalen Forderungen von 1866 bis 1870, jenes liberale Mindestprogramm, bis zur Stunde so wenig der Erfüllung auch nur angenähert, daß es die Liberalen heute selbst nicht mehr fordern.

„Bismarck ist jetzt der Damm gegen das Hereinbrechen der Reaktion" – das ist der große Wahn (er ist schon im Herbst 1866 in einem Brief an Bennigsen in diese Formel gefügt!) –, mit dem die Liberalen unmittelbar nach dem preußischen Kriegserfolg ihr gründliches Umlernen rechtfertigen. „Die Zeit der Ideale ist vorüber. Die deutsche Einheit ist aus der Traumwelt in die prosaische Welt der Wirklichkeit hinuntergestiegen. Politiker haben heute weniger als je zu fragen, was wünschenswert, als was erreichbar ist," rief Miquel 1867 aus. „Das Erreichbare" – das ist seitdem die Begräbnisformel geblieben, mit der jeder liberale Grundsatz zur Ruhe bestattet worden ist. Unerreichbar dünkte Bennigsen natürlich die parlamentarische Verfassung. „Die Physiognomie des Parlaments wird von der des achtundvierziger außerordentlich abweichen und dasselbe, nach dem damaligen Maß gemessen, eine sehr bescheidene Rolle spielen." Die Nation könne „vorerst gar keinen begründeten Anspruch erheben, von der preußischen Krone und dem deutschen Richelieu den Parlamentarismus und den ganzen Komplex von Freiheiten in Gnaden verliehen zu erhalten". Für die Durchsetzung des Erreichbaren wurde die nationalliberale Partei gegründet, deren Mission es wurde, das „Nichts" zu erreichen, weil sie das „Alles" schreckte. Nach den Wahlen für den konstituierenden Reichstag schrieb Bennigsen an seine Frau: „Sehr befriedigend wird das Resultat für die verfassungsmäßigen Rechte nicht werden. Dazu sind die Wahlen in Preußen viel zu konservativ ausgefallen." Aber als später die Wahlen ganz national-liberal ausfielen, wurde der Liberalismus erst recht aussichtslos. Was man in der Ohnmacht nicht konnte, traute man sich nicht in der Macht. Zum Überfluß begann Bismarck gleich mit der Politik, durch Einfädelung auswärtiger Verwicklungen die innere Politik zu fesseln. Seit 1867 begann er die Kriegshetze gegen Frankreich. Er hatte immer eine Affäre bei der Hand, hieß sie nun „Luxemburg" oder sonstwie, und vor lauter Eifer, in so kritischen Augenblicken national zu blasen, hatten die Liberalen keine Zeit und Kraft, liberal zu pfeifen. Die ganze Arbeit an der Verfassung des Norddeutschen Bundes – der heutigen Reichsverfassung – wurde durch auswärtigen Lärm eingeschüchtert. Bennigsen kannte die Triebfedern dieser Politik: „Hier (in Berlin) ist, wie überall, die Politik zu neun Zehnteln persönliches Interesse, was man auch, wenn man die Politik anders auffaßt und betreibt, sich stets klar und gegenwärtig halten muß, um nicht düpiert zu werden" (an seine Frau, 10. März 1867). Bennigsen trieb keine Politik persönlichen Interesses. Er ist auch aus der Gründerzeit unbefleckt hervorgegangen, und als man ihn solcher Gründungsgelüste beschuldigte, konnte er wahrheitsgemäß die Erklärung abgeben, die für die heutigen Liberalen tödlich sein dürfte: „Ich bin kein Geschäftsmann. Deshalb und mit Rücksicht auf meine öffentliche Stellung würde ich es für unpassend und für wenig ehrenvoll halten, wenn ich die Mitwirkung bei der Begründung einer Eisenbahn dazu hätte benutzen wollen, irgendeinen derartigen Geschäftsgewinn zu erstreben oder anzunehmen." Aber er machte auch für den Liberalismus keine Geschäfte. Er ließ sich düpieren!

Zwei „unerläßliche" Forderungen stellte Bennigsen für die Bundesverfassung auf: ein verantwortliches Bundesministerium und Diäten für die Abgeordneten. Der Regierungsentwurf der Verfassung sah ursprünglich als Bundeskanzler nur eine Art untergeordneten Sekretär des preußischen Ministers der auswärtigen Angelegenheiten vor. Der Antrag Bennigsens auf Schaffung eines verantwortlichen kollegialen Bundesministeriums unter dem Vorsitz eines Bundeskanzlers brachte Bismarck auf den Gedanken, bloß einen „verantwortlichen Kanzler" zu schaffen. Damit wurde das Gegenteil der liberalen Absicht erreicht. Im Reichskanzler wurde das Reich nicht, wie die Liberalen wollten, verselbständigt, sondern zur Filiale Preußens. Statt einer wirklichen Verfassung bekam der Bund einen paragraphierten Menschen; ein zufälliger Mensch – Bismarck – wurde in der deutschen Verfassung staatsrechtlich verewigt. Dazu war dieser Kanzler nur auf dem Papier verantwortlich. Die nähere Regelung wurde einem besonderen Gesetz vorbehalten. Dieses besondere Gesetz gibt es noch heute nicht. Die Konzessionen der Liberalen haben das „Erreichbare" in Wirklichkeit für Generationen unerreichbar gemacht. Ebenso ging es mit den Diäten; Bennigsen beharrte auf ihnen. Bismarck weigerte sich. Bennigsen hielt es „für ein ganz bedenkliches Experiment, daß in einem deutschen Parlament die Diäten beseitigt werden sollen"; er hielt „die Folgen für durchaus unberechenbar". Dennoch überließ er und die Liberalen auch dieses „Erreichbare" der Zukunft, die erst unter dem Fürsten Bülow kam!

Es war auch kein Erfolg der Liberalen, daß Bismarck ihren Antrag des geheimen Wahlrechts akzeptierte. Denn Bismarck gewährte ja das Reichstagswahlrecht, um die unaufgeklärten Massen gegen die Liberalen auszuspielen. Und die Liberalen wußten das; es war im Gründungsprogramm der nationalliberalen Partei vom 12. Juni 1867 klar ausgesprochen worden: „Das allgemeine, gleiche, direkte und geheime Wahlrecht ist unter unserer Mitwirkung zur Grundlage des öffentlichen Lebens gemacht. Wir verhehlen uns nicht die Gefahren, welche es mit sich bringt, solange Preßfreiheit, Versammlungs- und Vereinsrecht polizeilich verkümmert sind, die Volksschule unter lähmenden Regulativen steht, die Wahlen bureaukratischen Einrichtungen unterworfen sind, zumal da die Versagung der Diäten die Wählbarkeit beschränkt." Man erkennt die ganze Entartung, der der Liberalismus seitdem verfallen: damals sah man noch die Gefahren für das allgemeine Wahlrecht in der durch die Reaktion bewirkten Unfreiheit des Gebrauchs; heute bekämpft man es, weil das Volk den freien Gebrauch zu lernen begonnen hat.

Noch elender als im Reichstag war der Zusammenbruch des Liberalismus gleich in Preußen. Im national-liberalen Programm hieß es: „Als Ziel schwebt uns vor, daß die parlamentarischen Funktionen des Staates möglichst vollständig in den Reichstag verlegt werden. Auch der preußische Landtag soll sich nach und nach mit einer Stellung begnügen, welche in keiner Weise geeignet sei, dem Ansehen und der Wirksamkeit des Reichstages Eintrag zu tun." Man verlangte ferner „Ausbau und Revision der preußischen Verfassung", „Ausführung der in der Verfassung verheißenen Gesetze und die Reform des Herrenhauses als Vorbedingung aller Reformen", „Aufhebung der gutsherrlichen Obrigkeit und gutsherrlichen Polizei". Keine der liberalen Vorbedingungen ist bis heute erfüllt worden.

Noch schärfer, als im Programmentwurf, deuten Äußerungen Bennigsens auf das Ziel dieser annektierten Preußen hin. Sie erstrebten die vollständige Beseitigung der preußischen Zentralgewalt. Bennigsen war durchaus der Meinung seines Freundes Friedrich Ötker, der in der kurhessischen Opposition die Geschäfte Preußens besorgt hatte: die ganze preußische Landesgesetzgebung müsse allmählich zugunsten der Bundes- und der Provinzialgesetzgebung aufhören, also der Landtag allmählich trockengelegt werden. Man dachte sich die Vereinigung aller Zentralgewalt im Reich und die Dezentralisation Preußens in provinziale Selbstverwaltungsgebiete. Die Provinzen erhielten ja allerdings eine Art Selbstverwaltung – Bennigsen selbst war zwanzig Jahre lang Landesdirektor in Hannover –, aber der preußische Landtag und die preußische Regierung, als Werkzeug des Junkertums, vereinigten immer noch die politische Macht in und über Deutschland. Trockengelegt wurde der Liberalismus und das Reich! Und die „Vollendung" der deutschen Einheit nach dem Kriege von 1870/71 war die Vollendung dieser Trockenlegung.

## VIII. I

Die Angliederung des deutschen Südens an den Norddeutschen Bund verstärkte keineswegs die liberalen Triebkräfte in der Politik des Reiches und Preußens. Vielmehr befeuerte sie nur den Eifer des Junkertums, in demselben Maße vorzudringen, in dem die Liberalen das Geschäft fortsetzten, die schweren Opfer ihrer liberalen Grundsätze gewerbsmäßig auf dem nationalen Altar darzubringen. Immer wenn die Liberalen gerade liberal sein wollten oder doch sein sollten, war irgend etwas geschehen, was ihnen zu Gemüte führte, „daß jetzt die Zeit nicht da ist", um liberaler Forderungen willen Konflikte zu versuchen. Bennigsen sprach dies Wort 1874 aus, als die Liberalen das militärische Budgetrecht preisgaben. Aber diese Zeit war nie da; immer gab es gerade Umstände, die für den Liberalismus hinderlich waren, liberal zu sein. Und wenn die Liberalen dergestalt sich überwunden hatten, so jubelten sie jedesmal, daß es den Gegnern nicht gelungen sei, sie auszuschalten – sie auszuschalten nämlich von der Möglichkeit, antiliberale Politik treiben zu dürfen. Dieses Argument des „Ausschaltens" finden wir in dem liberalen Sprach- und Denkgebrauch von Anbeginn. So schrieb damals – 1874 –, als es gelungen war, durch das Septennatskompromiß[2] den wichtigsten liberalen Grundsatz, das Budgetrecht, zu verraten, so ein Liberaler triumphierend in sein Tagebuch: „Beispielloser Jubel ... Wir freuten uns sehr ... Alle Gemüter waren voll davon, daß der vom Zentrum und den Konservativen gehoffte, von uns gefürchtete Konflikt vermieden ist. Die Konservativen sind wütend ... Die Wut der Konservativen, daß wir eine Verständigung herbeigeführt und daß der von ihnen sicher gehoffte Konflikt vermieden ist, übersteigt alle Grenzen."

Die Politik Bismarcks, durch äußere Verwicklungen die innere

---

[2] [Die Liberalen verzichten auf das Recht zu *jährlichen* Bewilligung des Militäretats, der nunmehr – so der gepriesene ‚Kompromiss' – alle *sieben Jahre* neu beschlossen werden soll. pb]

dynastisch-junkerliche Herrschaft zu sichern, forderte ihren Abschluß durch den deutsch-französischen Krieg. Sofort nach 1866 sehen wir die deutsch-französischen Zwischenfälle aufwuchern, mit denen auch Bennigsen bewußt operiert. Dauerndes Kriegsgeschrei übertönt, verwirrt und verstümmelt die liberale Verfassungsarbeit. „Jetzt ist die Zeit nicht da!" ... In militärischen Kreisen wird sofort nach dem Siege von 1866 nur noch über den Termin des Losschlagens, nicht über die Notwendigkeit des Krieges selbst debattiert. Man will die Zeit wählen, wo Frankreich mitten in der Armeereform wäre. Wenn auch die letzte Entscheidung die Emser Depeschenfälschung brachte, so war dieses weltgeschichtliche Verbrechen nur die Krönung eines lang gesponnenen Komplotts. Das Kampfziel war weniger die Demütigung Frankreichs und die Annexion Elsaß-Lothringens, sondern die Demütigung des deutschen Bürgertums und die Annexion der Liberalen. Das war auch der Ertrag. 1870 liquidierte endgültig 1848. Die aus wirtschaftlichen Gründen notwendige, nicht mehr aufzuhaltende Einigung Deutschlands sollte sich unter antiliberalen Sicherheiten vollziehen, und um diesen Erfolg zu erreichen, bediente sich Bismarck nicht der Konservativen, sondern eben der Liberalen. Seine diabolische Verachtung des liberalen Bürgertums wußte, daß nur eine Klasse, nur eine Partei bereit sei, jederzeit auf ihre Grundsätze zu verzichten: die Bourgeoisie und die Liberalen.

Als der Krieg ausbricht, eilen, schreiben, telegraphieren die Liberalen geschäftig im Lande umher, um dafür zu sorgen, daß in jetziger Zeit nicht von Freiheit geredet werde, sondern eben nur noch von Einheit. Am eifrigsten ist in dieser Abschnürung des zweiten Teiles des Parteinamens Lasker, der doch die „linke Seele" der Nationalliberalen darstellte. Als freiwillige Agenten Bismarcks suchen sie Bayern, Württemberg, Baden zum Anschluß zu gewinnen. Dabei werden sie von dem Bundeskanzler übel behandelt. Glaubt er allein fertig zu werden, so stellt er die ungebetenen Helfer bloß, und erst, wenn er Mißerfolge hat, ruft er sie, damit sie öffentliche Meinung fabrizieren und die „Tintenklexer" mobil machen. Und wenn es Bismarck nicht gelingt, die bayerischen Reservatrechte zu hindern, so beschuldigt er die Liberalen, daß ihr allzu weites Entgegenkommen an die bayerischen Forderungen ihm das Geschäft verdorben habe. Dabei mußten gerade bei den Reservatrechten die Liberalen gleich wieder ihre heiligsten Grundsätze opfern; denn ihren unitarischen Bestrebungen waren die Bismarckschen Konzessionen viel zu weitgehend. Und vertraulich telegraphiert Bamberger Ende November 1870, daß man die Bundesverträge trotz ihrer Mängel nicht verwerfen und auch nicht amendieren dürfe.

Auch für Bennigsen war der deutsch-französische Krieg ein gewolltes Mittel der inneren deutschen Politik, was immer er auch öffentlich über den gerechten Verteidigungskrieg reden mochte. In seinen Privatbriefen verschwindet die Kriegsglorie. So lesen wir in einem an seine Frau gerichteten Schreiben vom 2. Mai 1871: „Hört man von den zurückkehrenden Beamten manche interessante Details über den Krieg, so ist man doppelt froh, daß das Kriegführen unserer Truppen aufhört und die diktatorische Verwaltung zu Ende geht. Von Erschießenlassen und Niederbrennen der Dörfer erzählen die Herren mit größter Gemütlichkeit. Daß diese Maßregeln notwendig waren, begreife ich bei dem wahnsinnigen Verhalten der französischen Bevölkerung. Zuletzt stumpft sich das menschliche Gefühl unserer Truppen und Beamten aber doch in einer entsetzlichen Weise ab. Auch über die Zahl bedenklicher Krankheitsfälle in den Lazaretten bei verheirateten Landwehrleuten machte Prinz Hohenlohe sehr fatale Mitteilungen. Manches Hundert Landwehrleute wird ihren Frauen kein schönes Andenken von den liederlichen Französinnen mitbringen."

War der französische Krieg für Bismarck eine Notwendigkeit der inneren preußischen Politik, so war er insbesondere das letzte Mittel nicht nur, um die Reste einer bürgerlichen Opposition zu vernichten, sondern auch um sein „nationales" Programm eines Großpreußen durchzuführen und zu sichern. Der deutsche Krieg von 1866 hatte den deutschen Süden durchaus nicht preußisch gestimmt. Die Wahlen zum deutschen Zollparlament waren im Süden gegen Preußen ausgefallen. Der Norddeutsche Bund war eine durchaus preußische Organisation. Bismarck dachte niemals daran, ihn durch die Anfügung gleichberechtigter, unabhängiger Südstaaten aus dem Preußischen ins Deutsche übersetzen zu lassen. Dieser nationalen Auffassung von deutscher Einheit widerstrebte er aufs äußerste. Die Aufnahme Süddeutschlands war nur unter Formen zu dulden, in denen Sicherheit geboten war, daß die süddeutschen Staaten in einem schwachen Verbände nicht als Rivalen Preußens erstarken könnten. Die Überschreitung der Mainlinie auf dem Wege zur deutschen Einheit durfte nur den Zweck haben, die Alleinherrschaft Preußens auch im Süden zu gründen. Eine deutsche Verfassung, wie sie Bismarck dachte, war immer nur eine mildere Form der Annexion, die scheinbar freiwillige Unterwerfung unter die preußische Vormacht. Der Süden war aber für diese preußische Einheit nicht zu haben, und deshalb bedurfte Bismarck zur Krönung seines Werkes des nationalen Krieges.

Aus derselben Politik der Niederbrechung des nichtpreußischen Deutschlands, nicht etwa aus irgendwelchen geistigen Idealen, entfesselte Bismarck dann auch den Kulturkampf. Die katholische Kirche wurzelte im Süden; sie war gegen das als protestantisch geltende Preußen gestimmt und war so eine ernsthafte und nicht leicht zu überwindende Schutzmacht für die Erhaltung eines selbständigen Südens; darum bediente sich Bismarck des Kampfmittels des Antiklerikalismus.

Wenn Oncken den Kulturkampf, trotz durchschimmernder besserer Einsichten, doch gern als eine weltgeschichtliche Auseinandersetzung zwischen Katholizismus und Protestantismus zu nationalen Zwecken der Einheit rechtfertigen möchte, so ist das unklare und phrasenhafte Mystik. Der Jahrhunderte durchgeführte Rivalenkampf zwischen Hohenzollern und Habsburgern war 1866 beendigt. Man hat mit Bayern ein Stück südliches Großdeutschland in das norddeutsche gefügte Reich bekommen, vielmehr gewaltsam gepreßt; denn nur mit dem Revolver in der Hand hatte man dem schon geisteskranken Ludwig II. von Bayern die Unterschrift für die „deutsche Einheit" abgerungen. In der katholischen Kirche organisierten sich diese zentrifugalen Kräfte. Also redete man auf preußische Weise mit ihr. Man dachte nicht daran, Deutschland vom Klerikalismus zu reinigen. Keine Trennung von Kirche und Staat; keine Trennung der Schule von der Kirche – wo herrschte mehr Klerikalismus als in dem protestantischen Ostelbien! – nur ein paar polizeiliche und staatsanwaltliche Schikanen für die Träger der kirchlichen Organisation, nur einige Sprengungsversuche ihrer unbequemen Macht – das war der so jämmerlich zusammenbrechende Kulturkampf.

Aber zugleich verfolgte auch hier wieder Bismarck die Politik der Ablenkung. Er warf den Liberalen den Kulturkampf hin, damit sie einen hübschen liberalen Zeitvertreib hätten, während der innere Ausbau des Deutschen Reiches sich reaktionär vollzog. Die Spekulation auf die liberalen Philister gelang. Die liberalen Führer freilich waren sich des Spiels zum Teil wohl bewußt. Zwar erfreute der Kulturkampf Bennigsens von Jugend an genährte antiklerikale Stimmung, seine Abneigung gegen die „Römlinge"; aber die rein machtpolitische Tendenz der Bismarckschen Ausnahmegesetze war ihm nicht verborgen. Das zeigt schon der Ton, in dem er über die klerikale Gefahr spottet, so wie die preußischen Polizeihirne und die von ihnen verdunkelten Leute immer Gefahren ausmalen, handle es sich nun um Demagogen, Demokraten, liberale Umstürzler, Sozialisten, Anarchisten oder wer sonst gerade als Feind der preußischen Ordnung zu kennzeichnen ist. Bennigsen schildert seiner Frau (am 1. Dezember 1874) seine Unterredungen mit Bismarck: „Er sprach wiederholt davon, daß er seine Entlassung nehmen müsse; er könne den Ärger am Hofe und mit einer unsicheren Reichstagsmehrheit nicht mehr aushalten. Zweimal sei bereits auf ihn geschossen. Täglich erhalte er jetzt Warnungen der Polizei, nicht mehr auszugehen oder im offenen Wagen auszufahren. Jetzt möge einmal ein anderer Kanzler von fanatischen katholischen Gesellen auf sich schießen lassen. Leider regen seine Frau und Tochter, wie schon in Kissingen, ihn hier mit ihrer Angst und Sorge wohl auch immer mehr auf. Die Fürstin Bismarck, mit welcher ich mich heute nach dem Diner längere Zeit unterhielt, glaubt erstens an eine große ultramontane Mordverschwörung, wo täglich neue Attentate auf Order erfolgen können. Der armselige Tiroler Priester Hanthaler war wie Kullmann im Komplott; darauf will sie einen Glaubenseid leisten" usw.

Über dieser klerikalen Gefahr war dann nicht die Zeit da, das Deutsche Reich liberal auszubauen. Man war sicher stolz darauf, daß man bei der Feststellung der Heeresstärke das verlangte Äternat[3] durch ein im Grunde dasselbe besagendes Septennat ersetzte; denn ob man das Budgetrecht für „ewig" oder über sieben Jahre beseitigen ließ, war ein unerheblicher Unterschied. Und Bennigsen, der Vater dieses Kompromisses, wußte sehr gut, wie tief der monarchische Militärabsolutismus in Preußen eingefressen war. Schrieb er doch einmal (am 17. Dezember 1874) an seine Frau: „Soeben war ich

---

[3] [Zustimmung zum Militärhaushalt *auf ewig*, immerwährend; pb]

auf einem Diner beim Kaiser, wo dieser sich mir dafür bedankte, daß wir die Offiziers- und Löhnungsverhältnisse der Garderegimenter intakt gelassen hätten ... Er könne sich doch jetzt vor seinen Garden wieder sehen lassen. Solche Dinge nimmt doch auch ein ungewöhnlicher Fürst, wie der alte Kaiser, seltsam persönlich."

Gleich unheilvoll war die liberale Kompromißsucht in den Justizgesetzen. Willig unterwarf man sich dem sich steigernden Anspruch Bismarcks, den linken Flügel der Nationalliberalen zu unterdrücken. So kam denn das unerhörte Schauspiel zustande, daß nicht nur der Führer der Partei, die Jahre hindurch sowohl im Reichstag wie im Landtag (Bennigsen war Präsident des preußischen Abgeordnetenhauses) die stärkste und schlechterdings ausschlaggebende Partei war, einmal in spottender Wehmut äußern konnte, daß die richtige konstitutionelle Theorie in diesem Jahrhundert nicht mehr vollständig realisiert werden würde (Brief vom 16. November 1873), sondern daß auch sein feiernder Biograph bekennen muß: „Von einer nationalliberalen Ära der siebziger Jahre im allgemeinen kann man nicht sprechen. Weder haben die Führer der Fraktion selbst an der Leitung der Geschäfte teilgenommen, noch hat die Politik im Reich und in Preußen sich in den Linien des nationalliberalen Programms bewegt." In der Tat war der höchste Erfolg Bennigsens, daß er einmal zum Nachfolger Bismarcks ernannt wurde, – aber nur von der „Wiener Neuen Freien Presse"!

Über den Kulturkampf verzichtete man auf die liberale Rechtsausgestaltung des neuen Reiches. Und als nun 1877/78 auch die liberale Wirtschaftspolitik verlassen werden sollte, warf Bismarck den Liberalen eine andere Schreckpuppe hin: die Arbeiterbewegung. Wieder wirkten die Liberalen, bewußt der Lüge, an dieser ablenkenden Politik Bismarckschen Terrors mit. In solchem äußersten Frevel ist denn der deutsche Liberalismus völlig verwest.


## IX. |

Der deutsche Liberalismus hatte am Ausgang seiner parlamentarischen, zahlenmäßig gegebenen Macht nur noch eins zu verlieren, den Lebens- und Wesenskern der liberalen Weltanschauung: die Erkämpfung und Verteidigung der staatsbürgerlichen Rechtsgleichheit. Diese Seele ihm aus der Brust zu reißen, war die Aufgabe Bismarcks, als er sich entschloß, mit den Nationalliberalen zu brechen oder, besser, den deutschen Liberalismus vollständig zu zerbrechen; was er als äußerlicher Freund der Nationalliberalen begonnen hatte, wollte er nunmehr als ihr Gegner vollenden. Es war die Zeit der agrarisch-schutzzöllnerischen Wendung in der Wirtschaftspolitik, als der Gewaltige sich entschloß, die Nationalliberalen an die Wand zu drücken, daß sie Sauce gäben! (So soll die vornehme Wendung in Wirklichkeit gelautet haben.) Diesem Bismarckschen Pogrom gegen die Liberalen ging ein Kaufversuch Bennigsens voraus, die ernsthafteste Verhandlung wegen Übernahme eines preußischen Ministerpostens.

Man konnte noch im Zweifel sein, ob nicht schon mit ihrer Zustimmung zu den Kulturkampfgesetzen die Liberalen die bürgerlichen Rechtsgleichheit verlassen hatten. Immerhin waren das eher Spezialgesetze gegen eine bestimmte Institution (wie etwa ein Börsengesetz), als Ausnahmegesetze. An dem Ausnahmecharakter des Sozialistengesetzes aber war kein Zweifel; es richtete sich gegen eine ganze Weltanschauung, gegen eine Klasse, gegen eine Partei. Gerade diesen Bruch der Verfassung, der Rechtsgleichheit, diese Peitschung der Liberalen, mit denen er solange zusammengearbeitet hatte, wollte Bismarck. Als die Liberalen ihm ihre Bedenken gegen den (ersten) Entwurf äußerten, beharrte Bismarck auf seiner Ansicht – wie sein ehemaliger Chef der Reichskanzlei, Tiedemann, berichtet –, „daß man die Sozialdemokratie nur wirksam ins Herz treffen könnte, wenn man berechtigt sei, über die Barrieren hinwegzusetzen, die die Verfassung in übergroßer doktrinärer Fürsorge zum Schutze des einzelnen und der Parteien in den sogenannten Grundrechten errichtet habe". In Wahrheit meinte er: daß man die Liberalen nur wirksam ins Herz treffen könnte. „Das war die Kriegserklärung gegen den liberalen Geist, mit dem zusammen er die Verfassung des Reiches aufgebaut hatte," bekennt Oncken.

Es gibt keine Veröffentlichung, in der die ganze Verruchtheit des Bismarckschen Spiels mit dem roten Schrecken so erschreckend grell hervorgeht, wie aus dem Bennigsen-Werk. Die Niederhetzung der großen Masse des Volkes war für den infamsten aller Terroristen nur ein taktisches Manöver. Man kann die Fäden dieser Verschwörung jetzt genau verfolgen.

Das Sozialistengesetz diente Bismarck dazu, einmal die liberale

Partei zu sprengen, ihre Linke in die Opposition zu drängen, ihre Rechte als wehrlose Regierungspartei zu knechten. Zugleich galt es, gegen den Liberalismus die eigene Gefolgschaft aufzuhetzen. Das konnte auf keine Weise bequemer geschehen, als durch die Aufreizung der brutalsten großbürgerlichen Klasseninstinkte gegen die Arbeiterbewegung. Bismarck stellte mit diabolischer Kunst die Liberalen vor die Entscheidung: entweder liberal zu bleiben, die Verfassung zu achten, das Ausnahmegesetz abzulehnen und dann das liberale zahlungsfähige Gefolge zu verlieren, oder sich Bismarck zu beugen und damit den Liberalismus zu verlieren. Auf beiderlei Weise ward der Weg frei, die letzten Regungen eines politischen bürgerlichen Parteiidealismus zu vernichten und die Partei umzuwandeln in eine nackte Interessenvertretung von Berufsgruppen, denen das Parlament nur eine Tribüne der unmittelbaren Geschäftsförderung war: so konnte die Schutzzollpolitik möglich werden, gegen die sich ja auch die Arbeiterschaft – durch das Ausnahmegesetz niedergeworfen – nicht wehren können sollte. Mit dem Sozialistengesetz begann jene Auflösung bürgerlicher Parteien in reine Geschäftsagenturen, die wir heute vollendet sehen. Es begann die Entpolitisierung des Bürgertums, die wieder anfing, noch ehe es zur Politik recht gereift war.

In diesem Intrigenspiel der Jahre 1877/78 platzt das Hödelsche Attentat[4] so zur rechten Zeit hinein, wie auf das Stichwort im Komödienspiel, daß an einen Zufall zu glauben, das Bekenntnis zum Wunder zumuten hieße. Man wird den Verdacht nicht los, daß der höchst wahrscheinlich blind geladene Revolver des christlich-sozialen Narren ihm von Leuten in die Hand gesteckt war, die das Attentat brauchten. Das zweite ernste Attentat[5] läßt sich durch den Nachahmungstrieb von Geisteskranken erklären, das die Regierung denn auch weit mehr – freudig – überraschte, als das erste, auf das man geradezu vorbereitet zu sein schien.

Die „Gefahr der Sozialdemokratie" taucht erst genau in dem Augenblick auf, als der Terror gewünscht wurde. Auf all den Hunder-

---

[4] [Missglücktes Revolverattentat des Leipziger Klempnergesellen *Max Hödel* (1857-1878, hingerichtet) auf Kaiser Wilhelm I. vom 11. Mai 1878. pb]
[5] [Attentat von *Karl Eduard Nobiling* am 2. Juni 1878; der Kaiser wurde hierbei schwer verletzt – im Folgemonat verabschiedete der Reichstag am 30. Juli das ‚Sozialistengesetz'. pb]

ten von Blättern des Bennigsen-Werkes, die vorausgehen, findet man nicht die leiseste Andeutung, daß der Führer der Nationalliberalen von dieser Gefahr etwas wußte. Über seine jugendlichen Sympathien für den utopischen Sozialismus war er freilich längst hinausgekommen, aber ein gewisses Verständnis für soziale Fragen, auch für die Arbeiterbewegung, war ihm geblieben. Jetzt sollte er plötzlich nicht nur an die rote Gefahr glauben, sondern sie auch durch Preisgabe der elementaren liberalen Grundsätze zu bannen versuchen. Aber Bennigsen glaubte nicht an den Popanz, sondern er wußte vielmehr ganz genau, daß Bismarck den Liberalismus treffen wollte; und dennoch beugte er sich schließlich dem Bismarckschen Terror.

Mit den Reichstagswahlen von 1877 hatte der Zerfall der Nationalliberalen, der Aufstieg der Konservativen begonnen. Die nationalliberale Fraktion zählte immerhin noch 127 Mitglieder. Die Abrechnung mit den Nationalliberalen wurde eingeleitet durch Verhandlungen mit Bennigsen über seinen Eintritt ins Ministerium. Diese Verhandlungen sind zumeist, so namentlich von Eugen Richter, als ein nicht ernst gemeintes Manöver aufgefaßt worden, die den späteren jähen Bruch aus nationalliberalem Verschulden erscheinen lassen sollten. Das vorliegende Material zwingt, diese Auffassung preiszugeben. Bismarck wollte wirklich den einflußreichsten Mann des Liberalismus aus seiner Partei herausholen, und indem er ihm das Polizeiministerium anbot, wo jeder Mensch konservativ regieren muß – der liberale Bennigsen hätte gleich das Sozialistengesetz machen dürfen! –, hatte Bismarck den Liberalismus zugleich regierungsfähig und unschädlich gemacht. Der Plan scheiterte einmal an Bennigsen, der klug genug war, als Bedingung seines Eintritts den gleichzeitigen Eintritt zweier anderer Liberalen zu fordern und an der greisenhaften Halsstarrigkeit Wilhelms I., der wieder ganz zum Kartätschenprinz geworden war und in jedem Liberalen einer Revoluzzer sah. Als dem Kaiser die Verhandlungen mit Bennigsen zugetragen wurden, schrieb er dem Kanzler einen aufgeregten und groben Brief. Er verlangte von Bismarck, daß er die Gerüchte dementiere, „da niemand besser weiß, als Sie selbst, daß Sie mir keine Silbe über diesen Gegenstand mitgeteilt haben". „Dies hat mich denn doch in einem Maße frappiert, daß ich anfangen muß, zu glauben, es sei wirklich etwas derart im Werke, von dem ich gar nichts weiß." Der Brief schloß: „Ich muß Sie also ersuchen, mir Mitteilung zu machen, was denn eigentlich vorgeht? Was Bennigsen betrifft, so würde ich seinen Eintritt in das Ministerium nicht mit Vertrauen begrüßen können, denn so fähig er ist, so würde er den ruhigen und konservativen Gang meiner Regierung, den Sie selbst zu gehen sich ganz entschieden gegen mich ausgesprochen haben, nicht gehen können." Damit war denn der Plan für Bismarck erledigt, ohne daß er es für nötig hielt, Bennigsen von dieser Wendung in Kenntnis zu setzen. Bismarck hat in seinen „Gedanken und Erinnerungen" diese Vorgänge geflissentlich falsch dargestellt – eine Kunst der Fälschung, die Oncken mit der bewundernden Wendung umschreibt: „Er macht Geschichte, auch wenn er Geschichte schreibt."

Solange die Verhandlungen zwischen Bismarck und Bennigsen noch schwebten, solange also der Plan noch nicht gescheitert war, den rechten Flügel der Liberalen für die neue Wirtschaftspolitik hinüberzuziehen, wurde mit dem roten Schrecken noch nicht gearbeitet. Erst als Bennigsens Kandidatur unmöglich geworden war, begann das Spiel mit dem Umsturz.

Die nationalliberale Fraktion beschloß einstimmig, das erste Ausnahmegesetz abzulehnen. Bennigsen deutete in seiner Reichstagsrede vom 23. Mai 1878 an, „daß es bei dieser Vorlage weniger abgesehen gewesen ist auf wirksame Maßregeln gemeinschaftlich mit dem Reichstag gegen die Sozialdemokratie, als auf anderweitige politische Coups". Bennigsen verzichtete in dieser bedeutsamen Rede nicht auf Umsturzgeschrei und Klagen über sozialdemokratische Ausschreitungen, aber er weigerte sich, den Boden des gemeinen Rechts zu verlassen – seien denn „die Zustände in Deutschland auf einmal über Nacht so verhängnisvoll geworden, daß wir zu diesem äußersten und verzweifelten Mittel greifen müssen" – und er bewies sein Verständnis für den Sozialismus: „Unter diesen Zielen sind nun viele, von denen, ich möchte sagen, jeder Menschenfreund, jede wohlmeinende Regierung einen Teil auch unter ihre Aufgaben aufnimmt … Wir haben auch gesehen, daß Ziele der Sozialdemokratie, wo es sich um Schonung der Gesundheit der Arbeiter, um Schutz der Frauen, der Kinder gegen Ausbeutung durch die Fabrikanten handelt – daß ebenso wie die Gesetzgebung anderer Länder auch die deutsche Gesetzgebung sich mit Aufgaben beschäftigt, die zugleich von den Sozialdemokraten unter ihre Ziele aufgenommen sind." Auch bekundete er Einsicht in die geschichtliche Wandlung aller wirtschaftlichen Produktionsformen.

Dann kam das Attentat Nobilings. Das erste Wort Bismarcks war: „Jetzt habe ich sie – jetzt lösen wir den Reichstag auf." Die „sie" waren die Nationalliberalen. Wir kennen die verschiedenen Entwürfe, die Bismarck bei der Reichstagsauflösung als Wahlanweisung für die Behörden ausarbeitete. Das Aktenstück wurde immer aufs neue so korrigiert, daß die Sozialdemokratie nahezu verschwand, und der linke Flügel der Nationalliberalen an ihre Stelle trat. Bennigsen wußte wohl, daß auch der zweite Entwurf ganz andere Zwecke verfolgte, als er vorspiegelte. Noch am 15. September 1878 schrieb er an seine Frau: Die nationalliberale Fraktion werde sich bei der ersten Lesung möglichst reserviert halten, „da ihr die Entscheidung schließlich zufallen wird und wir auch gar nicht wissen, was Bismarck eigentlich will, das heißt, ob es ihm darum zu tun ist, ein Sozialistengesetz zustande zu bringen, oder ‚uns an die Wand zu drücken', wie sein beliebter Ausdruck sein soll." Dennoch unterhandelte er mit Bismarck und er hat schließlich die Annahme möglich gemacht, nachdem die Laskersche Forderung der zeitlichen Begrenzung von Bismarck zugestanden war; mit dieser Konzession beschwichtigten die Liberalen ihr Gewissen, in ihrer ewigen Kompromißpolitik hatten sie ganz das Gefühl verloren für den Schimpf und die Dummheit dieses Frevels. Sie wollten sich eben nicht ausschalten lassen, und so verteidigte Bennigsen, was er wenige Monate vorher verurteilt hatte. Damit begann der Zusammenbruch des Liberalismus. Das Ausnahmegesetz war, so gesteht Oncken, „vom liberalen Standpunkt eine weit größere Aufgabe ihrer Ideale, als der Partei bisher jemals zugemutet worden war".


## X. |

Die Bismarcksche Politik der achtziger Jahre hat zwei Jahrzehnte später durch den zwerghaften Plagiator des ersten Kanzlers, durch den Fürsten Bülow, ihre lächerliche Nachäffung gefunden. Die Reichsfinanzreform von 1909 hat ihr Vorspiel in der ersten großen Reichsfinanzreform von 1879. Zugleich mit dem Sozialistengesetz vollzieht sich die Abrüstung des Kulturkampfes und die Bildung des schwarz-blauen Blocks, der Verbindung von Konservativen und

Zentrum. Schon diese erste Finanzreform, mit der die Massenbelastung durch Zölle und indirekte Steuern beginnt, wird von Konservativen und Zentrum gemacht, und die Liberalen werden rücksichtslos hinausgeworfen.

Nicht als ob Bennigsen Bedenken gegen die Schutzzollpolitik gehabt hätte. Der Hinweis auf die alten englischen Kornzölle sei eine ungeheure Übertreibung; damals hätte der Zoll für Weizen 2–4 Mark betragen, jetzt werde für Roggen nur 25 Pfennige verlangt. „Glauben Sie", führt er beruhigend aus, „daß es möglich ist, in Deutschland Kornzölle auf die Dauer einzuführen, die eine wesentliche Verteuerung der Lebensmittel herbeiführen, glauben Sie, daß solche Kornzölle irgendeine politische Komplikation überleben würden? Nein, ein wirklicher Schutzzoll auf Getreide, wenn Sie ihn einführen wollten, wäre von vornherein zum Tode verurteilt, und es würde nur auf die Umstände und Gelegenheit ankommen, einige Jahre früher oder später, wann das Todesurteil vollzogen würde. Der Schutz, der darin für die Landwirtschaft liegen soll, ist eine reine Illusion." War Bennigsen also für einen kleinen mehr Finanz- als Schutzzoll zu haben, so war doch der rein freihändlerische Teil der Nationalliberalen stark, und alle waren einig, daß man das parlamentarische Einnahme-Bewilligungsrecht nicht preisgeben, ebensowenig das Reich abhängig machen dürfe von den Einzelstaaten. Daher der Antrag Bennigsens, gewisse indirekte Reichssteuern jährlich zu quotisieren. Bei diesem Punkte brach der Konflikt mit Bismarck aus. Die Führung übernahm Windthorst, Bennigsens alter Gegner aus der hannoverschen Zeit, und mit der Franckenstein-schen Klausel kettete er das Reich an die Einzelstaaten. Im Reichstag geht das Präsidium von den Nationalliberalen auf die Konservativen über. Die nationalliberale Partei zerfasert sich, erst bröckelt sie rechts, dann links ab. Bismarck verfolgt und verhetzt die Liberalen, die er zerbricht, nachdem er sie all die Jahre hindurch entnervt hat. Der Kanzler arbeitet mit zwei Mehrheiten. Er macht [mit] den Nationalliberalen antiliberale Politik und mit dem Zentrum antiliberale Wirtschaft. Frühzeitig taucht aber bei Bismarck auch schon der mittelparteiliche Kartellgedanke auf. Unmittelbar nach dem schroffen Bruch läßt Bismarck Bennigsen durch einen Vetter die Botschaft übermitteln (September 1880): Er solle den Sezessionisten (den Lasker und Bamberger) die Türe zumachen. „Mit nur negierenden Parteien kann die Staatsregierung nicht gehen. Ich hoffe (meinte Bismarck), daß eine Einigung zwischen der nationalen Partei und den Konservativen, natürlich ausgeschlossen der Kreuzzeitungspartei, stattfinden wird." Über die Schutzzollfrage werde man sich, meint Bismarck, einigen: „Findet eine derartige Einigung nicht statt, so treiben wir dem Absolutismus direkt entgegen. Ein Wechsel im System der Verwaltung ist von der Nation bedingt, hat längere Zeit Freihandel stattgefunden, so wird durch die unvermeidlichen Auswüchse desselben dem Schutzzoll in die Arme gearbeitet, wird der Schutzzoll längere Zeit eingeführt sein, so wird auch hier wieder ein Wechsel naturgemäß werden."

Dem Manchestertum war Bennigsen nie ganz verfallen. Deshalb wird es ihm auch leicht, Bismarck in seinen sozialpolitischen Täuschungsversuchen zu unterstützen. Aber wie zaghaft und mißtrauisch ist man damals, während man heute es den Sozialdemokraten als Verbrechen anrechnet, gegen jene ersten Entwürfe gestimmt zu haben. Noch 1881 wandte sich Bennigsen in einer Magdeburger Rede gegen den Gedanken einer staatlichen Alters- und Invalidenversicherung: Der Staat müsse sich auf Aufstellung gewisser allgemeiner Normen und gesetzlicher Vorschriften beschränken, könne das Werk aber nicht in die Hand nehmen, sondern müsse die Durchführung Privaten, großen Fabrikanten, Aktiengesellschaften, Gemeinden, größeren Kommunalverbänden und Korporationen überlassen; dem deutschen Charakter sei so etwas, was aussieht wie Sozialbureaukratie, ebenso fremdartig wie Sozialdemokratie. Und von der „herrlichen" kaiserlichen Botschaft von 1881, die von dem „engeren Anschluß an die realen Kräfte des christlichen Volkslebens" frömmelte, meinte gar Bennigsen in einem späteren Brief an Hammacher, Bismarck sollte „solche Schleudercoups, wie die lediglich auf Windthorst zugespitzte kaiserliche Botschaft … unterlassen. Mit solchen Kunststücken kommt er nicht zum Ziel." Aber dem Manchestertum ist er doch geistig überlegen, und 1882 (15. Juni) äußert er gegen Bamberger über die sozialdemokratische Bewegung: „Ich glaube nicht, daß wir es hier mit einer Bewegung zu tun haben, die nur durch Agitatoren hervorgerufen und unterhalten wird; ich glaube, daß wir hier an einem Wendepunkt der ganzen Geschichte der zivilisierten Menschheit in Europa angelangt sind, wo es notwendig ist, zu prüfen, was in diesen Bewegungen, welche so ungeheure Massen schon an sich gerissen haben, der gesunde Kern ist und was nur an Auswüchsen durch revolutionäre und agitatorische Arbeit hinzugetan ist." Man erkennt das liberale Verhängnis, die ewige unheilbare Erkrankung am „gesunden Kern". So verbindet sich die Fähigkeit weltpolitischen Erkennens mit der Zustimmung zu allen Verlängerungen des Sozialistengesetzes.

Unterdessen ist Bennigsen zum Führer einer kleinen Mittelpartei geworden. Die Wahlen von 1881 haben die Nationalliberalen zerrieben. Bennigsen leidet längst unter politischem Ekel. Bisweilen flackert noch ein gewisser liberaler Trotz auf, so wenn er die politische Freiheit der Beamten gegen Bismarck verteidigt. Wiederholt will er sich vom politischen Leben zurückziehen. 1883 führt er den Entschluß aus, er legt die Mandate zum Reichstag und preußischen Landtag nieder und bleibt bis 1887 den Parlamenten fern. In demselben Jahre verläßt auch Lasker Europa und stirbt in Amerika. Als das Repräsentantenhaus der Vereinigten Staaten dem Reichskanzler eine Beileidsadresse zur Übermittelung an den Reichstag übersendet, lehnt Bismarck diese „Briefträgerrolle" ab und schickt die Adresse, die seinem liberalen Helfer zur deutschen Einheit huldigte, nach Washington zurück!

Die liberale Führung gleitet jetzt von Bennigsen auf Miquel über, den durch keinerlei Grundsätze mehr belasteten Geschäftsmann, der in allen kapitalistischen Wässern sich gebadet hat und als preußischer Agrarier endigt. Erst bei den Septennatswahlen von 1887 – der Militärkonflikt ist von Bismarck lange, seit 1884, vorbereitet, um angesichts des zu erwartenden Thronwechsels und des fortschrittlich spielenden Kaiser Friedrichs sich mit einer konservativ-liberalen Mehrheit zu gürten – tritt Bennigsen wieder hervor. Aber zu liberaler Betätigung hat er keinen Raum mehr. Der kleine liberale Lärm gegen das christliche Volksschulgesetz, für das die Liberalen im neuen Jahrhundert dann doch stimmten, ist nur eine Tagesepisode geblieben. Endlich schließt Bennigsen auch Frieden mit den Klerikalen, und in den schwarzen Block, den er früher für ein „verrücktes Projekt" erklärt hatte, tritt er selbst noch ein. Bei den Verhandlungen über das Bürgerliche Gesetzbuch teilt ihm Karl Bachem mit, daß dem Zentrum die Zustimmung zu dem „großen nationalen Werk" nur durch „den selbstlosen Beirat der Jesuiten" möglich werde; Bennigsen solle nun dankbar für die Aufhebung des Jesuitengesetzes eintreten. Dies hübsche Aktenstück klerikaler Politik wird freilich von Bennigsen ablehnend beantwortet.

Wie Schattenbilder gleiten die letzten Jahrzehnte flüchtig vorüber: Der Leichenhandel um Kaiser Friedrich, der Regierungsantritt Wilhelms II. (der Bennigsen gleich zum Oberpräsidenten von Hannover macht und Miquel das Oberpräsidium der Rheinprovinz anbietet, um seinen Liberalismus zu beweisen), Bismarcks Sturz, Caprivi, die Handelsverträge, die Umsturzvorlage, Hohenlohe, die Zuchthausvorlage. Die mitgeteilten Urkunden sind sehr instruktiv für die Erkenntnis der wirklichen politischen Beziehungen, die zum Beispiel Bennigsen mit dem Finanzminister Miquel verbinden, manche öffentliche Legende wird durch diese vertrauten Äußerungen vernichtet. Aber der Herausgeber hat hier sehr vorsichtige Auswahl getroffen; so teilt er nur einen Brief über die Zuchthausvorlage mit, der freilich schon beweist, daß Bennigsen hinter der Büsinggruppe stand, die den Kadaver zu retten versuchte. So sehr war Bennigsen jenseits aller liberalen Grundsätze abgeglitten, – trotz gelegentlicher Sehnsüchte nach einem kräftigen einheitlichen Gesamtliberalismus und obwohl es ein gütiges Geschick gefügt hat, daß er am Ende seiner politischen Laufbahn seine Entlassung als Oberpräsident nehmen mußte, weil er im Reichstag im Sommer 1897 für die Aufhebung des Vereinsverbindungsverbots (Antrag Rickert) gestimmt hatte, der sich gegen das preußische Vereinsgesetz richtete.

Im Kompromiß vollzog sich der Untergang des deutschen Liberalismus. Dennoch will Bennigsens Biograph gerade in dieser Vorurteilslosigkeit die staatsmännische Bedeutung seines Helden erkennen. Diese Ausführungen sind offenbar in den Honigmonden des Bülowblocks geschrieben, und der Verfasser hat sie später herauszukorrigieren vergessen, – das Lob „positiver Politik", die eben nur gerade für die liberalen Ideen ganz und gar negativ bleibt.

Versöhnend wirkt menschlich, wie der – am Schluß seines Lebens durch schweres Familienmißgeschick bedrängte – Mann nach seinem Ausscheiden aus der aktiven Politik als greiser Student wieder zu den Füßen der Göttinger Professoren saß und Naturwissenschaften studierte. Und so beweist wohl dieser Ausgang eines tätigen, reich bewegten und doch innerlich unfruchtbaren Lebens wieder die Gemeineigentümlichkeit des deutschen Bürgertums in seinem vornehmsten Vertreter: weitschauende Ideen zu spinnen, um sie in der Praxis des Lebens zu verlieren. Das war Bennigsens Schicksal und zugleich das des deutschen Liberalismus, der mit seinem bedeutendsten Führer aufstieg, zerrann und endigte.

# Die Meineidslinde von Essen

## (Februar 1911)[6]

In Preußen wird nicht nach der preußischen, auch nicht nach der deutschen Verfassung regiert. Schon deshalb nicht, weil diese feierlichen, aber konfusen Papiere, nicht die Quelle des staatsbürgerlichen Rechts, sondern lediglich die Quelle staatsrechtlicher Diskussionen sind. Die Grundrechte eines Preußen sind Streitfragen Bediensteter an den Universitäten. Und die herrschende Lehre stellt über alle gedruckten Paragraphen die Staatsnotwendigkeit. Was aber eine Staatsnotwendigkeit ist, entscheidet Wilhelm II. oder Herr Bethmann ...

Die Wahrheit ist: Es wird in Preußen noch immer nach dem allgemeinen Landrecht regiert, in dem schon die Gelehrten Friedrichs des Zweiten die Kunst jenes preußischen Jargon übten, durch liberale Rechtsphrasen die Diktatur der Gewalt (der Staatsnotwendigkeit) zu verkleiden.

Nach dem Landrecht aber ist die wichtigste Obrigkeit die Polizei. Ihre Rechte sind ungemessen. Ihre Aufgabe ist ganz allgemein, die innere Ordnung aufrecht zu erhalten. Was die innere Ordnung ist, verfügen wieder die jeweiligen Machthaber.

Die Polizei ist zur Vollendung der Staatsnotwendigkeiten da. Demgemäß sind die ausführenden Organe der Polizei mit höchster Machtvollkommenheit ausgestattet. Das ewige Menschenrecht der Notwehr bricht vor einem preußischen Schutzmann ehrfürchtig zu-

---

[6] Textquelle I Kurt EISNER: *Gesammelte Schriften. Erster Band.* Berlin: Paul Cassirer 1919, S. 421-424.

sammen … Ein Polizist kann ohne Untersuchung und Verhandlung ein Todesurteil fällen und sofort vollstrecken. Zu seiner tatkräftigen Ausrüstung gehört der Säbel, der Browning (man darf gewisse technische Fortschritte gegen die Zeit Friedrichs des Zweiten nicht leugnen, wenn man nicht in den Verdacht böswilliger Verkleinerungssucht geraten will!) und der Gerichtseid. Auch dieser Polizisteneid gehört zu den staatsnotwendigen Mitteln. Es wird beschworen, was staatsnotwendig ist. So tief wurzelt in dem schlichten Mann mit dem Browning der Instinkt für das Preußisch-Notwendige, daß in seinem Bewußtsein alle Vorgänge der Außenwelt so gerinnen, wie sie der innere Dienstbetrieb erfordert. Ist der Eid gar zu kompliziert und droht das Bewußtsein, der gute Glaube, zu versagen, so springt der Vorgesetzte ein, der die Erlaubnis zur Aussage verweigert – aus Gründen der Staatssicherheit.

Wer das preußische Wesen nicht kennt, entrüstet sich über häufige Bevorrechtung des Schutzmannseides vor zivilen, besonders vor proletarischen Eiden. Wenn man aber in das allgemeine Landrecht schaut, so schwindet die Entrüstung und man beugt sich ergriffen vor dem zähen Leben des alten ständischen Rechts, das in der preußischen Justiz heute noch automatisch wirkt, obwohl es längst durch allerlei windige neumodische Gesetze abgelöst ist. Im ständischen Staat der absoluten Monarchie kannte man eben nicht den gleichen Eid. Die Bedeutung des Eides wurde bewertet nach dem Stande dessen, der ihn leistete. Waren die Eide nicht miteinander vereinbar, so wurden sie nach ständischen Points berechnet und bewertet. Es war gesetzliche Vorschrift, daß ein uniformierter einem bürgerlichen Eid vorgezogen werden mußte. Die alte gute Vorschrift ist zwar heut im Sinne des papiernen Rechts gesetzwidrig, dafür aber Praxis – ein herrlicher Beweis für die Lebenskraft des friderizianischen Gesetzbuchs …

All vor 15 Jahren der Gendarm Münter den Eid leistete, daß er den Vertrauensmann der Bergarbeiter nicht zu Boden geschlagen, erzielte er damit den Erfolg, daß sieben sozialdemokratische oder sozialdemokratischer Gesinnung verdächtige Männer 18 ½ Jahre Zuchthaus und 6 Monate Gefängnis erhielten. Die Güte eines Eides bewährt sich in der Nützlichkeit für den Staat. Herr Münter hatte also einen sehr guten Eid geschworen …

Dieser eine Eid berauschte die Geschworenen, unter denen sich kein Arbeiter befand, daß sie das Schuldig aussprachen. Dieser Polizisteneid befeuerte so die staatsanwaltliche Energie, daß er mit stürmischer Leidenschaft die höchsten Strafen forderte. Dieser Münter-Eid beherrschte die gelehrten Richter, die aus einer dünnen bürgerlichen Oberschicht sich rekrutieren, daß sie die furchtbarsten Strafen verhängten. Dieser Eid eines Halunken blieb 15 Jahre lange in ungeschwächter Kraft.

Mochten die Zuchthäusler ihre Unschuld beteuern, mochte das ganze Proletariat aufschreien in Schmerz und Zorn, mochte der eidschwürige Polizist sofort als ein höchst verdächtiger Patron entlarvt werden, mochte die gesunde Vernunft die innere Unmöglichkeit, den Widersinn des ganzen Prozesses nachweisen, mochte der Verteidiger der Angeklagten unermüdlich für das Recht kämpfen – die herrschende Welt fügte sich dem Eid des Gendarmen, und alle wurden mitschuldig an dem Verbrechen …

Bis zur letzten Minute mußten die Unglücklichen die Strafe auskosten, und die ungezählten Schuldigen und Mitschuldigen scheinen in ihrem ruhigen Schlummer nicht gestört worden zu sein; sonst hätte das herrschende Deutschland, unter dem Fluch der Zuchthäusler, von einer Pest der Schlaflosigkeit befallen werden müssen.

Der Freispruch nach fünfzehn Jahren ist keine Sühne.

Den Opfern ist der Freispruch eine späte, leise Freude, die Geldentschädigung mag das Gröbste mildern – all das ist keine Sühne.

Man pflanze zu Essen eine Meineidslinde; man pflanze sie mit diesem Gelöbnis: Wenn dein Stamm sich reckt, deine Äste sich breiten, deine Blätter schatten, dann soll – das werden wir erfüllen – die Jugend eines glücklicheren Geschlechts um dich tanzen!

# Anekdoten aus Utopien

(März 1914)[1]

## I. DIE VERLEUMDUNG

Der Fremde, der nach Utopien kam, fand die Bevölkerung in einiger Erregung. Da die Utopier alle schwierigen Dinge so zu leiten verstehen, dass eine unwiderstehliche Komik herauskommt, äußerte sich Erregung immer in allgemeinem Volkslachen. Da hatte sich in der Tat ein dunkler Fall ereignet, wie er seit Jahrtausenden in den Geschichtsbüchern Utopiens nicht verzeichnet war.

Eine Zeitung hatte einen Utopia[2] verleumdet.

„Was würdet ihr bei euch zu Hause in solchem Falle tun", fragte man den Gast.

„Wir würden bei Gericht klagen", antwortete der Fremde.

Die Utopier rissen sich heftig an den Ohrläppchen. Das taten sie immer, wenn sie etwas nicht verstanden, gleichsam, als wenn sie sich aus einem Traumzustand aufwecken müssten.

Aber da sie weder den Begriff des Gerichts noch den des Klagens irgendwie zu erfassen vermochten, so fand der Fremde keinerlei Verständnis.

„Neulich ist es auch vorgekommen, dass sich die Frau eines Verleumdeten rächte und den Schuldigen tötete", fügte der Fremde hinzu.

„Du meinst, Fremdling: Sterben vor der Zeit als Strafe? Aber wie vermag eine Frau all die vielen Schuldigen zu töten?"

„Nur um einen Schuldigen handelte es sich doch!"

Da wurden die Utopier ein wenig ungehalten. Wollte der Fremde sie foppen?

„Ein Schuldiger – das ist unmöglich! Das ist ein Widerspruch in sich."

Jetzt begriff der Gast nicht: „Warum unmöglich? Der eine Schuldige ist doch der Mann, der die Verleumdung in die Öffentlichkeit brachte."

---

[1] Textquelle | *Arbeiter-Feuilleton* Nr. 11 vom 26. März 1914 (Texterfassung hier nach Kurt EISNER: Arbeiter-Feuilleton. Band 3: 1914–1917. Berlin 2018, S. 83-88).

[2] [sic; Utopier]

„Also ist doch die *Öffentlichkeit* schuld", triumphierten die Utopier, „also viele *Tausende!* Denn wenn der Urheber der Verleumdung der einzige Schuldige gewesen wäre, dann hätte er ja auch der einzige sein müssen, der seine Zeitung gelesen. Dann wär's wieder keine vollendete Verleumdung gewesen, sondern nur ein in der Geburt schon erstickter Versuch. Die Schuldigen einer wirkenden Verleumdung sind doch die Leute, die solche Erzeugnisse lesen und verbreiten. Willst du somit behaupten, o Fremdling, dass die Herbeiführung eines Sterbens vor der Zeit ein mögliches Heilmittel gegen Verleumdung sei, da doch ein Verleumdeter nicht die körperliche Kraft hat, an Hunderttausend mit der Waffe Rache zu nehmen?"

„Und was habt ihr getan, um den Verleumder unschädlich zu machen", fragte der Fremde sehr betroffen.

„Es kam uns, trotz des unerhörten Vorfalls, sofort die richtige Eingebung. Sobald die Verleumdung im Blatt erschienen war, verbrannte jeder das niederträchtige Papier und kein Utopier las hinfort, was jener schrieb und drucken ließ."

„Und wie traf's den Schurken?"

„O die Strafe war grausam. Der Mann schrieb und schrieb und schrieb, druckte und druckte, aber niemand nahm sein Papier, ob er's auch auf die Straße streute. Da es nun zwecklos ist, andere zu verleumden, wenn niemand die Verleumdung hört und liest, blieb ihm schließlich nichts Anderes übrig, als sein schändliches Gelüst an dem Publikum zu befriedigen, das er noch hatte: an sich selbst. So schrieb er wider sich selbst die wildesten Beschimpfungen. Und jetzt lasen wir das Blatt wieder und lachten, so wie du siehst, o Fremdling. Der Fall wird sich nicht wiederholen, in alle Ewigkeit nicht."

## II. Das Mordegeschäft

In Utopien errichtete einst Krupp eine Filiale. Niemand wusste, warum. Niemand kaufte also.

Da erschienen Vertreter der Firma bei den Räten der Weisheit, in den Zeitungsredaktionen, bei den Jugendlehrern und sprachen zu jedem: Wie nun, wenn Utopien vom Feind überfallen wird. Ihr wäret, waffenlos, vernichtet! Ihr braucht Kanonen, Panzerschiffe. Ihr müsst das Volk über seine Lebensgefahr aufklären, es soll auch – fügten sie zwinkernd hinzu – Euer Schade nicht sein.

Die Utopier sahen das ein. Warum sollten nicht schließlich auch sie solche Dinge haben, wenn man sie ihnen anbot! Und sie bestellten viele viele Kanonen und Panzerschiffe. Als der große Auftrag vollführt war, kamen die Agenten der Firma und legten jedem der patriotischen Werber ein Goldhäuflein hin. Da wussten die Utopier nun wieder nicht, was das sollte und ließen das Zeug ruhig liegen.

Nach einiger Zeit aber kam die Rechnung von Krupp – für die gelieferten Waren. Das fanden die Utopier unendlich lächerlich. Wie, diese Leute lassen sich den Patriotismus bezahlen, was als eine selbstlose Spende der Nächstenliebe angenommen war, erwies sich nun als ein gemeines Geschäft?

So verweigerten die Utopier jegliche Zahlung.

Krupp aber drohte zu prozessieren – vor dem Gericht in Essen. Nein, das wollten die Utopier durchaus nicht – in dieses verfluchte Europa reisen. Man lenkte mithin ein, und versprach zu zahlen, mit dem, was sie hatten.

Die Utopier aber hatten auf ihrer Insel ein wundersames Gift. Das war so stark, dass es die Menschen tötete, wenn sie nur daran dachten, sofern sie das furchtbare Gift im Hause besaßen. Man benutzte es, wenn alte Utopier keine Freude mehr hatten zu leben und zu sterben begehrten.

Das schicken wir Euch, erklärten die Utopier nach Essen. Sehet dann zu, dass bei Euch zu Lande jeder darüber aufgeklärt werde, dass es patriotisch sei, sich und die andern zu vergiften. Lasst in Eure Zeitungen schreiben (gegen heimliche Bezahlung), dass es für jeden Pflicht sei, das Gift zu erwerben und es zu gebrauchen. Dann steigt der Stoff im Preise und Ihr seid hinlänglich bezahlt.

Wir können doch nicht, erwiderten die Kruppagenten schaudernd, ein ganzes Volk vergiften, bloß damit wir unser Geschäft machen. Wie ruchlos seid Ihr Utopier.

Ruchlos? lachten die Utopier, wollen wir nicht mit der Münze zahlen, die ihr uns lehrtet?

Einen Utopier befiel einmal eine geheimnisvolle Krankheit. Er schrie laut, dass er mehr Wert sei als die andern, und deshalb mehr Rechte haben müsse als die andern, mehr Kleider, mehr Speisen, mehr Land und Häuser.

Die Ärzte gingen zu Rate. Sie wussten lange nicht, was das für eine lächerlich unheimliche Krankheit sei.

Endlich entdeckte einer, dass es der plötzliche vereinzelte Ausbruch einer schrecklichen Volkskrankheit sei, die außerhalb Utopiens furchtbar verbreitet ... Größenwahn!

Wie war der Unglückliche zu heilen? Man musste etwas Lustiges versuchen. Also holte man aus dem Museum einen Purpurmantel, eine Krone und ein Scepter, Dinge, die einmal der König von Albanien hinterlassen, nachdem er den Rest seiner Tage in Utopien verbracht. Der Kranke wurde mit den prunkenden Zeichen unendlicher Macht ausgestattet, wurde auf einen Thron gesetzt, und man flehte zu ihm: Herr, regiere uns! Uns hundert Millionen Menschen mit der Fülle Deiner Weisheit und der Wunderkraft Deiner Energie.

Der Kranke grinste. Endlich erkannte man seine Größe an. Er schmückte sich und begann zu regieren.

Nach drei Tagen aber schrie er noch stärker und schimpfte: „Nehmt das Zeug weg, nehmt das Zeug weg! Glaubt Ihr, dass ich ein Narr sei und mir einbilde, dass ich meinen Willen aufzwingen kann, wo ich doch – gar nicht weiß, was ich von Euch will ... Doch weil ich größer bin als Ihr andern ..." Er verlor sich in ein unverständliches Lallen.

Er ist noch nicht gesund, sagten die Ärzte. Sie gingen wieder ins Museum, entnahmen ihm eine düstere Kutte und hingen sie über den Kranken. Dann gossen sie ihm mildes Öl in die Kehle, damit seine Stimme recht sanft und voll töne. Und sie sagten zu ihm:

„So, nun gebiete über uns arme Sünder, verkünde uns das ewige Heil und die ewige Verdammnis, wie es Dir Recht scheint. Du hast nun Macht über das Leben hinaus, in alle Unendlichkeit."

Das gefiel dem Kranken und er ließ die Utopier an sich vorüberziehen, segnete sie entweder und verfluchte sie und verlieh ihnen eine herrliche Zukunft oder grausame Qualen.

Nach acht Tagen war der Kranke sehr niedergeschlagen und bat:

„Entbindet mich von dem Amt. Das kann kein Mensch wissen. Seht, ich müsste doch erst über mich selbst das Urteil der Ewigkeit fällen. Und verdammt, ich weiß nicht, welches Los ich mir zuerkennen soll. Es ist zu grauenhaft, einem Menschen zuzumuten, über das Seelenheil von Menschen zu entscheiden. Gebt mir was meiner Größe angemessen ist, die über Euch alle hinausragt ... alle ... alle."

Ein Rückfall, sagten die Ärzte sorgenvoll. Wir müssen ein letztes, das schärfste Mittel anwenden. Ein sehr gefährliches. Und sie holten aus dem Museum einen knappen bunten Rock mit blanken Knöpfen und allerlei farbigem Aufputz, eine ähnliche Mütze, einen Säbel und ganz enge Hosen. In den Mund aber taten sie ihm eine Kindertrompete. Kaum hatten sie ihn also angetan, liefen sie ängstlich davon und riefen ihm zitternd zu: „Allmächtiger, sei gnädig, töte uns Arme nicht, wir wollen dir auch Lieder singen, und Geschenke weihen und uns beugen. Töte uns nicht, Du Alleskönner, Du Überrechtler. Erbarme Dich unser – o Leutnant."

Der Kranke reckte sich empor und trompetete schrill: „Kanaillen, Wackes, wartet, ich will Euch lehren, den heiligen Rock nicht zu ehren. Respekt, Gesindel! Ehrfurcht, Kreti und Pleti! Marsch, marsch, Utopia! Gebt Feuer! Diese Rotte muss in ihrem Blut ersticken. Ich will's, ich befehl's, denn ich – ich – ich bin das Vaterland, ich bin Utopien. Schießt, haut – mehr Blut, mehr Blut!"

So schrie er zwei Wochen lang und war sehr vergnügt. Und die Utopier kamen und knallten unablässig in die Luft, dass es eine Art hatte. Dann wurde es plötzlich um ihn leer, niemand ließ sich mehr blicken. Da wurde der Kranke ganz kleinlaut und seufzte. „Nun habe ich das ganze Volk abschießen lassen, niemand ist mehr da, der mir Respekt erweist und für mich sorgt ... Was fang ich nun an!"

Der Leutnant weinte. Allmählich wurde er ruhiger und klagte: „Wenn ich doch nur wieder ein ganz gewöhnlicher Mensch wäre, wie alle andern. O welch ein Narr war ich! Leutnant – das ist zu entsetzlich. Wie kann man so etwas einem Menschen zumuten? O ich war der dümmste Kerl auf der Welt ..."

Das war die Krisis.

„Er ist geheilt", sagten die Ärzte vergnügt.

# Kriegszeit – vor dem Bruch mit der Mehrheits-SPD

## Krieg und Kirche
(Ende 1914)[1]

Von dem Urchristentum bis zu dem Tolstoi unserer Tage ist immer wieder als das Kernwesen des Christentums der Weihnachtsgedanke aufgefasst worden: dass Frieden auf Erden herrschen solle. Einzelne Schwärmer, Sekten, wie die Quäker und Mennoniten, haben so das Christentum gelehrt. Aber die christliche Kirche hat, seitdem sie zur Staatskirche geworden ist, niemals den Krieg bekämpft. Auch die Macht der Sekten über die praktische Betätigung ihrer Anhänger ist immer nur begrenzt gewesen (außer in Zeiten revolutionärer Erregungen). Es ist ein boshafter Witz der Geschichte, dass z. B. aus der jede Gewalt ablehnenden spätmittelalterlichen böhmischen Brüdergemeinde der Mann hervorging, dem der Krieg Selbstzweck war, der ein Großunternehmer des Krieges war und durch ihn unermessliche Reichtümer und selbst ganze Herzogtümer erwarb: Wallenstein.

Im ersten Jahrhundert des Christentums wird Jesu Lehre noch ganz als Verwerfung des Krieges aufgefasst. Der Kirchenvater Tertullian fordert die Verweigerung des Kriegsdienstes: „Nicht lässt sich vereinen der göttliche und irdische Eid, das Zeichen Christi und das Zeichen des Teufels, das Lager des Lichts und der Finsternis, eine Seele kann nicht zweien dienen: Gott und dem Kaiser. Indem der Herr Petrus entwaffnete, habe er alle losgegürtet." Und Tertullian feierte das Martyrium des Soldaten, der sich weigert den Festkranz aufzusetzen.

---

[1] Textquelle I *Arbeiter-Feuilleton* Nr. 44 des Jahrgangs 1914; ohne Autorensignatur (Texterfassung hier nach Kurt EISNER: Arbeiter-Feuilleton. Band 3: 1914–1917. Berlin: Metropol-Verlag 2018, S. 125-131).

Aber schon *Augustinus* sieht im Krieg das wohltätige Mittel gegen die Freiheit des Unrechts, und die tapfere Kraft des Leibes scheint ihm ein Geschenk Gottes.

Bald verteidigt, fördert und führt die Kirche selbst die blutigsten und grausamsten Kriege. Auch die Reformation änderte nichts daran. Luther hat zwar viele kräftige Verwünschungen gegen den Krieg ausgesprochen, aber irgendwelche praktische Wirkungen konnten schon deshalb nicht daraus folgen, weil für Luther die blinde Unterwerfung unter die Obrigkeit so sehr höchster Grundsatz war, dass diese Obrigkeit nicht einmal christlich zu sein brauchte. Der Christ, der in türkische Sklaverei geriet, sollte kein Recht haben, sich seinem Herrn zu widersetzen; auch dessen Macht war von Gott!

Dass heute keine christliche Kirche dem Kriege praktisch entgegenwirkt, braucht nicht bewiesen zu werden. Nicht uninteressant aber ist, zu wissen, wie sich die verschiedenen christlichen Kirchen in ihrem theoretischen Lehrsystem mit der immerhin nicht unerheblichen Schwierigkeit abfinden, trotz der unzweideutigen Worte Christi gegen jede Gewalt, den Krieg auf Erden zu verteidigen. Es ergeben sich dabei bemerkenswerte Unterschiede zwischen den katholischen und protestantischen Dialektikern; und es zeigt sich weiter, dass in demselben Grade, als die Theologen ihre Lehre in Einklang mit den christlichen Urlehren zu bringen suchen, umso weiter, trotz aller Zugeständnisse, sich ihre Theorie von der Praxis entfernt, in der sie wirken.

In dem großen Kirchenlexikon von *Wetzer* und *Welte* knüpft der Jesuit Heinrich *Pesch* an die Anmerkung Cocceji's zu Hugo Grotius, der in der ersten Hälfte des 17. Jahrhunderts das Völkerrecht zuerst in ein Lehrsystem brachte, an. Grotius hatte den Krieg einfach als die Tatsache eines Gewaltzustandes zwischen staatlichen Mächten definiert, ohne das „Recht" des Krieges zu prüfen. Dagegen erklärte Cocceji, der Hohenzollerische Rechtsprofessor (gest. 1719), nur der Krieg sei naturrechtlich zulässig, der zur Verteidigung eines angegriffenen Rechts [geführt werde]; alle anderen gewaltsamen Streitigkeiten seien keine Kriege, sondern Räubereien.

Das ist, nach Pesch, auch die Lehre der katholischen Kirche. Nur der *notwendige* Krieg ist gerechtfertigt, und nur der Krieg ist notwendig, der gegenüber fremder Gewalt und Willkür mit physischem

Zwang dem sittlich erlaubten Rechtsschutz dient. Die Bedenken, die unter Berufung auf Christi Lehren gegen den Krieg überhaupt gerichtet werden, werden mit der kurzen Bemerkung abgetan, sie hätten „keinen wissenschaftlichen Wert". Allerdings kann man grundsätzlich die Anschauung haben, der Papst habe die Befugnis, als Schiedsrichter, alle strittigen Angelegenheiten und Fragen zwischen christlichen Fürsten vor sein Forum zu ziehen und zu erledigen. Den tatsächlichen Gebrauch dieses Rechts habe man aber zugleich entschieden abgeraten: „Es blieb denn auch in der Regel bei einer bloßen väterlichen Ermahnung, obwohl die lebendige Vorstellung von einer einheitlichen Christlichen Völkerfamilie im praktischen Völkerrechte des Mittelalters der Anerkennung des Papstes als des berufenen Schiedsrichters internationaler Streitigkeiten eher Boden schaffen konnte, als im heutigen Völkerrechte, welches leider nur noch in Gemeinsamkeit der Interessen ein Bindemittel für Staaten anzuerkennen scheint". So ist für Pesch die Ersetzung von Kriegen durch Schiedsgerichte ein sehnlichst anzustrebendes Ideal.

Die „Notwendigkeit" der Kriege darf nicht etwa „politisch" sein, sie kann lediglich aus einer „Rechtskränkung" folgen. Nur gegen unberechtigte Eingriffe darf ein Volk sich erheben, „verbrecherisch" sei dagegen jeder Krieg aus Ruhmbegierde, Eroberungsgelüsten, aus einem „verhängnisvollen Expansionstriebe", einem „verächtlichen, eifersüchtigen Streben nach Hegemonie und politischer Suprematie. Pesch *widerspricht* dem Völkerrechtslehrer *Bluntschli*, der über die „kindische" Ansicht gespottet hat, dass ein Volk zwar berechtigt wäre, für das dynastische Erbrecht eines Fürsten Krieg zu führen, weil es in irgendeiner mittelalterlichen Urkunde ausgesprochen sei, dagegen nicht für seine nationale Einigung. Das Erbrecht, bemerkt Pesch, sei ein Recht, das zu schützen sei, die nationale Einigung aber zunächst nur ein Staats- oder Volksinteresse, das für sich allein keinen Krieg rechtfertige; aber selbst wenn das Streben nach Einigung ein Recht wäre, finde es seine Grenze an den wohlerworbenen Rechten anderer.

Wenn der Krieg mit *de Maistre* ein „Weltgesetz" genannt werden könne, so ist er jedenfalls ein *furchtbares* Weltgesetz. „Man hat zwar versucht, den Krieg deswegen zu einem notwendigen Stück der Weltordnung zu erheben, weil er günstig einwirke auf Abhärtung, Läuterung der Völker, Entwickelung ihrer Kräfte, Erweckung und

Stärkung der nationalen Gesinnung u. dergl. Allein dieser Tatsache widersprechen offenkundige Tatsachen".

Im Kriege ist nicht die Anwendung „unsittlicher Mittel" gestattet, „nicht einmal als Retorsion" (Vergeltung). Ist der Krieg nur als Notwehr rechtmäßig, so muss der Angriff auf die Rechte des andern *wirklich gegenwärtig* oder unmittelbar in der Vorbereitung begriffen sein. Sonst könnte die Anschauung, es sei besser dem Angriff zuvorzukommen, zur schlimmsten Willkür führen, „namentlich in einer Zeit, wo gewaltige Rüstungen zu einer permanenten Kriegsdrohung geworden sind". Offenbar verwerflich sei Montesquieus Ansicht, es sei erlaubt, seinen Nachbarn nur deshalb zu überfallen, weil aus seiner steigenden Macht Gefahren erwachsen könnten.

Alle Beteiligten am Kriege müssen die *Gewissheit* der Gerechtigkeit, mithin der Erlaubtheit des Krieges haben. Freilich die „einfachen Combattanten" sind „ohne besondere Veranlassung nicht zu einer eigentlichen Untersuchung der Gerechtigkeit des Krieges verpflichtet. So lange die Ungerechtigkeit nicht gewiss wird, können sie die Gerechtigkeit der Sache voraussetzen ..."

Die *protestantische* Kriegstheologie von heute, die ihren Ausdruck in einem interessanten Artikel der maßgebenden *Hau'schen Realenzyklopädie für protestantische Theologie* findet, teilt mit den Jesuiten die Meinung, dass die Berufung auf die Bergpredigt und andere Äußerungen Christi, um den Krieg schlechthin zu verwerfen, „geradezu falsch" sei. [„]Im *Himmelreich*, da Gerechtigkeit, Friede und Freude im hl. Geist ist, hat freilich der Krieg keine Stätte." Auch auf Erden ziele die Ausgestaltung des christlichen Heilwerkes auf solchen Zustand ab. „Aber die Zukunft lässt sich nicht antizipieren und in die Zeit samt ihren Unvollkommenheiten und Übeln soll der Christ, dieweil er in ihr lebt, sich schicken".

Sonst aber unterscheidet sich der protestantische Kriegstheologe sehr wesentlich von dem katholischen. Auf die naturrechtliche Einschränkung des berechtigten Krieges als Notwehr im strengsten und formalsten juristischen Sinne lässt er sich nicht ein. Er hat überhaupt eine merklich andere Anschauung vom Wesen des Krieges. Zwar ist für ihn der Krieg „ein Übel und eine Folge der Sünde", aber während der Jesuit den Krieg im Grunde als Fremdkörper im Gottesreich empfindet, drängt sich den Protestanten „vom *biblischen* Standpunkt geradezu" das Zugeständnis auf, „dass der Krieg als göttliches Verhängnis oft ein für das Ganze wohltätige, luftreinigende, das Leben der Völker steigernde Wirkung nach sich lässt, und daher seine geschichtliche Notwendigkeit begreifen".

Es wäre nicht unwesentlich, diese auffällig verschiedene Haltung der beiden Kirchen aus der Stellung zu erklären, die sie heute im Staate einnehmen. Aber für den Zweck unserer Betrachtung genügt der Nachweis, dass der Weihnachtsgedanke des Friedens von keiner Seite als unbedingt verpflichtend anerkannt wird. Anders aber las einst ein evangelischer Hofprediger, ein Generalsuperintendent sogar, seine Bibel und Luthers Schriften. In den aus äußeren Rücksichten nicht veröffentlichten Teilen der „Briefe zu Beförderung der Humanität" schreibt *Herder:* „Alle Hoffnungen, die jenseits des Grabes liegen, so aufmunternd stärkend und tröstend sie, recht verstanden, der menschlichen Natur sind, so feindlich und schädlich werden sie ihr, wenn sie uns diesseit des Grabes reine und redliche Vernunft, Ausübung der Billigkeit und wahren Herzensgüte, rechten Gebrauch unseres jetzigen Daseins rauben. Hier auf Erden wollte Christus ein Reich Gottes führen; er wies es nicht in den Himmel; und worauf gründete ers, als auf allgemeine, ächte Humanität und Menschengüte?"

# Begeisterte Zeit
## Ein Jahrwend-Gespräch | Dezember 1914[1]

*Ernst*: Ich kenne nur einen Beruf gegenwärtig, der Sinn hat: Armeelieferant! Sei es, dass man sich selbst und seinen Leim, sei es, dass man Waren liefert. Letzteres ist übrigens gefahrloser und einträglicher. Zu dem Ersten sind meine Knochen zu alt, die Warenlieferungen habe ich nicht gelernt. Alles andere Tun aber ist überflüssig.

*Hans*: Du bist bitter.

*Ernst*: Darf man nicht mehr einfach sagen, was man denkt?

*Hans*: Man soll aber nicht so denken. Du hast, Mensch, das unverantwortliche Glück, Zeitgenosse der größten Ereignisse der Welt zu sein und läufst herum, als ob die Welt untergegangen sei und man hätte Dich zufällig beim Untergang vergessen.

*Ernst*: Bitte, sag mir nur erst, wie ich dies Zeitgenossengefühl, gesetzt, ich hätte es, in *Handeln,* in eine *Aufgabe,* in einen *Beruf* umsetzen könnte.

*Hans*: Du würdest nicht so fragen, wenn Du das Gefühl hättest, das in sich selbst schon Handeln, Aufgabe, Beruf ist. Gibt es etwas Gewaltigeres, als so im brausenden Chaos zu leben, … ins Ungewisse von Stunde zu Stunde geschleudert zu werden … im dunklen Spiel um alles mitzuspielen … herausgerissen aus aller Trägheit, Einförmigkeit, Erbärmlichkeit des bisherigen Alltags … sich auszuströmen ins Kolossale, vorwärts zu stürmen, ohne zu wissen, wohin und wie lange; und doch wieder in dem klaren Bewusstsein, es geht um das Größere, Entscheidendste? Gibt es etwa –

*Ernst*: Sag' nur dreist, mit der Hilde des Baumeisters Solness – gibt es etwas *Spannenderes* für gelangweilte Nerven und leere Seelen?

*Hans*: Meine Nerven haben sich nie gelangweilt, meine Seele war nie leer … Oder vielleicht doch, ein wenig. Da magst Du Recht haben. Ich schmachtete unbewusst nach etwas, was mich begeistern könnte, ganz erfüllen, eine Sache, für die sich zu sterben lohnt.

---

[1] Textquelle | *Arbeiter-Feuilleton* Nr. 45 vom 23. Dezember 1914 (Texterfassung hier nach Kurt EISNER: Arbeiter-Feuilleton. Band 3: 1914–1917. Berlin 2018, S. 132-137).

*Ernst*: Es gibt so viele Dinge, die wert sind, dass man dafür stirbt. Aber *dafür* wagt die Menschheit nicht zu sterben. Da ist sie feige. Nur für Wahnsinn hat sie Mut, Hingabe, sogar Begeisterung.

*Hans*: Ich sehe, du bist doch sentimental, weichlich. Dich schreckt das Grässliche der äußeren Umstände.

*Ernst*: Wie sollte ich? Wurzelt nicht alle Tragik im Grässlichen? Ist nicht Härte die Kraft zum Großen? Darüber sei beruhigt. Mich hat das Leben gründlich abgehärtet.

*Hans*: Dann bist Du so hart geworden, dass Du auch die Begeisterungsfähigkeit verloren hast.

*Ernst*: Es ist zwar einfältig und geschmacklos, von seinen Gefühlen zu reden. Aber ich will Dir einmal gestehen: Als dieser Krieg ausbrach, wurde ich wochenlang Tag und Nacht unablässig nur von dem einen fiebernden Gefühl erfüllt: Sich hineinstürzen in diese ungeheure Bewegung – um alles nur in ihr untergehen, mit ihr aufsteigen – aber nicht das Unerträgliche auf sich nehmen, bei Seite zu stehen, als Zuschauer, als Kritiker, das heißt als Geächteter. N a m e n l o s sich hineinstürzen, als einer von den Millionen, ganz gleich den andern! Alle müssten sie ihre Namen auslöschen, vergessen, bevor sie hinausgingen – alle Beziehungen müssten sie lösen mit denen in der Heimat, bis sie wiederkehrten – nichts wie losgelöste, weit entfernte, graue unendliche Kraft, *einem Werke* hingegeben. Kein Ruhm, keine Auszeichnungen, keine Namen, keine Briefe, keine Schilderungen – nichts wie das eine zermalmende schaffende Werk der Vernichtung, ringsum aber atemeinhaltendes Schweigen, Nichtwissen, Warten. Die große Stille um die kreisende Schöpfung. Damals –

*Hans*: – warst also auch Du begeistert.

*Ernst*: Nein, das nicht eigentlich. Es war ein stumpfer Brandgeruch in meiner Seele, der irgendwo Flamme zu werden suchte. Allerdings auch mich überwältigte der Anblick dieser unerhörten Organisation, dieses geräuschlose Räderwerk einer Millionenbewegung, die ein Wille lenkte. Aber mich ließ doch keinen Augenblick der Gedanke frei: Und diese glorreiche organisierende Arbeit der Menschen gilt doch nur der Zerstörung, nicht dem Leben. Ist das nicht Wahnsinn, ein genialer heroischer Wahnsinn, aber doch Wahnsinn? Immerhin, ich fühlte mich gleichwohl mitgerissen. Dann aber kam das schreckliche Erlebnis –

*Hans*: Wie ist es möglich, ein schreckliches Erlebnis zu haben, ich meine irgendein Erlebnis als Schrecken zu empfinden, in Tagen, da die Welt in Stürmen und Brausen neu sich gebiert.

*Ernst*: Das war gerade das schreckliche Erlebnis: Ich sah nichts Neues, sondern nur den Ausbruch des Allerältesten, Ewig-Gleichen. Alle ringsum behaupten, sie hätten über Nacht umgelernt. Ich aber gewahrte, dass ich in nichts umgelernt hatte. Ich sah Menschen und Dinge noch genau so, wie vorher ... nein, nicht genau so, ich sah sie viel schärfer in ihrem unveränderten Wesen, so wie ich sie zuvor nur in düsteren Augenblicken der Verzweiflung am Menschlichen gesehen hatte. Ich sah diesen schauerlichen Windbruch der Überzeugungen, der eben nur deshalb den ganzen Bestand ummähen konnte, weil die Wurzeln ihrer Überzeugungen nur ganz flach ins lockere Erdreich griffen. Alles was sie als sichersten idealsten Besitz, als festeste und erhabenste geistige Erkenntnis früher zu haben vorgaben, erwies sich als wesenlos flüchtiger Staub. Nur weil sie sich und andern so viel vorlogen, konnten sie jetzt so rapid „umlernen".

*Hans*: Du warst mithin von schwerer Kriegspsychose befallen.

*Ernst*: Möglich – ich oder – die andern. Aber wenn es eine Psychose war, sie war für mich ebenso eine Tatsache, die ich hinnehmen musste, wie den Krieg und die Kriegsbegeisterung der Ungezählten. Ich musste mit der Psychose fertig werden, gleichviel ob ich oder die andern ihr Opfer waren.

*Hans*: Und das Heilmittel war ganz einfach und unfehlbar. Es gab für dich nichts anderes, als in Reih und Glied zu treten, oder, wenn das nicht möglich war, in Reih und Glied zu fühlen, zu helfen, sich von dem einen schlichten, unverwirrten, großen, ich möchte sagen volksliedhaften Gedanken erfüllen und beherrschen zu lassen: Für den Sieg zu wirken, jeder auf seine Weise; und es gibt so viele Weisen. An nichts anderes denken: Siegen! Ja, noch an etwas anderes denken, an das noch Größere: welche unermesslichen Möglichkeiten für unser Volk und damit für die Menschheit nach dem Siege sich entfalten würde. Denn mit Fichte glaube ich, dass das Deutschtum, gerade weil es Jahrhunderte zu spät zu äußerster Macht gelangt ist, noch immer das Kulturerbe der Welt verwaltet.

*Ernst*: Das sah Fichte nur als die Mission eines staats- und machtlosen Deutschtums! Aber das warf mich ja gerade nieder, dass ich nur Zerstörung, und in dem wilden Zusammenbruch der Explosionen tausendjähriger europäischer Irrungen, nicht den Weg zu neuen Bildungen zu erkennen vermochte. *Dass jeder an seiner Stelle für den Sieg seines Volks zu ringen und opfern habe, das war für mich die selbstverständlichste Folgerung aus den gegebenen Tatsachen. Darüber gab es für mich, auch im verstecktesten Schlupfwinkel meines Bewusstseins keinen Zweifel.* Hätt' ich mit hinausziehen können, sei gewiss, ich hätte meine Pflicht getan. Ich habe niemals den Tod gefürchtet, ob er nun früher oder später kommen würde. Es ist der Traum meiner Jugend gewesen, im Taumel eines großen Kampfes, im Siege einer großen Sache zu sterben. Und wie sollte ich gar jetzt mein Leben lieben, wo Danebenstehen mir Erlöschen allen Lebensgefühls war?

*Hans*: Und die drängende Fülle der Erlebnisse, die jede[r] Tag auch dem Zuschauer brachte, ward Dir wirklich nicht zur höchsten Steigerung des Lebensgefühls. Es ist unbegreiflich, so klein zu werden, wenn die Welt so groß wird.

*Ernst*: Ich las täglich hundertmal in französischen, englischen, deutschen Blättern, dass alles Lüge sei, was die andern behaupten … Auf welcher Seite war da die Größe in *Wahrheit*? Ich kannte mich nicht mehr aus.

*Hans*: Was lässt Du Dich von dem Geschwätz der Schreiber und Schreier berühren. Das behagt mir auch nicht. Aber das ist nur das äußerliche Brimborium, das mir die Begeisterung für das Wesenhafte nicht beeinträchtigen soll. Wo *ich* kämpfe, ist das Große …

*Ernst*: Groß – eine Sache, für die wir unter Verzicht auf die Freiheit der Meinung kämpfen sollen – jene Freiheit des Geistes, die uns doch zuvor als das unantastbarste Gut galt, als die wahrhaft große Sache.

*Hans*: Freiwillige Zugeständnisse an die Unvollkommenheit der Menschen Notwendigkeiten, die schlimmere Übel verhüten wollen. Ein Zwang, der übrigens mild und verständig ausgeübt wird und keinen Besonnenen belästigt. Ein Zwang, den wir im Grunde alle selbst wollen!

*Ernst*: Ich kenne keine große Sache, zu der Zwang von außen gehört. Und ich wenigstens kann mich auch nicht begeistern für Ereignisse und Handlungen, an deren Vorbereitung ich in keiner Weise mitgewirkt habe, für die ich nicht verantwortlich bin, vor die wir eines Tages von fremder Gewalt, von unwiderstehlichem Zwang gestellt worden sind.

*Hans*: Aber, wenn dieser Zwang für den Kampf um hohe Ziele geübt wird, musste nicht, gerade weil die Tat wie eine Naturgewalt an uns herantrat, das klare, bedenkenlose Gefühl die ganze starke und reine Begeisterung wecken?

*Ernst*: Begeisterung durch den Zwang zur Zerstörung? Denn zerstört man doch alles, wofür wir lebten. Die Proletarier aller Länder sollten sich vereinigen, nun zerfleischen sie sich. Dafür sind wir solidarisch mit den Mächten, die wir hassten. Ehedem erzog man uns zur Ehrfurcht vor der Wissenschaft! Jetzt sehen wir, wie aller Wahrheitsdrang aus der Welt verschwand und der Mantel des Gelehrten den von keinem Gewissen redlichen Forschens bedrängten diensteifrigen Agenten für Interessen verbarg. Soll ich von dem Treiben der Dichter reden, der Schriftsteller? Und hat man uns nicht gelehrt, die Kunst als Blüte aller Menschenkultur zu betrachten? Jetzt war sie ein Nichts, nicht die Knochen eines einzigen pommerschen Grenadiers wert, Zielscheiben für chemische Explosionen.

*Hans*: Greinst auch Du, wie die sentimentalen Ästheten? Es ist selbstverständlich, dass Menschenleben vor Stein und Papier geht.

*Ernst*: Bitte, nenne mir einen von den vorher so eingesponnenen, tendenzscheuen, sentimentalen Ästheten in Deutschland, der in diesem Falle gegreint hätte. Im Gegenteil, sie entscheiden sich ja plötzlich bei uns sämtlich für das *eine* Menschenleben gegen alle Kunst der Welt. *Ich* aber bin gerade nicht sentimental genug, um das Leben so hoch einzuschätzen.

*Hans*: Seltsam, ich fühle tausendmal inniger mit aller lebendigen Kreatur, gerade weil das große schreckliche Sterben über sie gekommen ist. Niemals fühlte ich mich so fest mit der menschlichen Gemeinschaft verbunden, wie jetzt, und nicht nur mit der meines Volkes, sondern mit der aller Völker. Darum glaube ich auch nicht, dass unsere Internationale für immer zerrissen ist. Dieser Krieg wird sie erst recht schmieden, sie als Notwendigkeit erweisen, da wir nun wissen, wie stark der Bund sein muss, um für immer den Frieden zu erhalten.

*Ernst*: Du sprichst von Frieden? Sollte das nicht ein Widerspruch zu Deiner Kriegsbegeisterung sein?

*Hans*: Das ist doch für mich die Begeisterung unserer Zeit, der feste Glauben, dass wir im blutigen Ringen auf Tod und Leben den Bund des *Friedens* schaffen werden. Des Friedens und der *Freiheit*!

*Ernst*: Du glaubst? Und *wann* wird das geschehen ?

*Hans*: Im neuen Jahr! So empfinde ich diesmal die Jahreswende als ein mit den Schauern des Heiligen umwittertes weltgeschichtliches Ereignis. Und wenn ich nach Neujahr meiner Pflicht folge und auch hinausziehe –

*Ernst*: Glücklicher! Für *Dich* hat das neue Jahr eine Aufgabe !

*Hans*: Für Dich nicht ?

*Ernst*: Nein … Indess … vielleicht doch! Am Ende gibt es auch für mich noch ein Handeln, ein Wagen. Etwas Gefahrvolles, für das man sich opfern kann. Vielleicht kommt der Tag, da man die *andern* Erwecker braucht – *die Rufer in die Ferne* … Komm' auch zu *mir* – *begeisterte Zeit!*

# Kriegsgedanken
## eines überflüssigen Zeitungsschreibers
### (1915)[1]

„In einer Zeit, da man millionenfältig unablässig dem *Tode* ins Gesicht sieht, wagt man weniger denn je der *Wahrheit* ins Antlitz zu schauen. Die Feigheit vor dem *Leben!*"

„Die Lüge der Lüge ist die Entrüstung über die Verlogenheit der anderen."

„Eigenlob ist das höchste Kriegsmittel."

„Der Aberglaube, der den Kartenlegerinnen die Einsicht ins Schicksal anvertraut und honoriert, ist harmlos im Vergleich zu der Kraft des Wunders, sich aus Zeitungen aufzuklären, obwohl man doch weiß, daß sie aufhören würden zu erscheinen, wenn sie der Aufklärung dienen wollten."

„Kriegsethik: Handle so, wie du wünschest, nicht behandelt zu werden."

„Die Pflicht der Neutralen: Sie haben das Recht, dir Angenehmes zu sagen, dich zu unterstützen. Oder aber sie sind nicht neutral."

„Erfinde etwas ganz Dummes. Es ist die Meinung von niemandem und von nichts. Telegraphiere es nach Kopenhagen: es wird eine beachtenswerte Stimme. Übermittle es von Kopenhagen nach Buenos-Aires. Dann ist es die tiefsinnige Meinung eines in Hindostan sehr

---

[1] Textquelle I Kurt Eisner: *Wachsen und Werden*. Aphorismen / Gedichte / Tagebuchblätter / Dramatische Bruchstücke / Prosa / usw. Leipzig: Roter Türmer Verlag 1926, S. 60-62. – Weitere Veröffentlichungen des Textes: Kurt EISNER, Allerlei Kriegsgedanken. In: Die Aktion (Wochenschrift für Politik, Literatur und Kunst) Nr. 27/28 vom 10. Juli 1920, Spalten 386-388 [dort mit der abweichenden Zeitangabe: „Kurt Eisner schrieb diese Aphorismen Ende 1914" – daraus die beiden am Schluss in *eckigen Klammern hinzugefügten Sentenzen]; *Welt werde froh!* Ein Kurt-Eisner-Buch. Zum 10. Jahrestag der Ermordung, herausgegeben von Erich Knauf. Berlin: Büchergilde Gutenberg 1929, S. 183-184.

bekannten Gelehrten (den man bisher aber in Hindostan ebensowenig kannte wie sonstwo). Treibe die Zeilen von Buenos-Aires nach Moskau und sie werden zum Verzweiflungsausdruck eines Volkes. Gelingt es dir endlich, deine Eingebung von Moskau über Christiania, Haag, San Franzisko, Kapstadt, Paris, London nach – Genf oder Zürich zu hetzen, so darfst du stolz annehmen, daß sie nun die öffentliche Meinung der gesamten zivilisierten Welt vereinigt."

„Aussprechen, was *nicht ist* – die Strategie der öffentlichen Meinung."

„Der Krieg ist in der Tat die Schule des Altruismus: Niemals denkt man so ausschließlich nur an die *anderen* und hört nur von den *anderen*: von der Zahl ihrer Toten, Gefangenen, Verwundeten, von ihren Völkerrechtsverletzungen und ihren Greueln."

„Es gibt einen Weg zum Weltfrieden! Wenn es allen plötzlich einfiele: Sagen wir uns einmal gegenseitig die Wahrheit."

———

\*[ Es war einmal ein Haarwasserfabrikant, der glaubte schließlich an seine eigenen Reklamen, und ein Kahlkopf, der sich nach der Lektüre der Gebrauchsanweisung einbildete, daß ihm Haare gewachsen sei[e]n. Die Macht des Gedruckten oder: Redakteur und Leser!]

\*[ Alle diplomatischen Veröffentlichungen über den Ursprung von Kriegen lassen sich in den einen halben Satz zusammenfassen: Unvorbereitet, wie ich mich habe … ]

München: Das Bodendenkmal in der Kardinal-Faulhaber-Straße zeigt die Umrisse des Ermordeten am Boden. Text der Gedenkplatte: ‚Kurt Eisner, der am 8. November 1918 die Bayerische Republik ausrief, nachmaliger Ministerpräsident des Volksstaates Bayern, wurde an dieser Stelle am 21. Februar 1919 ermordet.' – Aufnahme: Richard Huber, 1.11.2008 | commons.wikimedia.org

# Zur Psychologie des Weltkriegs

## (Februar 1915)[1]

„Eigentlich sind es nicht die Soldaten an der Front, die ich abscheulich finde, sondern die, welche zu Hause sind", erklärte der Friedensfreund.

„So, du redest also nicht über den Krieg, sondern über die, welche den Krieg mit ansehen"! sagte der Geschäftsmann.

„Die Zuschauer sind diejenigen, welche die Kriege machen", antwortete der Friedensfreund.

„Du willst doch wohl nicht den Wunsch aussprechen, dass die Deutschen siegen!" rief der Geschäftsmann.

„Nein", antwortete der Friedensfreund.

„Nun, dann kann ich nicht begreifen, weshalb wir nicht natürlich und froh sein sollen, wenn gute Nachrichten aus dem Krieg kommen, ebensogut wie alle andern anständigen Leute".

„Der Sieg ist ebenso scheußlich wie die Niederlage".

„Hast du denn gar keine Gefühle für England? Es ist ja klar, dass Deutschland zertrümmert werden *muss*".

„Es gibt kein England und auch kein Deutschland," sagte der Friedensfreund, „nur Engländer und Deutsche. Und sie sind alle gerade so gut Menschen wie wir."

(Desmond Mac Carthy in der englischen Wochenschrift *The New Statesman*, 26. September 1914.)

Deutschland hat nicht viele Männer zur Verteidigung, die im ausländischen Reich der Geister Bedeutung haben. Unter den wenigen, die unsere Sache verfechten, entwickeln gerade gewisse Leute, die über einen (vielleicht in ihrer Heimat bereits entwerteten) berühmten Namen verfügen, eine so ungeschickt-aufdringliche Agententätigkeit, beweihräuchern uns allgemein und die leitenden Persönlichkeiten im Besonderen auf eine Weise, dass es aufrechte und selbstbewusste Deutsche anwidern, draußen zum Spott reizen muss.

---

[1] Textquelle | *Arbeiter-Feuilleton* Nr. 5/6 vom 22. Februar 1915 (Texterfassung hier nach Kurt EISNER: Arbeiter-Feuilleton. Band 3: 1914–1917. Berlin: Metropol 2018, S. 137-144).

Die von Ausländern geschriebenen Verteidigungsschriften für Deutschland sind somit ebenso wertlos und widerwärtig, wie das meiste höchst ungereimte Zeug, was in Deutschland selbst nach dem August 1914 auf dem Papier produziert worden ist. Umso ehrenvoller ist es für uns, wenn sich ein ausländischer Gelehrter von umfassender Weltbildung, vielseitiger Erfahrung, durchdringendem Verstand und unbeirrbarer, wenn auch durch bestimmte Sympathien beherrschter Wahrheitsliebe sich für die deutsche Sache erklärt. Und solch eine Arbeit wird umso wertvoller sein, wenn der Urheber ein internationaler Sozialist ist. In der Tat gehört das eben bei *Eugen Diederichs in Jena* deutsch erschienene Buch unseres Genossen, des schwedischen Sozialforschers Professor *Gustaf F. Steffen* *„Krieg und Kultur*; sozialpsychologische Dokumente und Beobachtungen vom Weltkrieg 1914", zu den ganz wenigen literarischen Zeugnissen dieser letzten Gegenwart, die sich aus anderem Interesse zu lesen verlohnt als zu dem kulturhistorischen Studium von Urkunden menschlicher Verwilderung; es ist eine Schrift, die der Klärung und Vertiefung der blutenden Weltprobleme dient.

Freilich ist dies Buch, dem ein zweiter Band folgen soll, nur ein einseitig wirkendes, den Titel nicht erfüllendes Fragment. Sein großer Wert besteht nicht sowohl in den vorläufigen, bloß andeutenden Bemerkungen des Verfassers als in der vollständigen Mitteilung bisher unbekannter oder bei uns nur verstümmelt übermittelter Zeugnisse von bedeutsamen Gedanken und Bekenntnissen über den Krieg. Diese Zeugnisse sind wichtige Beiträge zur internationalen Verständigung inmitten der größten und gefährlichsten Wirrnis internationaler Blendung; um ihrerwillen müsste jeder das Buch studieren, der sich berufen fühlt, irgendwie sich über diesen Krieg zu äußern. Auch diese Übersicht ist allerdings sehr unvollständig. Das Buch ist entstanden aus Zuschriften von Freunden, die Steffen während eines zehnjährigen Aufenthalts in England gewonnen hat: von Engländern und Russen. In der polemischen Kritik dieser Äußerungen wird das Buch zu einem Spiegel gewisser englischen und russischen Auffassungen und Erscheinungen, aber es ist so nicht ganz das Werk eines wahrhaft neutralen und universalen Kopfes, das wir wünschen und brauchen, eines, das sich gleichermaßen mit den geistigen Wirkungen beschäftigt, die der Krieg *überall* und zwar in unheimlich *gleicher* Art, wie eine epidemische Psychose, hervorge-

rufen hat. Wenn Steffen z. B. Proben eklen Hetzens nur aus der englischen Geschäftspresse gibt, so erweckt das einen irreführenden
Eindruck; ich könnte ihm aus meiner Sammlung *deutscher* Zeugnisse
in beliebiger Anzahl Auslassungen vermitteln, die den englischen
durchaus ebenbürtig und blutsverwandt sind (von den deutschen
Witzblättern, Bildkarten, Hass- und Vernichtungsgedichten, Profes-
soralien gar nicht zu reden!). Wir haben andererseits in Deutschland
nicht viel dem an die Seite zu setzen, was Steffen an Darlegungen
von Engländern wie Shaw, Webb, Wells, Galsworthy, von Russen
wie Kropotkin, Winogradoff, Miljnkow wiedergibt; womit nicht ein
Urteil über die Richtigkeit ihrer Betrachtungen, sondern nur über
ihre geistige Bedeutung und ihre – bei aller merkwürdigen Befan-
genheit – subjektive Redlichkeit gefällt werden soll. Wie sehr empfindet man gerade bei solchen Bemühungen internationalen Gedan-
kenaustausches, der im Augenblick natürlich zu keinerlei Ergebnis
führen kann, den unendlichen Reichtum, der in der internationalen
Wechselwirkung der Geister und Völker erzeugt wird!

Steffen ist selbstverständlich Gegner des Krieges überhaupt.
Aber er wäre kein Professor, wenn er nicht – das er nun einmal ist –
einige gute Seiten an ihm hervorhebt. Die relative Verteidigung des
Kriegs, der auch Steffen ein wenig unterliegt, der bewundernde
Hinweis auf die unleugbare Verstärkung des Gemeinschaftssinns,
der Aufopferung, der freiwilligen Unterordnung, des Heldengeis-
tes, übersieht das Entscheidende: Alle diese seelischen Aufschwün-
ge sind nicht aus dem Krieg entstanden, sondern im Gegenteil aus
der Leidenschaft, diese Kriegsherrlichkeit dem eigenen Lande zu ersparen und sie jenseits der Grenzen sich bewähren zu lassen. So weit
diese Kriegsstimmung Literatur geworden, ist sie vergleichbar der
ästhetischen Freude des Nachbarn, dem das schön erregende Schauspiel des brennenden Hauses – *eine Straße weiter*! – packt. Es ist mit
dem Krieg umgekehrt wie mit der Revolution. Als die Revolutionen
von 1789 und 1830 in Frankreich ausbrachen, wünschten alle revolutionär Gesinnten Europas, die Revolution möchte ins eigene Land
hinübergreifen. Aber auch die leidenschaftlichsten Kriegsschwärmer wünschen um keinen Preis den Krieg bei sich zu Hause; er ist
ihnen ein erhabener – Exportartikel. Und gerade dies ist einem zugleich überzeugt national und international gesinnten Menschen
das Unerträglichste und Peinigendste: zu denken, dass er den Schre-

cken, den er in der Heimat verabscheut, zu den Menschen und Brüdern draußen hinaus tragen hilft. Unter der Bevölkerung von Ostpreußen, Galizien, Belgien, Nordfranken wird es keinen einzigen geben, der im Kriege noch einen nationalen Gesundbrunnen erblickt!

Als Sozialdemokrat sieht Steffen die Ursache des Krieges in dem imperialistischen Erweiterungsdrang der kapitalistischen Staaten. Als Schwede ist seine deutsch-freundliche Auffassung in erster Linie durch den Gegensatz zu dem russischen Nachbarn bestimmt.

Die eingehenden Darlegungen über den imperialistischen Charakter des Weltkrieges wird erst der zweite Band bringen. Vor dem Kriege, darauf weist Steffen zu Beginn des Buches hin, wurde die imperialistische Kriegspolitik ganz offen als Problem verkündet. Es ist kein Unterschied zwischen dem Amerikaner Homer Lea, der in dem Buch – *The Day of the Saxon* – den Tag der vollkommenen englischen Weltherrschaft verkündet, oder dem preußischen Kavalleriegeneral v. Bernhardi, der in seiner Schrift *„Deutschland und der nächste Krieg"* diesen Beruf den Reichsgermanen zuerkennt.

Nach dem Ausbruch des Krieges sind solche offenen Klarlegungen verschwunden. Alle Kriegsparteien wetteifern in ideologischen Vorwänden. Niemand hat angegriffen, niemand will materielle Vorteile. Man kämpft für irgendeine Freiheit, man verteidigt die Kultur. Es ist natürlich unbedingt richtig, dass alle Staaten *gleichermaßen* hinter den idealen Beweggründen, die sie als Kriegsziel geltend machen, ihre höchst materiellen Absichten verbergen. Der seit dem Ausgang des Mittelalters zäh festgehaltene, ebenso rücksichtslos wie klug durchgeführte Grundsatz *englischer* Weltpolitik – um dieses Beispiel herauszugreifen – lässt sich in *einem* Satz scharf kennzeichnen: Indem England durch die Jahrhunderte hindurch zu verhindern sucht, dass irgendeine andere Macht die Universalherrschaft in Europa und über die Erde erreicht, erwarb es selbst die Universalherrschaft. Aber damit die Berufung auf diese *idealen* Güter, die geschützt oder erworben werden sollen, Wirkung auszuüben fähig werde, müssen diese Ideologien doch in sich eine Kraft haben; eine Kraft, die umso stärkeren Einfluss ausübt, als sie in der Richtung letzter Menschheitsziele liegen. Es hat eine ganz andere Bedeutung wenn England oder Frankreich erklärt, sie kämpfen für ihre demokratische Unabhängigkeit, als wenn Russland vorgibt, für die Freiheit die Waffen zu führen. Und wenn alle Kriegsparteien, wieder einstimmig, nur um den Verdacht abzuwehren, sie führten für materiellen Gewinn Krieg, behaupten, sie seien „überfallen" worden –, so wird man bei England und Frankreich, wenn nicht in der Praxis, so doch wenigstens in der Theorie, die Möglichkeit zugeben können, dass irgendjemand ihre Demokratie bedrohen könnte; niemand aber wird glauben, dass jemand Russland deshalb „überfallen wollte, um ihm die „Freiheit" zu rauben. Es ist also durchaus nicht gleichgültig, in welchem Maße die Völker, die in den Krieg gerissen sind, in Wahrheit und Wirklichkeit jene idealen Güter besitzen, die sie verteidigen zu müssen behaupten, oder die nur erdichten oder die endlich für eine unbestimmte Zukunft, als Kriegswirkung, erhoffen.

Steffen lehnt entschieden solche Freiheitshoffnungen (als Siegeswirkung) ab, mit denen die russischen liberalen und die Minderheit der russischen Sozialdemokraten – ebenso ihre westeuropäischen Verbündeten – den Krieg des Zarismus unterstützen. Indessen ist Steffen auffällig unsicher in der Beurteilung der Wirkung von Sieg und Niederlage. Für Deutschland sieht er vor einem Sieg den Zusammenbruch der bisherigen Junkerherrschaft voraus. Er bemerkt gegen seinen anarchistischen russischen Freund: „Kropotkin betont das allbekannte Faktum, dass die deutschen Junker und die preußische Dynastie stets ein aus demokratischen Gesichtspunkten allzu freundschaftliches Verhältnis zur russischen Autokratie aufrecht erhalten haben. Aber er zieht aus dieser Prämisse nicht den einzig möglichen Schluss, nämlich den, dass Deutschlands Sieg über Russland nun also eine Niederlage der preußischen Junkerherrschaft und ein Sieg der deutschen Demokratie sein muss, und dass, umgekehrt, Deutschlands Niederlage unfehlbar sowohl die Lebenszeit des Junkerregimentes wie die des Militarismus in einem Deutschland verlängern würde, das sich gezwungen sähe, sich in naher Zukunft wieder eine erträgliche Stellung in Europa mit Waffen zu erkämpfen". Es ist nicht recht einleuchtend, warum nach Steffen in Russland gerade die gegengesetzten Folgen eintreffen sollen: aus der Niederlage der Sturz der bisher herrschenden Klasse, aus dem Sieg ihr Fortbestand. Hinsichtlich Russlands fragt nämlich Steffen: „Liegt die geringste Wahrscheinlichkeit vor, dass die 72 Millionen Großrussen nach einem russischen Siege über Deutschland und

Österreich freiwillig auf die Autokratie, die sie schon so lange über alle anderen Völker der russsischen Monarchie ... ausgeübt haben, verzichten werden?"

Alle Deutschland [gegenüber] feindlichen Völker behaupten, sie wollten die Welt vom deutschen Militarismus befreien. Dagegen weist Steffen auf den gleichwertigen englischen Seemilitarismus hin. Als Kriegsziel stellen sie wohl auch die nationale Selbstbestimmung hin: ein selbständiges Polen zum Exempel. Eine „Vernichtung" Deutschlands will von den Zeugen Steffens niemand, im Gegenteil, der Engländer Wells und der Russe Miljukow sind darin einig, dass Deutschland für den Verlust nicht deutscher Landesteile durch die Hinzufügung Deutsch-Österreichs entschädigt werden soll. Aber Steffen zweifelt mit Recht daran, dass Russland den Ukrainern die nationale Unabhängigkeit gestatten werde.

Was Steffen über deutsches Wesen und deutschen Beruf in diesem Bande gelegentlich andeutet, wird zu behandeln sein, wenn das Werk ganz vorliegt, und die Anschauungen des Verfassers sich systematisch runden. Manche Bemerkung aber, die Steffen einer einzelnen Persönlichkeit widmet, gewinnen eine seltsam *allgemeine* Bedeutung. Trifft es nicht weit über die Person des Fürsten Kropotkin hinaus, wenn Steffen von ihm sagt: [„] ‚Revolutionäre', die Jahrzehnte hindurch nichts politisch umwälzen, sich aber in einer weltgeschichtlichen Krisis als recht gewöhnliche ‚Nationalisten' und ‚Chauvinisten' oder sogar als ‚Imperialisten' zu Gunsten des eigenen Vaterlandes entpuppen, kann ich wegen ihrer mehr oder minder unbewussten Vaterlandsliebe aufrichtig achten. Aber als ‚Revolutionäre' fangen sie an, mir oberflächlich, bedeutungslos und nicht frei von dem Gebrechen, welches Selbsttäuschung und grobe Selbstüberschätzung heißt, zu erscheinen ... ["]

# Krottingen – Eine Erinnerung
## (März 1915)[1]

Die deutschen Truppen haben *Krottingen* besetzt! Der Name weckt mir nicht verblichene Erinnerungen.

Es war nach dem Königsberger Hochverratsprozeß, in den letzten Julitagen des Jahres 1904. Ich wage es, den im Vorwärtsverlag erschienenen Bericht[2] über jenen Prozeß gerade heute dem allgemeinen Studium zu empfehlen, obwohl ich der Herausgeber bin: er liest sich gegenwärtig wie ein Buch des Schicksals; wer über unsere Gegenwart und unsere Zukunft urteilen will, muß die Offenbarungen von Königsberg lebendig erhalten.

Nach der aufreibenden Arbeit und Erregung der Prozeßwochen wollte ich ein paar Tage verschnaufen, zugleich das Grenzgebiet, das durch den Schriftenschmuggel und durch allerlei seltsam geartete Zeugen mein Interesse erweckt hatte, aus eigener Anschauung kennen lernen und schließlich wenigstens ein paar Züge *russischer* Luft einatmen.

Wir – einer der Prozeßanwälte, der seitdem ein tragisches Ende gefunden hat – wählten den Weg zu Wasser. Es ging über das stille unendliche kurische Haff, vorbei an der schmalen langgestreckten „preussischen Wüste", dieser weiten verlorenen Einsamkeit der Ostseedünen, deren gefährliches Wandern man durch ebenso mühselige wie wenig erfolgreiche Anpflanzungen junger Kieferntriebe aufzuhalten versucht. Mitten in der gelben Öde eine Oase: Schwarzort, das Bernsteindorf, grün schimmernd zwischen Meer und Haff. Gegen Sonnenuntergang schwammen wir in die See hinaus, und dann umfing uns die holdeste Mondscheinnacht bei der blonden Eva. Ach, es war keine Liebesgeschichte, sondern ein so getaufter Hügel, auf dem wir wohl bis Mitternacht weilten und über die lind

---

[1] Textquelle | Kurt EISNER: *Gesammelte Schriften. Erster Band.* Berlin: Paul Cassirer 1919, S. 75-80.

[2] [Kurt EISNER: *Der Geheimbund des Zaren.* Der Königsberger Prozeß wegen Geheimbündelei, Hochverrat gegen Rußland und Zarenbeleidigung vom 12. bis 25. Juli 1904. Berlin: Verlag der Expedition der Buchhandlung Vorwärts 1904. – Prozessgegenstand war ein von der Sozialdemokratie unterstützter Schmuggel von subversiven Schriften ins Zarenreich.]

wogende Fläche des leuchtenden Meeres irgendwohin in die Ferne träumten.

Am nächsten Vormittag waren wir in Memel. Ich habe noch heute den Eindruck einer halb versunkenen Stadt. Nur auf dem Fischmarkt, wo die litauischen Bauern Bilder fremden Volkslebens boten, ging es lebendig her. Sonst schien die Stadt wie ausgestorben. Seit Jahr und Tag war eine Straßenbahn zum Bahnhof fertig. Aber die Leitungsdrähte fanden noch immer keine Verwendung. Leere Kneipen mit englischen Inschriften, eine englische Kirche mit zerbrochenen Scheiben erinnerte noch an die Glanzzeiten, da Memel für die englischen Segelschiffe ein Rasthafen war und in den Straßen sich englisches Schiffsvolk tummelte. Das war längst vorüber. Die englischen Dampfschiffe verkehrten direkt mit den russischen Häfen, und die paar fremden Schiffe, die traurig in dem toten Hafen lagen, blieben auch nicht lange: der Dampfkrahn schafft schnelles Entladen. Nur der russisch-deutsche Holzhandel blühte noch – damals!

Der nördlichste Ort des deutschen Reichs – Nimmersatt – liegt freundlich und fruchtbar in blinkender Sauberkeit an der See gebettet. Hier herrschte ein reger Grenzverkehr, nicht nur von Schmugglern, sondern auch von russischen Uniformen, wie sie die russischen Gymnasiasten und die russischen Offiziere tragen. Ein flinkes Wäglein sollte uns über die Grenze bringen. Beim letzten Haus des deutschen Nordostens machten wir Halt: Es war die einsame Schenke des wackeren Hirsch Feinstein, der zu den Zeugen des Prozesses gehörte. In der Wirtsstube war ein unruhiges Gewühl verdächtiger Gestalten; nicht recht geheuer, aber Hirsch Feinsteins rothaarige Tochter beherrschte munter und energisch die ungebärdigen Gäste.

Und nun begann Rußland! Man bedurfte keines Grenzzeichens; man sah sofort, was russisch war. Das grüne, sorgsam bebaute preußische Land ging jäh in eine dürre, struppige Grashalde über, die mit großen Steinen dicht besät war; seitdem die Eiszeit diese erratischen Blöcke aus den Bergen Skandinaviens hergebracht hat, schien kein Pflug über diese weite leere Grenzmark gegangen, auf der selbst Ziegen hätten verhungern müssen. Dann aber erhob sich am Eingang Rußlands, vor der ersten russischen Stadt Krottingen, ein schmuckes Haus, alles ringsum durch offenbaren Wohlstand überragend. Es war das Zollhaus. Wir wußten die Ursachen solchen Behagens. Die Beamten haben ihre Verträge mit den Schmugglern und beziehen für ihre gewissenhafte Nichttätigkeit gewisse Prozente von den gepaschten Waren. Wir aber hatten keinen Vertrag mit dem mürrisch und tückisch blickenden Wächter Rußlands. Es dauerte lange, bis er unsere Grenzpässe durchstudiert und endlich in Ordnung befunden hatte. Wir durchforschten indessen einen großen Aushang, der dreisprachig – russisch, litauisch und deutsch – uns verkündete, was alles verboten sei und streng bestraft werde. Es las sich grob, barbarisch, abschreckend; wir glaubten jeden Augenblick, eine Faust würde uns packen und nach Sibirien schleppen. Das Gefühl völliger Rechtlosigkeit begann in dem Augenblick, da wir dieses russische Amtsgebäude betreten hatten. Sonst war außer uns nur noch eine recht russische Erscheinung männlichen Geschlechts da, die sich faul auf einer Pritsche räkelte und augenblicklich eine Pause zwischen zwei Schnäpsen verschlief; und ein jüdischer Reisender aus Deutschland, dem der Beamte geheimnisvolle Zeichen auf seinen Paß geschmiert hatte und der deshalb ängstlich, wie unter dem Druck eines ungewissen Schicksals in die Stadt ging. Wir aber durften passieren, freilich nicht vollständig. Unseren photographischen Apparat mußten wir zurücklassen. „Warum?" „Es ist Krieg." „Aber doch auf der anderen Seite, in Asien." „Es ist Krieg." Dabei blieb es. Wir durften in Krottingen nicht photographieren, weil in der Mandschurei mit Japan gekriegt wurde! Bald merkten wir noch mehr Rußland. Um uns kreiste ein radelnder Kosak, verfolgte uns und ließ uns nicht aus den Augen.

Nächst der Stadt ist ein großer polnischer Herrensitz. Ein üppiger Park, sogar ein Palmenhaus. Frauen arbeiteten schweigend, gebückt. Alles war unordentlich, verfallen. Es roch nach polnischen Romanen. Wie kann es Reichtum in dieser Öde aushalten? Automobile gaben uns die Antwort. Der gnädige Herr war in Ostende, und nächste Woche wird die gnädige Frau ins Automobil steigen und ins Salzkammergut fahren.

Krottingen ist wahrhaftig eine Stadt, es wohnen Menschen darin: zumeist Litauer und Juden. Aber es ist ein Gewirr elender, zerlöcherter Hütten, die schief sich zur Erde neigen, schmutzige Holzgerüste, die mit grauem Dreck ausgefüllt scheinen. Inmitten der Baracken ein schmutziger Tümpel, in dem zerlumpte Frauen zu einem unerfindlichen Zwecke Wäschestücke schwenken. Aus dem Unflat der Behausungen ragt nur die Kirche farbig hervor. Ein Junge, der unablässig sich in dem schwarzen Kraushaar kratzt, führt uns in den byzantinischen Bau. Mein Gefährte erfüllt den leeren Raum mit Orgelspiel; der kleine Führer erstarrt ob solchen Übermuts vor Schrecken und wird erst durch einige Münzen wieder erweckt. Draußen in der blendenden Sonne erwartet uns schon unser Aufpasser: der stumm radelnde Kosak.

Wir haben Zeit. Es ist um Mittag. Wir hatten zuvor gesehen, wie Rußland durch eine schwere Kette geschlossen wurde, wie eine Haustür am Abend. Während der Mittagspause hörte der Grenzverkehr auf, niemand durfte heraus, niemand hinein. Wir waren wie gefangen. Und wie Gefangene schienen auch alle diese ärmlichen, müden, traurigen Menschen, als ob sie immer eine Gefahr im Rücken spürten, einen Hinterhalt, Angeber, Häscher. Nirgends entdeckten wir ein Zeitungsblatt. Obwohl ein Ausflug nach Krottingen ein beliebtes Vergnügen der Königsberger ist, schien man hier wie außerhalb der Welt zu leben und gar nichts von den Dingen da draußen zu wissen, tausend Meilen jenseits aller Kultur. Die litauische Bevölkerung wirkte verschlossen und versonnen, wie eigenwillige Sektierer. Nur die jungen Jüdinnen, die vor den Häusern standen, blühten wie ein Stück Orient: gesund, ernst, von einer schwermütig-sinnlichen Schönheit. Mein Weggenosse geriet in Entzücken und beteuerte, den Abenteuerblick im Auge, er könne sich entschließen, sich hier anzusiedeln. Anreden mußte er eine, auf jeden Fall, es ging nicht anders. „Wo ist –". Er wußte nicht recht, nach welcher Sehenswürdigkeit von Krottingen er sich erkundigen sollte. Aufs Geratewohl fragte er also: „Wo ist das Armenhaus?" Das schöne Mädchen war erstaunt. Aber Fremde haben nun einmal ihre sonderbaren Einfälle. Sie geleitete uns bereitwillig und schweigsam zur jämmerlichsten aller Hütten.

Wir treten in einen dunklen Flur ein, der nach hinten einen Ausgang zu einem engen Hof hatte. Durch die geöffnete Tür sehen wir uralte Männer und Frauen, die Fische schuppen und salzen, während sie zugleich die schon zugerichteten Fische in rohem Zustand gierig verschlingen. Links und rechts in dunklen Löchern liegt es [sic] eng neben- und übereinander auf Brettern in modrig stinkenden Lumpen. Ewige Lampen in den Nischen verbreiten eine rote Dämmerung. Überall liegen, kauern Gestalten, stumm die einen, unablässig lallend die anderen, Krüppel, Blinde, Blöde, Sieche. Wohin waren wir geraten? Armen-, Irren-, Kranken-, Idioten- und Altershaus schien in dieser Hölle der Verpestung und Verderbnis vereint. Wir wurden entdeckt. Einige verkrüppelte Unholde erhoben sich, umringten uns und bettelten unterwürfig leiernd. Wir verteilten die paar russischen Münzen, die wir besaßen. Da fielen sie vor uns nieder und, Segenswünsche speiend, küßten sie brünstig unsere staubigen Stiefel ...

Es hielt uns nicht länger. Wir flohen aus dem Jammerhause, aus der Stadt, aus Rußland. Jenseits der Grenze wagten wir uns wieder als Menschen zu fühlen. Aber erst in dem bei Königsberg gelegenen Ostseebad Cranz wich der Druck von mir. Gerade als ich den Strand erreichte, wurden Zettel an den Anschlagtafeln angeklebt: Plehwe, der verhaßteste Gewalthaber Rußlands, war durch eine Bombe ausgetilgt! Ich warf mich in den durchsonnten Sand und bis in die sinkende Nacht blieb ich reglos liegen, in tiefem bebenden Frieden, als umarmte ich irgendeine neue Freiheit. Das Meer aber begann zu brausen ...

Seitdem – wenn ich an Rußland denke, sehe ich immer das *Armenhaus von Krottingen* ! ...

# Ruf der Jugend

(November 1915)[1]

In den letzten Jahren vor dem Kriege zeigte sich in der intellektuellen bürgerlichen Jugend Deutschlands eine Gruppe, die ein lebhafteres Verständnis und einen tätigeren Drang in den Fragen sozialen Weltbewusstseins entwickelte. Die Radikalsten unter den jungen Leuten sammelten sich um die Schülerzeitschrift „Der Anfang", die durch die unmittelbare tapfere und hüllenlose Offenbarung jugendlicher Triebkräfte nicht nur den Wert einer bedeutsamen kulturellen Urkundensammlung gewann, sondern auch durch die aufrichtige und sehnsüchtige Geistigkeit, die zu handeln begehrte, sich sehr erfreulich von der blassen und sterilen Journalroutine unterschied.

Man konnte mit einigem Interesse forschen, was von dieser Jugend, die auf den Universitäten den äußersten Flügel der Freien Studentenschaft bildete, im Kriege sich moralisch behaupten würde. Es ist natürlich unter den gegenwärtigen Umständen unmöglich, zahlenmäßig festzustellen, wie viele den vorher verkündeten Idealen treu geblieben sein mögen, in dem Sinne treu, dass sie im Kriege, wie immer sie über seine Notwendigkeit denken mochten, den Gegensatz, nicht etwa die Erfüllung ihrer Ideale empfanden. Aber es verdient in diesen Zeiten allgemeiner Gedankenflucht hervorgehoben und anerkannt zu werden, dass jene Keime einer sozial gerichteten bürgerlichen Jugendbewegung wenigstens nicht ganz vernichtet worden sind. Man bekundet vielmehr in einem neuen Organ – das bei Diederichs in Jena erscheint und sich „*Der Aufbruch*. Monatsblätter aus der Jugendbewegung" nennt, – einen ernsten und entschlossenen Lebenswillen.

Der Herausgeber der Zeitschrift ist Ernst *Joel*, derselbe, der kurz vor dem Kriege auf dem Pfingstlichen Freistudententag in Weimar einen durch ideale Leidenschaftlichkeit ausgezeichneten Vortrag „Die Jugend vor der sozialen Frage" gehalten hat. Gleich zu Beginn des Vortrags (der ebenfalls bei Diederichs erschienen ist) stößt man auf die Wendung, die inzwischen viel wesentlicher geworden ist, als

---

[1] Textquelle | *Arbeiter-Feuilleton* Nr. 33 vom 23. November 1915 (Texterfassung hier nach Kurt EISNER: Arbeiter-Feuilleton. Band 3: 1914–1917. Berlin 2018, S. 92-99).

sie ursprünglich war. Der Redner beklagte, dass „diejenige soziale Tätigkeit der akademischen Jugend, die den Keim zu einer *Bewegung* in sich trug", die Arbeiter-Unterrichtskurse „*zur Organisation erstarrt*" seien. Wie seltsam das heute klingt: „Zur Organisation erstarrt"! Heute, da „Organisation" das große triumphierende Modewort geworden ist, und in allen fünf Weltteilen als Gipfel des Menschlichen angebetet wird – noch dazu in der Verbindung als Organisation der Zerstörung, also in der Verkuppelung von zwei Begriffen, die sich gegenseitig aufheben – klingt die selbstverständliche Einsicht wie eine wunderbare Kühnheit: dass Organisation an sich eine leere Form ist und dass sie nur als schöpferisch-methodische Arbeit einer großen Gesinnung und eines erhabenen Zieles Menschheitswert erhält. Die Frage nach dem Wert einer Organisation ist die Frage nach ihrer Seele.

Gerade die Kritik der studentischen Unterrichtskurse für Arbeiter ist ein sehr gutes Beispiel für die Kritik der Organisation. Diese Unterrichtskurse mögen schulmäßig-organisatorisch noch so vollkommen eingerichtet sein, sie bedeuten gar nichts als Akt der sozialen Betätigung, sie sind keine soziale Organisation, wenn sie nichts weiter sind als ein Betrieb zur Übermittelung von irgendwelchen Kenntnissen. Was aber vermöchte solche Organisation zu beseelen? Der Pfingstredner antwortete, indem er von der Not sprach, die uns am lebhaftesten bewege: „Es ist vor allem die Empfindung von einem Niedergang des Menschlichkeitsgefühls … Wir sehen, wie Menschen, in denen sich Kultur auf eine neue Art darstellen will, aus Mangel am Elementarsten nicht aufsteigen können und scheitern, wir alle erleben und erleiden tagtäglich die Herrschaft und den Einzug einer Unsumme von Verzerrtheit, Stumpfsinn, Dumpfheit und sinnloser Qual: In den endlosen Straßen unserer Vorstädte, in den grau umflorten Fabrikvierteln, in den Hunderttausenden von Geschäftsräumen, in all dem Jammer enger Höfe und überfüllter Wohnungen, in verschüttetem Kinderland, in bedrückter und matter Jugend, allzu früh in eine läppische und die besten Kräfte sinnlos verbrauchende Arbeit eingespannt. Wir denken an das – mehr von niedrigsten und behäbigsten Motiven gehinderte, als durch höchste Gedanken unterstützte und geleitete – Ringen von Millionen um Teilnahme an allem, was auch durch ihre Kraft gedeiht, an jede Entartung, Verkümmerung, Verhässlichung in der körperlichen und sittlichen Welt".

Wie in der radikalen Burschenschaftsbewegung vor einem Jahrhundert wird das *„Unbedingte"* zum leitenden Grundsatz der Lebensführung. Es wird verlangt, dass „weniger Anknüpfungs-, Opportunitäts- und Möglichkeitspolitik und -Arbeit geleistet werde und *mehr Mut zum Unbedingten erwachse"*. Das ist in der Tat das schönste Recht und die herrlichste Kraft der Jugend, das ist das Wesen und die Bestimmung jeder wahrhaften Jugend: das Ganze zu wollen. Und eine so gesinnte Jugend hat dann auch Gemeinschaftsgefühle und Gemeinschaftsaufgabe mit der Jugend anderer Klassenherkunft. Das deutete der Redner an, wenn er sagte: „So hat der junge Mensch das Vertrauen bereits schwer zugänglicher Volkskreise in ganz anderem Maße als ältere. Er ist weniger Parteigänger- oder Gegner, sondern vor allem *noch* Mensch. Und seine Jugend lässt ihn weniger zum Lehrer und Leiter sich eignen, sondern sein eigentliches Gebiet ist die Bescheidenheit und der auf Gegenseitigkeit gestellte Ton des Kameraden. Die wirtschaftlich freiere Jugend, die gerade heute zu einem neuen Bewusstsein von Jugendlichkeit kommt, darf sich auch der Erkenntnis nicht verschließen, daß diese Jugendlichkeit auch ein außerhalb ihres Kreises vorkommendes, unabhängig von allen Ständen existierendes, höchst kostbares Gut ist, das, wo immer es angetroffen wird, sorgsam gehütet und kultiviert werden muss. Unritterlich und eigensüchtig die Jugend, die ihren Gefährten, die viel schwerer unter jeder Art von Bedrückung, Verengung und Politisierung zu leiden haben, dieses neu erkannte Gut nicht erkämpfen oder wahren hilft".

Das Existenzrecht dieser bürgerlich-akademischen Jugendbewegung hatte sich im Weltkrieg zu erweisen. Alles hing von der Entscheidung ab: galt sich der Krieg als Bestätigung oder als Widerlegung jener Klage über den Niedergang des Menschlichkeitsgefühls? Ihre neuen Monatsblätter bieten das aufrichtende Schauspiel, dass wenigstens diese Eingänger idealistischer Jugend nicht – wegen einer Wiederholung der allerältesten Erscheinung der Geschichte, wegen eines Krieges – umgelernt haben, wie denn überhaupt die Gefahr eines äußerlichen Umlernens dort nicht groß ist, wo alle Erkenntnisse und alle Erfahrungen auf dem Grunde echter Gesinnung sich bilden. Im *„Aufbruch"* wird ein unbeirrbares Kulturbewusstsein bewährt. Das starke Menschlichkeitsgefühl ist richtungsweisend geblieben. Darin sind alle Beiträge einig, deren einzelne Betrachtungen man sonst nicht überall zu folgen braucht, zumal von der Neigung junger Leute für allzu einfache und spitze Formeln ziemlich reger Gebrauch gemacht wird. Leidenschaftliche Jugend von starker Geistigkeit löst gerade auf den Gebieten die Probleme intellektuell streng und endgültig auf, wo sie in Wirklichkeit von unlösbaren Lebenskonflikten bedrängt werden und beklommen von der Rohheit des Daseins sich nur in philosophische Erhebungen flüchten können: so erklären sich die energischen Formeln juristischer Geschlechtsweisheit.

Sonst aber ist die Haltung dieser jungen Zeitschrift vorbildlich, deren Beruf geradezu sein könnte, Erzieher des Alters zu werden. Statt der aktuellen Kriegslyrik, brausen Walt Whitmans Gedichte vom Traum und Tat durch diese Blätter; (Gustav Landauer ließ sie zu tief rauschenden Rhythmen werden). Der Herausgeber spiegelt die deutschen Hochschulen in „großer Zeit". Es hat sich im Grunde gar nichts geändert. Noch blüht die öde studentische Vereinsmeierei. Im Sommer 1915 vermochte die Berliner Studentenschaft keine würdigere Kundgebung zu ersinnen, als einen überschwänglichen Fackelzug für irgendeine Königin. Aus einer in Kassel erschienen[en] Sammlung von studentischen Zuschriften aus dem Felde werden höchst aufklärende Proben mitgeteilt. Man riecht förmlich den urneuen Geist der Herren, die sich bürgerlich-bescheiden nur mit den Anfangsbuchstaben ihrer Namen verraten; einzig zwei Freiherren veredeln die Sammlung durch die ganze Pracht ihrer Namen und Titel. Ein Student der Geschichte schwingt sich zu folgenden Reimen auf:

Nur eines, deutsche Burschen, lasst euch sagen,
Wir haben uns mit Lumpen sonst auch nicht geschlagen –
Die Engländer treten wir, wo wir sie treffen
Wie räud'ge Hunde, die nicht länger sollen kläffen.

Ein anderer verbindet profitabel das nationale Gefühl mit dem nationalen Geschäft. Er wünscht auf den Universitäten hinfort von dem geistigen Wettbewerb der Ausländer befreit zu werden. Man solle dafür sorgen, dichtet ein Feldunterarzt, dass
Auf *unseren* Schulen uns der Neider aller Anblick wird' erspart.

Solche Studenten haben natürlich auch die Professoren, die sie verdienen. Der Herausgeber der Zeitschrift wollte *„Flugblätter an die deutsche Jugend"* verbreiten, eine Sammlung von Stücken auf Fichte's, Arndt's, Kleist's, Schiller's und Schleiermacher's Schriften. Der imperialistische Berliner Historiker Dietrich Schäfer schrieb empört gegen solche Vorhaben, die Klassiker des deutschen Geistes jetzt zu Worte kommen zu lassen. Jetzt gelte nur „Wille zur Macht". Und jetzt unserem Volke „allgemein menschliche Tugenden predigen zu wollen, heißt geradezu ihm in den Rücken fallen". Nach dieser professoralen Kundgebung zu schließen, könnte man fast glauben, auch dieser Weltkrieg würde wie der vor hundert Jahren mit einer großen Studentenverfolgung endigen. Auch damals meinten die Machthaber, die Jugend fiele ihren mit den Fichte und Schiller in den Rücken. Fragt sich nur, ob sich heute die für eine Verfolgung lohnende Zahl von Studenten finden wird, die mit Fichte und Schiller den *„Aufbruch"* zur Menschheit und Menschlichkeit suchen ...

Man spricht und schreibt gegenwärtig viel über die Zukunftsmöglichkeiten geistiger Auseinandersetzung und politischen Kampfes. Ich vermag keine Fruchtbarkeit in einer Buchdeckel- oder Klubsesselgemeinschaft zwischen sozialdemokratischen Parteiführern und bürgerlichen Gelehrten zu erkennen. Ganz anders steht es mit der Frage einer Kameradschaft zwischen jenem radikalsten Flügel der bürgerlichen Jugend und der proletarischen Jugend. Das Problem unserer Parteiorganisation ernsthaft zu untersuchen, wird nach dem Kriege für uns nicht die unwichtigste Aufgabe werden. Man wird sich zu der Einsicht durchringen müssen, dass in der zur Organisation *erstarrten* Bewegung eine wichtige Ursache verhängnisvollen Versagens liegt. Eine innere Vertiefung und Beseelung für unsere Organisation zu schaffen, ist Schicksalsaufgabe. Wir müssen mehr wie bisher zum Ernst der Gesinnung, zur Energie der Überzeugung, zur leidenschaftlichen Bewegtheit des Geistes, zur Weite des Blicks erziehen. Wort und Tat muss eines werden, und unsere sozialistische Weltanschauung muss gerade in ihren letzten Zielen unser ganzes Leben durchdringen, statt bloß eine schmückende demagogische Gebetsformel für Sonn- und Feiertage zu sein. Soll unsere Vereinstätigkeit nicht in öder Schablone und Routine verderben, so müssen wir ihr den Aufschwung eines neuen Idealismus gewinnen.

Nach den Erfahrungen dieser letzten Zeit kann man das Zukunftswirken der älteren, namentlich der mittleren, Generation recht pessimistisch beurteilen. Alles wird darauf ankommen, welches Feuer und welche Kraft von unserer Jugend ausgeht. Und diese proletarische Jugend hat – schon durch die besonderen Angelegenheiten der Jugendlichkeit – eine gewisse Ideen- und Interessengemeinschaft mit jenen Gruppen der bürgerlichen Bildung, die noch nicht von Klasseninstinkten überwältigt sind. Ich glaube nicht, dass die Zahl jener studentischen Freischaren allzu groß werden wird, aber wo solche Elemente vorhanden sind, wird ein kameradschaftlicher Verkehr zwischen ihnen und der proletarischen Jugend für beide Teile natürlich und ersprießlich sein. Die junge bürgerliche Intelligenz würde der proletarischen Jugend das größere Wissen, die Gewandtheit geistiger Schulung, die feinere psychische Lebhaftigkeit, die Anschauung und das Erlebnis der Kulturschätze mitbringen; sie würde dafür im Austausch von der proletarischen Jugend die unmittelbare Kenntnis des wirklichen Lebens und die sichere Entschlusskraft notwendigen Handelns empfangen. So könnte aus solcher geselligen Verbindung eine freie, tätige, angeregte, hochgestimmte Kameradschaft werden, ein Jugendbund demokratischer Zivilisation. Die Voraussetzung ist, dass es ein schlechthin kameradschaftliches Verhältnis von Gleichen sei, in dem nicht etwa die Angehörigen der bürgerlichen Intelligenz sich zum Lehrer, Führer oder gar zum zukünftigen Parteibeamten berufen fühlen. Sie dürfen nur dem Dienst ihrer gemeinsamen Jugend und ihres gemeinsamen Idealismus hingegeben sein.

Es ist heute längst keine Gefahr mehr, dass aus solcher Verbindung sich ein Verirren in blasse träumende Ideologien ergeben könnte. Heute weiß jeder, und spürt es jeden Augenblick, dass die Menschheit der Sklave der sozialen Wirtschaft ist, die sie selbst geschaffen hat; und dass diese Sklaverei erst endigt mit dem Ende der Wirtschaft. An dieser Erkenntnis mangelt es uns heute wahrlich so wenig, dass wir eher geneigt sind, uns den gegebenen Bedingungen anzupassen und zu fügen, anstatt sie selbst nur durch eine wesenlose Ideologie geistig zertrümmern zu wollen.

Heute ist uns vielleicht die Illusion dringender notwendig als die Realitäten, wie sie sich in den Hirnen verfetteter Wirtschaftspraktiker im stolzen Bewusstsein ihrer unbesiegbaren Nüchternheit blähen. Der größte Revolutionär und der wirkliche Weltbaumeister ist dennoch die idealistische Menschheitsgesinnung. Diese als dunkel drängende Sehnsucht noch zaghaft verhüllte Erkenntnis und Zuversicht, – das ist der geheime Ruf aller gesunden Jugend, deren schönstes Recht ist, sich aufzulehnen gegen die winzigen Gescheitheiten und überreifen Zweckmäßigkeiten einer jämmerlichen Tagesbeschränktheit und Augenblicksrücksicht.

Diese Münchener Graffitikunst-Wand zeigt fünf Botschafter eines linken Antimilitarismus und Pazifismus: Kurt Eisner, Sarah Sonja Rabinowitz (Lerch), Erich Mühsam, Gustav Landauer und Ernst Toller. Sie stammten – wie die nicht gezeigte Rosa Luxemburg – alle aus jüdischen Familien und wurden von Akteuren der Rechten ermordet oder in den Tod getrieben. Bild: Robot8A/CC BY-SA-4.0 (commons.wikimedia.org)

# Antikriegs-Streik und Revolution

## „Januarstreik 1918"
### (Aus dem Gefängnistagebuch, Februar 1918)[1]

UNTERSUCHUNGSGEFÄNGNIS MÜNCHEN AM NEUDECK, 4.2.1918

Das waren die schönsten Tage meines Daseins, die Tage der Erhebung, des Kampfes. Ich sah wieder Menschenseelen, nicht nur Tiermägen. Und ich konnte an all dem Großen mithelfen. Seit Kriegsbeginn trage ich ganz einsam meinen Glauben an die Masse – auch in Deutschland. Immer sagen mir die Müden, Feigen, Allzuklugen und Zweifler: Sieh doch nur um dich; sie wollen nichts anderes mehr als Geld, Nahrung und – reklamiert werden. Die Millionen deutscher Sozialdemokraten sind für nichts mehr zu haben. Ich pflegte zu erwidern: Dann hätten wir also unser Leben umsonst vertan. Dann hört aber auch auf, Politik zu treiben, geht abseits, vergrabt euch irgendwo; denn mit diesem Bewußtsein der Ohnmacht und des Zusammenbruchs wäre ja all euer politisches Tun nur noch Schwindel. Gläubige oder Schwindler – ein Drittes gibt es nicht. Aber ihr irrt euch, ihr kennt die Masse nicht, ihr seht nur in sie die seelische Zersetzung hinein, die an euch selber frißt, euch sogenannten Führern.

Nun hat sich in einer einzigen Woche mein Glaube wieder erheben können. Das deutsche Proletariat ist wieder aus hoffnungsloser Starre erwacht. Die Bewegung, einmal bewußt geworden, kann

[1] Textquelle I Kurt EISNER: *Gefängnistagebuch* (eingeleitet von Albert Winter). In: Die Menschheit (Organ des Bundes für Menschheitsinteressen), Januar / Februar 1928. – Texterfassung hier nach Kurt EISNER, *Sozialismus als Aktion*. Ausgewählte Aufsätze und Reden, hg. v. Freya Eisner. Frankfurt a. M. 1975, S. 58-76 (alle Erläuterungen in eckigen Klammern gehören nicht zu Eisners Text). – Eine vollständige wissenschaftliche Gesamtedition zum ‚Gefängnistagebuch 1918' (Nachlass) für alle Monate liegt inzwischen vor: Kurt EISNER, *Gefängnistagebuch*. Ediert, eingeleitet und herausgegeben von Frank Jacob, Cornelia Baddack, Sophia Ebert und Doreen Pöschl. (= Kurt Eisner-Studien, 1). Berlin: Metropol-Verlag 2016.

nicht mehr aufhören; sie muß wachsen, sich steigern, endlich siegen. Im deutschen Proletariat liegt von Anfang an die Lösung des Weltkriegs. Das ist die europäische Aussicht: endloser Krieg, Zusammenbruch, Unterjochung durch die rohe Gewalt eines oder des anderen „Siegers" – oder Erlösung aller Völker durch die Internationale der Demokratie, voran das deutsche Proletariat: Durch deutsche Befreiung zum Weltfrieden. Das Mittel aber, die Macht für die deutsche Demokratie zu erobern, ist der Massenstreik, der – in Deutschland siegreich – dann (nach dem Siege über unsere inneren Feinde, über dieses *odium generis humani*) den Arbeitern aller Länder automatisch die Kriegswaffen aus den Händen nimmt. Wird der Krieg fortgeführt, so unterliegt Deutschland, trotz dem Größenwahn des Militärs und trotz aller vielleicht noch kommenden (aber höchst zweifelhaften) blutigen Erfolge schließlich doch der Übermacht. Dann aber kommt die Auflehnung gegen die Verantwortlichen des Weltkriegs zu spät. Ich weiß, nach der Katastrophe fällt alles über die Besiegten her; dann aber bleibt das deutsche Volk am Pranger der Weltgeschichte, weil es nicht wagte, dem Verderben und den Verderbern rechtzeitig sich entgegenzuwerfen. Es geht um Deutschlands Rettung und Ehre, wenn wir noch diese letzte und äußerste Stunde nutzen, um den Wahnsinnigen die wilde und rohe Macht zu entwinden.

Wir hatten es in München ganz besonders schwer. Wir hatten nicht nur die Militärdiktatur gegen uns, sondern auch die Regierungssozialisten, die die gesamte politische und gewerkschaftliche Organisation fest in Händen hielten, eine Kamorra, die vor keinem Mittel zurückschreckte, um sich selbst in ihrer verworfenen Stellung zu behaupten. Wir waren nur ein kleines Häuflein, ohne die Autorität von Ämtern und Würden, ohne Geld, ohne Presse, ohne die Möglichkeit schriftlicher Propaganda. Aber unsere Freunde waren politisch unterrichtet, sie waren durch das System der „mündlichen Zeitung" wohl besser, umfassender und klarer über die Weltkriegsprobleme in all ihren Verzweigungen durchgebildet als irgendwer in Deutschland. Sie hatten auch das Ethos des Kampfes begriffen, daß man bereit sein müsse, für die Idee sich selber zu opfern, wenn man wirken wolle. Dennoch, die Bevölkerung ist hier schwer aufzurütteln; sie hängt am Alt-Gewohnten. Freilich, erwacht sie einmal, denkt und vertraut, dann ist sie auch zuverlässig. Unter dem Druck der Ereignisse begann in letzter Zeit sichtbar dieses Erwachen. Aber man folgte uns immer noch zögernd und langsam – allzu langsam in einer Zeit, da Deutschland in die Wirbel des Abgrunds hineintrieb – ahnungslos.

Dann kam jäh diese eine Woche der letzten Januar- und ersten Februartage. Am Sonntag sprach ich im Kolosseum, unter polizeilicher Aufsicht; gerade deshalb mit äußerster Rücksichtslosigkeit. Ich sprach alles aus, was ich auf dem Herzen hatte. Ich fühlte, wie es sich in der Menge regte. Man lud mich ein, am Montag in eine Versammlung der Kruppwerke zu kommen, die von der Gewerkschaftsleitung im Verein mit den Regierungssozialisten einberufen war, um für die politische und gewerkschaftliche Organisation Mitglieder zu fangen; man wollte das durch das außerordentlich beruhigende Thema „Übergangswirtschaft" erreichen. Bis dahin kannte ich niemanden von den Kruppwerken. Die Versammlung war dicht gefüllt, offenbar nicht wegen der interessanten Übergangswirtschaft, sondern weil es im Betrieb gärte. Den Vorsitz führte Kurth, der Bevollmächtigte der Münchener Metallarbeiter, anfangs sehr hochmütig, entschlossen, uns nicht zu Wort kommen zu lassen. Er mußte bald sehen, daß unter den Tausenden außer ein paar Beamten und etlichen „Christen" niemand von dieser Sorte von Sozialisten und Gewerkschaftlern etwas wissen wollte. Man erzwang eine Umstülpung der Tagesordnung: es sollte über die augenblicklichen Vorgänge in der deutschen Arbeiterschaft geredet werden, und ich sollte das Wort erhalten. Ich sprach nach dem gleichgültigen Referat Franz Schmitts (der unter den [MSPD-]„Führern" Münchens wenigstens anständig geblieben ist!) eine Stunde über die gegenwärtige Krisis und ihre Lösung durch den Massenstreik. So oft ich vom Streik sprach, jubelte alles; die Versammlung war von Anfang so gestimmt, daß sie mehr mich als ich sie aufreizte; ich lieh ihrem dunklen Fühlen nur das Wort. Zum ersten Mal konnte ich wieder zu Massen sprechen. Die Verzweiflung von dreieinhalb Jahren (die mich aber keinen Tag hinderte, zäh und zuversichtlich für meine Gedanken zu arbeiten!) war vergessen. Ich fühlte wieder, daß ich lebte. Die Einberufer der Versammlung waren jetzt ganz kleinlaut geworden, sie empfanden unklar, daß ihre Tage gezählt seien. Ihre Kraft reichte gerade noch aus, um einen der ihnen geläufigen Kniffe der Organisationsroutine anzuwenden: Das Schlußwort zögerte die Versammlung über die Polizeistunde hinaus, so daß schließlich alles unmutig aufbrach, ohne daß es zur Abstimmung über eine beantragte Sympathiekundgebung für die streikenden Arbeiter im Reich kam.

Am Dienstag nachmittag berieten die Vertrauensleute der Kruppwerke; sie luden mich zu ihren Beratungen ein. Ich hielt mich vollkommen zurück. Es bedurfte auch gar nicht mehr meiner Einwirkung; sie waren von einer prachtvollen Ruhe und ernsten Entschlossenheit. Was mich ganz besonders erfreute, war die Klugheit und Sicherheit der Fragen, die aus ihrer Mitte an mich gerichtet wurden; sie zeugten von durchaus selbständigem und klarem Denken. Ich beantwortete die Fragen, so wie sie sich mir in langem und gewissenhaftem Studium der Dinge vorstellten. Man beschloß – ohne Widerspruch – den Arbeitern zu empfehlen, am Donnerstag in den Streik zu treten.

Am Mittwoch sprach ich – wieder auf Einladung von Arbeitern des Betriebes – in einer Teil-Betriebs-Versammlung der Rappwerke. Auch hier ergab sich sofort, daß die weitaus überwiegende Zahl der Anwesenden den Streik wollte. Aber sie hatten den Arbeiterausschuß gegen sich, dessen führende Männer zugleich Vertrauensposten der Mehrheitspartei einnahmen. Welch ein Unterschied zwischen diesen von der Münchener Organisation rettungslos verderbten Führern und den Arbeitern der Kruppwerke! Es war ein höchst widerwärtiger und niederträchtiger Kampf mit diesen Elementen. Meine Mitteilung, daß die Vertrauensleute der Kruppwerke den Streik befürworten, wurde von einem dieser Gesellschaft als Lüge bezeichnet; ich mußte ihn einen elenden Wicht nennen. (Tags darauf im Matthäserbräu log – ich weiß nicht, ob dasselbe Ausschußmitglied – der Versammlung vor, ich hätte am Dienstag den Leuten vorgeschwindelt, die Krupparbeiter streikten bereits, auch die Setzer streikten. Bei dieser moralischen Artung begreift man, daß die Arbeiter ihrem Ausschuß ins Gesicht hineinschrien, er sei von der Direktion „geschmiert".) Als gar nichts mehr half, brachte einer von den Auer-Gesellen eine jener Verdächtigungen und Verleumdungen gegen mich vor, die vom Altheimereck 19[2] aus systematisch gegen mich in den Massen verbreitet wurden, seitdem sie mich für gefährlich hielten. Ich fühlte, wie ich bleich wurde vor Beschämung.

---

[2] [SPD-Geschäftsstelle; Sitz der SPD-Zeitung ‚Münchener Post']

Daß mich irgend jemand beschmutzte, war mir natürlich ganz und gar gleichgültig. Aber ich schämte mich dieser sozialdemokratischen Erziehung, die einem Führer in diesem ungeheuren Augenblick nichts anderes ins Gehirn brachte als eine elende persönliche Klatschgeschichte. Immerhin, ich hatte in all der Zeit zum erstenmal die Gelegenheit, einen der Verleumder einmal Aug' in Aug' zu stellen. So stellte ich den wahren Sachverhalt dar, aus dem für jeden hervorging, daß, wenn jemand bei jener Buchlieferungsangelegenheit geschädigt worden ist, so niemand anders als ich allein (und zwar recht erheblich). In der Versammlung zweifelte niemand an der Wahrheit meiner Darstellung. Die persönliche Verdächtigung wirkte umgekehrt; ich hatte den bestimmten Eindruck, auch bei den Rapp-Werken wird man streiken.

Für den Mittwoch abend war ich aufgefordert, in einer Buchdrucker-Versammlung zu erscheinen. Ein einzelner, mir völlig unbekannter Buchdrucker war, ohne daß ich davon wußte, von Buchdruckerei zu Buchdruckerei gelaufen, um für den Streik zu werben. Dieser einzelne Mann brachte es zuwege, daß diese große Buchdrucker-Versammlung zustande kam.

Ich erschien erst nach ½ 10 in der Versammlung. Man sagte mir, daß keine gute Stimmung herrsche. Das überraschte mich nicht. Die reichsdeutschen Buchdrucker sind (im Gegensatz zu den österreichischen!) seit jeher politisch indifferent. Als ich eintrat, forderte der Vorstandsvorsitzende, der mich bemerkt hatte, rasch das Wort zur Geschäftsordnung und ermahnte die Anwesenden, sich nicht zum „Vorspann" für irgendwelche Leute machen zu lassen. Das wurde zum Leitmotiv der Ansprache, die ich darauf hielt. Ich redete den Arbeitern (mit denen ich ja durch meinen Beruf seit 30 Jahren besonders eng verbunden bin!) in starker innerlicher Bewegung ins Gewissen: Gerade sie, die dreieinhalb Jahre hindurch sich dazu hergeben mußten, all das verruchte Lügengift zu verbreiten, müßten zuerst das Bedürfnis haben, wenigstens für ein paar Tage die Welt von dieser Pest zu befreien. Man hörte mich mit größter Spannung und Aufmerksamkeit an. Einige Zwischenrufe von Opponenten zeigten mir in verblüffender Weise, wie völlig unwissend selbst die Buchdrucker in allen Kriegstatsachen sind. Ich wußte, daß die Buchdrucker noch nicht für den Streik gewonnen waren. Aber nicht minder sicher war ich, daß meine Aufklärungsarbeit auch in diesem Kreise nicht verloren war. Das Korn der Wahrheit war aufgegangen. Und dann kam der herrlich große Donnerstag!

(Mein Papiervorrat ist zu Ende; ich muß den Bericht abbrechen.)

NEUDECK, 5.2.1918

Ich war in der Nacht vom Mittwoch zum Donnerstag (30./31. Januar) im Hotel geblieben, um am Donnerstag in aller Frühe bei den Arbeitern in Freimann [Sitz der Krupp-Werke] sein zu können. Am Donnerstag früh klopfte jemand an meine Türe, dann hörte ich eine Stimme: „Ja, er ist da", und zwei andere Stimmen im Gang miteinander flüstern. Zwei Männer, die warten, das pflegt auf Polizei zu deuten. Schade, dachte ich, und beeilte mich keineswegs mit dem Anziehen. Schließlich mußte ich die Türe öffnen und sah – zu meiner Überraschung – zwei Freunde vor mir, die mich abholen wollten. Es war eine komische Vorahnung.

Beim Schwabingerbräu trafen wir schon die ersten Trupps streikender Arbeiter. Bald füllten sich Saal und Galerie bis in den letzten Winkel. Es herrschte eine befreite, fast frohe, entschlossene Stimmung. Zuletzt drängten sich durch die Massen die sozialdemokratischen Abgeordneten Auer und Timm sowie Kurth von den Metallarbeitern. Sie stellten sich an der Bühne auf. Auer machte eifrig Notizen, niemand von ihnen nahm das Wort, aber sie blickten bleich und immer wütender. Die (zumeist der Organisation gewidmeten) Verhandlungen verliefen ruhig und sachlich, doch Begeisterung schwang mit. Ohne daß irgendeiner der „bewährten alten Führer" eingriff oder half, kamen rasch zweckmäßige Beschlüsse zustande. Die neue, hoffnungsreichere Organisation der deutschen Sozialdemokratie, in der das Proletariat sich selber führt, war über Nacht entstanden und funktionierte mit vollkommener Sicherheit. So ist ein alter Traum von mir, den man noch vor wenigen Tagen für unmöglich erklärte, auf einmal Wirklichkeit geworden; seit 15 Jahren bekämpfe ich diese monarchistisch-oligarchische Organisation von Beamten- und Angestellten-Partei, von Ober- und Unterführung, von Geschäften und Kassen, die in dem antidemokratischen Deutschland die einzige Karriere für begabtere oder – gemeinere Proletarierer bot; diese riesige, unpolitische, ohnmächtige, öde, geistlose und verlogene Vereinsmeierei, in der die Vielen ein paar Groschen wie einen Ablaß zahlten, um ein paar Leute für sich arbeiten zu lassen, und die Wenigen erhalten wurden, um den Massen die Mitarbeit zu ersparen und die, um sich selber zu erhalten, ganz nach dem Muster des Klerikalismus, einen Ring der Eingeweihten bildeten, fernab und hoch über dem Gewimmel des folgsamen Laienvolkes; dieses grauenhaft aufgeblasene, lärmende Nichts, das alles persönliche Verantwortungsgefühl und die Entschlußkraft der einzelnen zerfraß; diese lächerliche Karikatur des preußischen Kasernenstaats, die die Erschlaffung durch den Drill für demokratische Disziplin hielt und mit harten Händen erzwang; diese entmutigende und erdrückende Verzerrung der Demokratie, in der die Führer den insgeheim tief verachteten Massen unwürdig schmeichelten und die Massen ihren Führern mißtrauten, vor denen sie sich doch fürchteten wie vor – Vorgesetzten. Nun war der neue Geist über uns gekommen, für den ich so lange einsam geworben.

Die Versammlung wählte eine Kommission, die versuchen sollte, in den Zeitungsbetrieben die Buchdrucker zum Ausstand zu bewegen. Die Frage um Entsendung zur Regierung wurde erörtert, für mittags ein Umzug durch die Stadt beschlossen. Ich sprach mehrmals. Ich begründete eine von mir beantragte Kundgebung an die Arbeiter der feindlichen Länder (der Text ist in der Bayerischen Staatszeitung an entscheidender Stelle falsch wiedergegeben!); sie wurde einmütig angenommen. Auer und Timm hoben zwar nicht die Hände hoch, stimmten aber auch nicht dagegen, obwohl in der Kundgebung die Herrschenden Deutschlands als die Verantwortlichen des Weltkriegs bezeichnet wurden. Als wir den Saal verließen, meinten die Freunde, ein solcher moralischer Zusammenbruch wie der dieser Mehrheitsführer, die ihre angebliche Überzeugung nicht einmal mehr zu vertreten wagten, sei beispiellos. Ich erwiderte: „Paßt auf, sie gehen weg und hecken irgendeine Schiebung gegen uns aus; darauf verstehen sie sich." Ich kannte meine Pappenheimer!

### Kundgebung

Die streikenden Arbeiter Münchens, voran die der Kruppwerke, entbieten ihre brüderlichen Grüße den belgischen, französischen, englischen, russischen, italienischen, amerikanischen, serbischen Arbeitern. Wir fühlen uns mit Euch eins in dem feierlichen Entschlusse, dem Kriege des Wahnsinns und der Wahnsin-

nigen sofort ein Ende zu bereiten. Wir wollen uns nicht mehr morden. Vereint Euch mit uns, den Völkerfrieden zu erzwingen, der im Aufbau einer neuen Welt allen Menschen Freiheit und Glück sichert. Wir deutschen Arbeiter werden unsere Herrschenden, die Verantwortlichen des Weltkrieges, zur Rechenschaft ziehen. Der Kampf um den Frieden hat begonnen.
Proletarier aller Länder vereinigt Euch !
Wir fordern von der bayerischen Regierung, sofort durch Vermittlung des neutralen Auslandes diese Kundgebung der Münchener Arbeiter ins gesamte feindliche Ausland telegraphisch zu übermitteln.
Donnerstag, den 31. Januar 1918.       Im Auftrag: Kurt Eisner

NEUDECK, 5.2.1918
Etwa um 1 Uhr des Donnerstag bildete sich der Zug der streikenden Arbeiter. Ich ging am Ende des unendlichen Zuges, dessen Spitze so weit entfernt war, daß man sie nicht mehr sehen konnte. Alles war ruhig, ernst. Wir marschierten an den anderen Großbetrieben Münchens vorüber, an Kasernen, Lazaretten vorbei, stundenlang. Nirgends, von niemandem eine feindselige Kundgebung. Ziemlich viel Schutzleute, besonders in der Nähe der Betriebe. Bisweilen ein militärisches Motorrad, ein Auto, einmal ein Offizier zu Pferde – wohl Organe des Meldedienstes für die Kommandantur. An den Fenstern der Fabriken drängten sich die Arbeiter, an den Fenstern der Kasernen und Lazarette die Soldaten. Überall rief man ihnen zu: Kommt mit! Auch den Soldaten, die auf der Straße standen. Sie nickten ein wenig unschlüssig mit den Köpfen, einzelne meinten: Noch nicht! Es wurde im Zug nicht gesungen, kaum gesprochen.
  Unser Ziel war der große Saal des Matthäserbräu. Auf dem Bahnhofsplatz traf uns die Nachricht, daß der Matthäser bereits gefüllt sei. Der Zug schwenkte deshalb zum Saal des Hotels Wagner ab, wo eine würdige Versammlung abgehalten wurde, an der ich jedoch nicht teilnehmen konnte. Denn inzwischen klärte man mich über das Geheimnis des vollen Matthäser auf. Dieser findige Auer – das hatten sie nach ihrer Niederlage ausgeheckt – war alsbald mit den Arbeiterausschüssen der Rappwerke und der Bayerischen Flugzeugwerke in den Matthäser gegangen. Beide Ausschüsse hetzten nicht nur gegen den Streik, sondern ihre führenden Männer waren

auch zugleich Auer-Kreaturen im Partei-Ausschuß der Münchener Regierungssozialisten. Die Kumpane hatten sich verabredet, sofort die Arbeiter beider Werke, jedes für sich, zu aufeinanderfolgenden Betriebsversammlungen in den Matthäser einzuberufen, um den Streik in diesen Betrieben abzuwürgen und dadurch die Bewegung in München zu zersplittern und zu lähmen. Ich ging also in den Matthäser. Als ich eintraf, sprach in dem enggedrängten Saal gerade Auer. Er hielt die übliche Rede. Die Versammlung verhielt sich still, vereinzelte Beifallrufe kamen offenbar aus dem Ring der Getreuen. Plötzlich tauchte ich am Podium auf, wo Kurth inmitten des Arbeiterausschusses der Rappwerke den Vorsitz führte. Man schien nicht gerade angenehm überrascht, als man mich erblickte. Auer versuchte dann meine Ausführungen vom Vormittag zu widerlegen, indem er sie verhöhnte. Es gab heftige Auseinandersetzungen zwischen dem Arbeiterausschuß der Rappwerke und den streikgewillten Vertrauensleuten des Betriebs. Schließlich bekam ich das Wort. (Wenn ich immer nur von meinem Anteil an den Vorgängen rede und nicht von dem der anderen, so geschieht das aus begreiflichen Gründen.) Es wurde sofort ruhig. Ich fühlte, wie die Tausende anfingen, mitzudenken, mitzuempfinden, mitzuwollen. Als ich geendet hatte, war ich sicher, daß wir gesiegt. Das zeigte sich sofort. Timm, der mir antwortete, griff mich persönlich an. Er erzählte der gänzlich unvorbereiteten Menge jene Fabeln, die wir in den Zeiten, da wir noch in der gleichen Partei waren, so oft in Wahlkreiskonferenzen und Generalversammlungen erörtert, daß ich in der Kindlkeller-Versammlung vor dem Krieg den Russenüberfall angekündigt, daß ich früher Anhänger der Vaterlandsverteidigung gewesen, daß ich in einem anonymen März-Aufsatz 1913 sogar für die Heereskredite eingetreten und für die Bewilligung der ersten Kriegskredite besondere Anstrengungen gemacht. All das ist längst aufgeklärt, mehr als ein dutzendmal öffentlich durchgekaut, aber Timm wiederholt hartnäckig dieselbe Darstellung, die längst widerlegt ist. Es ist schade um Timm. Er war früher einer der mir liebsten Parteigenossen, dem ich – auch in persönlichen Dingen – das vollste Vertrauen schenkte; er war ein durchaus zuverlässiger Charakter. Aber schon vor dem Kriege begann er sich sehr ungünstig zu entwickeln. Dem Übermaß an zügellosem Alkoholgenuß konnte selbst seine robuste Natur auf die Dauer nicht mehr widerstehen. Während er in nüchternen Perioden noch der alte war, verzerrte sich im allgemeinen sein ganzes Wesen. Er neigte zu Wutanfällen, nahm die komisch gespreizten Allüren eines Emporkömmlings an, war stolz auf vornehmen Umgang, auf Verkehr mit beamteter und betitelter Intelligenz (während er die „Intellektuellen", die nicht Professoren waren, zugleich verhöhnte!) –, kurz, tat sich als ein lächerlicher proletarischer Malvolio hervor. Und wurde immer unbedenklicher in seinen Mitteln. Ein Trauerspiel menschlichen Verfalls.

Daß ich mich nicht gewandelt, daß ich ein überzeugter Anhänger der Vaterlandsverteidigung war und geblieben bin (ich ein alter Jaurèsist!), hat noch zuletzt vor einigen Wochen meine Kolosseum-Versammlung gegen die Bolschewiki bewiesen. Auch meine Anschauungen über Kreditbewilligungen habe ich nicht geändert; ich fasse sie sachlich-technisch, nicht demonstrativ-politisch auf. Darum kann ich die gleichen Forderungen sowohl annehmen wie ablehnen, je nachdem, ob ich ihnen die eine oder die andere Bedeutung gebe. Faßt man die Kredite (entgegen der herrschenden, der Theorie des Liberalismus entnommenen Anschauung) technisch-sachlich auf, so könnte ich die Kredite noch heute bewilligen. Der Krieg ist einmal da, die Soldaten, die hinausgegangen sind, führen für ihre Person, auch wenn es sich um den brutalsten Eroberungskrieg der Regierenden handelt, draußen einen Verteidigungskrieg, in dem sie, um sich ihrer Haut zu wehren, Waffen brauchen; deshalb müßte und könnte man in der gleichen Zeit die Kriegskredite bewilligen, in der man die Kriegspolitik der Regierung auf das leidenschaftlichste und rücksichtsloseste bekämpft. Wird aber die Kreditabstimmung – und das ist sie im Lauf des Krieges immer mehr geworden – zu einem Symbol des Kampfes gegen die Regierung und das System, so wird die demonstrative Ablehnung der Kredite erste und selbstverständlichste Pflicht. Ich habe über diese Theorie der Kreditabstimmung im Frühjahr oder Sommer 1915 einen Aufsatz für die Neue Zeit geschrieben, der – obwohl er die Kreditbewilligung verteidigte, oder weil! – der Zensur vom Anfang bis zum Ende verfiel.

Geändert habe ich lediglich meine Beurteilung eines Tatsachengebiets. Seit dem Herbst 1912 wurde ich ständig durch Adolf Müller [damals Chefredakteur der SPD-Zeitung ‚Münchener Post'] informiert, daß wir mit einem bevorstehenden Überfall durch die Russen zu rechnen hätten. Im November 1912 versandte ich deshalb schon einen Alarm-Artikel in der Parteipresse. Unter dem Eindruck dieser Information – ich hatte damals keinen Grund, dem mir eng befreundeten Adolf Müller zu mißtrauen, den ich als den einzigen politischen Kopf der Fraktion und der Parteileitung schätzte – schrieb ich auch jenen März-Artikel. Ich wollte damit Verschiedenes auf einmal erreichen: Eine Umstellung der Parteigruppierung, eine Warnung an die vermeintlichen russischen Kriegstreiber, demokratische Heereskonzessionen (die Bedingung der Zustimmung sein sollten). Ich sah voraus, daß bei einem von Rußland provozierten Krieg die deutsche Sozialdemokratie für den Krieg eintreten würde – getreu der alten demokratischen Parole: Gegen den Zarismus! –, und ich wollte rechtzeitig verhüten, daß die Partei in jähem Bruch unmittelbar von der Keinen-Mann-und-Keinen-Groschen-Politik in die begeisterte Umkehrung taumeln würde: Jeden Mann und jeden Groschen! Unter dem Eindruck jener Einflüsterungen stand auch meine Kindl-Keller-Rede und meine über Chemnitz erfolgte Propaganda für die Kriegskredite; den Brief nach Chemnitz schrieb ich übrigens auf direkte Veranlassung Adolf Müllers. Schon das Weißbuch vom 3. August 14 erregte meinen heftigsten Argwohn. Bald stand es für mich fest, daß der Weltkrieg – als westliches Problem – eine Fortsetzung der aggressiven deutschen Marokkopolitik sei. Über die tatsächliche Rolle Rußlands konnte ich zunächst noch nicht völlig ins reine kommen. Erst als die Geschichte des unterschlagenen Zarentelegramms ans Licht kam, wurde es auch im Osten klar. Jede neue Tatsache bestätigte dann auch für den Osten, daß Deutschland von niemandem überfallen war. (Zuletzt noch der Suchomlinow-Prozeß, dessen für Deutschland zerschmetternden Enthüllungen das deutsche Pressekriegsamt dadurch zuvorzukommen dachte, daß es sie mit atemloser Geschwindigkeit der deutschen öffentlichen Meinung, im Vertrauen auf ihre inzwischen vollendete unheilbare Verblödung, als endgültigen Schuld-Beweis für das russische Verbrechen umlog.)

Aber selbst wenn ich nicht erkannt hätte, daß ich über die russische Verursachung des Kriegs – wie ich jetzt überzeugt bin, durch eine systematische, lang vorbereitete Intrige eines alten Regierungssozialisten! – irregeführt worden war, so hätte mich doch das über alle Maßen schamlose, verlogene, feige und dumme Verhalten der Partei, die von den radikalen Todfeinden der bürgerlichen Gesellschaft auf einmal zu den widerwärtigsten Hurrapatrioten übergegangen war, sofort in die Opposition gedrängt. Niemals ist eine so große Partei so jämmerlich zusammengebrochen; das war schlimmer als Jena. Schon Mitte September 1914 geriet ich deshalb mit meinen besten Freunden in heftigsten Konflikt. Ich vergesse es nicht, wie man etwa meine Bemerkung: Ein belgischer Arbeiter ist mir noch lieber als ein preußischer Junker, als so ungeheuerlich empfand, daß man sie nur als einen nicht ernstgemeinten Witz zu erklären versuchte. Alles war damals begeistert, enthusiastisch: „Antwerpen wird von uns genommen und nie wieder herausgegeben werden!" Viktor Adler, den ich damals in Berlin traf, meinte einmal zu mir, sehr böse mich abstrafend: Ich gehörte auch zu den Leuten, die jedem gönnen, zu nehmen, was man wolle, nur nicht Deutschland. Bedenken gegen die Neutralitätsverletzung, gegen die Kriegsführung in Belgien wurden wild niedergehauen. Und diese Sozialdemokraten hängten sich Karten an die Wände und ließen mit Verzückung die deutschen Stecknadel-Fähnchen auf ihnen vorrücken.

Was war zunächst gegen diesen allgemeinen Wahnsinn für einen Einzelnen zu tun? Zunächst bemühte ich mich um Zulassung zum Kriegsberichterstatterdienst (bei der aktiven bayerischen Armee, nicht im Hauptquartier). Es sprachen dafür auch wirtschaftliche Erwägungen mit; aber mein Hauptbeweggrund war: Ich wollte den Krieg aus eigener Anschauung kennenlernen und nur schreiben, was ich sah. In Bayern befürwortete man meine Zulassung, in Berlin scheiterte sie. Dann stürzte ich mich auf das Studium des Kriegs. Ich schrieb im Herbst 1914 eine völkerrechtliche Abhandlung (die dann im Neuen Merkur erscheinen konnte), in der ich unter theoretischer Schutzmaske wohl als erster Deutscher in Deutschland die deutsche Kriegsführung bekämpfte. Ich stellte meine Feuilleton-Korrespondenz ganz auf den Aufklärungskampf gegen die deutsche Kriegspolitik ein, ohne jede Rücksicht auf die Zensur und die – Parteikollegen, deren einer nach dem anderen meine Korrespondenz abbestellte. Ich war entschlossen, wenn es sein müßte, als einziger in Deutschland meinem Gewissen zu folgen und offen zu reden. Ich habe diesen meinen Entschluß bis zur Stunde gehalten – durch alle Nöte und Verzweiflungen hindurch.

Diese Gedanken der Selbstprüfung gingen mir durch den Kopf, während Timm redete. Die Versammlung wurde immer unruhiger. Man fühlte, daß man durch Austragung irgendwelcher Geschichten mich persönlich zu verdächtigen suchte, um die Gewalt meiner Gründe zu vernichten. Der Lärm wurde so stark, daß Timm sich nicht vernehmbar machen konnte und bald abbrach. Nicht besser erging es dem Schlußwort Auers. Es wurde im tosenden Stimmengewirr verschlungen. Dann wurde die bisherige Versammlungsleitung gesprengt, die Streikenden und Streikwilligen unter den Arbeitern übernahmen die Führung. Die Parteiausschüßler räumten das Feld. Und aufbrausend beschloß die Versammlung ohne jeden Widerspruch den Streik. Ihr tötet den Geist nicht, ihr Brüder!

Der Saal wurde langsam geräumt, um den draußen harrenden Massen der Bayerischen Flugzeug-Werke Platz zu machen. Nach den Erfahrungen der eben mit so entgegengesetztem Erfolg zu Ende gegangenen Betriebsversammlung hatte man sich ein neues Verfahren ausgedacht. Der (mit dem [MSPD-]Parteiausschuß personell versippte) Arbeiterausschuß erklärte die Versammlung für eine geschlossene Betriebsversammlung, in der niemand Zutritt hätte als Arbeiter der Bayerischen Flugzeug-Werke. Ich stand dicht am Podium. Einer vom Arbeiterausschuß (ein besonderer Vertrauensmann Auers) schrie mich unablässig an, es sei eine Betriebsversammlung, ich gehörte nicht hinein, ich dürfte nicht reden. So viel Angst vor einem einzelnen Menschen, der nichts hat als die Wahrheit und den Mut zur Wahrheit. Und das ist nach 3 ½ Jahren Zensur und Versammlungsrechtvernichtung „sozialdemokratischer" Kampf für Wiederherstellung der Freiheit! Ich wußte natürlich, daß die Erklärung zur Betriebsversammlung nur geschehen war, um mich nicht reden zu lassen. Aus der Versammlung ertönten Rufe, man solle doch die Versammlung selbst über die Frage der Zulassung von Personen, die nicht dem Betrieb angehören, entscheiden lassen. Die Herren Leiter kümmerten sich nicht darum. Mir wurde der Spektakel widerwärtig, und ich ging hinaus – in den Wirtschaftssaal des Matthäser. Bald wurde mir dort die Botschaft gebracht – Auer rede, also keiner vom Betrieb; da müßte ich auch reden. Ich lehnte ab. Aber die Bitten, hinaufzukommen, wurden immer häufiger und dringender. So entschloß ich mich zu kommen. Ich schritt ruhig durch die dichtgedrängten Massen, die mir willig Platz machten, bis zum Podium. Da stand ich nun allein. Im Riesensaal tobten die Rufe aus allen Winkeln: Eisner soll reden, Eisner soll reden! Andere brüllten dawider. Auf dem Podium stehen die Leute vom Ausschuß mit wutverzerrten Mienen, fuchtelnden Armen, geballten Fäusten; sie schrien wie die Besessenen mit heiseren Stimmen, daß es eine Betriebsversammlung sei. (Rufe: Und Auer?) Was müssen die für ein schlechtes Gewissen haben. Ich bemerke in meiner Nähe einen eleganten Herrn, keinen Arbeiter, der die Leute oben teils zu überwachen, teils anzuweisen scheint, offenbar ein Betriebsbeamter. Jemand, der sich auf das Podium schwingt, um zu reden, wird heruntergestoßen, und als er immer noch nicht geht, von dem Mann des Ausschusses, der sich wie ein tobsüchtiger Hausknecht gebärdet, aus dem Saal hinausgejagt; der Unglückliche hatte nur feststellen wollen, daß der Auer nicht zum Betrieb gehöre und doch geredet habe. Ich stehe gelassen unten, höre, wie sie oben gegen mich schreien, die Fäuste schwingen, obwohl ich gar keine Anstalten mache zu reden und mich begnüge, die Leute in meiner Umgebung zu beruhigen. Jeden Augenblick glaube ich, daß einer dieser derben Fäuste meine arme Schädeldecke zertrümmern werde. Aber es geschieht mir merkwürdigerweise gar nichts. Ich bleibe unangefochten stehen, sie zappeln sich im Schimpfen und Fuchteln ab. Immer noch schrillen die Rufe und steigern sich: „Eisner soll reden! Eisner soll reden!" Aber droben scheint man doch zu fürchten, man könnte mir schließlich das Wort erzwingen, und ich würde ihnen auch diese Versammlung aus den Händen nehmen. Man erklärt, man würde im Betrieb selbst Freitag früh über den Streik entscheiden, und schloß eilig die Versammlung, die durch meine stumme Anwesenheit ergebnislos geworden war; einer Abstimmung traute man nicht mehr.

Zögernd verließen die Massen den Saal. Da schwang sich ein junger Mann auf das Podium, erklärte, nachdem die Betriebsversammlung beendigt sei, eröffne er eine öffentliche Volksversammlung. Die Menge staute zurück, setzte sich ruhig nieder, und nach den wüsten Lärmszenen wurde alles still. Der junge Mann übernahm unter der Zustimmung der Versammlung den Vorsitz und erteilte mir das Wort. Mit Aufgebot meiner letzten Kraft, nach dem langen, zerreibenden, erschöpfenden Tag, sprach ich.

NEUDECK, 8.2.1918
Sobald ich in dieser improvisierten öffentlichen Versammlung zu reden begann, wurde es ganz still und aufmerksam, und bis zum

162

Schluß gab es nicht die geringste Störung. So verliefen alle Veranstaltungen dieser Tage, die nicht unter Leitung der „alten, bewährten Führer" standen. (Bin ich schließlich nicht auch ein „alter, bewährter Führer"?) Zu provozierenden Radauversammlungen arteten nur die Versammlungen aus, die die Alten, Bewährten mißbrauchten, um ihren verfallenen persönlichen Einfluß – im Verzweiflungskampf um Amt und Ansehen – wiederzugewinnen. Die Menschen, die durch 3 ½ Jahre von einer verbrecherischen Presse schamlos angelogen worden sind, hören in meinen Reden zum erstenmal die Wahrheit; es ist ihnen alles neu, was ich ihnen sage und wie ich es ihnen sage. Ich mahnte die Versammelten, sich durch niemanden zu Taten verführen zu lassen, die sie selbst nicht wollten. Wenn sie sich nicht aus klarster Einsicht, aus innerstem Herzensdrang frei an die Streikbewegung anschließen könnten, dann sollten sie nicht streiken. Denn nur in der freiwilligen Hingabe, die durch keinerlei Zwang verkümmert werden dürfte, liege der Wert einer idealen Aktion, in der das Proletariat gar nichts für sich selbst wolle, sondern nur für die Gesamtheit des deutschen Volkes wie für die Gemeinschaft der Menschheit. Indem ich die Rede des Herrn von Dandl [*Vorsitzender des Ministerrats*, 1917/18] im Abgeordnetenhaus streifte, der immer noch nicht wisse, warum gestreikt würde, kündigte ich an, daß wir den Herrn Ministerpräsidenten [*inoffizieller Titel*] morgen in die Versammlung im Schwabinger-Bräu einladen würden, dort könnten wir uns in Rede und Gegenrede auseinandersetzen. (Diese Absicht konnte ich dann leider, wie so manches andere noch, wegen meiner Verhaftung nicht ausführen.) Ich wies auf die infamen Mittel hin, mit denen man bei uns zu verhindern suchte, daß die Proletarier der feindlichen Länder infolge der deutschen Streikdemonstrationen wieder Vertrauen zu den deutschen Sozialisten gewännen: Einmal verhinderte man durch eine niederträchtige Berichterstattung, daß überhaupt die Wahrheit im Ausland bekannt würde. (Die ersten Auslandsdepeschen des WTB versuchten überhaupt zu leugnen, daß irgend etwas Wesentliches sich ereignet hätte.) Sodann hätte die militärische Leitung gerade diesen Augenblick gewählt, um nach langer Pause wieder Bomben auf London und Paris abzuwerfen; ein militärisch-strategisch völlig sinnloses Verfahren, das aber den Zweck verfolgte und hätte, den Haß der Proletarier in England und Frankreich gegen Deutschland wieder aufzupeitschen, zumal die deutschen Bomben die Gewohnheit haben, gerade auf die Frauen und Kinder in den dicht bevölkerten Arbeitervierteln herabzufallen. Unter diesen Umständen sei die am Morgen beschlossene Kundgebung an die Arbeiter der feindlichen Länder von ganz besonderer Wichtigkeit; sie wurde denn auch einmütig in dieser Matthäser-Versammlung beschlossen. [...]

NEUDECK, 19.2.1918

[...] Die alteingesessene Münchener Arbeiterschaft ist, lese ich in den Zeitungen, wieder ruhig, nachdem „die fremden Hetzer unschädlich gemacht". Die Herren Auer und Timm haben den Streik wieder in geordnete Bahnen gelenkt, d. h. ins Leere. Der Herr von Dandl hat ihnen mit Recht gedankt. Sie haben auch Forderungen präsentiert. Das tun sie immer, tun aber zugleich alles, um zu verhindern, daß die Forderungen durchgesetzt werden. Sie könnten ja keinen Tag leben, wenn die bürgerlichen Freiheiten wieder hergestellt werden würden. Gleichwohl war's ein Erwachen. Hätte man mir noch zwei Tage Zeit gelassen, mit geistigen Waffen vor den Massen die Wahrheit zu erkämpfen, das ganze Proletariat wäre gewonnen worden.

Meine alten Anschauungen über die Verkehrtheit der deutschen Arbeiterorganisation haben sich durch die letzten Ereignisse zur völligen Gewißheit verstärkt. Die Organisation muß sich aufbauen aus den natürlichen Zellen, den Betrieben. Die Politisierung der Betriebe – das ist die Entscheidung über Macht und Ohnmacht des deutschen Proletariats. Viel wichtiger noch als die notwendige Einheit ist die Selbständigkeit der Arbeiter. Ohne die Emanzipation von den Führern bleibt die Arbeiterbewegung seelen- und willenlos. Die Arbeitsgemeinschaft in den Betrieben muß – in ihrer Masse – in organisiertem Zusammenwirken mit den anderen Betrieben selbst die Führung haben. Sie dürfen sich nicht „vertreten" lassen, von niemandem. Außerhalb ihrer eigenen Massen sollen sie nur Sachverständige, zu deren Charakter, Wissen, Intelligenz, Mut sie Vertrauen haben, als Berater hinzuziehen. Dann gelingt es auch niemals mehr, daß man die Massen lähmt, wenn man die Köpfe beseitigt. – Ich sehe, daß man in der Presse in den letzten Zeiten ergiebig auf mich geschimpft hat – auf mich, den Wehrlosen! Ich bin auf einmal der „fremde" Hetzer, darf also nach 3 ½ Kriegsjahren den Kampf gegen einen Krieg nicht weiterführen, den ich Ende Juli 1914 im Auftrag und im Namen der Partei, der „alten, bewährten", in der großen Kindl-Kellerversammlung beginnen konnte.

Dies deutsche Pressegesindel weiß nicht einmal, wie verworfen und stupid es ist. Sie respektieren nur eines: den Verleger, der sie kündigen kann. Ich wäre verzweifelt, wenn die armselige Horde mich loben würde. Ich werde die Freiheit erleben !

———

[ *Kurt Eisner war – wie auch andere Beteiligte – im Zuge des Münchener Munitionsarbeiterstreiks am 1. Februar 1918 als ‚Vaterlandsverräter' verhaftet worden und kam erst achteinhalb Monate später am 14. Oktober 1918 wieder aus dem Gefängnis frei, weil die USPD ihn zuvor als Kandidaten für eine anstehende Reichstagsersatzwahl aufgestellt hatte. – Im ‚Gefängnistagebuch' werden andere friedensbewegte Akteure des Antikriegs-Streiks im Januar 1918 (wie z. B. Felix Fechenbach: ‚ein junger Mann') nicht mit N a m e n genannt, denn Eisner will nicht das Risiko eingehen, der Staatsmacht Belastendes mit Blick auf Dritte in die Hände zu spielen.* ]

# „Bei uns ist kein Tropfen Blut geflossen"

## Rede im Berliner Vollzugsrat der Arbeiter- und Soldatenräte
### (November 1918)[1]

Weswegen ich in diesem Kreise erschienen bin, das hat zweierlei Gründe. Einmal wünsche ich, daß die unmittelbaren Vertreter der Arbeiter- und Soldatenräte sich einig sind über das, was sie für die kommende Entwicklung zu leisten haben, zweitens wünsche ich, daß die Zusammenarbeit der Arbeiter- und Soldatenräte – und wir haben in Süddeutschland auch noch die Bauernräte – möglichst glatt und ungefährlich vor sich gehe.

Sie wissen, daß wir in München mit der Revolution vorangegangen sind. Die Revolution ist bei uns entstanden im Kampf mit den Mehrheitssozialisten. Es war geplant, einen friedlichen Spaziergang von der Theresienwiese nach dem Friedensengel zu unternehmen. Schön wie beim Theaterstück war alles vorbereitet. Trotzdem wir in der großen Minderheit waren, gelang es uns, die Hunderttausende nach einem vorbereiteten Plan mitzureißen. Wir sind im Zuge durch die ganze Stadt marschiert, haben die Kasernen und Gefängnisse geöffnet, die Munition uns angeeignet und den ersten revolutionären Arbeiter- und Soldatenrat gebildet. Das Merkwürdige und Entscheidende für uns war, daß wir auch revolutionäre Bauern haben. Mit dem am ersten Abend gebildeten Arbeiter-, Bauern- und Soldatenrat sind wir dann in den Landtag gegangen, der mit Maschinengewehren umstellt wurde. Dieser Landtag war dann auch gleich die provisorische Nationalversammlung. Als die Abgeordneten kamen, fanden sie keinen Platz mehr.

Wir haben sofort angefangen zu arbeiten, obwohl wir vorher nur eine kleine Minderheit waren, vielleicht 400 Genossen. Wir haben dafür gesorgt, daß die am ersten Revolutionstag Gewählten bis zur Herbeiführung einer künftigen Nationalversammlung dauernd in den A-, S- und B-Räten sitzen bleiben. So sind wir jetzt auf dem Wege, die Demokratisierung für das Münchener Volk ganz korrekt durchzuführen.

---

[1] Textquelle I *Die Freiheit* (Organ der USPD), Nr. 22 vom 27.11.1918 (Texterfassung hier nach Kurt EISNER, Sozialismus als Aktion. Ausgewählte Aufsätze und Reden. Frankfurt a. M. 1975, S. 75-77).

Wenn wir gar keine weiteren Wünsche hätten, als möglichst schnell wieder zu dem Parlamentarismus zurückzukehren, den wir noch gestern hatten, dann brauchten wir nicht die Revolution. Die Revolution ist keine Demokratie. Sie will sie erst schaffen. Arbeiter- und Soldatenräte müssen überall die Grundlage der neuen Entwicklung bilden, und die Nationalversammlung kann und darf erst dann einberufen werden, wenn die Arbeiter-, Soldaten- und Bauernräte sich so sehr entwickelt haben, daß alles von dem neuen Geist erfüllt ist, dann darf vielleicht an die Nationalversammlung gedacht werden, sie wird dann auch schon überflüssig sein, weil wir, die A-, S- und B-Räte, schon die Nationalversammlung sind.

Die Arbeiterräte sind berufen, die Bezirks- und Lokalparlamente zu bilden. Sie würden so viel zu tun haben, daß sie gar nicht Gefahr laufen, ein bürgerliches Parlament zu wählen. In diesem Augenblick werden die Arbeiterräte anfangen, das zu sein, was sie sein wollen. In der Arbeit bildet sich ihre schöpferische Macht. Wir hören jetzt sehr viel von den Bolschewisten. Ich bin keiner. Meine Überzeugung ist dagegen. Erstens liebe ich die Methode des Bolschewismus nicht. Ich glaube an die Macht der Idee. Bei uns ist kein Tropfen Blut geflossen. Wir haben sofort die Macht an uns gerissen, aber in menschlichem Geiste gearbeitet. Darum wünsche ich, daß die Vertreter des neuen Geschlechts dahin streben, daß sie mit der Menschheit vorwärts kommen. Das trennt mich praktisch von den Methoden des Bolschewismus; theoretisch trennt mich eine Zweckmäßigkeitsfrage. Daß die Produktion in den Besitz der Gesamtheit überführt werden muß, darüber ist kein Zweifel. Ich halte es aber nicht für ganz richtig, daß die Überführung der Produktionsmittel an die Gesellschaft erfolgen müsse dann, wenn die bürgerliche Gesellschaft die Gewalt verliert. Sollen wir die Produktion übernehmen, wo sie beinahe an dem Abgrund steht? Im Moment hat es keinen Zweck, da unsere wirtschaftliche Kraft erschöpft ist. Die gesamte kapitalistische Gesellschaft bricht zusammen. Solange dieser Zusammenbruch bevorsteht, hat es keinen Zweck, die Sozialisierung vorzunehmen. Die Diskussionen hier in Berlin sind nach meiner Überzeugung ganz gegenstandslos. Wir müssen versuchen, über die nächsten Monate hinwegzukommen. Wir müssen die Revolution sichern. Die Sicherung der Revolution geschieht nur durch Festigung und Demokratisierung der Arbeiter-, Soldaten- und Bauernräte. Wenn es zutrifft, daß man von Berlin diktieren will, dann wären die separatistischen Bestrebungen verständlich. Ich bin ein Gegner der separatistischen Bestrebungen.

# Bürger

(Dezember 1918)[2]

Das Organ des preußischen Junkertums, die *Kreuzzeitung*, hat einmal die Psychologie des liberalen deutschen Bürgers durch den einen Satz ebenso glücklich wie erschöpfend enthüllt, er sei ein Lebewesen, das immer vor irgend etwas Angst habe.

Nachdem der deutsche Bürger viereinhalb Jahre sich mit Heldenmut und Kriegsgewinn angefüllt hat, nachdem er weder als Einzelperson noch in jenen Zusammenrottungen, die man fälschlich Parlamente oder Parteien nannte, irgend etwas unternommen hat, um die gewalttätige, Deutschland zersetzende Diktatur der Militäranarchisten zu bekämpfen, kehrt er gegenwärtig zu der überlieferten seelischen Verfassung des Angsthabens und des Angstmachens zurück. Er hat viereinhalb Jahre lang inmitten des Chaos einer in Flammen stehenden Welt sich den ruhigen Schlaf nicht verkümmern lassen. Er hat den Organisatoren des Weltverbrechens eifrig seine Unterstützung geliehen, er hat die volle Mitschuld an dem Zusammenbruch des deutschen Volkes auf sich geladen, ohne in seinem Behagen sich stören zu lassen. Er hat keinen Finger gerührt, um das Verderben von uns abzuwehren. Wie er zu den Kriegsgewinnern gehörte, so ist er jetzt bereit, die politischen Revolutionsgewinne wie ein arbeitsloses Zinseinkommen einzustreichen. Er hat nicht zu denen gehört, die in persönlicher Hingabe, in harter, aufopfernder, gefahrvoller Arbeit die Revolution in langer geistiger Vorbereitung möglich gemacht und durchgeführt haben, aber er ist ge-

[2] Textquelle I *Neue Zeitung* (Unabhängiges sozialistisches Organ) 1. Jahrgang, Nr. 2 vom 21.12.1918 (Texterfassung hier nach Kurt EISNER, Sozialismus als Aktion. Ausgewählte Aufsätze und Reden. Frankfurt a. M. 1975, S. 102-104).

rade deshalb heute entschlossen, die revolutionären Errungenschaften für sich auszubeuten. Er ist so gewohnt, kapitalistisch zu denken, daß er es für selbstverständlich hält, unter allen Umständen auch den politischen Profit für sich zu beanspruchen. Wenn er heute entdeckt, daß die Revolution uns wie eine reife Frucht in den Schoß gefallen, so gilt dieser Satz nur für ihn, weil er an dem Werk nicht mitgearbeitet hat. Den anderen wurde es wahrhaftig schwer genug gemacht, die Frucht zur Reife zu bringen.

Die Revolution hat das deutsche Volk, Bayern voran, im letzten Augenblick vor dem Niederbruch gerettet. Es ist nicht auszudenken, was geschehen wäre, wenn nicht die Organisationen revolutionärer Selbsthilfe und Selbstsicherung es übernommen hätten, in der drohenden Stunde der militärischen Auflösung die Ordnung zu schaffen. Es hat sich eine Revolution vollzogen, so radikal, so von Grund auf erneuernd und das Alte zertrümmernd, wie kaum irgendeine in der Weltgeschichte. Aber noch niemals hat es eine solche Bewegung gegeben, die trotz ihrer furchtlosen Leidenschaft in der Durchsetzung ihrer Ziele, in ihren Methoden so unblutig, so menschlich gewesen ist. Die bürgerliche Ordnung ist überhaupt so gut wie nicht gestört worden. Und die ganze revolutionäre Bewegung hat in der Zeit seit dem Ausbruch der Revolution insgesamt nicht soviel Opfer gekostet, nicht soviel Unordnung angerichtet, nicht soviel Zerstörung wertvollen Gutes erzeugt wie eine einzige Sekunde in den viereinhalb Jahren des Weltkrieges. Hätte man nicht annehmen müssen, daß die enttäuschten und betrogenen, plötzlich hereinströmenden Soldatenmassen, verwildert durch den Krieg, vielfach in erregter Sorge um ihre zukünftige wirtschaftliche Existenz sich in sinnlosen Ausschreitungen, gewalttätigen Plünderungen austobten? Nichts dergleichen ist geschehen, soviel wie nichts. Woher dieses fast unbegreifliche Wunder? Weil die Revolution den Massen eine Freiheit, eine neue Hoffnung, die Zuversicht politischer und sozialer Befreiung gegeben hat.

Nur an dem Bürger ist dieser neue Geist spurlos abgeglitten. Mehr: Gerade vor diesem neuen Geist ängstigt er sich. Er hat das schlechte Gewissen seiner Vergangenheit und Schuld, und er verzagt an der Aufgabe, sich durch die eigene sittliche und geistige Kraft behaupten zu können. Er fürchtet sich, daß der neue Geist des Sozialismus und der Demokratie ihn von der Höhe seiner Kriegsgewinne herabwehen könnte. Er, der in der grauenvollen Unordnung und Anarchie, in Menschengemetzeln und endlosen Vergewaltigungen so üppig gedieh, mißtraut der neuen Ordnung, ob sie ihm gestatten möchte, weiter wie bisher gegen das Wohl der Gesamtheit für sich zu raffen. Das ist der Grund, weshalb er jetzt sein geistiges, politisches und materielles Unkostenkonto so gewaltig belastet; weil er selbst sich in Auflösung und Unordnung befindet und von Untergangsstimmung gequält wird, empfindet er die Dünste seines eigenen Verwesens als Erscheinungen der ihm fremden Wirklichkeit, in der das vom Krieg zerrüttete Volk gesundet.

Diese Gesundheit des revolutionären Volkes, diese demokratische und soziale Ordnung empfindet er als – Anarchie. Deshalb lärmt er in der ihm willfährigen Presse – denn er ist ja Abonnent und Inserent und darf deshalb die „öffentliche Meinung" sich kaufen. Deshalb stellt er jeden Tag aufs neue, auch in parteipolitischer Vertrustung, papierene Anfragen an die revolutionäre Regierung, wie sie sich dazu verhalte, solcher Anarchie zu steuern. Deshalb erfindet er sich stündlich die blödesten Gerüchte, an die er schlotternd glaubt, ohne zu wissen, daß er sie selbst eben ausgeheckt. Deshalb sieht er überall „Bolschewisten", und ich zweifle nicht im mindesten, daß seine persönlichen Beziehungen zu einer gewissen Art von „Bolschewisten" und sein spekulatives Verständnis für den Wert von Radau und Ausschreitungen viel tiefer ist als bei uns Revolutionären der Tat und der Arbeit. Im Grunde seines Herzens liebt er diese willkommenen Elemente, die sich heute unter irgendeiner Fremdwortfirma „politisieren". Jeder mehr oder weniger ernste Versammlungsexzeß ist ihm willkommen. Er ist ein Meister in der Verwertung von Abfallprodukten. Aber wenn er mich fragt, ob ich die Ordnung oder die Anarchie will, so antworte ich ihm: Ich will die Beziehungen kennen, die zwischen diesem ordnungsliebenden Bürger und jenen Krakeelern bestehen, denen er die künstliche Herstellung von Anarchie anvertraut, damit er die Anarchie seiner kapitalistischen Profitinteressen aufrecht erhalten könnte.

Wäre es anders, so würde er nicht immer wieder dieselbe Frage stellen, die doch längst klar und unzweideutig beantwortet ist und nicht nur durch das Wort, sondern auch durch die Tat. Keine revolutionäre Regierung, auch keine demokratische Regierung könnte es wagen, geistige Bestrebungen, welcher Art sie auch immer sein mögen, gewaltsam unterdrücken zu wollen. Jede politische und soziale Auffassung hat das Recht ihrer Propaganda. Wer aber unter politischer Maske Verbrechen verübt und Verbrecher dingt, der muß unschädlich gemacht werden. Und wenn dem braven Bürger wirklich so viel daran liegt, daß auch nicht die geringste Störung der öffentlichen Ordnung mehr vorfällt, so hat er es ja selbst in der Hand, sich an diesem Reinigungswerk zu beteiligen. Aber ich kenne den Bürger. Auch an seiner eigenen Angst will er verdienen, und wenn er in den Delirien seines schlechten Gewissens „Bolschewisten" überall zu sehen behauptet, so rechnet er insgeheim, ob nicht durch die Erfindung von Schreckgespenstern solcher Schrecken selbst erzeugt werden könnte. Wahngebilde haben die Eigentümlichkeit, sich leicht zu realisieren. Wenn dann der „Bolschewismus" wirklich einmal da ist, dann hofft der kluge Bürger, daß aus lauter Angst man seine eigene ergiebige – Steuerfähigkeit vergessen könnte.

## Aus einer Rede

– gehalten am 13. Februar 1919 im x
Deutschen Theater zu München[3] –

(*Über die Sozialisten-Konferenz in Bern*)

Verehrte Anwesende !

Wer aus der Schweiz kommt und wieder in das Land der ersten deutschen Revolution einreist, wer dann den Lärm, das Geschrei der Presse, die wilde Verhetzung der Bevölkerung gewahr wird, der erinnert sich an alte Zeiten, da man die Menschen kreuzigte, und das Wort fällt einem ein: „sie wissen nicht, was sie tun" In dem Augenblick, da Deutschland, da das deutsche Volk vor der schwersten

---

[3] Textquelle I Kurt EISNER: *Wachsen und Werden*. Aphorismen / Gedichte / Tagebuchblätter / Dramatische Bruchstücke / Prosa / usw. Leipzig: Roter Türmer Verlag 1926, S. 63-68.

Gefahr steht, die ihm jemals beschieden war, da wir am Abgrund dahintaumeln, dank der Verbrechen des alten Systems, da wir all unsere Vernunft, all unsere Arbeit, all unsere Sittlichkeit anwenden, um aus diesem Zusammenbruch unser Leben zu retten, da tobt hier eine unzurechnungsfähige Horde, um mit Lügen und Verleumdungen das Werk zu zerstören des Mannes, der eben in Bern war und versucht hat, die Öffentlichkeit der ganzen Welt, die Arbeiter der ganzen Welt für das deutsche Volk zu gewinnen.

Heute wird mir ein Zettel überreicht, der folgendermaßen lautet:

> „Kommilitonen! Alle Kommilitonen, die im Felde gestanden sind, werden hiermit aufgefordert, vollzählig in der Versammlung von Kurt Eisner, Donnerstag, 13. Februar, abends 6 Uhr, im Deutschen Theater, zu erscheinen, um in aller Form Verwahrung einzulegen, daß der derzeitige Ministerpräsident es gewagt hat, gegen die Freigabe aller unserer kriegsgefangenen Kommilitonen einzutreten.
> Mach hurtig, Landvogt, deine Uhr ist abgelaufen!
> Schiller: Wilhelm Tell."

*Das ist Aufforderung zum Mord.* Der Landvogt, der hier zitiert wird, ist der Landvogt Geßler. Es ist eine unzweideutige Aufforderung zu meiner Ermordung.

Sehr verehrte Herren und Parteigenossen! Der hätte die ganz kindische Auffassung eines Buben, der glaubt, mich mit solchen Dingen erschrecken zu können! Wer vor einem Jahre den Streik organisiert hat, wer versucht hat, im November das Volk zu befreien, der hat längst mit dem Leben abgeschlossen.

Ein feiger Schuft, der so erbärmliche Aufforderungen wagt und nicht einmal den Mut hat, seinen Namen zu nennen! Und wenn wir Tyrannen wären, vor denen das Volk bewahrt werden soll, so würden wir die ganze Universität ausgeräuchert haben. Wir sind eine Regierung der Freiheit und Humanität, wir wollen auch den Schuften das Leben gewähren. Aber die Geduld hat eine Grenze. Wenn nun das sinnlose Verhalten das deutsche Volk in der Welt gefährdet, muß man dagegen einschreiten. Glaubt denn irgend ein Mensch, daß der bayerische Ministerpräsident nach Bern geht, um gegen die Freilassung der Gefangenen zu arbeiten? Leben wir denn in einem

Irrenhaus, daß so etwas für möglich gehalten werden kann? Warum das alles? Ich bitte Sie, mich mit der größten Ruhe anzuhören, denn was ich heute sage, entscheidet über unser deutsches Schicksal. Von der Entscheidung in den nächsten Wochen hängt es ab, ob wir zu Grunde gehen oder weiter leben.

Kann man so etwas für möglich halten? Ein Präsident geht nach Bern, um dafür zu sorgen, daß die Gefangenen nicht nach Hause kommen; das glaubt niemand, das glauben auch nicht die Herren von der Presse! Ganz lächerlich und blöd soll die neue Regierung zusammengesetzt sein und da ist das Schicksal des deutschen Volkes ganz gleichgültig! Durch das Verhalten der Presse und der Blödsinnigen, die auf sie hineingefallen sind, kann das Werk, das ich zu Gunsten der Kriegsgefangenen versucht habe zu vollenden, zerstört werden.

Ich will etwas vorausnehmen, bevor ich über die Vorgänge in Bern rede, um Ihnen an einem klaren und einfachen Beispiel den Abgrund von Lügen, Verleumdung, Verlotterung und Unzucht zu zeigen. Jeder, der in diesem Saale ist und der mich hört, und wäre es selbst ein deutscher Student, der noch einen Rest von Gewissen hat, wird sagen müssen, ich habe dir Unrecht getan, ich bin einer unzurechnungsfähigen Presse zum Opfer gefallen.

Parteigenossen und Freunde! Wie war es in Bern mit der Gefangenenfrage? Wenn ich heute solch einen Zettel lese, der angeblich von deutschen Studenten ausgeht, so denke ich daran, wie ich von den Berner Studenten aufgefordert wurde, zu ihnen zu sprechen, und wie ich am letzten Montag noch vor den Basler Studenten sprach. Ich habe dort vor einer Menge gesprochen, die so zahlreich war wie hier. Ich habe zu den dortigen Studenten über die Notwendigkeit gesprochen, daß die Jugend den Sozialismus verstehen lerne. Ich habe erklärt, daß der Kapitalismus zu Ende geht und die bürgerliche Jugend sich damit abfinden muß, daß die Uhr des Kapitalismus abgelaufen ist und daß es von ihrer Mitarbeit abhängt, wie der Übergang sich vollzieht. Und diese Studenten haben in tiefster Andacht und Ehrfurcht in stürmischer Begeisterung jene Rede von mir gehört, und nun kommt man nach Deutschland und läßt sich solche Wische in die Hand geben!

Verehrte Anwesende! Ich habe mir die Sorge um die deutschen Gefangenen vom ersten Tage an bei der Berner Konferenz ganz besonders angelegen sein lassen. Ich habe mich der Arbeit unterzogen, vor allem auch die Sorge für die Kriegsgefangenen dadurch zu betätigen, daß ich es möglich machte, auf die Regierung der feindlichen Länder günstig einzuwirken. Warum liegen mir persönlich die Kriegsgefangenen besonders am Herzen? Das kann ich sagen, weil ich Gelegenheit gehabt habe, die furchtbare Aufregung der fremden Kriegsgefangenen zu sehen, und Zeuge zu sein der Qualen, die sie ausgestanden, weil sie glaubten, daß sie nach dem Waffenstillstand in die Heimat kommen könnten und nicht mehr im Lager eingesperrt würden. Ich erinnerte mich, wie es mir als Gefangenen ergangen ist. Ich habe die ganze Zeit ruhig zugebracht und sehne mich heute sehr oft nach der stillen Zelle in Neudeck und Stadelheim; aber als ich hörte, daß ich infolge meiner Reichstagskandidatur herauskommen könnte, da konnte ich es nicht mehr aushalten, weil ich es am eigenen Leibe spürte, wie man gerade in der letzten Zeit ungeduldig wird, da war es für mich eine persönliche Angelegenheit, für das Los der Kriegsgefangenen einzutreten.

Die Genossen von der deutschen Mehrheit [MSPD] hatten nach Bern einen Auftrag [sic] mitgebracht, der auch die Freilassung der Kriegsgefangenen fordert und der vor allen Dingen sich gegen die Möglichkeit wendet, daß deutsche Gefangene in Frankreich zur Zwangsarbeit für den Wiederaufbau Nordfrankreichs zugezogen werden. Sie hatten eine Denkschrift ausgearbeitet, die sie ebenfalls mitbrachten. Wie immer man bei uns in Deutschland über die verschiedenen Richtungen innerhalb der Partei denken mag – und Sie wissen, daß ich die tiefste Überzeugung habe, daß die Massen im Innersten einig sind, und daß nur die Spitzen uneinig sind – aber wie man denken mag – ich hätte allen gewünscht, an den Verhandlungen teilzunehmen, damit sie einmal lernen, wie die Stimmung ist auch unter den Parteigenossen in der Internationale. Die Dinge lagen so, daß die Männer der Mehrheit – darüber werde ich später weiter sprechen müssen – die ungeeignetsten Vertreter waren, um bei dieser Abstimmung solch einen Antrag zu stellen und zu begründen. Und deshalb, weil ich wünschte, daß wir einen Erfolg mit unserer Aktion zu Gunsten der deutschen Gefangenen hätten, versuchte ich, einen anderen Weg zu gehen. Ich bat einen französischen Genossen – und absichtlich einen von der Rechten in der Partei, der nicht verdächtig ist, unpatriotisch zu sein – gemeinsam mit mir einen Antrag zu Gunsten der deutschen Kriegsgefangenen einzubringen und ihn gemeinsam zu begründen.

Parteigenossen! Denken Sie einmal nach, was das für eine Aufgabe ist für einen Deutschen, gegenwärtig, nach vier und einhalb Jahren Krieg, einen Franzosen, also einen Angehörigen des Landes, das zum größten Teil verwüstet ist, dessen Industrie zerstört ist, des Landes, in dem die Deutschen jeden Obstbaum niedergehauen haben, wo die Äcker für lange Zeit unfruchtbar sein werden, denken Sie daran, wie in diesem Lande sonst verfahren worden ist, wie man alles zerstört hat, alle Eisenbahnen, Fabriken und Schleusen, denken Sie weiter daran, wie es Deutschland war, das mit der fluchwürdigen Idee der Zwangsarbeit diesen Krieg belastet hat, niemals in einem früheren Krieg seit dem Altertum ist dies geschehen – daß in Nordfrankreich Leute zwangsweise entführt, die Kinder fernab von den Eltern – und französische Fabriken zerstört worden sind – und Sie werden begreifen, welche Überwindung es selbst für einen Sozialisten kosten muß, trotz aller seinem Lande zugefügten Schädigungen mit einem Angehörigen der angreifenden Nation, mit einem Deutschen zusammen einen Antrag zu Gunsten der deutschen Kriegsgefangenen mit zu unterschreiben. Wäre unsere Presse nicht so ganz von Sinnen, so hätte sie bei dieser einfachen Tatsache, daß ein Franzose und ein Deutscher zusammen für die deutschen Kriegsgefangenen einen Antrag stellen, jubeln müssen: „Endlich endet diese furchtbare Kriegstätigkeit, endlich haben wir den ersten Beweis, daß Völker zusammenwachsen! Feinde haben zu Gunsten der deutschen Kriegsgefangenen einen Antrag gestellt!" ...

# Die nicht gehaltene ‚Rücktrittsrede' des Ministerpräsidenten Kurt Eisner vor dem Landtag

Vorbereitet für den 21.2.1919 – Tag der Ermordung
(Neue Zeitung, März 1919)[1]

[„Das Kriegsministerium hat sich nach der Revolution ...
in ein Ministerium zur Liquidierung des Krieges gewandelt."]

Meine Herren und verehrte Frauen !

„Das furchtbare Schicksal, das über das deutsche Volk hereingebrochen, hat zu einer elementaren Bewegung der Münchener Arbeiter und Soldaten geführt. Ein provisorischer Arbeiter-, Bauern- und Soldatenrat hat sich in der Nacht zum 8. November im Landtag konstituiert. Eine Volksregierung, die von dem Vertrauen der Massen getragen wird, soll unverzüglich eingesetzt werden. Eine konstituierende Nationalversammlung, zu der alle mündigen Männer und Frauen das Wahlrecht haben, wird so schnell wie möglich einberufen werden. Eine neue Zeit hebt an!"

So begann der Aufruf, der in der Revolutionsnacht vom 7. und 8. November verfaßt wurde, am nächsten Morgen in alle Lande hinausging und das bayerische Signal für die allgemeine deutsche Revolution war. Schon in der Nacht zum 8. November wurde aus Arbeiter-, Soldaten- und Bauernräten jene denkwürdige provisorische Nationalversammlung gebildet, die dann durch Abgeordnete des alten Landtags ergänzt und durch Vertreter aller Berufsorgane erweitert, abseits aller parlamentarischen Routine eine Volksregierung von junger und vielleicht ein wenig ungestümer Ursprünglichkeit ward, die in der Geschichte des Parlamentarismus nicht vergessen werden wird.

Am 8. November kam die revolutionäre Regierung zustande, die heute vor den von ihr versprochenen neuen Landtag tritt. In diesem Augenblick ist es uns ein Bedürfnis, Rechenschaft abzulegen, was

---

[1] Textquelle I *Neue Zeitung* (Unabhängiges sozialistisches Organ), Nr. 65 vom 10.3.1919 und Nr. 67 vom 12.3.1919 (Texterfassung hier nach Kurt EISNER, Sozialismus als Aktion. Ausgewählte Aufsätze und Reden, hg. v. Freya Eisner. Frankfurt a. M. 1975, S. 139-149).

wir gewollt, was wir getan. In einer Zeit der schwersten Erschütterungen, des drohenden Zusammenbruchs übernahmen wir die Regierung und führten sie bis hierher durch Monate aufreibender Arbeit, ernster Gefahren und leidenschaftlicher Erregungen. Wir waren uns bewußt, daß wir die Aufgabe von ungeheurer Verantwortlichkeit auf uns genommen hatten, trotz der verhängnisvollen Erbschaft eines unter den Flüchen des Volkes zusammengebrochenen Systems das im tiefsten Grunde kranke Leben der Gemeinschaft allmählich der Genesung näherzuführen. Genesung auf dem Wege, daß das Volk, indem es im Aufschwung revolutionärer Kraft zur Selbstbestimmung emporwuchs, mit dem neuen Bewußtsein der eigenen Macht, im Kampf um die Sicherung seiner Freiheit, im Glauben an den endgültigen Sieg der Demokratie und des Sozialismus, durch das Elend der Gegenwart sich in die Zuversicht künftiger Größe rettete. Niemals hat eine Regierung unter so schwierigen Verhältnissen die Angelegenheit eines Landes verwaltet. Aber vielleicht war sie gerade deshalb von dem unerschütterlichen Glauben an die Kraft geistiger Einwirkung beseelt. Solches Vertrauen suchte sie zu bewähren, indem sie vor allem durch vernünftige Beratung statt durch brutale Gewalt die infolge der langen Kriegszeit, der harten Entbehrungen krankhaft erregbaren Massen vor den Schrecken des Bürgerkrieges zu bewahren bemüht war. Wie die Revolution selbst sich ohne Blutvergießen vollzog, so ist auch Bayern bis jetzt von ernsteren und dauernden Erschütterungen im Innern bewahrt geblieben. Es war unser Ehrgeiz, der Welt zu zeigen, daß wir eine gewaltige föderative Grundlage unseres deutschen Staatenbundes [... (grundlegten ?)], trotz aller Widerstände irregeleiteter und unaufgeklärter Bevölkerungsschichten.

Aber in der Umgestaltung aller Verhältnisse von Grund aus suchten wir mit um so stärkerer Entschlossenheit auch das zu erhalten, was in Bayern ein Quell fruchtbarer Entwicklung war und sein wird. So sehr wir jeden Gedanken abwehrten, daß Bayern sich vom Reich loslösen könnte, so entschieden verteidigten wir auch – und bisher nicht ohne Erfolg – die föderative Grundlage unseres deutschen Staatenbundes. Nicht aus eigensinnigem Vorteil, auch nicht in Anpassung an geschichtlich gewordene Empfindungen und Empfindlichkeiten, sondern aus der grundsätzlichen Überzeugung, daß ein großes Staatswesen sich um so reicher und gesünder entfalte, je lebendiger und selbständiger die einzelnen Glieder sich zu gestalten vermöchten.

Im gleichen Geiste suchten wir auch, soweit das überhaupt von hier aus möglich war, auf das Verhältnis der Völker in der Welt moralisch einzuwirken. Wir versuchten die Grundlagen vorzubereiten, auf denen nach dem betäubenden Schrecken und noch immer wachsenden Verwirrungen des Weltkrieges der Völkerbund des unantastbaren Friedens erwachsen könnte. Nur eine Politik der unbedingten Wahrhaftigkeit, der kühnen Offenheit und des gegenseitigen Vertrauens führt zu jenem Frieden, nach dem die zertretene Menschheit schmachtet.

Als sozialistische Regierung waren wir uns natürlich bewußt, daß die wesentliche Vorbedingung für eine gedeihliche Loslösung vom Kriege die Wiederherstellung der durch den Krieg zertrümmerten Internationale der Arbeiter wäre, in der, wenn sie erstarkt, die Freiheit jeden Volkes verbürgt ist. So faßte ich – wenn mir eine mehr persönliche Zwischenbemerkung gestattet ist – meine Arbeit jüngst in Bern auf, wo ich erreichte, daß die Vertreter aller Völker, Haß und Erbitterung vergessend, für die Erlösung der deutschen und österreichischen Gefangenen sich vereinigten.

Die unbedingte Wahrheit muß auch alle innere Politik leiten; das war der Gedanke, der uns bewog, die neue, wie über Nacht bescherte Demokratie dadurch erst in der Tat zu verwirklichen, daß wir das gesamte Volk der in der Stadt und auf dem Lande mit dem Kopf und mit der Hand Arbeitenden zur lebendigen Mittätigkeit heranzogen. Wir möchten glauben, daß die Räte in jenen Grenzen, in denen sie sich bei uns entwickelt haben, sich als unentbehrlich für die Schaffung einer tätigen Demokratie erweisen werden.

Diese freien, unmittelbaren Organisationen der neuen Demokratie scheinen uns auch die Möglichkeit zu bieten, daß die Massen erzogen werden für die sozialistische Verwaltung der Gesellschaft. Daß der Sozialismus in der ganzen Welt auf die Tagesordnung der Gegenwartspolitik gestellt ist, darüber ist kein Zweifel möglich. Daß sich diese notwendige Entwicklung zum Sozialismus ohne katastrophale Störungen vollziehen möchte, das müßte unsere gemeinsame Aufgabe sein. Um die schweren Probleme zu klären, haben wir in Bayern eine Kommission berufen, die den Zweck hat, einmal die wirtschaftlichen Tatsachen unseres heutigen Daseins festzustellen und sodann auf dem Boden dieser Erkenntnis die Fragen der Sozialisierung zu entscheiden.

Wenn es uns erlaubt ist, von unserer Arbeit im einzelnen zu reden, so möchten wir uns mit der nüchternen Erinnerung an einige Ergebnisse unserer Tätigkeit begnügen. Eine besonders ernste Verantwortung lag stets auf dem Ministerium des Innern. Die Ernährungslage war und ist ungünstig. Von der Regierung wurde alles unternommen, um die geregelte Lebensmittelzufuhr zu sichern und um der Bevölkerung die zugesagten Rationen wirklich zu geben, während früher zuzeiten die zugewiesenen Gebrauchsmittel den Markenwerten nicht entsprachen. Im allgemeinen sind die Ernährungsverhältnisse nach der Revolution bei uns in Bayern zum mindesten nicht schlechter geworden. Sehr ungünstig ist nach wie vor unsere Versorgung mit Kohlen und sonstigen Rohstoffen. Um den Kohlemangel zu beheben, wurden alle Anstrengungen gemacht. Schon unmittelbar nach der Revolution versuchten wir mit der Tschechischen Republik wirtschaftliche Beziehungen anzuknüpfen, und es gelang uns dann auch, aus Böhmen regelmäßig in größeren Mengen, wenn auch bei weitem nicht in genügendem Maße, Kohlen hereinzubekommen. Im Ministerium des Äußern ließ man es sich besonders angelegen sein, den zerstörten Außenhandel wieder in Gang zu bringen. Die Sicherung der Demokratie muß auch in Gemeinde, Distrikt und Kreis beachtet werden, deren Selbstverwaltung in einer Vorlage, die dem Landtag demnächst zugehen soll, durchgeführt werden wird. Ein neues Landtagswahlgesetz ist nebst einem Geschäftsordnungsentwurf des Landtags und einem Diätengesetz dem Hause zugegangen.

Das Kriegsministerium hat sich nach der Revolution in ein Ministerium für militärische Angelegenheiten, in ein Ministerium zur Liquidierung des Krieges gewandelt. Die Demobilmachung ist infolge des Zusammenbruchs an der Front zuerst in bedrohlicher Unordnung erfolgt, dann aber ging sie, namentlich auch wegen des Eingreifens der Soldatenräte, leidlich vonstatten. Die Demokratisierung der Armee, die Beseitigung aller der Erscheinungen, die unter dem Begriff Militarismus zusammengefaßt werden, wurde durchgeführt. Die Arbeitszulagen für die Soldaten waren eine wesentliche Erleichterung in der Lage der Mannschaften. Die Änderung der Militärgerichtsordnung war eine wichtige Errungenschaft des neuen

Geistes. Bayern war hier vorbildlich vorgegangen, ebenso wie bei der umfassenden Amnestie. Später wurde auf beiden Gebieten Übereinstimmung mit der Reichsgesetzgebung erzielt.

Die Aufgaben, die der Justizverwaltung infolge der politischen Umwälzung erwuchsen, und der Geist, in dem sie die ihr gestellten Aufgaben zu erfüllen trachtet, sind in dem Erlaß gekennzeichnet, den der Leiter des Justizressorts im Dezember 1918 kurz nach seinem Amtsantritt veröffentlichte.

Zunächst hatte die Justizverwaltung die Aufgabe, der Verbitterung, die aus den vielen Verurteilungen auf Grund der unzähligen Kriegsverordnungen entstanden war, und auch den mit dem Beginn einer neuen Zeitepoche verbundenen Erwartungen auf eine weitgehende Amnestie Rechnung zu tragen. Dies geschah durch die Verordnung vom 22. November 1918. Sorgfältig wurde dabei abgewogen, inwieweit dem begreiflichen Wunsch der Bevölkerung nach Vergeben und Vergessen wegen rückliegender Straftaten entsprochen werden könne, ohne daß doch die Rechtspflege schweren Schaden erleide. Die Amnestie unterschied deshalb zwischen politischen Verbrechen und Vergehen, für die ausnahmslos Begnadigung eintrat, und sonstigen Straftaten, und bei diesen wieder unter starker Abstufung des Maßes, in dem Begnadigung gewährt wurde, zwischen Straftaten von Kriegsteilnehmern, Straftaten ihrer Frauen und Witwen und Straftaten der sonstigen Bevölkerung. Neben den allgemeinen Begnadigungen wurden noch zur Beseitigung von Härten, die sich beim Vollzug ergeben konnten, und zur Ermöglichung individueller Prüfung schwerer Straffälle, bei denen die allgemeine Begnadigung bedenklich erschien, Sondergnadenakte vorgesehen, die auch in der Zwischenzeit in großem Umfang erfolgt sind. Eine Ergänzung und Erweiterung erfuhr diese Amnestie dadurch, daß die Regierung im Interesse der Rechtsgleichheit im ganzen Reichsgebiet sich genötigt sah, die Amnestie des Rates der Volksbeauftragten in Berlin vom 3. und 7. Dezember 1918 durch Verordnung vom 16. Dezember 1918 auf Bayern und das bayerische Heer zu erstrecken.

Die Justizverwaltung war ferner vor die schwierige Aufgabe gestellt, die Achtung vor dem Gesetz, die schon infolge des Übermaßes von Kriegsverordnungen sehr gelitten, wiederherzustellen. Das Bedürfnis nach Erhaltung der öffentlichen Sicherheit und nach Schutz der revolutionären Errungenschaften machte die Errichtung von Ausnahmegerichten notwendig. Dem Geist der neuen Zeit hätten aber standrechtliche Gerichte nach dem Gesetz über den Kriegszustand nicht entsprochen. So entschloß sich die Regierung zur Errichtung von Volksgerichten, die gleichzeitig eine rasche Aburteilung schwerer Sicherheitsstörungen und eine volkstümliche, das allgemeine Vertrauen genießende Rechtsprechung gewährleisten sollten.

Auf die Handhabung der Rechtspflege in sozialem Geist zielt eine Reihe von Anordnungen der Justizverwaltung, so die Bekanntmachung vom 30. Januar 1919 über die Ermittlung früherer Bestrafungen der Angeklagten wegen der Einlegung von Rechtsmitteln. Um zu verhüten, daß Schuldner, die infolge des Krieges ihren Verbindlichkeiten nicht nachkommen können, in ihrer Existenz vernichtet werden, wurden Verhandlungen eingeleitet. Sie sind zum Teil durch das reichsrechtliche Verbot der Zwangsvollstreckung gegen Kriegsteilnehmer erledigt. Ferner wurden Maßnahmen eingeleitet, um der minderbemittelten Bevölkerung in Gegenständen der Rechtspflege eine unentgeltliche Rechtsauskunft bei den Amtsgerichten zu bieten. Zum Kampf gegen den nichtswürdigen und gemeinschädlichen Kriegswucher rief die Bekanntmachung vom 29. Januar 1919 auf. Eine Bekanntmachung vom 29. Januar 1919 schärfte denen das Gewissen, die sich in der Hoffnung auf weitere Amnestien über die Vorschriften zur Sicherung der Volksernährung hinwegsetzen zu können glaubten, deren strikte Durchführung im Interesse der Allgemeinheit unbedingt geboten ist.

Für das Justizpersonal, dem schon in dem erwähnten allgemeinen Erlaß des Justizministers das größte Wohlwollen bei Würdigung seiner Wünsche zugesagt wurde, ist eine Standesvertretung geschaffen worden durch die Bildung eines Rates der aktiven bayerischen Justizbeamten, der bei allen Maßnahmen allgemeiner und grundsätzlicher Art auf sozialem, wirtschaftlichem und öffentlichem, insbesondere beamtenpolitischem Gebiet mit der Justizverwaltung zusammenwirken soll.

Die Arbeit des Kultusministeriums war auf allen Gebieten darauf gerichtet, die Erneuerung des gesamten Volksbildungs- und Erziehungswesens vorzubereiten. In den Fragen des Verhältnisses von Schule und Kirche wurde, ohne der Auseinandersetzung zwischen Staat und Kirche vorzugreifen, vorerst die nicht mehr aufschiebbare

Frage der geistlichen Schulaufsicht gelöst. Für jede Demokratie kann nur der unantastbare Grundsatz gelten, daß die Freiheit der Schule zugleich mit der Freiheit der Kirche gesichert werden müsse. Durch Verordnung vom 16. Dezember 1918 ist die Beaufsichtigung und Leitung der Volksschulen durch Oberschulinspektoren aufgehoben und der Vorsitz in den Ortsschulstellen anstelle der Ortspfarrer dem Bürgermeister übertragen. Durch Entschließung vom 10. Januar 1919 wurden die Hindernisse beseitigt, die in einer freien und uneingeschränkten Erteilung des freireligiösen Sittenunterrichts bisher im Wege standen. Im Aufbau der höheren Lehranstalten wurden Änderungen bisher nicht vorgenommen. Durch die Verordnung vom 25.Januar 1919 wurde für diese Lehranstalten in Anlehnung an den bekannten Toleranzantrag der Grundsatz angewendet, daß ein Kind gegen den Willen der Erziehungsberechtigten nicht zur Teilnahme am Religionsunterricht oder Gottesdienst angehalten werden dürfe. Das Verhältnis zwischen Schülern und Lehrern wurde durch die Errichtung von Schülerausschüssen und Schülerversammlungen freier gestaltet. Den mehr als 18jährigen Schülern der oberen Klassen wurde grundsätzlich die Erlaubnis zum Besuch öffentlicher Versammlungen gegeben. Besondere Einrichtungen wurden für die Kriegsteilnehmer unter den Schülern geschaffen, die Prüfungserleichterungen für sie erweitert, ebenso für die Lehramtsanwärter, die am Kriege teilgenommen. Unterhandlungen wurden wegen Aufhebung der Einjährigen-Freiwilligenberechtigung und der Reifeprüfung gepflogen. Eine Umgestaltung des Hochschulwesens konnte noch nicht in Angriff genommen werden. Die Beschränkungen der politischen Freiheiten der Studierenden wurden beseitigt. Auch hier wurden die durch den Krieg veranlaßten Härten und Schwierigkeiten für die Studierenden nach Möglichkeit erleichtert. Mit der Revolution setzten umfassende Lohnbewegungen in den wissenschaftlichen Instituten ein. Auf dem Gebiet der bildenden Kunst erkannte das Kultusministerium den Rat der bildenden Künstler als die berufene Vertretung der Künstlerschaft an. In regelmäßigem engen Zusammenarbeiten mit dem Arbeitsausschuß dieses Rates sind wichtige Fragen behandelt worden. Infolge der Revolution kamen die ehemaligen Hoftheater in den Bereich des Kultusministeriums. In dem jetzigen Nationaltheater vollzog sich zugleich die Demokratisierung des gesamten Betriebes. Schon wenige Tage nach der Umwälzung ging das Theater in die Selbstverwaltung der Künstler über. Durch die vom Gesamtministerium beschlossene Satzung vom 16. Januar 1919 wurden die Verhältnisse endgültig geregelt. Die neue Freiheit hat auf das künstlerische Leben dieser Bühnen durchaus anregend gewirkt. Endlich sei noch bemerkt, daß die Entwürfe des Volksschullehrergesetzes und des Schulbedarfsgesetzes einer gründlichen Durcharbeitung unterzogen wurden.

Im Bereich der Verkehrsverwaltung machte der Abschluß des Waffenstillstandsabkommens einschneidende Maßnahmen notwendig. Der Verkehr der Pfalz mit den rechtsrheinischen Gebieten wurde fast vollständig unterbunden, gleichzeitig waren die Demobilisierung des Feldheeres und die Rückbeförderung der feindlichen Gefangenen durchzuführen. Die Anforderungen, die damit an den Betrieb der bayerischen Staatseisenbahnen gestellt wurden, waren zeitweise außerordentlich hoch. An einzelnen Tagen waren im rechtsrheinischen Netz bis 300 Militärzüge zu befördern. Trotz der ungeheuren Schwierigkeiten vollzog sich alles im ganzen ordnungsgemäß. Bayern hat bis jetzt über 400 Lokomotiven und fast 1400 Personen- und Packwagen sowie 20.000 Güterwagen an die Entente abgeben müssen und damit mehr als die Hälfte seiner Güterzuglokomotiven und nahezu die Hälfte seiner Personen- und Packwagen verloren. Die Kohlennot steigerte noch die Schwierigkeiten, so daß der Verkehr stark eingeschränkt werden mußte. Die Verwaltung wurde genötigt, den Reiseverkehr auf einzelnen Linien von dem Bedürfnisnachweis abhängig zu machen und den Güterverkehr auf die Versorgung mit Lebensmitteln, Brennstoffen und sonstigen unentbehrlichen Güterarten zu beschränken. Zugverspätungen, Betriebsunregelmäßigkeiten waren nicht zu vermeiden, sie brachten auch für das Verkehrspersonal ganz außergewöhnliche Erschwernisse, und nur seiner opferwilligen Hingabe ist die Aufrechterhaltung des Betriebes überhaupt zu verdanken. Wegen der Fahrmaterialabgabe wurden die Werkstättenarbeiten beträchtlich vermehrt. Die Eisenbahnverwaltung war in der Lage, auch durch umfangreiche Aufträge den Arbeitsmarkt günstig zu beeinflussen. Die durch die politische Umwälzung hervorgerufene soziale Bewegung machte umfassende Maßnahmen zugunsten des Verkehrspersonals notwendig. Der Achtstundentag wurde eingeführt. Im Betriebs- und

Abfertigungsdienst ist seine Durchführung noch im Gange. Weitgehende Bezugserhöhungen für das Personal wurden gewährt. Die großen Mehraufwendungen machten eine wesentliche Erhöhung der Personen- und Gütertarife notwendig, die am 1. April in Kraft treten soll. Alle diese Verhältnisse haben dazu geführt, daß bei den Eisenbahnen ein Fehlbetrag von 80 Millionen, bei der Post- und Telegraphenverwaltung ein solcher von rund 40 Millionen sich ergeben hat. Die Fehlbeträge werden bei der Eisenbahnverwaltung zur Hälfte, bei der Post- und Telegraphenverwaltung vollständig aus dem Ausgleichs- und Tilgungsfonds gedeckt. Eine finanzielle Besserung ist für die nächste Zeit kaum zu erwarten.

Die bayerische Finanzverwaltung hat den Krieg gut überstanden. Der Haushaltszeitraum 1916-17 hat für die gesamte Staatsverwaltung mit einem Überschuß von 132 Millionen Mark abgeschlossen. Auch im Jahre 1918, dem ersten Jahr des laufenden Haushaltszeitraums, konnten – abgesehen von der Verkehrsverwaltung – die laufenden Ausgaben aus laufenden Einnahmen bestritten werden. Die Rechnungen für das Jahr 1918 sind noch nicht abgeschlossen; soweit aber die Ergebnisse überblickt werden können, wird beim allgemeinen Staatshaushalt für das Jahr 1918 ein Fehlbetrag noch nicht in Erscheinung treten. Die erhöhten Ausgaben dieses Jahres haben durch erhöhte Einnahmen, insbesondere an direkten Steuern und Forstgefällen ihre Deckung gefunden. Dieses Gleichgewicht im Staatshaushalt wird einerseits durch den Rückgang der Einnahmen infolge des wirtschaftlichen Tiefstandes, andererseits durch die gewaltigen Anforderungen, die in der jetzigen Zeit der Überleitung in die Friedenswirtschaft an die Staatskasse gestellt werden, eine empfindliche Störung erfahren. Es sei bloß an die Maßnahmen für die Erwerbslosenfürsorge, für Notstandsarbeiten, für Beseitigung der Wohnungsnot, ferner an die notwendige Erhöhung der Beamtengehälter und Arbeiterlöhne und an die Neuanschaffungen bei der Eisenbahnverwaltung erinnert, um darzutun, daß die im Staatshaushaltsplan für 1918-19 vorgesehenen Mittel für die neuen Anforderungen nicht mehr ausreichen. Aus der Wirksamkeit des neugeschaffenen Ministeriums für soziale Fürsorge ist hervorzuheben: die Schaffung neuer Referate, um die sozialen und wirtschaftlichen Interessen der Arbeiter und Arbeiterinnen mit allen staatlichen Mitteln wahrzunehmen. Es wurde ein Referat für Arbeitsrecht geschaffen, für Angestelltenfragen, für Beamtenfragen usw. Die Einrichtungen über Erwerbslosenfürsorge, Arbeitsvermittlung und im Wohnungswesen wurden ausgebaut und durchgeführt, soweit es unter den bestehenden Verhältnissen möglich war. Leider konnten in dieser kurzen, unruhigen Zeit nicht alle Pläne, die das Ministerium entworfen hatte, befriedigend ausgeführt werden. Der Gewerbeaufsicht, dem Gesundheitswesen, den Kriegsbeschädigten wandte das Ministerium seine größte Aufmerksamkeit zu. Es sind auch hier Erfolge zu verzeichnen, doch nicht in so großem Maße, wie es im Interesse der leidenden Volksgenossen unbedingt notwendig gewesen wäre. Für die Parias unter dem arbeitenden Volk, für die sogenannten Dienstboten, wurde ein neues Recht geschaffen. Ein Landarbeiterrecht ist in Ausarbeitung, wobei alle beteiligten Kreise der Landwirtschaft mitarbeiten. Der Kleinwohnungsbau, das Siedlungswesen wurden in weitgehendem Maße gefördert. Notstandsarbeiten wurden angeregt, und Zuschüsse wurden zur Verfügung gestellt, um Arbeitsgelegenheit zu schaffen, denn das Problem der Arbeitslosen kann nur durch Arbeitsbeschaffung gelöst werden. Die sozialpolitisch wichtigste Tat des Ministeriums war die Proklamierung des Achtstundentages, die von der Erkenntnis ausging, daß die rationelle Verkürzung der Arbeitszeit der Ausgangspunkt aller sozialpolitischen Maßnahmen, die auf die physische, geistige und moralische Hebung der Arbeiterklasse abzielen, sein muß. Für Erwerbslosenunterstützung wurden im Dezember rund 2 Millionen, im Januar rund 10 Millionen verausgabt. Zur Deckung der Kosten der Notstandsarbeiten wurde dem Haushalt des Ministeriums die Summe von 12 Millionen Mark bewilligt und für überschreitbar erklärt. Nach den bisher eingelaufenen Meldungen wurden im ganzen rund 2 Millionen Mark Reichszuschüsse und 1 Million Mark Staatszuschüsse zugesichert.

Sie werden aus dieser trockenen Aneinanderreihung einiger Tatsachen doch wohl den Eindruck gewonnen haben, daß mitten im Sturm und Drang dieser Zeit, und trotz der Unsicherheit des Provisoriums, in dem von einem bisher nie in solcher Masse sich drängenden Parteienverkehr belebten Ministerium nicht unwesentliche Arbeit geleistet wurde. Indessen bildet der Beginn der Landtagsverhandlungen für unsere Tätigkeit einen Abschluß. Die revolutionäre Regierung hat einstimmig beschlossen, ihre Ämter dem auf dem revolutionären Wahlrecht beruhenden Landtag zur Verfügung zu stellen. Sie ist zugleich bereit, die Geschäfte bis zur Bildung einer neuen Regierung weiterzuführen. Um die Neubildung zu beschleunigen, wird die Regierung unverzüglich dem Landtag den Entwurf eines vorläufigen Staatsgrundgesetzes zur Beratung und Beschlußfassung zugehen lassen, das bis zur Vollendung der Verfassung die Grundlage für die Arbeiten des Parlaments und der Regierung bieten soll. Ein Entwurf der Verfassung selbst ist gleichfalls fertiggestellt; wir wollen ihn noch als Vermächtnis unserer demokratischen und sozialistischen Gesinnung der Öffentlichkeit übergeben, bevor die bisherige revolutionäre Regierung von dem Werk zurücktritt, über das das letzte Urteil die Geschichte fällen wird.

Gedenkstein für Kurt Eisner auf dem Ostfriedhof in München –
Aufnahme: Alexander Hauk, 12.3.2019 | commons.wikimedia.org

# Die Götterprüfung

Eine weltpolitische Posse in fünf Akten
und einer Zwischenaktspantomine

von Kurt Eisner [1]

Begonnen: Frühjahr 1898 im Strafgefängnis
am Plötzensee bei Berlin
Vollendet: Februar / März 1918 im
Untersuchungsgefängnis Neudeck zu München

DIR!
BIS IN DEN TOD

BEMERKUNG | Eine fest in sich gefügte Welt, die sich durchaus in allem, auch im Läppischen, ernst nimmt und ernst dargestellt ist, wirkt, über sich selbst hinaus gesehen, als Posse und Fratze. Eine Tragödie im Bewußtsein und in der Form der Agierenden wird in der weltgeschichtlichen Geltung Komödie. So geht diese Welt in Trümmer, weil die Zukunft über sie lacht, während sie selbst weint. Das Komische ist eine *vertrocknete* Träne. Doch über die Trauer von ehedem und das Lachen von heute (vielleicht auch erst von *morgen*!) schimmert vereinend und verklärend der ewige Geist erlösender Zukunft, wie in den primitiven Verhältnissen der ersonnenen Fabel doch der Urgrund auch für die entwickelten und verwickelten Beziehungen später Zeitalter in der Wiederkehr des Gleichen durchsichtig bleibt.

*Kurt Eisner*

---

[1] Textquelle | Kurt EISNER: *Die Götterprüfung*. Eine weltpolitische Posse in fünf Akten und einer Zwischenaktspantomine. Berlin: Paul Cassirer 1920.

„Die Braven lechzen nach dem Blut des Feindes.
*Den* hassen sie. Den Feind verfluchend stillen
Sie Rachedurst und Wut. Nie sind die Herrscher
Vor ihren Völkern mehr gesichert, mehr
Geehrt von ihnen, als im Waffenwahn …"

„Wer hat in Deinen Willen Dir gelegt
Den Tod – – das Werk der waltenden Natur ?
Der Tod, den nicht Natur gebeut, ist Mord."

„Du Lügenkönig, gib das Blut uns wieder,
Die Männer, die, zum Krieg getrieben, fielen !"

‚Bavarikon' resümiert zu diesem Bühnentext: „Kurt Eisner nützte
die Zeit seiner Inhaftierung in München-Neudeck 1918, um das bereits 1898 in der Haftanstalt Berlin-Plötzensee begonnene Drama
‚Die Götterprüfung' zu vollenden. Das Werk erschien erst postum
im Jahr 1920. – Obwohl Eisners Drama auf einer ‚Insel im Weltmeer'
in einer scheinbar fernen Zeit spielt, handelt es sich um ein hochpo-
litisches Stück, in dem Eisners politische und weltanschauliche Position klar zu Tage tritt: Eine in leeren Formeln erstarrte Monarchie
wird gestützt durch eine in Formeln erstarrte Religion; der gutmü-
tige und nur durchschnittlich begabte Herrscher missbraucht seine
Macht und entwickelt sich zum Despoten; um das System zu stabi-
lisieren, wird ein Krieg begonnen. Doch eine Revolution fegt das
morsche System hinweg. Der Schlussappell des Befreiers Guldar (5.
Akt, 5. Szene) liest sich wie Eisners politisch-pädagogisches Manifest."[2]

Schon Heinrich Knauf schrieb Ende der 1920er Jahre: „In seinem
Drama ‚Die Götterprüfung' … gewährt uns Kurt Eisner einen tiefen
Blick in sein geistiges Sein. Er läßt in ‚Guldar' den Vertreter der Zukunft sprechen … Dieser ‚Guldar' ist der ganze Mensch und Kämp-
fer Kurt Eisner."[3] Wir dürfen vermuten, dass Eisner (‚Guldar') die

---

[2] Bavarikon: Eisner-Portal (https://www.bavarikon.de/object/bav:BSB-CMS-0000
000000000560 I Abruf 28.02.2025).
[3] In: *Welt werde froh! Ein Kurt-Eisner-Buch.* Zum 10. Jahrestag der Ermordung, herausgegeben von Erich Knauf. Berlin: Büchergilde Gutenberg 1929, S. 207.

dem Bühnenstück vorangestellte Widmung („Dir! Bis in den Tod") an seine eigene ‚Warana' – die Ehefrau Else – gerichtet hat.

Sophia Ebert und Frank Jacob merken an, „dass Eisner mit seinen dramatischen Texten sowohl auf thematischer bzw. motivischer Ebene als auch formal an die avantgardistischen Versuche der Expressionisten anschließt, die die Theaterbühne zur Tribüne, zum Podium politischer Ansprache und ‚Aufrüttelung' zu machen. Als Beispiele für die enge Verzahnung zwischen Kunst und Politik im ersten Drittel des 20. Jahrhunderts liefern sie somit nicht nur der historischen Forschung zu Eisner und seiner Bedeutung für die politischen Entwicklungen der Jahre 1917/18 eine ergänzende Perspektive. Sie sind zudem für eine literatur- und theaterwissenschaftliche Auseinandersetzung mit der expressionistischen Kriegskritik dieser Jahre ergiebig. […] Nicht die fotorealistische Wirklichkeitsabbildung der Naturalisten ist ästhetisches Vorbild, die Darstellung konzentriert sich eher auf ‚Stimmungen, Szenen und Phantasien' … Für den Expressionismus typisch, zeigen" Eisners Bühnentexte (hier bezogen auf vier Einakter aus dem Nachlass) „zunächst die Erfahrung der Ohnmacht gegenüber anonymen Mächten, die das Leben der Menschen bestimmen. Im Zentrum stehen insbesondere Versuche Einzelner, aus dem Zusammenhang eines schuldbeladenen, beengenden, als grundsätzlich falsch empfundenen Lebens auszubrechen, also die von den Naturalisten so stark empfundene Determiniertheit des Individuums zu überwinden."[4]

In seiner Rede „*Die Stellung der revolutionären Regierung zur Kunst und zu den Künstlern*" vom 3. Januar 1919 offenbarte Eisner selbst als Ministerpräsident von Bayern seiner Zuhörerschaft: „Ich wünschte, ich könnte selber Theaterstücke schreiben, sie könnten als Propagandamittel unserer revolutionären Politik aufgeführt und diese dramatische Kunst könnte hinausgetragen werden in das letzte Dorf, dann haben wir durch die Kunst ein Erziehungsmittel für die Menschen, wie es stärker und gewaltiger gar nicht gedacht werden könnte …"[5]]

---

[4] Kurt EISNER: *Mors Immortalis. Stimmungen, Szenen und Phantasien aus dem großen Kriege*. Herausgeben von Sophia Ebert, Frank Jacob, Cornelia Baddack und Doreen Pöschl. (= Kurt Eisner-Studien, 5). Berlin: Metropol 2019, S. 11 und 23.

[5] Hier zitiert nach Kurt EISNER: *Sozialismus als Aktion*. Ausgewählte Aufsätze und Reden, hg. v. Freya Eisner. Frankfurt a. M. 1975, S. 122.

*Personen*:

Prinz Agab, später König Agab 0. (der Nullte), König von Farun.

Der Hirnmeister, sein Erzieher, später Kanzler.

Der Geschlechtsmeister.

Der Machtmeister.

Der Wachtmeister.

Der Schlachtmeister.

Der Jagdmeister.

Der Trachtmeister.

Der Stirnwolkenscheucher, ein Page.

Der Oberste der Weisen.

Warana, seine Tochter.

Guldar, ihr Geliebter.

Der Rat der sechs Weisen.

Helga, ein Mädchen.

Eine schwangere Frau.

Eine Besessene (Tänzerin).

Sechs alte Weiber.

Der Todrufer.

Erster Volksbändiger.

Zweiter Volksbändiger.

Dritter Volksbändiger.

Erster Wächter.

Zweiter Wächter.

Die Mumie des Krieges.

Jungfrauen und Jünglinge. Schatten und Erscheinungen. Stimmen aus der Menge. Volk. Leibwächter. Henkersknechte.

*Ort der Handlung*: Eine Insel im Weltmeer.

*Zeit*: Immer.

*Personen der Zwischenpantomime* (zwischen 4. und 5. Akt).

Der König.
Der Kapellmeister.
Die Tänzerin.
Die Musikanten.
Die dunkle Masse.

(Ein Götzentempel von düsterer Phantastik, keilförmig nach dem Hintergrunde sich verjüngend. Hinten auf einem hohen Postament, zu dem Stufen aus rotem Stein führen, der Gott, ein mächtiger Tiger, sprungbereit, den Rachen weit geöffnet, wie heulend, die rechte Vordertatze auf einen Haufen menschlicher Totenschädel stützend. Fahles grünliches Licht umspielt das Götzenbild. Die Äugen glimmen und schillern.)

### ERSTE SZENE.

(Beim Erheben des Vorhangs sieht man links den Chor der Jünglinge, rechts den Chor der Jungfrauen; dazwischen in einem freigelassenen Raum die *Mumie des Krieges,* ein alles überragender, uralter, skelettdürrer, am Rumpf gewappneter Mann, dessen kahler Totenschädel mitten im Höchstmaß kriegerischer Wutangst erstarrt scheint. Er steht völlig reglos, wie tot, mit einer gespannten Armbrust, deren Pfeil in die Menge zielt. Einige Jungfrauen gehen an die Mumie heran und stecken ihr Früchte zwischen die automatisch auf- und zuklappenden Kiefern. – Zunächst hört man singendes Psalmodieren, ohne daß die einzelnen Worte vernehmbar sind. Dann erhebt sich in feierlichem, rhythmisch bewegtem Sprechton der Chor der Jünglinge.)

*Chor der Jünglinge*:
Du – –, der in dunkler Nacht
Rastlos die Welt umkreist;
Aus den ruchlosen Leibern
Reißest die zuckenden Herzen
Und das fliehende Blut
Aus den Adern trinkst;
Mit den zürnenden Augen
Feuerbrände glühst in die Hütten
Der Ungläubigen,
Und mit den Tatzen die Schädel

Der Schlechten zertrümmerst;
Die Felder zerstampfst,
Und mit furchtbarem Schrei
Die Glieder lähmst
Und den sinnenden Geist;
Der du hinwieder bringst
Quellenden Segen,
Wo für die Zeit eines zitternden Hauchs
Du dich kauerst zur Ruhe,
Daß alle Saaten
Fröhlich sprossen,
Schaffen gedeiht,
Die Seele sich weitet und hellt,
Und die Herzen sich finden und rauben
In entatmender Traumkraft
Der Liebe – –
Herr der Götter,
Erleuchte den Prinzen!

*Chor der Jungfrauen*:
Du – –, der die Herzen rankt
In der entatmenden
Traumkraft werbender Liebe;
Schmückest die Wangen und fängst der
Küsse sehnende Flucht
Fest zu enger Haft
In der Lippen Gewölbe;
Lässest zarte Knöspchen erblühen
Dem unschuldigen
Treulich gewährenden, bräutlich
Geweihten Verlangen
In jauchzendem Schmerz
Aus dem hegenden Schoß
Zum Sonnentag – –;
Der du zürnenden Sinns
Sonder Erbarmen jetzt
Runzeln uns furchest;
In den verdorrenden Herzen die Glut

Höher schürst und doch nimmer
Gewährung spendest;
Bis wir Armen,
Siechend und welk,
Ohn' Küsse und Kindlein den Steg
Zu dem schweigenden Grunde des Wassers,
Wir Verdursteten, steigen:
Zum Tode – –
Herr der Götter,
Erleuchte den Prinzen !

*Chor der Jünglinge und Mädchen*:
Ehe wir lebten noch,
Müssen den Steg hinab
Wir zum schweigenden Grunde,
Weh! wir Verdursteten steigen
In die ewige Flut.
Wir sind ausgetilgt
Aus dem Atem des Lebens,
Der die Welt durchwehet ohn' Ende,
Die Kraftwebende.
Wem aus dem Blute sich löste
Neu quellende Jugend,
Der lebt in dem Hauch
Des sich wandelnden Seins
Durch alle Zeit.
Doch den fruchtlosen Baum
Stürzt das Geschick ins Nichts,
Ewig vergessen.
Was wir gesündigt und schuldlos gefehlt,
Nicht gerecht ist das Urteil,
Das uns verdammt zu Nacht und Öde Ewige Zeit.
So *dräut* uns das Los, wenn *du* nicht
Die gewaltigen Glieder ausrastest
In dem prangenden Lusthain
Des Schlosses – –
Herr der Götter,
Erleuchte den Prinzen!

(Das Beten erlischt in eintönig-leisem Gemurmel, das den Anfang
der nächsten Szene noch gelinde umspült. Während des Folgenden
bilden die Chöre den beweglichen, teils in Gruppen sich zusammen-
schließenden, teils sich auflösenden Hintergrund.)

*ZWEITE SZENE.*

(Der Prinz und der Hirnmeister, zum Tempel, vorn durch eine Sei-
tenpforte, eintretend.)

*Der Prinz* (die Mumie des Krieges gewahrend, erschreckt):
Weh! Wer ist der? Er zielt auf mich, der Riese!

*Der Hirnmeister* (grinsend):
Der Schlotternarr? Er zielt, doch schießt er nicht:
Ein liebes lebend Denkmal aus der Vorzeit!
Vor tausend Jahren war er jung, der kühnste
Der Krieger unter unserm größten König.

*Der Prinz*:
Der größte? Wie erwächst aus nichts mir Größe?

*Der Hirnmeister*:
Die lassen andre wuchernd um dich wachsen!

*Der Prinz*:
Und Krieg? Ein krächzend, kreischend Wort – – wie stellt
Man her den Krieg?

*Der Hirnmeister*:
Der große Fürst *erklärt* ihn!

*Der Prinz* (ratlos):
Wohl, ich erkläre ihn, doch das erklärt nichts.
Ich schreie Krieg – – wenn niemand nun mich hört?

*Der Hirnmeister*:
Sie werden hören – –

*Der Prinz:*
> doch nicht folgen, denk' ich.

*Der Hirnmeister:*
Sie folgen blind – –

*Der Prinz:*
> Hab doch nur *eine* Zunge
Und sie, die folgen sollen, tausend Fäuste,
Die stärker sind als meine kleine Zunge.

*Der Hirnmeister* (verzweifelt in seinem Fett schwitzend):
Er lernt es nie! Begreift doch, Prinz, und glaubt's:
Die Tausend wissen niemals ihre Kraft.
Der Zähmung Wunder wirkt Euch Krieg und Größe.

*Der Prinz:*
So folgte dieser Kriegsmann auch dem Ruf?

*Der Hirnmeister:*
Er streckte täglich wohl an Hundert nieder,
Zufrieden, heiter, stolz und ruhmbehäuft.
Da gab es einst, so geht die Sage närrisch,
Ein schauderhaft Mirakel. Aus dem Himmel
Schwang eine unsichtbare Hand grad auf
Den guten Jungen eine Axt – – berggroß – –;
Der wehrte sich in toller Angst und Wut
Und richtete den Pfeil ins Unsichtbare – –
Und stand erstarrt im blutigen Getümmel
Und fiel nicht, ging nicht, starb und tötete auch nicht.
Man trug ihn weg und stellte hierher ihn,
Damit der Gott ihn heile; doch er heilte
Ihn nicht, sei's, weil ein Kriegsknecht unheilbar,
Sei's, weil der Gott, der um die Welt sich sorgt,
Sich nicht herabläßt, Menschlein zu betreuen.
So steht er da, und ist nicht wegzuräumen,
Im höchsten Rausch der Mordlust jäh erstarrt.
Er kann nicht sterben, sagt man, weil zu viel

Er einst erlegt und aller Leben nun
Verflucht zu leben, alle Jahre, die
Er frühe kürzte; – – immerhin, damit
Am Ende er, obgleich unsterblich, nicht
Verhungre, steckt ihm in den Rachen Atzung.
Ihr werdet sehn: Er schnappt und schluckt und starrt.

*Der Prinz:*
Es ist zum Fürchten … (träumerisch ahnungsvoll)
      doch er soll nicht sterben!
(Er schiebt der Mumie zitternd eine Nuß in den Mund.)

*Der Hirnmeister:*
Ein braver Held, er betet nicht (auf die Menge weisend) wie jene.
(Das Gemurmel der Betenden schwillt stärker an.)

*Der Prinz:*
Was beten die?

*Der Hirnmeister:*
      Mich dünkt für Euch, mein Prinz,
Daß Euch die Götter Euren Sinn erhellen
Und leicht gebären lassen die Gedanken.

*Der Prinz* (verwirrt, wie aufsagend, mit geschlossenen Äugen):
Der Sterne gibt es siebenhundertzehn,
Sie laufen ihren Weg vom Nord zum Süden,
Und drehen sich und drehen – – drehen – –

*Der Hirnmeister:*
      Prinz,
So wacht doch auf, Ihr sprecht am hellen Tage
Ja aus dem Schlaf …

*Der Prinz* (ächzend):
Nun hab' ich's doch vergessen.
Was sagtet eben Ihr? Sie beten für
Mich Armen? (Gerührt) Ach, die Guten! Lern's doch nie!

*Der Hirnmeister*:
So ist das altersgraue Ahnenblut,
Das hoch im Wert vor allem roten steht,
Todmatt verzagt, zwar edel, aber schläfrig. – –
(Für sich) Und weckt man es, so taumelt's wie besessen.

*Der Prinz*:
O, stammt' ich nicht aus Königsblute, dann – –

*Der Hirnmeister*:
Dann wäret Volk Ihr und verliebt wie diese,
Und müßtet Eure Lüste zäumen, bis Ihr
Zum Narren werdet, weil der andre Prinz
Trotz seines Bluts ein zäher träger Narr.
's ist alles möglich in des Tigers Weisheit.
Heil drum, daß jener nicht, daß *Ihr* der – – Prinz.

*Der Prinz*:
Wenn nur den Zweck ich des Gesetzes faßte!

*Der Hirnmeister*:
Ihr fasset nicht die Weisheit dieser Wirrnis,
Die doch beweist, wie tief der Götter Ratschluß
Gegrübelt grad um unser Reich Farun?
Die Götter wetzten ihren schärfsten Witz
An diesem Land in ganz erlesner Liebe
Und banden es zum Zeichen ihrer Gnade
Mit einem Schlangenknäul von Unlösbarem.
Kein Jüngling darf die Jungfrau frein, so heischt
Die Offenbarung, wann der König starb.
Und wannen darf das Volk zum Bälgerzeugen
Sich balgen? Nun, sobald wer König ist.
Der Schluß ist klar.

*Der Prinz*:
      Lebt' nur der Vater noch,
Ich wäre frei und glücklich, auch das Volk.

*Der Hirnmeister*:
So betet nicht der gute Sohn allein,
Das gute Volk wünscht heißer noch dem König
Ewiges Leben in der Zeitlichkeit.
Nie haben Völker eines Fürsten Haupt
Mit mehr besorgter Zärtlichkeit gehütet,
Als unser Stamm. Denn lebt er, *haben* sie
Doch einen König, dieweil einer besser
Als keiner ist, wenngleich selbst keiner schlechter
Als dieser eine sein mag. Hingegen
Den andern Völkern schafft der Wechsel Lust
Und höchst gespannt erwarten sie, ob nicht
Der neue Fürst von alten Übeln brächte
Befreiung. Ja sogar, die Ungeduld,
Dem Thron ein frisch Gesäß zu unterbreiten
Beschleunt bisweilen künstlich das Geschick.
Noch ist der Leichnam nicht erkaltet, schon
Besteigt den Sessel, wer als Erstgeborner
Des Toten Lenden einst entsprossen ist,
Wär's auch ein Tor, der so dem Thron gekuppelt.
Bei uns im Lande herrschen weisre Sitten.
Nicht Blutes blindes Ungefähr entscheidet.
Erst wird der Prinz geprüft – – vom Rat der Weisen – –

*Der Prinz*:
Weh, male nicht dies Hochgericht der Weisheit – –

*Der Hirnmeister*:
– – Geprüft vom Rat der Weisen, ob er würdig
An Wissen und an Willen sei, zu herrschen.
Besteht der Prinz die Prüfung nicht – –

*Der Prinz* (stöhnend):
     Wie könnt' er!

*Der Hirnmeister*:
So bleibt er Prinz, um übers Jahr aufs neue –

*Der Prinz*:
Nicht zu bestehn – –

*Der Hirnmeister*:
        den Graubärten sein Wesen
Ganz zu enthüllen. Ehe man sie nicht
Befriedigt, bleibt man Prinz, die Krone leer,
Und alle Landeskinder müssen schmachten;
Ersticken, was Natur als leckre Pflicht
Vom Zwiegestalteten, vereinend, heischt …

        *Chor der Jungfrauen*:
        Du – –, der zürnenden Sinns
        Ohne Erbarmen jetzt
        Runzeln uns furchst;
        In den verdorrenden Herzen die Glut
        Höher schürst und doch nimmer
        Gewährung spendest,
        Bis wir Armen,
        Siechend und welk,
        Ohn' Küsse und Kindlein den Steg
        Zu dem schweigenden Grunde des Wassers,
        Wir Verdursteten, steigen
        Zum Tode – –
        Herr der Götter,
        Erleuchte den Prinzen!

*Der Hirnmeister*:
Hört Ihr, mein Prinz? Die armen holden Kinder!

*Der Prinz*:
Ist's meine Schuld, daß mir der Tiger trotzt?

*Der Hirnmeister*:
So übersinnlich solltet Ihr nicht fragen.
Gesteht Euch irdisch greifbar dies nur ein:
Nur wenig Laune habt Ihr, zäh zu üben
Die Wissenschaft. Ihr seid ein Jäger, prangt

In bunten Kleidern gern und rühmt Euch stolz,
Doch schlicht des besten Magens von der Welt.
Nur Euer Genius, Prinz, ist matt. Umsonst
Hab' ich seither all meine Kunst an ihm
Verschwendet und vergeblich mich bemüht,
Euch für die Königsprüfung zu bereiten.
Zweimal, seid Ihr schon kläglich unterlegen,
Der Ring des zweiten Jahres schließt sich bald,
Und immer noch, seit Eures Vaters Tode,
Nicht Hochzeitsfackeln brannten in Farun.

> *Chor der Jünglinge und Mädchen*:
> Wir sind ausgetilgt
> Aus dem Atem des Lebens,
> Der die Welt durchwehet ohn' Ende,
> Die Kraftwebende.
> Wem aus dem Blute sich löste
> Neu quellende Jugend,
> Der lebt in dem Hauch
> Des sich wandelnden Seins
> Durch alle Zeit.
> Doch den fruchtlosen Baum
> Stürzt das Geschick ins Nichts,
> Ewig vergessen.

*Der Prinz* (schaudernd):
Ein schwarzes Lied der Nacht – –

*Der Hirnmeister*:
                – – in Eurem Geist!
Jetzt rüstet Ihr zum drittenmal die Kraft,
Und wiederum, so fürcht' ich, bleibt Ihr unreif.

*Der Prinz*:
Dann will ich beten, innig fromm wie diese.

*Der Hirnmeister*:
Wie's Euch beliebt, mein Prinz, versucht das Heil,
Obschon betrüblich Euer Aberglaube,

Der bloß dem Pöbel ziemt als Zaum. Doch betet
Nur dreist die Bestie an, die unterm Schweif
Selbst eine Weltenkrone zieren würde,
Hing man sie hin und hieß den Pöbel glauben.

*Der Prinz*:
– Des Tigers Gnade raubt dein Lästern mir.

*Der Hirnmeister*:
Weit schlimmer ist's, daß Euch kein Weib verlockt,
Den Geist beflügelt und das Mark erhitzt.
Doch weil Ihr stumpf – – darum könnt Ihr nicht beten
So recht aus Glut und Wut wie diese Winsler.
Die Jünglinge und Jungfraun treibt die Brunst,
Den großen Tiger mächtig anzuflehen.
Es ist kein Spaß, in Fleischeslüsten Mond
Auf Mond zu hungern, und wenn Ihr versagt,
Weiter zu brennen ohne löschend Guß.
Da lohnt es schon zu beten und zu betteln,
Indessen Euer Lallen lahm verstolpert.

*Der Prinz*:
Inständig will ich beten – – ohne Weiblust.
Ich gehe. (Will zum Tiger schreiten.)

*Der Hirnmeister* (für sich):
              Wär's nicht möglich, dieses Blut
Zu heizen? (laut) Prinz, Ihr habt die Vollmacht nicht
Zuvor für das Gebet empfangen.

*Der Prinz*:
              Eine Vollmacht?

*Der Hirnmeister*:
Ihr könnt es wohl auch Opferspende nennen.

*Der Prinz*:
Was soll ich opfern?

*Der Hirnmeister*:
　　Nur vom Tropf ein Tröpfchen!
Heda! Ihr Mädchen! Kommt! Der Prinz will beten!
(Die Jungfrauen umringen in lebhafter Neugier die beiden.)


DRITTE SZENE.

*Die Jungfrauen*:
Heil, edler Prinz, und Weisheit auf den Weg!
Hirnmeister, du, hilf ihm, uns zu erlösen.

*Der Hirnmeister*:
Ihr Mädchen, segnet mir die Offenbarung
Des göttlichen Gesetzes, das die Liebe
Aufbläst, die Sinne heizt und jede Blüte
Des Bluts vulkanisch Feuer speien läßt.
Ihr werdet früh genug noch schlürfen, was
Der trockne Mund erlechzt, und habt Ihr einmal
Getrunken erst, dann ist es aus und leer.
Dann löscht Ihr nur den Durst noch, weil's Gewohnheit,
Nicht weil der Sturm das ganze Sein und Regen
Zu *einem* Seufzer, *einem Sehnen* treibt.
Gedeihlich ist darum, den Durst zu hitzen,
Der doch im Grunde *einmal* nur zu löschen.
Denn das Geheimnis stachelt das Verlangen.
Doch ist des Rätsels Zauber erst gelöst,
So steigt das Wunder auf die Erde, läßt
Noch Kräuter, Knollen fleißig wachsen im
Gemüsegärtlein, doch kein Wunder mehr,
Nach dem Ihr fiebernd langt. Das Wunder, so
Will Gott, soll währen und das große Glück,
Die rechte Kunst der Liebe, sich entfalten:
Den Glanz der Glieder Eures Buhlen nächtlich
Im Traume zu entdecken, ahndevoll
Zu fühlen seiner Lippen Glut, zu schätzen
Der Arme schlanke Kraft. Dann schwillt die Schönheit
Ins Ungemessne. Menschensterblichkeit,

Der einziges Geschäft ist, Frucht in Kot
Zu wandeln, wird, vom Stoff enterdigt: Gott!
Doch träumt Ihr nicht mehr, packt mit stöhnender
Begier das manngeformte Götzenfleisch, – –
Gleich seht Ihr statt der makellosen Schöne
Ein ekel Muttermal, den Gliedern wachsen
Flink Borsten, Flecken, Beulen, und der Muskeln
Gestrafftes Gleichmaß schmilzt zu feisten Wülsten,
Und seine Lippen atmen, was er – – aß!
Das heißt auf Erden Liebe, die genossen.
Ersehnter Kuß ist Glut, geküßter Schleim,
In Fernen – – Seele, fest im Arme – – Tier!
Der Mund, der einst beseligt strömte, schweigt
Gelangweilt, gähnt, gebietet herrisch, schmäht.
Ihr Mädchen, fleht darum zum Gott der Götter,
Es möchte gnädig ihm gefallen, nochmals
Des Prinzen Sinn zu blenden, zu verstocken,
Daß Euch der große Augenblick noch zögre!
(Der Hirnmeister umschlingt lüstern ein Mädchen.)

*Die Jungfrau*:
Ei, Herr, was bleibt Ihr bei der Sehnsucht nicht?

*Der Hirnmeister*:
Die Sehnsucht haben Götter mir versagt,
So darf ich, ich allein, sofort genießen,
Was unverlierbar mir.

*Die Jungfrau*:
   Genießt allein,
Doch nicht zu zwein! Ich habe zu verlieren.
(Sie entwindet sich ihm.)

*Der Hirnmeister* (für sich):
Die Lehre ist empfindlich. Doch dem *Kanzler*
Des *Königs*, bin ich's erst, den sollen hüten
Sie sich, mit seinem eignen Witz zu stechen!

*Die Jungfrauen*:
Heil, edler Prinz, und Weisheit auf den Weg,
Hilf uns, damit wir nicht verschmachtend sterben.

*Der Prinz*:
Ich danke Euch, Ihr Guten, doch ich fürchte,
Ihr werdet wünschend mir nicht helfen können.

*Der Hirnmeister*
(wütend ihm ins Ohr zischend):
O Prinz, o Prinz, nie lernt Ihr Fürstenanstand,
Die prunkende Erscheinung der Gewalt
Und Königsworte.

*Der Prinz* (demütig):
          Was denn sollt' ich sagen?

*Der Hirnmeister* (großartig, pathetisch karikierend,
zu den Jungfrauen):
Ihr treues Volk, vertraut Euch sicher an
Des Prinzen Liebe und der Götter Fügung,
Euch wird er unter ihrem Schutze retten
Und Eure Tage fürder herrlich lenken.
Doch heute braucht der Prinz nicht Euer Wünschen,
Ein Opfer fordert er für Euch von Euch!

*Erste Jungfrau*:
Was wir besitzen, Prinz, ist Dein, befiehl!

*Zweite Jungfrau*:
Zum Rande der bewohnten Erde, wo
Die Uferfelsen in die tiefste Flut
Hinab sich stürzen, will ich gehn, bedarfst
Du einer Frucht, die dort am Abgrund wächst.

*Helga*:
Und ich, o Prinz, schenk' gern Dir meine Seele;
Denn ach! ich liebe nicht, wie all die andern,

Die Fremdes opfern, weil sie selbst sich sparen
Für den Gemahl. Ich spende Dir mein Eigen.

*Der Hirnmeister*:
Der Prinz bedarf der Seele nicht, mein Kind,
Sofern Dein Seelchen nicht ein Schrein der Weisheit,
Und das wär' garstig für das Seelchen! – – Wir,
Statt ferner Früchte, naher Seelen, wollen
Nur – – Euer – Blut – –

*Die Jungfrauen* (erschreckt zurückweichend):
        Laßt uns das arme Leben!

*Der Prinz* (zitternd, leise):
Du planst Entsetzliches; das will ich nicht.

*Der Hirnmeister*:
Ihr Zarten, zaghaft ziert sich Euer Opfern!
Nicht *aller* Blut bedarf es, *Eine* nur
Freiwillig muß sich opfern, wenn des Prinzen
Gebet Erhörung finden soll. Wer ist
Bereit?

*Der Prinz* (leise, heftig):
Ich will es nicht, ich will kein Blut.

*Helga* (zögernd, in schüchterner Entschlossenheit):
Nimm, Prinz, mich als Dein Opfer hin, mit Freuden
Mag sterben ich, damit die andern leben
        (erbebend)
Und Lohn ist mir von Euch ein wenig Dank.

*Der Hirnmeister* (lachend):
Zu wenig ist, selbst für geringen Dank,
Was Du uns opfern sollst: Ein Tröpfchen Blut.

*Erste Jungfrau*:
Wenn Du Dich fürchtest, Helga, will ich's tun.

*Zweite Jungfrau*:
Und ich ertrage tapfer jede Pein.

*Der Hirnmeister*:
Ein ehrbar Tröpflein Blut, Ihr Jungfern, gilt es,
Das Ihr verliert und bleibt doch, was Ihr wart.
Da lohnt kein Wettstreit um ersehnten Schmerz.
Das ist für Helgas Herz.

*Helga*:
      Was muß ich tun?

*Der Hirnmeister*:
Was das Gesetz befiehlt.
(Er löst Helga einen Rosenzweig vom Busen, dann zeremoniell gra-
vitätisch zum Prinzen):
      Nehmt dieser Rose
Bedornten Zweig und schlaget ihr' Krallen
Kräftig auf dieser Jungfrau süßen Mund,
Und wenn den Lippen dann ein rotes Tränchen
Entrinnt – gelind, Kind, ist der Schmerz – dann pflückt
Mit Eurem Mund die Blüte warmen Blutes
Und bergt sie, bis Ihr mit den gleichen Lippen
Die mild geliehne Gabe zu des Tigers
Weltallgebieterischer Tatze tragt.
Das Opfer bringe, Dirne; neigend Euch
Empfangt es gnädig,
(reicht ihm den Rosenzweig)
      Kecklich schwingt den Arm !
(Der Prinz zögert befangen, während Helga gelassen erwartungs-
voll vor ihm sich darbietet. Auf wiederholte energische Weisung des
Hirnmeisters hebt der Prinz endlich zum Schlag aus. In diesem Au-
genblick wirft sich *Guldar*, der eben den Tempel betreten und die
Szene beobachtet hat, so ungestüm dazwischen, daß der Prinz er-
schreckt den Arm wieder sinken läßt.)

*Guldar*:
Halt, was für Possen treibt Ihr, Prinz?

*Der Hirnmeister*:
　　　　Hinweg,
Du ungerufner Bursch, Du Tempelschänder,
Gesetzverletzer – –

*Guldar*:
　　　　Das Gesetz befiehlt,
Wie mich bedünkt, daß niemand, wer es sei,
Berühr' den unvermählten Leib des Weibes,
Wie niemand sich vermählen darf, bevor
Ihr, Prinz, Euch ausgewiesen, daß …

*Der Prinz* (niedergeschlagen):
　　　　Ich weiß …

*Der Hirnmeister*:
Willst Du mich über das Gesetz belehren?
Ich bringe, Prinz, das Herz des Herrn der Götter.
(Er geht, während das Psalmodieren der Menge wieder anschwillt,
zum Tiger, öffnet eine Klappe an seinem Bauch, entnimmt ihm eine
Bücherrolle, die er feierlich herbeiträgt. Er wickelt die Rolle ab und
deutet mit den Fingern auf eine Stelle hin, zu Guldar:)
Hast Augen Du, zu lesen? Reicht die Weisheit
An Deinen Übermut?

*Guldar* (flüchtig hineinblickend):
　　　　Verwittert alte
Gekrauste Zeichen, ohne Sinn, undeutbar!

*Der Hirnmeister*:
Wer lernte, deutet! Will Dir's übersetzen.
Doch achtet streng auf jedes Wort der Schrift
　　　　(Als wenn er den Text übersetzt.)
„In Ewigkeit vernehmet Weib und Mann
Des Todes sind, wenn sie in Lust sich tasten,
Bevor aus Offenbarung weisen Borns
Ein König wieder ward dem Land Farun.
Nur wer die Krone tragen wird, dem sei

Gewährt, zuvor von einer willigen Jungfrau
Ein Tröpfchen Blut als Opfer zu empfangen
Zur frommen Weihe für den Göttergott."
So lehrt die Schrift. So bindet Recht und löst ...
Vollführt das Opfer, Prinz! Der Tiger durstet!
(Der Prinz schlägt täppisch über Helgas Lippen, küßt das Blut un-
geschickt ab und schreitet schläfrig-verdrossen zum Tiger.)

*Helga* (in träumender Verzückung):
Der Prinz hat mich geküßt ...

*Der Hirnmeister* (für sich):
            Verdammt! Das Opfer
Mißlang. Kein Leuchten ihm im Blick entglomm;
Und seine Lippen lüsterner sich wölben,
Wenn sie beim Mahl des Bechers Rand berühren.
Gleichmütig, gar verdrossen, geht er beten ...
(Helga spähend anblickend.)
Doch hier entlodert hoch die Opferflamme!

*Helga*:
Ich bitte, Herr, Euch recht von Herzen, lehrt
Den Prinzen all das Viele, was Ihr wißt.

*Der Hirnmeister*:
Ei! sagtet Ihr nicht, daß Euch, Schätzchen,
Nicht buhlendes Gelüst zum Beten treibt,
Daß Euch von leckren Buben niemand lockt?

*Helga*:
Das ist auch wahr. Doch sieh, die Schwestern leiden.
Und dann ... (zögernd) Der arme Prinz! Auch er darf erst,
Wenn König er, in Liebe sich vermählen.

*Der Hirnmeister* (leise):
Welch herzig, listig Mitleid. Doch es paßt
In meinen Plan. Es eilt, damit die Brunst
Die Götter nicht und unsre Macht verschlinge.

*Der Prinz*
(vor dem Tiger auf den Knien leiernd betend):
Erleuchte mich, o Gott,
Erleuchte meinen Sinn,
Der enge, hart und schwer.
Sieh! Zweimal schon
Hat Deine Gnade
Mir gemangelt.
Ach, Dein Gesetz gebeut,
Daß jegliches Mißlingen
Den Schatz mir schwächt
Und schärft die nächste Prüfung.
Schon fürcht' ich Bettler mich
Und sorge ängstlich,
Daß nur zwei Hämmel
Noch zum Mahl mir schmoren.
So schrumpft mein Gold.
Erleuchte mich, o Göttergott!
Versagst Du Deine Gnade,
Dann wachsen übers Jahr
Die Fragen unlösbar
Für menschliche Gehirne,
Und ich muß hungern
Und verdursten
Kahl und arm.
Laß mich bestehn!
Laß mich bestehn!
Laß mich bestehn!

*Chor der Jünglinge und Jungfrauen*
(verzweifelt aufschreiend):
Laß ihn bestehn!

(Der Hirnmeister ist dem Prinzen nachgegangen, klappt die heilige
Rolle in den Tigerbauch und betet murmelnd mit gespreizten Geberden vor der Figur. Dann verlassen beide den Tempel.)

*Guldar* (dem Hirnmeister zornig nachsehend):
Ein fetter Geist und fettet alles ein,
Daß unser Leben glatt in nichts entgleitet,
Wie aufgesogen von verdorrter Erde.
Und diesen Betern rinnt das Öl vom Munde! …
(mit plötzlichem Entschluß vor die Jünglinge hintretend)
Hört auf zu singen und zu säuseln. Reißt
Das selbstgewirkte Netz des Wahns entzwei,
Brecht aus mit keckem Satz aus dumpfer Satzung,
Stürzt lachend Euch auf die voll Saft geschwellten,
In Sehnsucht schmachtenden, verliebten Mädchen,
Die sich im Singsang ihres Blutes Schrei
Betäuben. Tragt sie fort! Und jauchzend sei
Ein heißer Springquell diese frohe Welt!

*Erster Jüngling*:
Du Götterschänder, zähme irren Rat!
Es darf kein Weib in dieser Zeit empfangen,
Da niemand herrscht und also niemand schirmt
Die Frucht im Schoß der buhlerischen Mutter,
Daß trächtig er von Mißgebornen birst.

*Guldar*:
Wärt Ihr im *Geist*, was Eurer *Arme* Trugspiel
Nur gaukelt: Kraft, Verwegenheit und Jugend,
Ihr opfertet dem Weibe, statt dem Steinfratz …
Bald sinkt hernieder zauberlind die Nacht,
Der sich des Mondes Milde voll entschleiert.
Wagt Eure Sehnsucht, tragt sie in den Hain,
Zum blühend weichen Liebesbett, verwandelt,
Als wenn in Euern Seelen Nachtigallen
Verträumte Lieder ew'ger Wehlust sängen, – –
Und laßt den Tigergott sich selbst vergöttern!

*Zweiter Jüngling*:
Du rasest, Guldar, weckst des Gottes Zorn.

Zu teuer zahlten wir die Nacht des Rausches
Mit diesem Morgen, der sein schaudernd Licht
Ergießt auf blut'ge Leiber, Tigers Werk
Und Rache stumm den stummen Frevlern kündend.
Weck nicht den Gott – – nur *einmal* lebt der Mensch!

*Guldar*:
Nur *einmal* lebt der Mensch – – ein schales Wort!
Und doch fürwahr ein Wort der tiefsten Weisheit,
Versteht Ihr recht den Ton: man lebt nur einmal!
Nur einmal, wann in einem wilden Wirbel
All unser Ahnen, Sehnen sich erfüllend
Sich selbst hinabströmt ins Verließ des Dunkels,
In *einem* Strahle Sein und Tod umfassend.
Man *lebt* nur einmal! Gleich wie jene Blume
Des Märchens, die in tausend Jahren einmal
In einer Mondensommernacht aus schwarzem
Urgrund des Meeres aufsteigt und die Blüte
Duftbang zu blauem Silberglanz entfaltet;
Im tiefen Wunderkelch des Lebens Seele
In *einer* Nacht bis auf die Neige trinkt
Und dankbar still, wenn sich die Sonne hebt,
Zur Tiefe senkt den welken, kalten Leib …
Man *lebt* nur einmal, dankt dem Gott der Gier,
Wenn er nach solcher Nacht genügsam saugt
Den faden Rest des Bluts, das Ihr genossen!

*Dritter Jüngling*:
Wer sagte, Guldar, Dir, daß Götterzorn
Abwartet, bis die Freveltat vollendet?
Daß nicht der Lippen ersten Kuß der Tiger
Mit jähem Sprunge voneinander reißt?

*Guldar*:
Ist wider die Natur, daß Steine laufen.
Die Götter fliegen, wenn der Mensch sie schleudert.
Ich bürge Euch, daß Euer Küssen nicht
Lebendig macht, was träge liegt und schläft.

Ihr werdet Euch am Stein nicht stoßen und
An vielen Morgen noch Euch fragen dürfen,
Ob sich das Einmal-Leben nicht am Ende
Noch einmal wiederholen lassen möge.

*Erster Jüngling*:
O Herr der Götter, straf nicht uns für jenen,
Dem irre Brunst den armen Sinn verblendet,
Daß er Dich leugnet, weil durch Dich er leidet,
Und wähnt sein Leiden so auch zu verneinen.

*Guldar*:
Ich leiden? Nein, ich habe Mut der Freude.
Ich raffe mir mein Glück – – noch diese Nacht!

*Zweiter Jüngling*:
Und wenn wir selbst vermessen Heiliges
Seit Anbeginn des Weltenlaufs verhöhnten
Und alle göttlichen Gebote frech
Zerträten wie Gewürm der Erde – – glaube:
Die Frauen klammern sich an fromme Sitte,
Und keine folgt, ob zwar ihr heißer Schoß
In schwülen Träumen in sich zehrt den Mann.
Bist Du der Deinen sicher, daß mit Dir
Im Schlund des Todes selbst sie eine Nacht
Verbotner Liebe freveltaumelnd feiert?

*Guldar*:
Daß sie nicht betet, bettelt, ist mir Bürgschaft.

*Dritter Jüngling*:
Du Narr! Blick auf! Sie kommt in Demut; betet !


FÜNFTE SZENE.


(Warana betritt mit ihrem Vater, dem Obersten der Weisen, den
Tempel.)

*Warana*:
Laß enden, Vater, diese Pein des Volkes!
Fragt leicht den Prinzen! Sagt, wem kann es schaden!
Wenn dieser *König* ist und *Herrscher* Ihr?
Ein rechter König für der Weisen Macht!
Er ist ein braver Bursch, ein guter Esser
Und hüllt die jagdgeübte Wohlgestalt
Des Leibes gern in prunkende Gewänder.
Er wird das *Ansehn* eines Königs haben,
Unschuldig sich vergnügen seiner Würde
Und fröhlich sein, wenn Ihr in Größe waltet
Und nur zum Unterschreiben ihn bemüht.
Das ist des Volks erwünschteste Verfassung,
Wenn ungekrönte Weise lärmlos herrschen,
Des Königs Haupt nur auf die Münzen preßt.

*Der Oberste der Weisen*:
Ein fremder Hohn lenkt, Tochter, Deine Worte,
Aufrührerisch betastend Gottgesetztes.
Uns aber ist geboten, ernst zu prüfen,
Damit der König sei und nicht nur *scheine*.
(Der Rat der sechs Weisen schreitet feierlich in den Tempel.)

*Die Jungfrauen* (ihn bestürmend):
Gebt Eure Weisheit unserm armen Prinzen!

*Der Rat der sechs Weisen* (streng, unbeweglich):
Wir hüten des Gesetzes Offenbarung.

*Die Jungfrauen* (jammernd):
Weh uns! Weh uns!
Siechend und welk
Ohn' Küsse und Kindlein
Steigen den Steg
In den schweigenden Grund des Wassers
Wir Verdursteten
Zum Tode.

*Der Rat der sechs Weisen*:
Wir hüten des Gesetzes Offenbarung.

*Der Oberste der Weisen*:
Bete, Warana!

*Warana*:
        Beten? Helfen will ich !
(Sie steht trotzig aufrecht, während alles mit gesenkten Stirnen sich beugt.)

*Guldar*:
Sie betet, bettelt nicht, sie hebt das Haupt!
(Er gesellt sich zu ihr und lockt sie, während die andern in Andacht lallen, in eine Nische; leise in keuchender Leidenschaft:)
Heut nacht im Nachen! Eil' hinab, Warana,
Aus enger Stube schwüler Kerkerhaft!
Rauscht fiebernd doch im Ohre Dir wie mir
Ein Taubengirren, das die Stille kichernd
Aus nichts erschuf und Dich verstört, zerwühlt!
Heut nacht im Nachen! Atme frei, Warana,
Die feuchte Milde! Mählich schweigt im Ohr
Das Taubengirren. Plätschernd gleitet stromwärts
Das Boot. Du ruhst geschmiegt zu Füßen mir,
Bis stille Bucht den Nachen rasten läßt.
Da breitet lockend sich auf sanftem Moos
In Blütenbäumen ganz versteckt das Eiland
Für selig tapfre zwei … Heut nacht im Nachen!

*Warana* (willenlos, in innigster Hingabe wiederholend):
Wir selig tapfren zwei … Heut nacht im Nachen!

*Guldar*:
Ich wußte wohl, Du wagst den Tod, wenn ich
Dich jauchzend führe. Mag das andre Volk
Verkümmernd Wahngebilden feig sich fügen.

*Warana* (erwachend):
Umstöhnt vom Wahn der Schrecknis stirbt das Glück.

214

Kein Eiland birgt uns vor dem Fratzenspuk,
Der dieses Volk entsetzend hetzt und martert,
Mit unerlaubter Liebe Mißgeburten drohend.
Gespenster dringen ein in das Vertrauen
Der uns geheiligten Umarmung. Stürzte
In unserm Sturme selbst der Gott zusammen,
Den finstrer Glauben tückisch aufgetürmt,
Ich trag es nicht allein, das Glück im Jammer.
Für *alle* will ich Glück, für *alle* – Rettung.

*Guldar* (höhnisch):
Die Rettung führt nur durch des Prinzen Schädel,
Glaubst Du an diesen Weg?

*Warana* (in plötzlicher Eingebung):
     Ich glaube!

*Guldar* (heftig):
     Törin
Die ihre Feigheit in der Hoffnung Lug
Vergebens hüllt! Wohl eher heult der Tiger
Der Weisheit Lösung als der Prinz sie findet.
Die andern sagten recht: Du bist wie sie.

*Warana*:
Nein, Guldar, schilt mich nicht; ich habe Mut
Zu einem Frevel, der so groß, daß alle
Durch ihn zerschmettert oder frei. Mein Frevel
Wird allgewaltig sein wie meine Liebe.

*Guldar*:
Was willst Du tun?

*Warana*:
     Für alle will ich freveln!
Für *Dich allein* will *lieben* ich – – heut nacht!

*Eine Jungfrau* (jäh, in ekstatisch unzüchtigen Tanzbewegungen taumelnd, nach dem Takt der aufheulenden Menge):
Der Tiger! Seht! Er springt! Er schäumt! Er mordet! (gellend)
Flieht! Flieht! Flieht! (Sie reißt sich tanzend die Gewänder vom Leibe und stürzt nackt auf den Tiger los, in dessen Rachen sie sich hineinbeugt.)
Trink mich, o Göttergott!
(Der Tiger glotzt stumm. Sie fällt mit einem Aufschrei zu Boden.)
Weh! Mich will niemand!
(Während der Szene drängt sich die Menge in besinnungsloser Angst zu den Ausgängen des Tempels. In der Brandung steht wie ein unbeweglicher Pfahl die Mumie des Krieges. Schließlich wird sie niedergerissen. Die Menge stürmt über sie hinweg. Nur Guldar ist ruhig an seiner Stelle geblieben, den Tiger und, die Menge verächtlich beobachtend. Warana ist einen Augenblick durch die Vision des schäumenden Tigers, der ihre Freveldrohung rächen will, erschreckt und will fliehen. Dann blickt sie auf den ruhigen Geliebten und bleibt nun wie er. Die Mumie richtet sich in dem leeren Tempel, blutüberströmt, wieder auf, fällt sofort in die Erstarrung zurück und zielt mit dem zerbrochenen Bogen auf Guldar und Warana.)

*Guldar* (weich, träumerisch):
So still auf einmal, einsam, weltverloren!
Fürchtest Du Dich, Warana?

*Warana*:
        Ich, bei *Dir* !

*Guldar* (verzückt):
So komm, Warana, komm!
(Er führt sie zu dem Götzenbild, setzt sich auf die Stufen neben die entseelte Tänzerin, und den Kopf an die Tatze des Tigers über den Totenköpfen gelehnt, zieht er Warana leidenschaftlich in seine Arme.)
Ich will Dich küssen! ...

*Ende des ersten Aktes.*

(Eine blumige Wiesenlichtung im Fürstenhain. Links im Hintergrunde der Winkel eines sanft gleitenden Stroms. Die rechte Seite der Bühne ist von der Front des Schlosses eingenommen, dem eine Terrasse vorgebaut ist; Stufen führen von der Lichtung zur Terrasse. Im Hintergrunde rechts, seitlich des Schlosses, die ungeheure Statue der hundertbusigen Göttin der Fruchtbarkeit.)

*ERSTE SZENE.*

(Fahle Dämmerung, vor Sonnenaufgang. Ein glänzender Stern am bleichen Himmel. Man hört beim Erheben des Vorhangs durch die Stille das ruhige Plätschern der Ruder eines unsichtbaren Bootes. Zwei Wächter stampfen, schlaftrunken, fröstelnd, an der Statue auf und ab.)

*Erster Wächter*:
Ob es erlaubt, des Götterweibes Milchsäck'
Zu tasten? Wär' ein Bissen für den Hunger!

*Zweiter Wächter*:
Wenn unsre Dirnen hundert Kugeln hätten,
Die Späße kugelten durch tausend Nächte!

*Erster Wächter*:
Verhundertfachter Hunger! Wenn *zwei* Brüste sündig,
Vertrauert hängen, fastend ausgedörrt!

*Zweiter Wächter*:
Doch diese hundert strotzen feist und prall,
Und ohne Mann – –

*Erster Wächter*:
     Der Tiger schleicht allnächtlich …

*Zweiter Wächter*:
Sahst Du ihn? Leibhaft? Besprang er sie?

*Erster Wächter*:
Es steht geschrieben so. Der Glaube, nicht
Die Augen sehen Wahrheit … Doch die Hände,
Die fühlen Wahrheit auch – – vielleicht! Ich wag's!
(Er streichelt die Brüste, indem er an der Gestalt hinaufklettert.)
Wie glatt … wie weich … wie warm … und – hundertfältig!

*Zweiter Wächter* (schreiend):
Zwei Menschen! Fest umschlungen! Mann und Weib!
Die Pest geht um und läßt uns fiebern, strafend
Für Deine schändenden Gelüste …
Fort! Zusammen Mann und Weib! Ein Tigerspuk – –,
Vorläufer seiner selbst! Er frißt uns. Lauf!
(Die Wächter laufen davon. Guldar und Warana sind aus dem
Nachen gestiegen und wandeln vom Strom empor in die glühend
aufgehende Sonne.)


ZWEITE SZENE.


*Guldar*:
Verströmt die Nacht
Die eine, tiefe,
Ewig versunken
In leidende Leere.

*Warana*:
Verträumt das Sein
Umgrenzter Wesen.
Ewig erblühe
Unendliche Fülle.

*Guldar*:
Aus Freveln Frucht,
Du duftend rote!

Heiliges Trotzen!
Beseligt Verschulden!

*Warana*:
Gesellt im Mut,
Die Welt gewonnen!
Schaffende Freude
Erneuender Erde!

*Guldar und Warana*:
Verströmt die Nacht
In junge Sonne.
Scheidend in Sehnsucht,
Grüßen wir Menschen!

*Guldar*:
Wir ersten reichen Menschen grüßen uns!
Nie ward den Sterblichen erfülltre Nacht
Als uns Begnadeten allein beschieden.
Geweiht sei diese Nacht, der keine zweite
Je folgen darf, daß wir uns nie verlieren,
Zum Spiel das ungeheure Einmal niedernd.
Heut' kenne ich mein Schicksal und den Weg.
Wie schwellt mir reife Sicherheit das Herz!
Noch gestern war ein Taumeln mir im Wesen;
Ein ängstlich zagend Kind, ob Übermut
Ich auch vor feigen Menschen prahlen mochte.
Ein unbegreiflich dumpfer Schrecken schien
Mir diese Welt, verstrickt in Wahn und Wut,
Ein Flackerwind von boshaft leeren Fragen:
Warum? Woher? Wodurch? Wozu? Wohin?
Einst, als ich schlaflos lag, drang mir ein Leuchten
In meine Seele. Klar erklang im Sinn
Mir lösender Gedanken Ruf. Ich sprang,
Durchflammt von nie gefühlter Kraft, empor,
Und lief durch alle Gassen, schrie und jauchzte:
Die Welt ist reich! Die Welt ist groß und hell!
Wagt, Brüder, nur zu leben, wagt zu denken,

Im Geist zu leben und durch Geist zu schaffen.
Sie glotzten träg, sie grinsten, höhnten, schmähten
Und hetzten den Betörer und Verderber.
Da habe jeden ich gehaßt, der mir
Begegnet. Doch ich liebte heißer nur
Auf fernen Höhen irgendwo die Menschheit,
Und sah nicht einen Menschen auf der Erde.
So schwieg ich, siech verkümmert, scheu verkrochen,
Den Ungebärd'gen spielend vor den Menschen,
Um all die zage Einsamkeit zu bergen.
Jetzt *fand* ich einen Menschen. Wille schmolz
In Wille, und der neuen Menschheit Ahn
Entkeimt dem jungen Leib der mir Gesellten.
Nun rinnt die Ruhe über mich, der Ernst
Geprüften Muts. So scheiden wir, – – zu *wirken*!

*Warana*:
Wie einst in tiefer Ferne sich Gestirne
In Feuerwirbeln donnerkreisend ballten,
Da ward ein Klang im Weltenraum empfangen,
Deß Echo rastlos schleudert Stern zu Stern.
Und kommt die Zeit, da unsre Erde flüchtig
Zur Einkehr wird dem urentsprossnen Klang,
Dann hören ihn die Seher und die Wecker,
Und wie vom Abhall dieses wilden Raunens
Bebt ihre Brust, Gewaltiges zu zwingen.
Es gärt in ihrem Blut von Erdenschöpfung,
Geheimnisvoll erinnernd, urzeitmächtig:
Ein neues Menschenwerden wogt empor
In taumelndem Begehren geiler Gärung,
Wie letzte Springflut, die erzeugt von jenem
Ins Ewige verstreuten Weltensturmklang …
Nun fiel das Lied auf unsre Erde nieder,
Du hörtest es, und ich von Dir, Geliebter!

*Guldar*:
Ich lausch' dem Lied und trage Leid, zu scheiden.
Das Abbild Deiner Schönheit folgt mir nach,

Der Haut mir eingeprägt, wie Deines Leibes
Gestaltet warmer Odem mich umfangend,
Der Form, des Dufts Erinnrung – – körperhaft.

*Warana*:
Brust lag an Brust. Nun ist Dein pochend Herz
In mich gewachsen, Brust in Brust verwirkt,
Ich fühle Dich unwirklich-wirklich; zwiefach
In einem seiend will's mich fast zersprengen.
Ich trag Dein Herz zu allen toten Herzen ...
(Sie wandeln langsam zum Hintergrund. Bei der Statue der Frucht-
barkeit hebt Warana – feierlich ernst – die Hände empor. Die beiden
verlieren sich im Hain.)


## DRITTE SZENE.


(Es ist heller Tag geworden. Prinz Agab tritt gähnend aus dem Palast auf die Terrasse, wirft ein paar Bücherrollen, die er mitge-
schleppt, nach der Göttin der Fruchtbarkeit und kauert sich dann
verdrossen auf die Stufen, die zum Hain hinabführen. Vor der Terrasse erscheint der *Jagdmeister* in einer grellbunten, goldstrotzenden
Phantasie-Uniform und bläst auf einer Heroldstrompete ein Signal;
hinter ihm eine Koppel sehr vornehm-dümmlicher Hunde, alle
gleich, dieselbe Farbe, dieselbe Frisur, dieselbe Kopfhaltung, denselben hochgerichteten Schwanz – Barsoy-ähnlich, aus *Pappe* !)

*Der Jagdmeister*:
Jagdwetter, Prinz, Halali! beuteberstend!
Zweitausend Eures Volks sind ausgezogen
Und trieben alles Wild zuhauf; kein Wiesel
Erschlüpft ein Loch, hindurchzuwischen – –

*Der Prinz* (mürrisch ablehnend):
　　Bah!

*Der Jagdmeister*:
Seit dreizehn Tagen nicht zur Jagd! Dann morgen!

(Jagdmeister und Hunde ab.)

*Der Trachtmeister*:
Hier, Prinz, das Prüfungskleid, wie Ihr's entworfen!

*Der Prinz*:
Weg mit dem Plunder!

*Der Trachtmeister* (entgeistert):
   Wie, schon eine Stunde
Verging, seitdem die Sonne stieg, und Ihr
Habt heute zweimal erst das Kleid gewechselt!
Es ziemen Prinzen nicht bejahrte Hosen.
(Trachtmeister ab.)

*Der Schlachtmeister* (mit einem gebackenen Ferkel):
Dies Ferkel, zart wie 'n Menschensäugling, sehnt
Vertilgung ...

*Der Prinz*:
   Friß es selbst und Deine Brut!

*Der Schlachtmeister* (bekümmert):
Dreimal gefrühstückt erst! Ihr müßt verhungern,
Wenn Ihr nicht zugreift. Zart wie 'n Menschensäugling ...
(Der Prinz wirft das Ferkel wütend nach dem Schlachtmeister, der
davonläuft.)

*Der Stirnwolkenscheucher* (ein junger schöner Page):
Die Lüfte säuseln und der Morgen lispelt,
Laßt Euch das Grauen nachtentsprossner Wolken
Mit diesen weichen Händen streichelnd scheuchen.
(Er neigt sich sinnlich kosend über ihn. Der Prinz bringt ihn mit einem Fußtritt zu Falle. Der Stirnwolkenscheucher ab.)

*Der Hirnmeister*:
So ist es recht! Entfernt den Tand der Sinne,
Dem Geiste nur in Wollust hingegeben.

Lernt, Prinz; verschwindet ganz in Wissenschaft.
Die Not hockt zitternd vor dem leeren Thron.
Um Prüfung fleht das hartgeprüfte Volk.

*Der Prinz* (kleinlaut):
Es ist zu schwer. Nie kann ich es bezwingen.

*Der Hirnmeister*:
Die Götter haben's knifflich offenbart.

*Der Prinz*:
Und fällt die Prüfung selbst gefällig aus,
Wie soll in meiner Einfalt ich wohl herrschen?

*Der Hirnmeister*:
Ihr sagt so oft: Wie groß, wie groß bin ich,
Bis Ihr es selber glaubt, und glaubt Ihr's erst,
So *seid* Ihr's auch. Denn so wird Herrschergröße!

*Der Prinz*:
Doch muß ich etwas *tun*. Auch das ist lästig.

*Der Hirnmeister*:
Die andern tun's, und Ihr seid groß, geschah
Es nur zu *Eurer* Zeit! Das stärkste Mittel,
Das durch Jahrtausende sich stets bewährt,
Ist *Krieg*! Ihr heißt den Nachbar überfallen,
Und fügt es Euch das Glück, daß jene laufen
Und nicht die *Eurigen*, entsteigt dem Blut,
Das glorreich man vergossen (glorreich – – heißt es,
Wenn *der* es rühmt, des Schar im Schlachtwerk *vorwärts*
Zu waten wußte – – mit der Götter Beistand!) – –
Steigt unabwendlich aus dem Blut: *Der Große*!
Agab der Große, König von Farun!
Den Siegeshelden preist die Weltgeschichte.
Ein herrlich Ziel und um so herrlicher,
Als Euch nicht mehr vonnöten, Nam' und Jahr
Dem spröden Kopf vergeblich einzuprägen:

Ihr *seid* der Große, braucht Euch nicht zu *lernen*;
Die Erbschaft solcher Kenntnis überläßt
Ihr gern den Sprossen Eurer großen Lenden!

*Der Prinz*:
Der Große – Glorie – Kriege – Lenden – Sprossen –
Das sind mir Worte ohne Wert. Jedoch,
Daß *Gold* zugleich mit meinem Kopf versagt;
Daß mir mißlungene Prüfung jedesmal
Die Steuern kürzt und den Tribut des Volks,
Daß ich verarmen muß – – das ist zu hart!

*Der Hirnmeister*:
Das ist die Wahl: ein Weiser werden oder
Ein Bettler, der gejagt wird, statt zu jagen.
Doch dies ist nicht das schlimmste, was Euch droht.
Im Lande wühlt es, meldeten die Späher.
Die guten Dirnen zwar geduldig schlecken
Die sanften Kräuter, die der Arzt verschreibt,
Um ihren Herzensbrand zu löschen. Doch
Die Buben werden wild und höhnen keck:
Der Herr der Götter liebte nicht Agab,
Ansonst zum großen Zweck er Euch erhellte.
Ein andrer Prüfling soll – – so sagen sie – –
Den Thron mit seiner Klarheit Kraft erobern.

*Der Prinz* (erschreckt):
Das fromme Volk, getreu der alten Sitte,
Wie ward es so verwildert und verkehrt?

*Der Hirnmeister*:
Es lebt da einer, der sich schlau verbirgt,
Doch listig hetzt und in die Seelen schleicht,
Der heilig strengen Brauch verlacht, verlästert,
Und Liebe lehrt, die nicht geprüfter Prinzen
Bedarf, da Prüfung sie sich selbst genug.

*Der Prinz*:
Warum treibt dieser Mensch die Schändlichkeiten?

*Der Hirnmeister*:
Warum? Er sagt, der feig versteckte Lügner,
Es dränge ihn Vernunft und sein Gewissen.
Der alte Schwindel! Denn in Wahrheit reizt
Ihn Ehrgeiz nur und wirbt Gefolgschaft sich,
Um Euch zu köpfen und sich selbst zu krönen.

*Der Prinz*:
Und folgt das blinde Volk dem Missetäter?

*Der Hirnmeister*:
So geigt Gerücht das Lied.

*Der Prinz*:
            Ich bin verloren!

*Der Hirnmeister*:
Noch nicht. Denn fest beharrt der Sinn der Weisen
Auf offenbarter Satzung. Mag die Rotte,
Die Zins auf Zins gesparte Liebe stachelt,
Abtrennen alte Tugend, Ehrfurcht wahrt sie
Zwar dem *Gesetz* nicht mehr, doch ihren Weisen!
Studiert nur, Prinz! Lernt Tag und Nacht, dann werdet
Ihr jetzt bestehn. – – Und glückt es wieder nicht,
Geschieht es leicht, daß wider Euch der Unmut
Den Mut des Volks erhitzt, die Tat entzündet.
Denn Brunst verhaltner Liebe trotzt der Weisheit.

*Der Prinz*:
Mir trotzt die Weisheit, ach, auch ohne Liebe!
Wir werden beide betteln gehen müssen.
Bohrt meinen Kopf, so tief Ihr wollt, er ist
Nun einmal für Gelehrtes nicht geschaffen.
Der Goldschmied mag die Krone passend fügen
Dem engen Schädel – – doch umsonst die Mühe:
Es paßt sich dieser Schädel nie der Krone!

*Der Hirnmeister*:
Tragt Ihr die Krone erst, so wirkt sie Wunder

Und macht aus jedem Krüppel einen König.
Drum lernt, mein Prinz!

*Der Prinz*:
      Wenn nur das Kronenwunder
Im *voraus* sich bewährte … Gebt die Rolle –
(Er memoriert heftig, hält nach einer Weile inne, blickt einfältig ins
Leere, seufzt tief auf, dann wütend:)
Ich will nicht lernen!
(Der Wachtmeister erscheint.)

*Der Hirnmeister*:
      Prinz, Ihr werdet müssen!
Hört die Berichte nur von Volk und Land,
Dann werdet Ihr begreifen, daß Ihr müßt.

*Der Wachtmeister*:
Ich wanderte und spähte allerorten,
Stets sah ich gleicher Trübsal Mißgeschick.
Die Zeiten weinen. Handel stockt und Wandel.
Die Sense hält mit unbewegtem Arm
Der Jüngling in der Ernteglut und träumt.
Die Töpferscheibe stockt im Drehen, weil
Der Töpfer säumt; die Krüge bleiben Klumpen.
Beim Fischfang werfen ohne Köder sie
Die Angel aus und durch zerrißne Netze,
Die ungeflickten, spielt das Meervolk Haschmich.

*Der Hirnmeister*:
Sie fangen keine Fische, sparen folglich
Von fünf gefangnen Hechten nicht den einen,
Der einst der Nachwelt und den Professoren
Das Recht auf Zins und Kapital begründet!
Wie soll man die gegebne Ordnung später
Geschichtlich deduzieren, schläft Geschichte;
Wenn wir das Beispiel künft'ger Rechtsbeweise,
Die Hechte, nicht gefischt und nicht erspart,
Die sich dereinst zum Grunde der Gesellschaft

Entwickeln sollen?

*Der Wachtmeister*:
          Nächtlich rast Geheul
Von Liebesliedern, gleich Schakalen, toll
Und musikalisch durch die Brunst gebläht.
Die alte Zucht zerfällt, die Ordnung schwindet,
Der treue fromme Sinn erstirbt. Man speit
Vor Göttern, Unerhörtestes verlangend.
Ein Fall von vielen! Gestern steht am Marktplatz
Ein Fräulein – – guten edlen Hauses – – prüft
Mit Andacht bunter Dinge Tand im Bazar.
Da plötzlich tritt in Hast zu ihr ein Jüngling,
Reißt weit die Augen auf, als wären sie
Sein Mund und jene Dirn' ein Leckerbissen.
Und gleich hebt er den rechten Arm – – erzitternd
Aus Schamgefühl und einem Rest Gewissen – –
Und – – denkt Euch, Prinz! – – streift leise mit der Hand
Das Kleid des Mädchens. Und die Jungfrau? Flieht?
Sie bleibt vergnügt, erduldet die Betastung
Und – – Prinz, erzürnt nicht! – – lächelt wie verzückt.
Ja, hätten nicht die Bändiger des Volks
Die Untat scharf erspäht und festen Griffs
Die beiden voneinander losgerissen:
Ich steh für nichts! – – sie hätten sich umarmt!
Im Weiberkerker wird die eine, fern
Im Mannsverließ der andere bereuen
Die wider die Natur verfrühte Liebe.

*Der Prinz* (schläfrig):
Versteh nicht, daß die Menschen zueinander
Sich tätschelnd drängen, schleckig, wie zum Honig.

*Der Wachtmeister* (diensteifrig):
Dann wird ein zweit Begebnis mehr Euch raten:
Heut morgen in den Tempel kam ein Bursch
Mit einem halben Rind geschleppt und sprach
Zum heil'gen Tiger lachend: Lab Dich, Lieber;

Die reiche Speise sei für reiche Gnade,
Die Du gespendet mir. Doch wenn Du wieder
Des Prinzen Prüfung lässest fruchtlos werden,
So bring ich Dir ein *ganzes* Rind zum Schmause.
Der Tempelhüter packt den Kerl, der schamlos
Das Volk und seine Götter höhnt und Unheil
Herniederfleht auf unser Herrscherhaus.
Da spricht der Jüngling: Ferne sei mir Spott!
Seht, ich bin der Zarmano, dieser Maid
Des Schreckens längst versprochen, muß sie freien,
Wenn unsres Landes Hochzeitsperre endigt.
Mir graust vor jenem Tag, da rettungslos
Dem Ungeheuer ich verfallen soll.
Und darum fleh' ich Aufschub von den Göttern,
Die, wenn sie gut gefüttert, gütig schmunzelnd
Zum Schluß vielleicht das maledeite Liebchen
In ungetränktem Sehnen schwinden lassen.

*Der Prinz* (melancholisch):
Das war ein stark Gebet und wird erhört! ...
(Wachtmeister ab.)
Es sei gelernt!
(beugt sich über eine Bücherrolle)
        Gelernt, doch nicht gelärmt!
Schon wieder Störung, die den Sinn zerzaust!
(Der Machtmeister zieht mit den Soldaten auf, die nach wüstem, fa-
natischem Getrommel marschieren. Der Machtmeister komman-
diert: Halt! Sie stehen steif. Furchtbare Trommelwirbel.)

*Der Machtmeister*:
Wir sind das Fundament!

*Der Prinz*:
        Was? Fundament?

*Der Hirnmeister*:
Das lernt Ihr später! Heute sollt Ihr hören!

*Der Machtmeister*:
Wir sind das Fundament, des Staates Wehr,
Des Volkes Blüte und der Männer Kraft.
In allen Blicken blitzt die Kampfbegier;
Und alle Muskeln strotzen schwertgestählt.
Krieg ist das köstlichste Geschenk der Götter;
Zu lang entfremdet schon uns Herrscherlosen!
Einst wirst Du diesen Herrlichen befehlen,
Dem König folgen sie in Tod und Sieg.
Schon schwält die Ungeduld, des Wartens müde.
Die Krone wirb! ... Wir sind das Fundament.

*Der Prinz* (will eine Ansprache halten):
Ihr Fundamenter! – –

*Der Hirnmeister*:
　　　　Still! Auch *reden* dürft
Ihr erst, wenn Ihr bestanden, wortbewährt.

*Der Machtmeister* (fast drohend):
Wir sind das Fundament! – – Vorwärts! Marsch! Marsch!
(ab mit den Soldaten)

*Der Prinz* (wieder mürrisch):
Auch das ein Handwerk, andern gleich. Das lohnt
Die Mühe nicht, sich das Gehirn zu stopfen.

*Der Hirnmeister* (für sich):
Er bleibt der schlaffe Schlauch. Des stärkren Winds
Bedarf es, ihn zu strammen. Seelenstrammer,
Wo bleibst Du? Sperrte sich die Dirne? ... Endlich!


### VIERTE SZENE.

*Der Geschlechtsmeister* (schleppt eine verhüllte Statue in den Armen):
Hier, Prinz, das Meisterwerk der edlen Kunst,

Das Ihr bestelltet!

*Der Prinz* (gelangweilt):
        Habe nichts bestellt.

*Der Geschlechtsmeister*:
Doch, Prinz, das war der Auftrag an die Künstler:
„Sehnsucht der Liebe" aus dem Stein zu zaubern.

*Der Prinz*:
Sehnsucht der Liebe – – läppisches Gelechz – –
Hab's nie begehrt, nicht fleischern und nicht steinern.

*Der Hirnmeister*:
So seht es Euch doch an!

*Der Prinz*:
        Ich bin beschäftigt.
Das lenkt mich ab. Nehmt's weg und stellt es auf.

*Der Geschlechtsmeister*:
Erlaubt! Das Ding ist schwer. Ein Weilchen … Laßt!

(Er stellt die Statue vor den Prinzen hin. Sie schüttelt sich, daß die
Hülle abfällt und Helga erscheint.)

*Der Hirnmeister*:
O Prinz, Ihr träumtet glühend, daß der Stein
Nicht widerstand und Sehnsucht Fleisch gewann.

*Helga* (einfach, kindlich):
Ich will Dir helfen, Herr; zu zweien läßt
Sich leichter lernen; linder wird die Arbeit.
Ich leg mich zu Dir, überhöre Dich – –

*Der Hirnmeister*:
*Er*hört ihn …

*Helga:*
> wenn die Götter es verstatten:

Ich will, sobald Du König bist, geprüft,
Mit Freuden dann Frau Königin Dir sein.
Nach Dir die weißen Arme beben ... Sieh ...
(Sie spreizt vor ihm die nackten Arme.)

*Der Prinz* (mit aufwallender Sinnlichkeit, packt ihre Arme und zerrt
täppisch an ihrem Gewände):
Ist alles weiß und fest und rosig? Muß Doch schaun ...

*Der Hirnmeister:*
> Das Blut erwacht!

*Der Geschlechtsmeister* (feierlich):
> Unsterblichkeit

Erhebt sich aus verschlafnen Tiefen, atmend ...

*Helga* (entwindet sich dem Prinzen):
Das andre später ... Liebe *folgt* der Weisheit,
Jetzt laßt uns lernen!

*Der Prinz* (erschlaffend, verdrießlich):
> Schafft das Mädchen fort!

Es ärgert mich und ich bin müde – – weg!
Ich bin kein Menschenfresser. Mag die Jungfrau,
Ist allzu hitzig sie, des Tigers Tatzen
Bestreicheln. Sänftlich knurrend wird er dann
Vielleicht vergessen, fauchend mich zu quälen ...


FÜNFTE SZENE.


(Die Sonne verfinstert sich jäh. Fahle grünliche Dämmerung. Überallher
rieselt ein unbestimmtes Weinen und Wimmern. Ein unendlicher Zug
von Schatten erfüllt die Bühne; sie sind ungreifbar, nebelhaft; aus den
zerfließenden grauen Gestalten brennen – – als einziges Merkmal ihrer
Wesenheit – – weit aufgerissene Augen grell hervor.)

*Helga* (aufschreiend):
Der Tiger schleicht empor die Himmelskuppel!
Schon packt er sie, zerfetzt ... verschlingt ... die Sonne!
(läuft heulend davon)

*Der Hirnmeister* (schlotternd):
Bei Gott! Das hab ich nicht bestellt! (fällt auf die Knie)

*Der Geschlechtsmeister* (grübelnd):
        Natur
Zerstiebt in Wirrsal, reißt der Ring der Liebe.

> *Der Zug der Schatten.*
>   *Erster Halbchor*:
> Nie sind wir genesen,
> Niemals, niemals.
> Augen nur, glühen wir
> Lechzend spähend
> In weithin weichende
> Ferne weinenden
> Ungelebten Lebens.
> Wir hungern ewig
> Nach unserm Anteil,
> Dem schattenzerrinnenden,
> An der beseelten Welt,
> Der enteilenden,
> Eh sie erreicht:
> Opfer verlorener,
> Feil überlistender
> Feige verzögernder
> Umarmungen
> Von Mann und Weib.
> Jede betrogene
> Einsam zerquälte
> Nacht
> Sät schauernden Samen
> Der wesenlos schmachtenden,
> Nie sich erfüllenden

Nebelwandrer des Nichts:
Leer brennende Augen
Gekrallt ins lockende Leben;
Aus unsern Tränen
Geballt zu dunstigen
Körpern der Sehnsucht.

*Zweiter Halbchor.*
Einst trug uns die Erde – –
Vorbei – – vorbei! – –
Menschen zerstörten uns,
Rasend, raubend
Das junge blühende
Weltvollrauschende
Unerschöpfliche Leben.
Dem Schoß entwunden,
Dem mütterlichen,
Die Augen ins Leuchtende
Einmal geöffnet, schloß
Sie neidische
Würgende Nacht.
Hunger entfärbte uns
Frühe die prangenden
Glieder. Der gierige
Beuteopfergott
Die Herzen fraß,
Menschenerschaffener
Menschengenährter
Gott.
Mord, Kerker und Beil,
Und Krieg, die hinmähende
Ehre vermessenen
Wahns der Herrschenden sog
Blut glühender Adern,
Der Jugend herrlichste Stärke;
In Kot zertreten,
Die Form des strahlenden
Schönen verweste.

*Beide Halbchöre:*
Wir schleppen gekrümmt
In Spinnwebkörben,
Wie dürres Reisig
Wurmzerfressenen Waldes,
Die graue Last,
Die tote Zeit, die tote Zeit.
Wir nie Gewesenen,
Wir jäh Gefällten:
Betrogene,
Ausgeplünderte
Wahngeopferte
Larven des Nichts.
Wir schleppen gekrümmt
In Spinnwebkörben,
Wie dürres Reisig
Wurmzerfressenen Waldes,
Die graue Last,
Die tote Zeit, die tote Zeit.
Doch unsre Augen
Suchen rächend,
Erspähen, verfolgen – –
*Hetzen*
Die schuldigen Schänder
Der hellen Welt.


(Die verfinsterte Sonne leuchtet flammend auf. Die Schatten zerflattern auf einmal, wie aufgesogen von der umleuchteten Gestalt Waranas, die ruhig und groß dasteht, wie aus den Schatten hervorgewachsen. Sie schreitet gemessen die Stufen der Terrasse empor, auf den Prinzen zu, der schlotternd die neue Erscheinung anstarrt.)

*Warana*: Ich bringe Rettung.

*Der Prinz* (verständnislos):
Vor dem Ungeheuern?

*Warana*:
Vor Deinem Kopf. Doch Dir allein. Entferne
Die Spießgesellen Deiner trüben Ohnmacht!

*Der Prinz*:
Geht fort!

*Der Geschlechtsmeister* (argwöhnisch):
Ich bin gerade jetzt vonnöten, scheint mir.

*Der Hirnmeister*:
Den Kopf zu retten, Jungfrau, ist *mein* Amt.

*Warana*:
Wo Euer Amt versagt, beginnt das meine.
Doch wollt Ihr nicht, so muß ich wieder gehen.

*Der Geschlechtsmeister* (witternd):
Sagt eins mir nur! Die Weiber dieser Zeiten
Sind trocken, gelb, verweint, verstört, verrückt,
Gesprenkelt von dem Aussatz ihrer Launen,
Doch Ihr seid ruhig, leuchtend, säfteschwellend –
Woher kam Euch die Kraft?

*Warana* (stolz, spöttisch):
Ich nahm sie mir.

*Der Hirnmeister*:
Kommst Du zum *Leib*? Willst Du den *Geist* betreuen?
Der Geist ist *mein* Bezirk.

*Warana*:
　　　　Nicht Geist, nicht Leib – –
Ein Drittes bring' ich und ein Drittes such' ich.

*Der Prinz* (ein wenig gespannt):
So geht doch fort! Ich will die Jungfrau hören.
(Hirnmeister und Geschlechtsmeister zögernd ab.)

*Warana*:
Hört rasch! Des Obersten der Weisen Tochter
Bin ich, die Hüterin der heilig-alten
Papyrusblätter, der geheimnisvollen,
Beschrieben von der Hand der grauen Weisen.
Mit Frag' und Antwort für der Herrscher Prüfung.
Ich wagte nie verübtes, ungedachtes Verbrechen.
Ich erbrach den Schrein und las
Der Blätter rätselschwere Zeichen, faßte
In meinem Geiste sie, bis sie mein eigen,
Und kann Dich lehren jetzt die dunklen Fragen
Und ihrer Lösung tiefversponnen Wort.
Ich schrieb es faßlich auf. Lest diese Blätter!
(Sie reicht dem Prinzen eine Rolle, die er kopfschüttelnd buchsta-
biert.)

*Der Prinz*:
Lari veddo maschkamayeddo schem …
(Trübsinnig seufzend)
Begreife nichts !

*Warana*:
          Wer fordert, zu begreifen?
Die Laute präge ein. Man prüft Dich nicht,
Ob Du den Sinn erfaßt, wenn Du die Antwort
Erraten.

*Der Prinz*:
          Das ist lang und schreckend schwer.
Sechs Monde oder sieben werden wechseln,
Bevor das Licht in meinem Kopf erglimmt.

*Warana*:
Nimm Dir nur Zeit. So größer ist die Stunde,

Da Du nach langem Harren königsreif
Gesprochen ... Komm hinein, daß ich Dir sage,
Wie Du die Zeichen lesen mußt und lernen.
Ich setzte Dir die Antwort angenehm
Melodisch, daß sie schlüpfrig in Dich gleitet.

*Der Prinz* (lüstern auflachend):
Du bist, o Jungfrau, nicht nur klug, Du bist
Auch schön. Komm' lieber heute nacht – – zum Lernen!

*Warana*:
Ich würd vermißt und der Verrat entdeckt.

*Der Prinz* (stürmisch):
Ich will Dich ...

*Warana* (lachend):
          Mußt bei Sinnen bleiben, Prinz,
Daß Dir der Sinn zum Lernen offen werde.

*Der Prinz* (besessen):
Ich will Dich ...

*Warana* (angewidert):
          Erst dem *König* winkt Verheißung!

*Der Prinz*:
*Dann* wirst du *wollen*?

*Warana*:
          Niemand weigert sich
Dem Goldgekrönten. Komm und laß Dir raten.

*Der Prinz*:
Ich folge Dir und will geduldig warten.
(Beide gehen in das Schloß.)

(Auf die Bühne stürmt eine Horde schreiender Jünglinge, vor denen Guldar, mit beruhigenden Gesten Widerstand leistend, langsam zurückweicht.)

*Die Jünglinge* (durcheinander brüllend):
Du Volksverführer, Räuber, Lügendrescher,
Du Göttergeifrer, Unhold, Seelendieb!
Den Glauben reißest Du aus unsern Herzen
Und reizest auf zu schimpflichen Verbrechen,
Damit wir Armen ganz verderben sollen.
Du Ausbund ausgespiener Laster, Teufelshurer!

*Guldar*:
So hört doch! …

*Die Jünglinge*:
        Friß die Zunge in den Schlund !

*Guldar*:
Die Wahrheit hört! …

*Die beiden Wächter* (vorstürzend, schreiend):
        Der war beim Weibe nächtens!

*Die Jünglinge*:
Er war beim Weib! Er war beim Weib! Beim Weibe!
Er sei gesteinigt! Steinigt, steinigt ihn! …
(Sie schleudern auf den Fliehenden Steine, bis er zusammenbricht.
Mitten in den Lärm schreiten die drei Volksbändiger hinein, die
Menge mit züngelnden Giftschlangen zurückdrängend.)

*Erster Volksbändiger*:
Blox! Was für Lärm! Zurück!

*Zweiter Volksbändiger*:
        Geräumt den Platz!

*Dritter Volksbändiger:*
Für Ordnung sorgen *wir* und für die Strafe.
Damische Hunde, damische, zurück!

*Erster Volksbändiger:*
Den Raum gebt frei! Den Platz gesäubert! Blox!
(Die Jünglinge, auf einmal ganz still und demütig, trollen sich von
dannen.)

*Erster Volksbändiger* (auf den bewußtlos liegenden Guldar weisend):
Und dieser mag zur Warnung für die Bürger
Als frischer Fraß den Krähen bleiben – – Blox!
(Die Bühne leert sich. Es herrscht einen Augenblick Toten stille. Aus
der Ferne fliegen noch vereinzelt Steine. Warana verläßt das Schloß,
bleibt auf der Terrasse stehen.)

*Warana* (aufatmend):
Das ist getan! Und ich bin abseits aller
Geborgner Menschen, ausgestoßen ewig.
Doch nicht *allein* …
(sie gewahrt Guldar)
            Weh! – – *ganz* allein? Verloren?
(Sie beugt sich über Guldars Körper. Ein letzter verirrter Stein streift
sie. Sie taumelt benommen und stürzt über Guldar, kommt sofort
wieder zum Bewußtsein, lauscht an seiner Brust, glückselig:)
Er atmet … lebt …
(Sie bettet seinen Kopf in ihren Schoß.)
            Nun sind gesteinigt wir,
In eins geeinigt, fest und nie zu lösen,
Jetzt Mann und Weib erst, ineinander strömend
Die Seelen, die das Volk geächtet, jetzt
Ganz erlöst von allem Wahn und Wanken,
Nur uns gehörend, frei und stark für alle,
Die arme Welt, zum Trotze ihr, zu retten.
Du blasser Freund, Du Träumer neuen Lebens!
Will Dich in meiner Kammer bergen … heilen …

*Ende des zweiten Aktes.*

(Hell flimmernde Sternennacht. Flammen aus hohen Pfannen tauchen die Menschengruppen in magisch flackerndes Licht. Im Hintergrunde der gespenstisch aufsteigende Tempel, aus dessen Pforte die an der Prüfung teilnehmenden Personen kommen. Vor dem Tempel ein hoher Thron, mit grotesken Tigerfratzen grell bemalt. Zur Seite links und rechts je drei Steinsitze für den Rat der Weisen. Der Schauplatz ist eine Art felsigen Amphitheaters, das auf beiden Seiten durch schroffe Felswände den Versammlungsraum abgrenzt und vorn in eine Ebene verläuft, so daß von hier aus die Menge frei hereindringen kann.)

*ERSTE SZENE.*

(Der Machtmeister und der Geschlechtsmeister schleppen den Prüflingsstuhl heran, ein Folterinstrument, der Sitz mit Stacheln versehen, seitwärts und unten Klötze, in die Arme und Beine des Prinzen eingespannt werden. Sie stellen den Stuhl vor den Thron.)

*Der Machtmeister:*
Ein Jahr fast rann dahin seit jenem Tag,
Da grimm der Tiger-Gott die Sonne schlang – –

*Der Geschlechtsmeister:*
Und ausspie gleich den allzu heißen Bissen.
Doch das Mirakel wandelte den Prinzen.
Er grub sich in des Wissens trockne Blätter
Und lernte, zum Erbarmen ausgemergelt.
Die Monde gingen, und er sträubte sich,
Die Lippen ängstlich regend, immer noch
Dem Rat der Weisen endlich sich zu stellen.
„Ich kann's noch nicht." „Es ist so schwer." „Es haftet
Im Kopf mir nicht." So jammerte der Ärmste;
Bis nun die Zeit erfüllt und er bereit.

*Der Machtmeister*:
So schwindet auch für uns die müßig leere,
Verdrossne Zeit des tatenlosen Harrens.
Wir gelten wieder und gebieten, Wirbel
Des Weltgeschehens lustig blutig drehend.
Du, mein Gehilfe, sä' mir fleißig Menschen,
Daß ich zum Mähen dichte Ähren habe.
Wohl quillt uns Lust im Zeugen und Empfangen,
Doch größre Wonne schafft, die faule Brut
Zu fällen wieder mit der Waffe Schärfe,
Die ausgedacht ihr Scharfsinn und ihr Schweiß
Geschmiedet. So gebärt die Schöpfung wieder
Zerstörung, so die feigen Narren wachsen
Aus Angst zu Helden, und im wilden Spiel
Um Mord und Leben herrschen *wir* – – genießend!
Es hebt uns über Götter und Natur
Der Tod als Tat, die dem Geschick entlistet
Die Macht, das Ende selber zu vollstrecken. – –
Ich brauche Menschen, laß hervor sie wimmeln …

*Der Geschlechtsmeister*
(durchaus ernst, schwermütig sinnend):
Du höhnst mich als Gehilfen, Todfeind mir!
Ich soll des Menschen tiefgewaltig Wirken,
Erhabne Leidenschaft, seligstes Spenden
In tückisch fürchterliche Täuschung kehren;
Statt niedrer Menschen schmutzige Gelüste
In brennend hingegebenes Versenken
Gesellter Kraft und Schönheit ernst zu läutern!
Wenn zwei sich lieben, wird die Erde neu;
Wenn schmerzend aus dem heil'gen Schoß der Mutter,
Weil er den Mann beglückt, ein frohes Kind
Sich in des Lebens Reigen hoffend reiht –
Dann braust der Erde Seele überquellend
Und fühlt Unsterblichkeit in ihren Adern.

*Der Machtmeister*:
Dir ächzt der Schatten Jammerzug im Ohr!

*Der Geschlechtsmeister* (beschwörend):
Sie waren Künder mir erlösten Glaubens
Und neuer Tage prangenden Beglückens.
Du bist das herrische Gespenst vergangner,
Verfluchter und verworfner Finsternisse.

*Der Machtmeister* (feixend):
Und Du der Kuppler für gekrönte Brunst!
(Beide im Hintergrund ab.)


ZWEITE SZENE.


(Vorn drängen links und rechts dunkle Menschenmassen herein, die
außerhalb des Lichtkreises bleiben. Die – noch beleuchteten – Volksbändiger werfen sich ihnen entgegen, indem sie ihre Giftschlangen
gegen sie schnellen lassen.)

*Erster Volksbändiger*:
Zurück! Man ruft Euch schon! Blox! Geht nach Hause!

*Schrei aus der Masse*:
Die Schlange stach mich! Weh! Das Gift ... Ich sterbe ...

*Zweiter Volksbändiger* (gemütlich):
Die Tiere beißen amtlich, Polizei
Gezähmt und zähmend. Aufgepaßt! Hinweg!

*Erster Volksbändiger*:
Die Schlangen weisen Euch die scharfen Zähne,
Die rechten Weisheitszähne für die Massen:
Sie spritzen Gift, kommt man zu nah! Gehorsam
Erzwingen sie, indem sie ringelnd brechen – –
Blox! – – das Genick.
(Zu einem, der nicht weichen will:)
　　　　　Soll sie Dich küssen, Bursche?

*Der Jüngling*:
Ich gehe schon. Die andern drängen. Au!
(Saugt am gebissenen Finger.)

*Zweiter Volksbändiger*:
Genug des Gaffens! Trollt Euch! Höchste Zeit!

*Dritter Volksbändiger*:
Wenn man Euch braucht, o Volk, wird man Euch rufen.
(Die Menge entfernt sich murrend, doch eilig. Stille. In strengem
Aufzug schreitet aus der Tempelpforte der Rat der sechs Weisen,
voran der Oberste der Weisen, neben ihm Warana, den Schrein der
Fragen tragend. Der Oberste der Weisen, die Krone in den Händen,
steigt auf den Thron, sich niedersetzend; auf den Stufen Warana,
aufrecht. Nach einer Weile wird der zitternde Prinz von dem Hirnmeister vorgeführt und von ihm in den Prüfungsstuhl gespannt.)

*Der Prinz* (leise, einen Aufschrei unterdrückend):
Es sticht! Ich blute! Weh!

*Der Hirnmeister* (leise auf den Prinzen einredend):
          Die Stacheln läutern!
Das trübe Blut tropft ab, der Geist schwillt auf!

*Der Oberste der Weisen*:
Die hohen Sterne rufe ich als Zeugen,
Daß ihre ungezählten Augen spähen
In unser Tun. Nicht Täuschung und nicht Irrtum
Verderbe frommer Handlung strenge Reinheit!

*Der Rat der sechs Weisen*:
Wir hüten des Gesetzes Offenbarung.

*Der Oberste der Weisen*:
Gefahrvoll ist die Stunde. Denn das Land
Verschmachtet nach dem Herrscher lange Jahre.
Als Du zuerst um Thron und Krone warbst,
Da wurdest Du gefragt nach der Geschichte

Des Reichs, nach Bergen, Flüssen, Buchten, Seen,
Nach dem Getier des Landes, Bäumen, Früchten,
Nach seinen Schätzen und der Menschen Wohnort
Du wußtest nichts! – – Das zweite Mal erfragten
Wir Namen, Wesen, Wandel der Gestirne,
Der Zahlen reichverwebte Rätselkunst,
Die labyrinthisch höchste Klarheit wirbt,
Nach Menschentugend und Regentenpflichten.
Du wußtest nichts! – – Nun aber glauben wir,
Daß Du derweile alles dies gesammelt
Dir im Gedächtnis. Darum sei nicht mehr
Nach Einzeldingen Du befragt. Das Ganze
Und Letzte des Erkannten sollst Du künden.
Doch wisse, Prinz, bleibt wiederum Dein Geist
Verstockt, das vierte Mal wirst Du so schwer
Gefragt, daß niemand Antwort weiß, kein Mensch!
Nicht der befugten Weisen sechs, nicht ich,
Der Weiseste der sterblichen Geschöpfe …
Erschließe, Tochter, nun den Schrein der Fragen!
(*Warana* reicht dem Vater das erste Blatt. Der Oberste, feierlich lesend):
Was ist der Grund und Urbeginn der Welt?


*Der Prinz* (verständnislos überstürzend, leiernd):

Einst war nicht Zeit, nicht Raum, reglos im Toten
Das Nichts in ewig gleicher Starre ruhte,
Da floß ein Tropfen aus der Götter Blute,
Und aus der Unwelt Weltenflammen lohten.

Es rauchte, brauste, toste in den roten
Allwirbelfeuern. Eine Riesenrute
Das Werden peitscht zu rasend wildem Mute,
Gehorchend fernher brüllenden Geboten.

Es ballen kreisend Körper sich und ändern
In flatternd farbentaumelnden Gewändern,
Zu wachsend, wechselnd reicher Form gerafft.

Bald fügt das Fessellose sich in Bändern,
Es schreitet an gesicherten Geländern,
Was Welt im Anfang war: *bewegte* ...

(Der Prinz stockt, findet das Wort nicht, wiederholt mehrmals „bewegte", blickt hilfesuchend auf Warana, die teilnahm[s]los ins Leere träumt.)

*Der Oberste der Weisen*:
Ich hörte staunend, Prinz, die vollen Laute
Von Euern Lippen klingen. Soll das letzte,
Das Lösewort Euch fehlen? Denkt! Bewegte – –

*Der Prinz* (mit äußerster Anstrengung, erschöpft):
    ... *Kraft*!

*Der Rat der sechs Weisen* (glückwünschend nickend):
Gefunden das Gesetz der Offenbarung!

*Der Oberste der Weisen*:
So hast die erste Frage Du gelöst,
Mit Meisterworten, doch verängstigtem,
Verstörtem Vortrag. Höre reife Weise!
(Der Oberste wiederholt, innerlich ergriffen, mit echtem Pathos:)

    Einst war nicht Zeit, nicht Raum, reglos im Toten
    Das Nichts in ewig gleicher Starre ruhte.
    Da floß ein Tropfen aus der Götter Blute,
    Und aus der Unwelt Weltenflammen lohten.

    Es rauschte, brauste, toste in den roten
    Allwirbelfeuern. Eine Riesenrute
    Das Werden peitscht zu rasend wildem Mute,
    Gehorchend fernher brüllenden Geboten.

    Es ballen kreisend Körper sich und ändern
    In flatternd, farbentaumelnden Gewändern,
    Zu wachsend, wechselnd reicher Form gerafft

    Bald fügt das Fessellose sich in Bändern

Es schreitet an gesicherten Geländern,
Was Welt im Anfang war: *Bewegte Kraft* !

*Der Oberste der Weisen*: Das zweite Blatt!
(Warana reicht es; er liest:)
        *Was ist der Sinn der Welt?*

*Der Prinz* (freier und bewegter sprechend, doch alles falsch betonend):

In Einsamkeiten, abgetrennt, erzittern
Der Erde Wesen, angstbedrängt das Lehen
Zufäll'gen Lebens schauend im Vergehen.
Da trifft ein Blitz aus göttlichen Gewittern.

Und die Beklommnen brechen aus den Gittern
Vereinzelt leeren Grams. Sehnsüchtig sehen
Sie nach Gefährten, suchen, greifen, flehen,
Bis sie, geeint, das Nichts in nichts zersplittern.

Dem Leben keimt, erblühend aus dem Grunde
Drängender Fülle, durch sich selbst gesunde
Gefühlt Gewähr, daß niemals es zerstiebe.

Das Dasein wird zum Sein im Menschenbunde,
Der Tod ist tot; es tötet keine Wunde:
Der Welt ewig entflammter Sinn ist – – *Liebe*!

*Der Rat der sechs Weisen* (beifällig):
Ersonnen das Gesetz der Offenbarung!

*Der Oberste*:

        Du trafst den Sinn, entbandest ihn im Wort,
        Erkühnter floß die Rede, nur im Tone
        Entzauberst Du das Wunder des Gedankens.
        So höre klingen, was Du klug entdeckt:

In Einsamkeiten, abgetrennt, erzittern
Der Erde Wesen, angstbedrängt das Lehen
Zufäll'gen Lebens schauend im Vergehen.
Da trifft ein Blitz aus göttlichen Gewittern.

Und die Beklommnen brechen aus den Gittern
Vereinzelt leeren Grams. Sehnsüchtig sehen
Sie nach Gefährten, suchen, greifen, flehen,
Bis sie, geeint, das Nichts in nichts zersplittern.

Dem Leben keimt, erblühend aus dem Grunde
Drängender Fülle, durch sich selbst gesunde
Gefühlt Gewähr, daß niemals es zerstiebe.

Das Dasein wird zum Sein im Menschenbunde,
Der Tod ist tot, es tötet keine Wunde,
Der Welt ewig entflammter Sinn ist: Liebe.

Im letzten Blatt, Warana, beut das Schicksal!
(Liest:)
*Was ist der Welt erhaben letztes Ziel ?*

*Der Prinz* (mit großem Pathos, in richtiger Betonung, aber ohne
Verständnis und Gefühle):

In Qualen träumt die wimmelnde Gemeine
Der Menschen, blindhinschleifend, wahngebunden,
Vom dumpfen Trieb' wie von blutäug'gen Hunden
Gehetzt durch Dickicht über Dorn und Steine.

Sie schmähen in wirr klagendem Gegreine
Furchtkriechend Mächte, die sie selbst erfunden,
Von ihrer eignen Bosheit Werk zerschunden,
Aufsässig-feig in tückischem Vereine.

Die Welt verwelkt ... Doch einmal jäh im Spiel
Der Narren hallt der helle Ruf: Befiehl
Dir selbst, *Dich* forme mühend wie der Töpfer

Den Ton; und denkend lenk' des Schicksals Kiel
Zu Deiner Seele. Denn so ragt das Ziel
Der Welt: *Der freie Mensch, der freie Schöpfer!*

*Der Rat der sechs Weisen* (in entzückt erregtem Gemurmel):
*Erfüllt* ist das Gesetz der Offenbarung!
(Ein mächtiger Gongschlag ertönt. Aus dem Hintergründe nahen
die Mitglieder des Hofstaats, der Hirnmeister usw.)

*Der Oberste der Weisen:*
Der Prüfling sei befreit!
(Der Machtmeister und der Geschlechtsmeister lösen den Prinzen
aus dem Folterstuhl. Gongschlag.)
        Das Volk der Männer
Geselle sich dem frohen Fest als Zeugen!

(Durcheinander lärmende Gongschläge. Die Männer und Jünglinge
erfüllen den Vordergrund der Bühne; doch bleiben sie während des
ganzen Akts im Dunkel, außerhalb des Lichtscheins, der die unmittelbar Handelnden der Szene beleuchtet.)

*Der Oberste der Weisen:*

Der Prinz ward reif und würdig seiner Krone.
Er fand den weisen Fragen weise Antwort.
Vernehmt, was er Euch allen setzt zum Ziel:
(mit stärkstem, aus tiefer Erschütterung visionär strömendem Pro-
pheten-Pathos)

In Qualen träumt die wimmelnde Gemeine
Der Menschen, blindhinschleifend, wahngebunden,
Vom dumpfen Trieb' wie von blutäug'gen Hunden
Gehetzt durch Dickicht über Dorn und Steine.

Sie schmähen in wirr klagendem Gegreine
Furchtkriechend Mächte, die sie selbst erfunden,
Von ihrer eignen Bosheit Werk zerschunden,
Aufsässig-feig in tückischem Vereine.

Die Welt verwelkt ... Doch einmal jäh im Spiel
Der Narren hallt der helle Ruf: Befiehl
Dir selbst, Dich forme mühend wie der Töpfer

Den Ton; und denkend lenk' des Schicksals Kiel
Zu Deiner Seele. Denn so ragt das Ziel
Der Welt: *Der freie Mensch, der freie Schöpfer*!

(Die Menge sinkt andächtig nieder. Nur ganz hinten links bleibt eine
schwarze Gestalt aufrecht.)

*DRITTE SZENE.*

*Der Oberste der Weisen*:

Führt her den Prüfling!
(Der Hirnmeister geleitet den Prinzen zum Thron. Der Oberste der
Weisen erwartet ihn, stehend, auf der obersten Stufe des Throns. Der
Prinz steigt hinauf. Der Oberste der Weisen setzt ihm die Krone aufs
Haupt.)
   Sei gekrönt, Geweihter.
Es strahle Deinem Haupt der Götter Zeichen
Und Werkzeug: Krone Du der Kraft, der Liebe
Und edler Freiheit für *Agab* – – den Nullten!

(Der Prinz läßt sich im Thronsessel nieder. Die Sterne erblassen. Die
Flammen in den Pfannen erlöschen. Es ist einige Sekunden auf der
Bühne völlig finster. Plötzlich strahlt die Krone auf und beleuchtet
fortan die Szene; nur die Menschenmassen, die sich wieder erhoben
haben, bleiben im Dunkeln. Die Züge des Prinzen verblöden sichtbar; er glotzt boshaft stier.)

*Der Hirnmeister* (begeistert):
O schaut! Der eherne Cäsarenblick!

*Der König* (spricht, sobald er die leuchtende Krone auf dem Haupt
hat, mit läppischem Selbstbewußtsein und komödiantischem Pa-

thos, sehr lebhaft gestikulierend*[6]:

Ich – – ich – – der Gottgesandte, Zeitverweser,
Ich bin Gesetz. – – Was Euch befohlen, darf
Nicht einmal selber gnädig widerrufen. – –
Vorbild die großen Ahnen. – – Selbstverständlich
Mit zeitgemäßen Neuerungen. – – Wohlfahrt
Des Volkes Leitstern, Richtschnur. – – *Ich* gewähre
Ihm Glück, mit Götterhilfe, es gehorcht.
(Beifallsgetöse der Menge.)

*Eine laute Stimme aus der Menge*:
Die Götter mögen Deinen Worten Sinn
Verleihen, klären den verschlammten Schwall!

*Der Hirnmeister*:
Den Göttern Preis! Der große Fürst geruht
Soeben, neues Denken zu erzeugen!
(Beifallsgetöse.)

*König* (geschmeichelt fortfahrend):
Zu ändern viel! – – Der Thron ist zu modern
Bemalt. Mehr klassisch! Polster hart, zu grün!
Die Tapezierer ruf ich und die Maler,
Als erblich hoher Schirmherr aller Künste,
Daß sie sich um mich, ihren König, scharen. – –
Der Tempel ist zu niedrig; Umbau dringend.
Höchst mangelhaft ist unser Schiffbau; Stil

---

[6] *) *Anmerkung für den Schauspieler*: Der Darsteller des Agab möchte beachten, daß der Prinz nicht in Wirklichkeit den schroffen Wandlungen verfällt, die äußerlich erscheinen. Er bleibt im Grunde seines Wesens ein einfaches, gewöhnliches, gutherziges, äußerst beschränktes Menschenkind, das zeitweilig eine grausame und irrsinnige Bestie, weil er den Aufgaben in nichts gewachsen ist, die ihm sein Amt auferlegt. Seine Wandlung zum Tyrannen ist die bloße magische Wirkung der Krone. Der Prinz wird von dem Dämon der Königswürde besessen. In das größenwahnsinnige Gefasel gerät er nur, wenn er die Krone auf dem Haupt hat. Er ist – – trotz aller Karikatur, die durch die Zusammenfassung aller typischen Züge notwendig ist – – eine *humoristische* Gestalt im hohen Sinne des Humors als des wehen Gelächters über die Welttragik.

Der Kähne falsch und ihre Zahl zurück
Geblieben wachsendem Bedarf der Neuzeit. – –
Die nackten Nasen meines Volks und Ohren
Unsittlich! Zucht dem Volke zu erhalten;
Auch wittern sie und hören allzu scharf.
Der Weiber feiste Brüste zu beschneiden
Befiehlt der Takt, der Ruf ...
(verwirrt stockend)
        der Männer Ruhe.
(Er hat während der letzten Worte aufgeregt Warana betrachtet.)
Doch das will später ich verordnend ordnen.
Heut liegt mir ob, den heißen Wunsch des Volkes,
Den lang gehegten, endlich zu erfüllen,
Den Wunsch nach einer Königin!
(Jubelrufe der Menge.)
        Ich will,
Als erste Wohltat der Regierung, freien.
Mein Auge wählte: *Königin Warana* !
(Erregtes Volksgemurmel.)
So sei es! Man geselle mir Warana!


*Stimmen*:
Warana ... Fürstin ... Königin ... Warana ...


*Der Oberste der Weisen* (bewegt):
Beglückte Tochter! Glanzbestrahlter Vater!


*Warana* (hebt den Kopf, blickt lächelnd auf den König, ganz ruhig,
mit verborgenem Hohn):
Ei! „Man geselle mir Warana!" Ich
Indes geselle mich nicht Agab, weil
Kein Weib umarmen mag, was ihm entsprossen,
Blutschänderisch die eigne Frucht genießend.
        (Allgemeine Bewegung und Verwirrung.)


*Der König* (fassungslos mit offenem Munde):
He! Was? Gebot des Gottgesandten! He ...

*Der Rat der sechs Weisen*:
Was offenbart die Schrift in solchem Falle?
Und wer begreift das dunkle Wort der Jungfrau?
Wir hüten das Gesetz und das Gesetz
Versagt. Der Ring der Offenbarung bricht!

*Der Oberste der Weisen* (verzweifelt):
Nie ward seit Urbeginn ein solcher Fall
Erhört. Und ich, der Weiseste, erzeugte
So schreckliche Verblendung!

*Der König* (schäumend):
      Schleift sie her!

(Inmitten der allgemeinen Ratlosigkeit hat der Hirnmeister den rettenden Einfall; er steigt einige Stufen des Throns empor.)

*Der Hirnmeister*:
Kein Zwang, mein Fürst! Die Jungfrau ist betäubt
Von jäher Gnade Übermaß. Sie braucht
Geduld und Zeit, sich und ihr Glück zu finden.
Auch Ihr, mein großer König, müßt verzichten,
Daß jetzt die Brautnachtsfackeln sich entzünden.
Ich bringe Botschaft arger Zeit und schwerer
Gehäufter Pflichten dem gekrönten Haupt.
Heut ist die Stunde nicht zum Hochzeithalten:
Der *Feind* bedroht mit frechem Überfall
Des Landes Freiheit, Leben und Gesittung.
Längst schwoll von fahlem Neide uns der Nachbar,
Der unser froh Gedeihen scheel mißgönnte,
Zerstörung uns und Untergang ersinnend.
Nun gilt's, die Heimat, ihren Götterglauben,
Die Felder, Hütten, Ziegen, Weiber – – alles,
Was ein Jahrtausend guter Arbeit schuf,
Siegend mit blank geschärftem Schwert zu schirmen.
Der große König führt sein Volk voran.
Es harret, kampfbegierig, treu des Rufs.

*Der König*:
Mein Volk! Die große Stunde ist gekommen,
Da wir gemeinsam uns in Not verbrüdern,
Du Volk und ich, der Sklave meines Reichs.
Auf in den Kampf! Auf in den Sieg! Der Feind
Hat unsern frommen Frieden aufgestört.
Zahlt es ihm heim! Die Götter werden helfen!
(Brausende Jubelrufe in der Masse. Einige versuchen schon einen
Kriegsmarsch anzustimmen, der durch Ruherufe unterdrückt wird,
da der König mit gebietender Armbewegung bedeutet, daß er noch
nicht zu Ende ist.)
Ich danke Euch, geliebtes Volk. Und nun
Sei Euch des Kriegs Erklärung klar verkündet.

*Der Hirnmeister*:
Schon lange trugen wir des Feindes Tücken.
Mit heuchlerischer Bosheit treibt er uns
Des Meeres Flut ins tiefe Land, um gleich
Mutwillig wieder sie zurückzuziehen.
So geht das Spiel tagaus tagein, daß niemals
Wir Ruhe haben. Bald verschlingt die See
Weithin die grünenden Gestade, bald
Liegt trocken alles vom verdursteten
Getier der Wogen, luftverpestend stinkend.
So senden denn wir endlich letzte Weisung:
Laßt Ihr nicht binnen vierundzwanzig Stunden
Verhaßtes Tun, die Fluten aufzuhetzen
Und fortzutreiben in verruchtem Wechsel,
So werden wir mit der Gewalt der Waffen
Zur Ruhe helfen Euch und Eurem Meer.

*Der Machtmeister*:
Glorreiche Zeit hebt an! Schwert klirrt und schlägt
Des Feindes Übermacht entzwei! Mit Göttern!
Nie wieder soll er uns bedrohen. Recht
Muß ringen Sieg – – mit Göttern! Schare Volk
Dich um den großen König, der zu großen
Beglückten Zeiten vorwärts führt – – mit Göttern!

Gewähre nun, o Fürst, noch zu enthüllen,
Damit den Kriegsplan ich zerschmetternd füge:
Wie heißt der Feind? Wo haust er, der uns droht?

*Der König* (überrascht, ratlos):
Der Feind, des Überfall uns abzuwehren
Nun gilt ... der grausam niederträcht'ge Feind ...
Die Lügenbrut ... elende Hunde ... Affen ...
Der Feind ... (mit unterdrückter Wut den Hirnmeister anzischend)
So sag' mir doch, Du Tropf, wie heißt Der Feind?

*Der Hirnmeister* (verblüfft dann rasch aufs Geratewohl):
   Wir künden Fehde den *Lebranern*!

*Die Menge*:
Tod den Lebranern! Den Lebranern Tod!
(Jetzt beginnt laut ein wilder, mißtöniger, unartikulierter Kriegsmarsch, der immer mächtiger anschwillt. In diesem Augenblick
drängt sich durch die Massen Guldar, tritt von rechts in den Licht-
kreis und bleibt hochaufgerichtet stehen. Die Menge verstummt erschreckt.)


VIERTE SZENE.

*Einer aus der Menge*:
Die Toten gehen um!

*Ein anderer*:
   Ihn fraß der Tiger,
Daß nicht ein Knochen blieb. Er war verschwunden,
Spurlos. Er fand nicht Ruhe. Sein Gespenst
Ist auferstanden – – wandelt. Schlimme Zeichen!

*Ein dritter*:
Gesteinigt, steigt er auf, gehärtet lebend,
Prophetisch glüht sein Auge. Hört! Er redet!

*Guldar*:
Verschwunden kaum der Spuk verbotnen Lebens,
Der ekel läppisch lange Jahre würgte,
Wollt neuen Wahn verderbend Ihr gebieten?
Befruchtend rauschte eben auf uns nieder
Erkühnt erhabner Worte hoher Geist.
Der freie Mensch, der freie Schöpfer wurde
Verkündet uns, der Untergang gefeiert
Der Dunkelmächte, die wir selbst errichtet
Und doch in feiger Niedrigkeit erdulden!
Der freie Mensch, der freie Schöpfer – – wie? – –
Hebt so der neuen Tage Hoffnung an?
Ist das die junge Freiheit, die gehorsam
In blökend blödem Herdentrott dem Führer
In Ängsten folgt und Unterwerfung leistet
Den tollen Fratzen heischender Begierden?
Seid Schinder Ihr, die Lebendes erst achten,
Wenn es am Boden fault, ein stinkend Aas?
Ich rufe Euch, beschwörend, flehend, bettelnd:
Verweigert Euch! Seid Menschen! Wagt die Freiheit!

*Ein Teil der Menge*:
Er spricht die Wahrheit! Folgt dem Allerretter!

*Guldar*:
Und Ihr, der Weisesten und Weisen Ausbund!
Ist Euer Hirn verhärtet, daß Ihr nicht
Ein armes Wort mehr findet, zu bekennen,
Was prunkvoll Ihr als Ziel und Sinn verkündet?
War alles Hohn, Getändel, Schädelschleim?

*Der Rat der sechs Weisen*:
Wir hüten des Gesetzes Offenbarung.

*Der Oberste der Weisen* (unsicher, beunruhigt):
Versenkt und wurzelnd in tief-tiefsten Seins
Geheimem Urgrund dien' ich letzter Wahrheit
Im Reich des Ewigen ziemt hohes Sinnen,

Doch bindet es nur im Bezirk des Geistes.
Auf Erden richten Menschen, nicht Gedanken!
Verweilend bei des flücht'gen Tages Fragen
Und eitlen Sorgen muß ich pflichtgemäß
Erkennen die Notwendigkeit der Nacht,
Der Herrschaft und mich unterwerfen; doch
Zugleich von der Vernunft und Wissenschaft
Erhöhter Warte jedes Tun des Fürsten,
Des Macht und Walten in sich selber ruht,
Mit klugem Wort begründen und beweisen.
Und darum sei gesagt: Nicht Willkür stürzt
Die Heldenschaft des Volks in Abenteuer.
Die harte Not verstrickten Schicksals ruft.
Kein Ungefähr ist dieses Ringens Ausbruch.
Längst wuchert es in Fäulnis alter Feindschaft,
Die gärt im Widerspruch der Völkerwesen
Und ringt den Stärkeren emporzuheben.
Denn alles ist notwendig, heischt Vollstreckung.

*Guldar*:
Und ich vollstrecke neugebornes Recht!

*Der Oberste der Weisen* (ernst, mitleidig):
Verirrter Knabe! Tor! Du wähnst allein
Die Allmacht des Gesetzes zu durchbrechen?
Aus engem Spalt des eisig finstern Kerkers
Zwei bleiche Fäuste krallen wehrlos sich
Um kant'ge Eisenstäbe, reckend, rüttelnd,
Wie abgehaun vom Körper und erstarrt:
Die Hände des im Dunkel Eingeschlossenen,
Der mit den Augen nicht zum Spalte dringt,
Die Stirn nicht in die Freiheit heben kann.
Und nur die dürren Arme langend streckt – –
Zwei bleiche Fäuste rasend irrer Ohnmacht,
Das bleibt von Dir: zwei krampfgekrümmte Hände
An schwarzen Kerkergittern, kraftverwest.

*Guldar*:
Und diese beiden abgehaunen Fäuste
Noch wirken Freiheit … Nieder Tyrannei!

*Ein Teil der Menge*:
Tod dem Tyrannen!

*Der König* (schreiend):
         Tod verfluchtem Volk,
Das aufgestachelt seinen Herrn verhöhnt,
Gehorsam weigert! Kanzler künde Recht!

*Der Hirnmeister*:
Wer seinen Herrscher lästerlich verletzt,
Des Zunge reißt aus dem verruchten Schlund
Ein glühend Eisen – – Glied gesühnt durch Glied!

*Guldar*:
Auf, Freunde, laßt uns diese Züngler hindern,
Daß sie des Lebens Atem uns verpesten.
In einen Tierhain seltner Mißgeburten
Zur Ansicht sperrt sie, füttert sie und lacht!
(Die Menge bleibt, ein wenig zurückweichend, unbeweglich, böse
und feige murmelnd. Die einzelnen Rufer drängen über die Grenze
des Lichtkreises.)

*Ein konfiszierter Kerl* (frech):
Sag' uns zuerst, warum Du all dies tust?

*Eine Stimme*:
Zehntausend Rinder zahlte Dir der Feind!

*Guldar* (heiter):
Schenkst Du die Rinder, die an zwanzig fehlen?

*Eine andere Stimme*:
Er neidet Agab. König will er werden!

*Guldar* (lachend):
Mein Fürwitz fingert nicht nach Firlefanz.

*Einer aus der Menge* (mit geballten und fuchtelnden Fäusten, erregt
schreiend):
Dann sag', warum Du also tust, warum
Du uns verlockst, Gefügtes zerrend lockerst,
Aufstörst die Ruhe und dem Feinde hilfst?

*Guldar* (erschüttert, singend):
Aus Euren Seelen will den Feind ich treiben.

*Der Erregte* (nach Guldar schlagend):
Verdammter Lügner, sprich von Dir und Deinem
Geheim erbuhlten Nutzen, nicht von uns!

*Ein Alter*:
Er ist auf unsrer Insel nicht geboren, – –
Ein Fremder! Hört uns altbewährten Führern!

*Eine drohende Stimme*:
Er ist ein Narr, vom Größenwahn gestachelt.
Er führt Euch blind ins Unglück. Seid gewarnt!
Denn sitzt im Elend Ihr, läßt er Euch schmachten
Und ist davon!

*Viele Stimmen* (auf Guldar eindringend):
Schlagt den bestochnen Schuft!

*Die Anhänger* (mit gesenkten Äugen sich abkehrend, glücklich einen
Vorwand zu haben, sich der Gefahr zu entziehen):
So einer ist es also, dem wir glaubten!
Für den wir wagend uns beinah geopfert!

*Guldar* (völlig niedergedrückt, stöhnend):
Sie glauben alles, nur nicht, daß ein Mensch
Das Gute wolle, weil es ihm leuchtet.

*Warana* (tritt hastig zu ihm, inbrünstig mahnend):
Jetzt *mußt* Du reden, was das Herz Dir spaltet,
Mit schleudernder Befreiung letzter Kraft.
Du mußt sie zwingen!

*Guldar*:
    Kann nicht mehr. Mich ekelt.

*Der Hirnmeister* (lauernd, leise zum König):
Die Stimmung ist für uns. Wir haben nicht
Umsonst mit Gold geworben heimliche
Bestellte unsrer Macht. Gebt mir das Wort!
(Laut:)
Das Volk hat selbst gerichtet und erkannt;
Bewiesen ist, daß er, vom Feind gedungen,
Unruhen angestiftet, unsrer Bürger
Wehrhafte Einigkeit zerrissen, strebend
Des Throns sich zu bemächtigen, dem Feind
Das Land, das Volk, die Freiheit auszuliefern.
Gebiete, König, seines Frevels Strafe!

*Der König* (mit irr phantastischem Grinsen grausamen Gelüsts):
Ich bin Dir gnädig, Guldar, ich will teilen
Mit Dir, wonach in arger List Du langtest.
Gemeinsam wollen wir der Herrschaft Bürde
In inniger Gesellung tragen, ganz
Verbunden Tag und Nacht … Man schmiede Dich
In des Palastes unterst dunkelstem
Verließ in Ketten – – Arme, Hals und Beine.
Der Ketten Endring aber sei geführt
In mein Gemach, daß ich zu jeder Stunde
Nach Dir, mein Bruder, zärtlich greifen kann,
Ob Du noch lebst und willig bist, in gleichem
Vereinten Takt an meiner Hand zu – – tanzen!

*Guldar* (mit letzter, hemmungsloser Anstrengung, wie einen Wein-
krampf zurückdrängend):
Bläh' auf das Hirn mit unerhörten Strafen,

Du Narr, mich Deiner Angst und dem gestohlnen
Machtirrsinn hinzumartern. Du vermagst
Nicht meine Qual zu mehren, die ich leide.
Was such' ich noch auf dieser Welt?
Ich sehe Gequollene Schwindelsäcke nur, lauernde,
Verderbte Augen, schleichend feige Blicke,
Grinsende Fressen, giftig geilen Geifer.
Was seid Ihr denn? Aus Dreck gefälschte Tiere,
Die wider die Natur nur auf zwei Stutzen
Empor sich lügen, deren Mäuler heimlich
Zwei Rüssel strecken, die, am Staub des Bodens
Fest saugend sich, vorm Fallen sich bewahren.
So kriecht im Schlamm Ihr, mit den Worten Gaukler
Verstiegner Schwärmerei; den Himmel voll
Verheißung kündend und in Kot zerspülend.
Und Eure Ämter, Würden, Namen! – – Blasen
Um eiternd sieche Herzen, Lebensfülle
Gedunsen täuschend, die Euch Kalten, Leeren
In Eurer angemalten Geltung fremd.
Ihr Larven des Lebendigen erstickt
Mit Euren Dünsten falschen Geistes alles,
Was in sich selbst gewirkte Kräfte regt …
(Inbrünstig:)
Doch Ihr, die draußen namenlos gedrängt,
*So seht doch einmal! Denkt doch einmal! Glaubt*
Doch *einmal! Wollt* doch nur ein einzig Mal!
Die Erde blüht, sie blüht für Euch, sie blüht
In Euch! Das Leben leuchtet, winkt – – ergreift's,
In Eure Arme reißt es! Hört, die Stunde
Der Menschheit läutet! Sehnsuchtsbebend steht
Vor Euch des Ichs enthüllte Wirklichkeit;
Es ruft nach Euch …
(Totenstille. Erschöpft:)
            Umsonst … Es geht vorbei …
(Noch einmal sich aufraffend. Ruhevoll:)
Ich bin bereit … Ich preise tausendfach
Verhängten Foltertod und dränge mich
In des Entsetzens eng ummauert Dunkel,

*Eh' ich der Spießgeselle Euren Glücks!*

*Der Hirnmeister* (gelangweilt):
Ein glücklich Land, wo der Verbrecher selbst
So frei und ungestüm des Schmähens Recht hat!
Man binde ihn!
(Zwei Henkersknechte binden Guldar an einen vorn rechts noch innerhalb des Lichtkreises stehenden Baum. Warana bleibt neben ihm.)
Und nun nach diesem kleinen
Doch unerwünschten Zwischenfall, hat Euch
Der König frohe Botschaft zu verkünden.

*Der König*:
Das Volk der Weiber ruft!
(Drei Gongschläge. Junge Weiber drängen sich herein und mischen sich, noch beherrscht, fast schüchtern, unter die Männer.)
Hört, was ich gnädig
Gewähre meinem heißgeliebten Volk.
Die Schranken, die so lange Mann und Weib
Getrennt, sind jetzt gefallen. Nehmet Euch,
Vermehrt Euch! ... Dreizehn Tage seien ganz
Vergönnt für jede Lust, bis Eure Buhlen
Zur hehren Pflicht für König, Freiheit, Land
Ich führen muß. Doch ich gelobe Euch,
Die harte Frist wird kurz sein und als Helden
Erhalt Ihr die Geliebten bald zurück.
Rasch! Tummelt Euch! Meßt die gesparten Kräfte!
Ich, Göttersendling, gönne, will es so!
(Die Menge bricht in stürmische Heilrufe auf den König aus. Dann packen die Jünglinge die Jungfrauen, und unter Geschrei und Gelächter schleppt jeder seine Beute davon. Der König, der Hofstaat, die Weisen verlassen langsam durch die Tempelpforte die Bühne. Statt des Lichts der Krone schimmert wieder der helle Sternenhimmel und die in den Pfannen aufflackernden Flammen. Die Bühne ist leer. Nur Warana steht unschlüssig, nach dem gefesselten Guldar blickend, den – einige Schritte entfernt – die beiden Henkersknechte bewachen. Aus der Ferne hallt ein brünstiges Gesumm schwatzen-

der, girrender, lachender, wollüstig stöhnender Paare. Die ganze
Welt scheint ein einziges ungeheures Liebeslager.)

*Guldar* (lauschend, sehnsüchtig, während Warana auf ihn zu schrei-
tet):
Dort bricht das Leben auf, das ich befreite.
Mir sinkt es ein in Gram und Gruft, verkettet
Dem Tode, der an meinen Fesseln zerrt
Und wartet, endlos wartet, Tag und Nacht,
Dieweil mich draußen Glück und Glut ersehnen,
Und jede Stunde, mit Entzückungen
Erfüllt, ins Grenzenlose mich erlöste! ...
*War ich ein Narr?*

*Warana* (im Vorübergehen leise seine Hand streichelnd, ehe sie sich
im Dunkel verliert):
   *Ich weiß: Wir werden leben!*

*Ende des dritten Aktes.*

VIERTER AKT

(Tiefe Nacht. Schlafsaal des Königs; an den Wänden erotische Fratzen. Im Hintergrund das königliche Prunkbett, an dessen Sockel, am
Kopfende, der Schlußring der Kette aufgehängt ist, der durch den
Boden in die Tiefe führt. Auf einem Polsterthrönchen am Bette liegt
die – nicht leuchtende – Krone. Milde Ampelbeleuchtung. Auf einem Tisch – links – ein goldener Weinhumpen und eine Kristall-
schale.)

*ERSTE SZENE.*

(Der König wandert unruhig, verstört, auf und ab, gießt sich wiederholt Wein ein und trinkt gierig. Auf dem Bette hockt lustig
Helga, die dem König mit den Blicken folgt.)

*Helga*:
Ich lache fort und fort, und Du blickst böse!

*Der König*:
Die Nacht muß weg !

*Helga* (schmeichlerisch):
　　　Setz' Deine Krone auf!
Du siehst so niedlich aus, und kleidet mich
Und macht mich rosig süß.

*Der König*:
　　　Die Nacht muß weg!
(Er setzt die Krone auf, die flammt.)

*Helga*:
So ist es wunderschön! Und nun regiere!

*Der König* (in inspirierter Pose):
Das ist mein Wille, also soll geschehen!
*Die Nacht muß weg!* Die Finsternis erhelle!
Ich will den Kopf der Nacht; sie soll enthauptet
Verbluten und verenden. Sie ist schuldig
An meiner Angst. Wenn ich nichts sehe, blicke
Ich in mich selbst, der schwanger von Dämonen.
Ich kann nicht schlafen. Aber schließt mein Auge
Ermüdet endlich sich, dann fallen Träume,
Entsetzende, wie Ungeziefer saugend,
Von allen Wänden auf mich nieder, wachsen
Und bohren ungeheure Krallen, Zähne
In meinen Leib und pressen mich mit harten,
Gestachelt zack'gen Armen, bis ich sterbe
Und wieder lebe, um die Qual des Todes
Erneut leibhaft zu fühlen. (Schreit) Ich verbiete,
Daß Nacht sei und vertilge sie. Bin König
Und sollte nicht vermögen von der Erde
Die schwarze Decke, diesen schweren Grabstein
Des Lichts mit meinen Händen loszureißen?

(Er senkt die Arme nach vorn und spannt sie an, als ob er eine ungeheure Last heben wollte.)

*Helga* (eingeschüchtert):
Du schiltst die Nacht, in der doch Deine Krone
Erst ganz in ihrem Glanze sichtbar wird!
Leg' ab den Götterreif. Genug regiert!
Ich will Dir tanzen, daß Du fröhlich wirst.
(Sie tanzt. Der König legt die erlöschende Krone auf ihren Platz und sieht einige Augenblicke zerstreut dem Tanze zu. Dann klatscht er ergrimmt in die Hände.)


### ZWEITE SZENE.

(Der Hirnmeister stürzt herein.)

*Der König*:
Weißt Du nichts mehr als junges Weiberfleisch,
Das sich in Krämpfen windet – – Tanz es nennt?
Ich will was Freches, Unerhörtes haben.

*Der Hirnmeister* (lachend):
Auswendig lernt zu schnell Ihr die gezählten
Und im Genuß nicht wachsend trächt'gen Reize
Des Jungfernleibs, wie langsam Ihr das Schöne
Der Weisheit herbergt. Macht es umgekehrt,
Dann werft Ihr weder Dirnen fort noch Bücher.

*Helga* (weinerlich):
Ich weiß noch neue Künste …

*Der König*:
        Schafft sie fort!

*Der Hirnmeister*:
Komm, Kind! Du bist zu jung, zu hübsch, zu tauig!
Des Königs ernster Sinn ersehnt Erfahrnes.

(Der Hirnmeister mit Helga ab. Der König geht, ein wenig taumelnd zu seinem Lager, nimmt den Kettenring ab, mit schwachsinniger Grausamkeit:)
Das ist ein andrer Tanz!
(Er zerrt an der Kette, befriedigt grinsend)
   Wie er sich sträubt!
Mußt dennoch tanzen', Bruder König. Toll,
Wieviel an Kraft ihm blieb! Man füttert ihn
Zuviel ...
(Ein furchtbares dumpfes Stöhnen hallt aus der Tiefe.)
   Jetzt singt er auch! Ei, tanze, singe,
Ich lehre König sein, ich richt' Dich ab.
(lauscht)
Du singst nicht mehr? Dann sollst Du wilder springen!
(Er treibt das Spiel eine Weile fort, dann hängt er den Ring an und gähnt.)
Was andres, Unverschämtes! Flink was andres!


## DRITTE SZENE.


(Der Hirnmeister kommt mit sechs alten fetten Weibern, die grotesk jugendlich aufgeputzt sind. Sie setzen sich nebeneinander auf einen Teppich und beginnen mit dünner heiserer Stimme ein süßliches Liebeslied – ohne Worte – zu plärren. Der Hirnmeister schleicht hinter sie und bindet ihre Haarschöpfe aneinander. Nachdem sie ihr Lied geendet, ruft der Hirnmeister dem König zu.)

*Der Hirnmeister*:
Streu Perlen, König, in die Luft zum Lohn,
Damit die Schönen leuchtende Wegweiser
Zu ihren fern verkrochnen Reizen setzen!
(Der König wirft eine Handvoll Perlen in die Luft. Die sechs Weiber wollen sich gierig auf die Kleinode stürzen. Jede glaubt, daß die andere sie am Haare festhalte. Sie schimpfen, zerren, kratzen, prügeln sich halbtot, ohne eine Perle zu erhaschen, wälzen sich am Boden, treten sich, von den Hetzrufen des Hirnmeisters angetrieben, bis sie ein paar Sklaven hinauswerfen.)

*Der König* (tückisch):
Ist, Kanzler, das die ganze Kunst, dem König
Die Falten seiner Sorgen durch ein heilsam
Gelächter sanft zu glätten? Bist ein Stümper,
Ein platter Hofnarr! Doch gebührt dem Spaß
Der Lohn. Du freist die sechs! Gleich morgen früh!

*Der Hirnmeister* (kniend):
O König, wandelt nicht dem treusten Diener
Das Bett der Liebe – – Gnade! – – in 'nen Bottich
Voll ranz'gem Fett. Ich habe Widerwillen
Vor weich zerfließend faulem Leichenspeck.
Ich stürb' an *einem* Stück, nun gar an *sechsen*!

*Der König*:
Endlich was Lustiges! Mein Kanzler kennt
Nicht das Gesetz mehr: daß mein Wille Tat
Und selbst das eigene Gebot zu lösen
Nicht mehr vermag. Du freist die sechs, es sei denn
(mit jäh ausbrechender Leidenschaft)
Du schaffst mir heute noch ins Bett – – *Warana*!
(Von draußen dringt der Lärm eines heftigen Wortwechsels herein.
Der König erschreckt:) Geschrei? Was wollen sie von mir?

*Der Hirnmeister* (horchend):
          Die Stimme
Begehrt Einlaß … Äh! Botschaft aus dem Krieg!


VIERTE SZENE.


*Der Machtmeister* (eine Horde Wächter beiseite schiebend, dringt mit
wuchtigen Schritten ein):
Ich muß zum König! Wichtiger Bericht!

*Der Hirnmeister* (für sich):
Er tölpelt grad ins Hauptquartier der – – Liebe!

*Der König* (ungnädig):
Schon mehr als hundert Tage dauert
Dein Verfluchter Krieg! Versprachest Du mir nicht,
Daß morgen spätestens ich sollte schreiten
Mit meinem Heer durch meines Sieges Tor!
Die Krone! – – ich will denken und entscheiden!
(Der Hirnmeister setzt ihm die Krone auf, die leuchtet.)

*Der Machtmeister*:
Die Insel ist gesäubert jetzt. Kein Strauch,
Kein Baum, kein Halm. Drei räud'ge Hunde heulen,
Vielleicht auch vier. Am Wege kauert einsam
Ein Bettler, nährend sich von seiner Schwären
Gewürm …

*Der König*:
          Die Beute?

*Der Machtmeister*:
          Zahllos! Landen eben
Drei Schiffe voll gepackt mit frischen Köpfen
Von Euren Feinden.

*Der König* (gähnend, gießt eine Schale Wein hinunter):
          Immer nur dasselbe!
Ich will sie morgen sehn,
(trunken lallend)
          Die Allmacht segnet …
Die Flöhe springen … Nordwärts und von Süden
Umringt die Flut des stahlgebläuten Himmels …
Die Sorge meines Herzens für mein Volk …
Ich wachs' empor … in scharfer Schwerter Glorie …;
Das Blut schreit spritzend: Heil und Sieg dem König!
So schreit es in der Tat … Ich hör' es deutlich …
Die Ohren dröhnen ruhmumtönt … Und alles …
Zerschmettert wird und ausgetilgt … getigert! …
Mein großer Ahn, der dieses Reich geschaffen …
(Er taumelt, so daß die Krone beinahe, erlöschend, hinunterfällt.

Der Hirnmeister setzt sie fest, daß sie wieder strahlt.)
Mein großer Ahn … mein großer Ahn …
(zu sich kommend)
      Was wollt' ich
Doch sagen? Halt, das war's! Wenn wir gesiegt,
Was säumt mein Einzug im Triumph des Friedens?

*Der Machtmeister*:
Die Hauptstadt hält sich noch, erst halb verhungert.

*Der König*:
Das dauert mir zu lang!

*Der Machtmeister*:
      Sie haben Brot
Und Frucht nicht mehr, das karge Wasser fault,
Die Brunnen sind vergiftet, Vieh krepiert …

*Der König*:
Sie haben doch sich selbst! Nährt nicht ein Mensch
Wohl hundert? Folglich haben sie noch Fleisch
Im Überfluß. Zehntausend zählt die Stadt
Zehntausend Menschen brauchen keine hundert,
Zu sätt'gen sich. Errechne doch, wie lang
Es dauert, bis der letzte Mensch sich selbst
Zu speisen braucht.
(In steigendem Größenwahn)
      Nein, ich befehle Dir:
Die Insel bindet fest an Stricken, schleift sie
Durchs Wasser her zu mir, mit diesen Füßen
Zertreten sei der Unflat; und die Stücke,
Die einmal Leben trugen, will ich streun
Zerstäubend weit ins Meer – – *mit meinen* Händen!

*Der Machtmeister*:
Ich folge Eurem Willen der Erleuchtung.

*Der Hirnmeister*:
Doch hören wir, ringsum die Länder, Inseln

Versuchen den Bedrängten beizustehn,
Und rüsten gegen uns, nicht ungefährlich.

*Der König*:
So wollen es die Götter offenbar,
Daß wir den überlegnen Geist des Reichs
In alle Winde breiten, uns zum Ruhm,
Der Welt zum Segen.

*Der Machtmeister*:
     Doch der Feinde Zahl – –

*Der König*:
Dagegen gibt es Hilfe: Wir *vermehren*
Sie noch – –

*Der Hirnmeister*:
     Solch Flug steigt über das Verständnis
Von armen Sterblichen!

*Der König*:
     Schulmeister Esel!
Ich muß für alle Rat beschaffen, ich
Allein. So hört! Wir holen aus der Öde
Faruns die Aussatzkranken, landen heimlich
An allen fremden Küsten sie und lassen
Verpestend ihre Wut an Weibern stillen.
(*Lachend*)
So mehrt sich aus dem Grund des Grinds der Feind
Und mindert sein Gelüst, uns zu bekriegen.

*Der Hirnmeister*:
Ein göttlicher Gedanke!

*Der Machtmeister*:
     Krieg ist Krieg:
Im Aussatz blüht Dir Lorbeer jungen Ruhms!
(Der Machtmeister ab.)

*Der König* (erschöpft):
Nehmt mir die Krone fort!
(Der Hirnmeister tut's.)
　　　　Was brachte sonst
Der Krieg Erheiterndes?

*Der Hirnmeister* (jovial):
　　　　Drei neue Seuchen,
Einstweilen, dreizehn neue Qualen, endlich
Ein neues Laster unerhört und grausig,
(schnalzend)
Berauschend, wüst und stinkend, kurz: erhaben!

*Der König* (interessiert):
Ein neues Laster? Sag mir Griff und Kniff!

*Der Hirnmeister*:
Man sät und rottet aus durch eine Tat:
Man nimmt das Weib zugleich und würgt den Gatten!
Das Weib schmilzt hin dem Sieger, während er
Das Schauspiel bietet ihr der Todesangst
Geliebten Leibes!

*Der König* (jäh ausbrechend):
　　　　Hole mir Warana!

*Der Hirnmeister*:
Das Ungefähr beut Deiner Lust Erfüllung.
Die Späher meldeten: Die Jungfrau schwärme
In jeder dunklen Nacht geheimnisvoll
Um dieses Schloß mit scheuem Suchen. Sende
Die Häscher aus, sie werden rasch erwischen
Das schöne Wild der Nacht.
(Ruft)　　　　He! Holla! Häscher!

(Zwei Leibwächter eilen herbei. Der Hirnmeister gibt ihnen leise
Weisung. Die Leibwächter ab. Man hört fern, wie aus der Erde, gedämpftes Hämmern und Sägen.)

*Der König* (erschreckt lauschend):
Ich höre Säge, Hammer, Axt die Stille
Der Nacht zerlärmen. Furchtbar tönt's und feindlich.

*Der Hirnmeister*:
Sie zimmern fleißig Euer Siegestor.

*Der König* (zitternd):
Das Volk – – es flucht mir nicht, daß ich soviel
Des Bluts vergossen? Kreischen nicht die Weiber,
Daß ich die Männer fortgerafft? Die Mütter
Erdulden ihrer Söhne Mord? Ich sehe
Die Ungezählten kommen jede Nacht.
Sie schreien Rache, fordern meinen Kopf.
Wir sind gering an Zahl und sie so viele!

*Der Hirnmeister*:
Die Braven lechzen nach dem Blut des Feindes.
*Den* hassen sie. Den Feind verfluchend stillen
Sie Rachedurst und Wut. Nie sind die Herrscher
Vor ihren Völkern mehr gesichert, mehr
Geehrt von ihnen, als im Waffenwahn,
In Kriegen, mörderisch, verheerend, – – siegreich! – –
Den Preis der Liebe Eures Volkes werdet
Ihr gleich in süßem, heißem Saft empfangen – –
(Die Leibwächter schleifen die sich heftig sträubende Warana hin-
ein.)
Das ist Beweis und Pfand für *aller* Liebe:
Gesträubten Haars – – bereit! ... Glücksel'ge Nacht!
(Der Hirnmeister ab.)


FÜNFTE SZENE.


*Der König* (mit einer gebietenden Handbewegung die beiden Leibwächter entfernend):
Ich grüße Dich ...

*Warana* (unbeweglich, hoch aufgerichtet, wie in die Tiefe lauschend, aus der ab und zu dumpfe Geräusche von Axthieben dringen, *schweigt.*)

*Der König*:
    … Ich bin Dir dankbar – – immer – –

*Warana* (schweigt).

*Der König*:
Längst könntest Du als Königin hier herrschen! …

*Warana* (schweigt).

*Der König* (verändert):
Du schleichest wie ein liebeskrankes Kätzchen
Die Nacht um den Palast. Ich ließ es ein,
Ich will es krauen, daß es …
(Er geht auf Warana zu, die mit drohender Geberde zurückweicht.)
    schnurrt, nicht faucht!

*Warana*:
Gibst Du mich endlich frei?

*Der König*:
    Sprichst endlich Du?
Ich will Dich! Diese Freiheit geb' ich Dir:
Auch mich zu wollen.

*Warana* (verächtlich):
    Deine Gier ist Furcht
Vor mir und meinem Wissen Deiner Künste.
Drum ließest Du mich fangen.

*Der König*:
    Die Gefahr
Für Dich ist größer, wenn der Handel ruchbar,
Ruchloser war *Dein* Tun. *Ich* bin verführt.

*Warana:*
Fürwahr, ich *wollte* Dich verführen. – – Kläglich
Mißlang's! – – Verführen Dich zu Menschenhoheit.
Mein Freveln war gelinder, als Du glaubst.
Die *Fragen* stahl ich nur, doch ihre Lösung
Ersann ich selbst. Begeistert, wähnte ich
Auch Deine sieche Seele zu begeistern
Durch schwingender Gedanken Flammenworte.
So solltest Du zur Höhe *wahrhaft* steigen,
Zu der die List die Stufen Dir gezimmert
Doch Du nahmst nur die Macht, nicht ihren Geist.
Was ich Dich sagen lehrte, netzte nicht
Dein Herz. Nur Deine Fäuste, Füße herrschen!
Ich beichte schamvoll zager Schwäche Schimpf,
Daß ich das Unerträgliche vermaß
Zu *überlisten,* statt es *auszutilgen.*

*Der König* (hat mit steigender Leidenschaft Warana betrachtet. Er
trinkt hastig eine Schale Wein, und in trunkenem Gestammel steigen
ihm aus den verhüllten Tiefen seines Wesens sehnsüchtige Be-
schwörungen):
Ich sank so tief. Die schweren Rätsel zogen
Hinab mich. Glühend rote Rätsel wälzten
Auf meine Sinne sich. Sie ließen mich
Nicht los. Die Tage und die Nächte brannten
Und drängten mich die Rätsel – – *Deiner Schönheit!*
Ich zerrte an den Hüllen Deines Leibes – –
Erblindend. Tausendfältig winkten mir
Verborgne Wunder, weiß und warm und duftend;
Und wichen aus vor mir ins grausig Leere.
Und eine Grotte sah ich, dunkel leuchtend,
Am Einlaß schwarzes, weiches Moos; das war
Die Stätte mir, die einzige der Welt,
In der ich mich und meine Heimat fand.
Ich weinte, bettelte, mich aufzunehmen.
Sie wandelt undurchdringlich sich zu hartem
Gestein, in das kein Wunsch die Pforte öffnet.
So war ich ausgestoßen aus mir selbst,

Gereckte Glieder in das Nichts gespannt …
Dies letzte Rätsel löse mir, Warana!

*Warana* (mit ruhiger Verachtung):
Das Rätsel meines Leibes schuf Dir Unrast.
Doch was ich sinne, denke, sehne, streift
Mit keinem matten Flügelschlag die Neugier.

*Der König* (in aufdämmernder Erkenntnis demütig flehend):
Auch ich will leben – – anders leben – – größer,
Drum will ich Dich, muß ich Dich haben.
Mein Blut sucht Ewigkeit in Deiner Schönheit
Und klugen Kraft und stolzen Tapferkeit.
Von Dir begehr' ich Zukunft – – einen Sohn.

*Warana*:
Du bist verfallen, durch Geburt entseelt,
Durch eignen Willen widerlich geschändet.
Weil ich das Kind verachte, das Du zeugst,
So soll Dein Arm, eh denn er mich umfängt,
Zuvor erdrosseln mich. Ich fürchte nicht
Den Tod. Ich hab' die Seligkeit genossen,
Die dieses karge Leben spendet: *Liebe*!
(Feierlich stolz)
Ich liebe den von Dir Gemarterten,
Den Du in Eisen, Nacht und Stein begrubst.

*Der König* (jäh umgewandelt):
Du Metze des Verworfensten versperrst
Dem König den besudelt frechen Schoß?

*Warana*:
Ich wollt', ich wär' die ärmste Gassenhure,
Um gegen Deine Krone selbst die Gunst
Dir zu verweigern.

*Der König* (wieder flehend, winselnd):
        Diese Nacht nur gib Mir!

Dann sei Dein Geliebter frei und Du!

*Warana*:
Du kannst befreien nicht den Freiesten!
Du lähmst nur seinen Körper. Seine Seele
(drohend)
Im Lande draußen wandert frei und lenkt
Die Menschen, wirbt und waffnet – *wider Dich*!
Und er zieht an den Ketten klirrend *Dich*!

*Der König*:
Den Thron will ich ihm räumen, wenn mein Bett Du – –

*Warana*:
Laß mich mit ihm in seine Ketten schmieden,
Das dünkt mich weicher Bett als Deine Brunst!

*Der König* (von Sinnen, heiser kreischend):
Heh! Tanze! – – Nackt!

*Warana*:
  Es ist nicht Zeit für Tänze,
Da draußen Krieg!

*Der König*:
  So tanze ich auf Dir!
(Er stürzt sich über sie, versucht ihr die Kleider abzureißen. Warana
versetzt ihm einen Faustschlag ins Gesicht, daß er taumelt Er rafft
sich auf, läuft zu seiner Krone, bedeckt sich mit ihr, die aufflammt,
und schreit besessen um Hilfe. Wächter eilen herbei, dann auch der
Hirnmeister, mit verschlafenen Äugen, halb angekleidet.)

*Der König* (pathetisch, regierend):
Das Weib hat angetastet das geheiligt
Gefäß der Götter! Sie gebieten Ahndung!

*Der Hirnmeister*:
Wes Hand sich wider den Gekrönten hebt,

Die sei verbrannt samt dem, der sie erhoben!
Der Scheiterhaufen wird die Spur von solcher
Entmenschten Tat vernichten.

*Der König*:
           Rüstet morgen
Den Scheiterhaufen. der Gerechtigkeit,
Und ruft das Volk zum Feuerfest der Sühne!
*Doch vorher tut mit dieser, wie's Euch lüstet* !


Sᴇᴄʜsᴛᴇ Sᴢᴇɴᴇ.

(Während Warana fortgeschleppt wird, hört man einen diesmal laut
dröhnenden Axtschlag.)

*Der König* (fährt zusammen, dann triumphierend):
Das Siegestor ragt auf! Der letzte Schlag! ...
Jetzt bin ich müd', auch mir allein behagt
Die Lagerstatt. Ich fürchte mich nicht mehr.
Doch vorher eine kleine Schlafmusik!
Der wohlversorgte Bube soll mir tanzen.
(Er spielt mit den Ketten. Überrascht)
Ward ich ein Riese, daß die Hand so leicht? ...
Er sträubt sich nicht ... Er ist nicht wach ...
(spürend)
           doch auch
Nicht schlafend ... Tot auch nicht und lebt auch nicht...
Ward er entkörpert Geist? ...
(Er zieht mit heftigem Ruck an der Kette, die nachgibt, so daß der
König rücklings stürzt, schreiend:)
           *Er ist nicht da*!
(Die Krone rollt auf den Boden und erlischt.)

*Ende des vierten Aktes.*

Nach dem Schluß des vierten Aktes bleibt das Theater dunkel. Hinter dem geschlossenen Vorhang beginnt alte Rokoko-Musik zu erklingen. Der Vorhang hebt sich wieder und zeigt – von hinten gesehen – den vordersten Teil einer Bühne. Im Hintergrund ein leerer Zuschauerraum, das Spiegelbild des wirklichen. (Daß die Bühne von hinten gesehen ist, soll nicht auffällig, technisch kaum angedeutet sein.) Die Bühne ist matt beleuchtet, der gespiegelte Zuschauerraum in Dämmerung, so daß man Form und Farbe noch erkennt.

Auf der Bühne steht – alle Personen der Pantomime richten das Gesicht zum *wirklichen* Publikum, nicht zum Spiegelbild: der König, eine Rokoko-Figur – und klatscht lässig vornehm in die Hände, um der Tänzerin, die eben einen Tanz beendigt, seinen Beifall auszudrücken.

Der König komponiert. Er pfeift irgendein plattes und sinnloses Motiv. Der Kapellmeister (mit der Fidel) nickt mit dem Kopf; er hat begriffen und geigt einen zierlichen Rokoko-Tanz, in dem das gepfiffene Motiv als Karikatur erkennbar wird. Dann wiederholt der Kapellmeister mit seiner kleinen Kapelle (ein paar Mann) die Musik, während die Tänzerin kokett nach ihr schreitet. Der König deutet sein Mißvergnügen an: Die Dame macht es nicht richtig. Der König zeigt es ihr selbst und tanzt schwerfällig. Bewundernde Ovation des Kapellmeisters, der die Nationalhymne (die alte russische Zarenhymne) mit dem Orchester anstimmt.

Währenddessen hat sich der gespiegelte Zuschauerraum in Rängen und Parkett unhörbar mit dunklen Gestalten gefüllt, heutigen Arbeitern in ihrer schmutzigen Arbeitskleidung. Nach dem sie den Raum erfüllt und Platz genommen haben, erheben sie sich sofort wieder und gleiten geräuschlos, stumm vorwärts zur Bühne, klettern hinauf, ohne daß die Figuren auf der Bühne (die ja ihrem Zuschauerraum den Rücken drehen!) es gewahr werden.

Plötzlich packt der Anführer den vor Schreck erstarrenden König fest im Genick.

---

[7] Bühnen, die eine schnelle Verwandlung zwischen den Akten technisch nicht bewältigen können, dürfen als notdürftigen Ersatz den Vorgang kinematographisch darstellen.

Die Tänzerin kreischt auf, will fliehen, besinnt sich und fällt dem stattlichsten Arbeiter zärtlich um den Hals.

Der Kapellmeister, rasch gefaßt, geht aus der Zarenhymne unvermittelt in einen slawischen Revolutionsmarsch über.

Der König, die Faust des andern im Genick, bewegt automatisch die Beine nach diesem Marsch.

Ein gedämpftes Hohngelächter hallt aus der Menge.

Der Vorhang schließt sich, um sofort sich wieder für den fünften Akt zu öffnen.

*Ende der Zwischenakts-Pantomime.*

## FÜNFTER AKT

(Am Meeresstrand. Trüber, fast finsterer Tag. Schwere schwarze Wolken hängen tief herab. Links im Vordergrunde der Scheiterhaufen: Um einen hohen Pfahl ist in zwei Dritteln seiner Höhe, einige Meter über der Erde, eine Tribüne gezimmert, zu der Stufen heraufführen. Der Zwischenraum bis zur Erde ist mit Holzscheiten und Strohpuppen ausgefüllt. Rechts im Vordergrund der geschmückte Triumphbogen, durch den man in die bunte Gasse der Stadt sieht. Nach der Mitte zu rechts ein geebneter Platz mit einem steinernen Thronsitz, hinter ihm überragend ein steinernes grellfarbiges Götzenbild des Tigers.)

### ERSTE SZENE.

(Durch den Triumphbogen ziehen, Guldar voran, die Verschworenen. Guldar hat kurz geschorenes, völlig ergrautes Haar. Sein Gesicht ist durchfurcht, fahl, verwüstet; ein Jüngling, der über Nacht Greis geworden. Die Verschworenen sind erwachsene Knaben, die noch nicht kriegsfähig, alte Männer, die es nicht mehr sind, junge Frauen. Sie sind von verhaltener leidenschaftlicher Begeisterung erfüllt.)

*Ein Greis*:
Wir sind die ersten. Zähl' auf uns. Geh' nur
Zurück. Mein Haus verbirgt Dich, daß sie Dich
Nicht packen vor der Zeit. Sieh', alle glühen
Der heil'gen Sache voll. Daß mir beschieden
So Großes noch, bevor mein Sein zerfällt!

*Ein schlanker schöner Knabe*:
Daß mir so Großes vor dem Leben ragt,
Dem, bis zum Tod getreu, ich folgen darf!

*Guldar*:
Ihr beide seid die einzigen gewesen,
Die, lange Zeit allein, an mich geglaubt.
Wie tapfer habt Ihr Freunde, Helfer mir
Geworben, als ich wehrlos moderte.

*Der Greis*:
Dein Denken war's, das uns von Tür zu Tür
Geleitet und die fest versperrten sprengte.
Du warst es selbst, der uns und Dich befreit.
Blüht uns nicht wie ein Wunder jetzt die Macht
Der Tat nach all dem Zweifeln und Verzweifeln?
Nun sind auf einmal Menschen um uns da,
Begierig alle, Großes zu vollstrecken.

*Guldar*:
Wenn einer nur des Guten Samen rettet
Durch Sturm und Not, so lebt und wächst das Gute.

*Der Greis*:
Und alle freuen sich in reinstem Licht!

*Guldar*:
Armsel'ge Menschen, daß sie nie begreifen
Und fühlen, was das höchste Glück auf Erden;
Sich selbst zu bringen, selbstlos, freier Tat;
Und wär's zum Untergang … Seid Ihr vertraut

Mit Überwältigung und Niederlage,
Mit schmerzlicher Zerrüttung des Gefühls,
Daß Ihr im Fallen Narren selbst Euch schmäht?

*Der Greis*:
In diesen Zeiten, da der Mord die Menschen
Hinmäht, um nichts, um Wahn, um Büberei – –
Wer wäre wohl so feig, den Tod zu fürchten?
So feind der eignen Lust, daß er den Tod
Nicht suchen möchte für ein edles Ziel?

*Der Knabe* (in flammendem Ungestüm):
Mich brennt die Sehnsucht, meine Kraft zu wagen;
Es ängstigt mich, als könnte mir zerrinnen
Wie Traum und Spuk das mir verheißne Wagnis.
Wär nur die Stunde da für unsern Sieg !

*Guldar* (verdüstert, leise, indem er von der Bühne geht):
Der Sieg! Wir werden siegen! Nach dem Sieg
Dann drängt sich alles um uns ohne Scham,
Das feige schlotternde Gesindel auch,
Das stets dem Stärkren jubelt – – *nach* dem Sieg,
Und brüstet sich der Sache, schleicht um Lohn,
Wie es zuvor die Gesternmacht bewuchert,
Bewinselt und die Morgenstürmer hetzte ...
Der Sieg! O wäre nur der Sieg vorüber!
(Während die Verschworenen sich harmlos zerstreuen, läuten,
dröhnen, rollen, knattern, klirren, kreischen aus der Stadt Glocken,
Trompetensignale, Pfeifen, Trommelschläge, Gongschläge, Ausru-
fer wild durcheinander. Das Volk strömt von allen Seiten herbei. Die
Volksbändiger ordnen es mit ihren Giftschlangen, um Straße und
Platz für den Hof freizuhalten.)


ZWEITE SZENE.


(Der König, von Hochrufen des Volkes begrüßt, schreitet mit dem
Hirnmeister, der auf einem Kissen die Krone trägt, durch den Tri-

umphbogen, hinter ihm der Oberste der Weisen, der Rat der sechs Weisen, das Hofgefolge.)

*Der König* (aufgeräumt plaudernd):
Bald wird der Frieden diesen Weg mich führen.
Wenn ich's bedenke, langweilt mich der Krieg.

*Der Hirnmeister*:
Mir scheint er lehrreich, bietet immer Neues.
Zum Beispiel: daß die Menschen, ausgeweidet,
Sich selbst erkennen, wie es innen wuselt;
Und sich mit dem Gekröse, das verschlossen
Und nie gesehen sonst in türenlosem
Gewölbe sticht, in freier Luft den Leib
Behängen können wie mit seltnem Schmuck.

*Der König* (lachend):
Und möchtest Du Dich selbst erkennen, Freund?

*Der Hirnmeister*:
Ich bin nicht unbescheiden, mir genügt es,
Bei andern diese Selbstschau zu bestaunen.
Inzwischen gibt's noch für die Friedensfeier
Die Hände voll zu tun: Ein Preisausschreiben
Für's beste Bild Agabs im Siegespurpur.
Des Landes Maler müssen insgesamt
Zum Wettstreit; wer es nicht am besten malt,
Dem rösten wir zu Beinschwarz sein Gebein.
Da nun nach menschlicher Vernunft nur *einer*
Sich finden kann als bester, gibt es manche
Erbaulichkeiten in dem Handel. Schließlich:
Wenn nichts Euch mehr gefällt, dann treibt das Volk
Zusammen Ihr, daß es den Grabpalast
Euch baut, der halbwegs bis zum Monde reicht.

*Der König* (ablehnend):
Man fand ihn nicht? Den ausgebrochnen Tänzer
An meiner königlichen Hand? Recht peinlich!

Man könnte sonst ihn vorher braten lassen,
Zum Schaugericht dem Weibe, das am Buhlen
Zuerst erprobt, wie's dann ihm selbst behagt.


*Der Hirnmeister*:
Es könnte Eure königliche Großmut
Bei diesem Anlaß in der Menschlichkeit
Gleich einen wicht'gen Fortschritt mild verfügen:
Man könnte sie zusammen sieden wie
Zwei Arten Fleisch im selben Topf. Es wäre
Den Liebenden ein Trost und Neuheit uns!
(Der König besteigt den Thron, der Hirnmeister setzt ihm die ent-
flammende Krone auf. Warana wird zum Scheiterhaufen geführt,
voran zwei Henkersknechte mit brennenden Fackeln, je ein Hen-
kersknecht zu jeder Seite. Von den letzteren geht einer vor, der andere hinter ihr die Treppe zur Scheiterhaufen-Tribüne. Man bindet
sie mit ihrem Haar, die Füße mit Stricken an den Pfahl. Ihr Leib ist
eng eingeschnürt in einen Fetzen grober, blauer Leinwand, Arme
und Beine nackt. Sie steht allein auf der Tribüne.)


*Der König*:
Die Götter haben uns den Sieg beschieden.
Bald beugen sich dem aufgezwungnen Frieden
Die Feinde, die dem Land Vernichtung sannen.
Vergrößert, mächtiger steigt unser Reich
Empor aus dieser schweren Opferzeit.
Das dank' ich meinem Volk und seinen Helden,
Durch alle Zeiten wird ihr Ruhm verkündet!
(Jubelrufe des Volkes.)
Heut rief zu schwerer Sühne ich mein teures
Getreues Volk. Verworfne Missetat
Beschattet uns des nahen Friedens Freude;
Und tief erschüttert, schmerzgebeugt gebiete,
Gesetzverpflichtet ich das Recht der Rache.
Verkünde, Kanzler, die bewiesne Klage!


*Der Hirnmeister*:
Warana, das verderbte Kind des Höchsten

Der Weisen, schlug mit frecher Faust den König
In das geweihte Antlitz – – ihren König,
Der gnädig ihr nur Gunst und Glück gespendet;
Schlug götterlästerlich und aufruhrsinnend
Den König mitten ins geweihte Antlitz!
(Entsetzensrufe im Volk.)
Ich klage an solch unerhörter Schuld
Und fordre die gemessne Strafe: Tod
Des lebenden Geschöpfes durch das Feuer! – –
Was ist der Weisen Spruch auf meinen Antrag?

*Der Oberste der Weisen*:
Der eignen Tochter sei das Urteil streng
Gesprochen, wenn der Untat sie geständig.
Der König sagt es, also ward es Wahrheit.
Doch das Gesetz gebietet das Geständnis.
O Tochter, nimm die Last von meinem Haupt,
Erkläre, daß ein blinder Trug verwirrt
Uns alle ...

*Warana* (schweigt).

*Der Oberste der Weisen* (inständig):
Du aus meinem Blut Entsprossne,
Hat Deine Hand das Heiligste geschändet?
Verteid'ge Dich! Dein Vater spricht, Dein Richter.

*Warana* (schweigt).

*Der Oberste der Weisen*:
Noch einmal: Rede! Schweigen heißt Bekenntnis.

*Warana* (schweigt).

*Der Oberste der Weisen*:
So lös' ich denn die Bande der Geburt;
Als nichtig sei der Tag erklärt, da sie
Zur Welt kam; nichtig, daß sie meine Tochter;

Und nichtig, daß ihr Heimat dieses Land.
Die Ungeborne werde, was sie ist:
Ein Nichts, in das Unendliche vertan!

*Der Rat der sechs Weisen* (murmelnd):
Wir hüten das Gesetz der Offenbarung.

*Der König*:
Das Urteil ist gefällt. Es sei vollstreckt! ...
Stirnwolkenscheucher, glätte mir die Falten,
Die mir des Greuels Übermacht gefurcht,
Und trockne mir die königliche Träne.
(Der junge Page tätschelt ihn.)
Mein Herz ist schwer gekränkt.
(Den Pagen liebkosend.)
         So – – das tut wohl!
Todrufer, schleudre den verhängten Spruch!

*Der Todrufer*:
Zum Feuertode ruf' ich Dich, Warana!
(Das erstemal mit mäßiger Stimme, ruft er den Spruch siebenmal in
gewaltigem Crescendo, das siebentemal mit der Abänderung:)
Das Feuer schürt! Warana werde Feuer!
(Während die Henkersknechte am Scheiterhaufen die letzten Vorbe-
reitungen treffen und die Masse in gespanntem Schweigen verharrt,
beginnt Warana – wie für sich und zu sich selbst – zu raunen.)

*Warana*:
Rote Feuer läutert linde
Den entweihten, mir entwandten
Armen Leib der fremden Brünste!
Rote Feuer löset liebend
Meine Seele von den Fesseln
Des verwüstet eklen Fleisches!
Rote Feuer blendet gnädig
Meine Augen, daß die Tränen
Nicht mein tiefes Leid erzählen!
Rote Feuer schließt verzehrend

Mir die blassen Lippen, daß sie
Nicht beklagen junges Sterben …

...............................................

Wie das goldne Flaumhaar eines
Kindes war mein wachsend Leben.
Dunkel wird das Haar, doch an den
Spitzen, die gelockt zur Erde
Flattern, fließt der Morgengoldsaum,
Lichte Spur der ersten Kindheit.
Ach, daß ich den goldnen Saum des
Lebens niemals mehr mit sel'gen
Händen schmeichelnd streicheln werde …

...............................................

Schont mich, rote, grimme Feuer!
Senget nur in morschen Zunder
Diese Stricke, die mich klammern!
Draußen wartet ein verlassnes
Lächeln, kleine Finger, die nach
Meinen Brüsten spielend tasten …
Ich muß leben! Draußen wartet
Liebe meiner, Freunde, Sehnsucht,
Freiheit, schaffend reiches Leben …
Laßt den Wahn in Asche sinken,
Gauklergröße, Trugbegierden;
Brennt die Erde leer von Lügen,
Die den Blütenkelch begeifern.
Tilgt die Lästrer und die Quäler!
Eure Glut ergieße heitre
Helle über alle Seelen! …

...............................................

Wehe! Soll in stumpfen Klotzen,
Die an Fackeln sich entzünden,
Mir des Schicksals Macht sich schichten?
Ist das Treiben dieser Erde
Närrisch Fratzenspiel nur, höhnend
Ungefähr, und sinnlos alles:
Läppisch leerer Lüste Laune? …

...............................................

Angstgespenster letzter Stunde,
Gebt mich frei! Du, heilig Leben,
Preisen will ich sterbend deine
Wunder, deine Herrlichkeiten …
…………………………………..
(schrill abbrechend)
Rote Feuer – – rohe Räuber! …
(Die Henkersknechte stecken die brennenden Fackeln in den Scheiterhaufen; die Flammen beginnen zu züngeln. In diesem Augenblick drängen die Verschworen, die plötzlich auftauchen, Guldar voran, ungestüm zum Richtplatz. Sie werfen die Henkersknechte nieder. Guldar eilt die Stufen empor, löst die Fesseln, trägt Warana in seinen Armen davon und verschwindet mit ihr.)

*Der König* (besessen schreiend):
Auf! Hetzt sie! Fangt sie! Schleift sie her zu mir!


## DRITTE SZENE.

(Die Verschworen drängen jetzt in die Nähe des Throns. Das Volk betrachtet, ratlos, was zu tun, den Vorgang. Ein Teil macht Miene, sich den Verschworen zu gesellen.)

*Eine Frauenstimme aus der Menge*:
Die *Männer*, König, hole uns zurück!

*Mehrere Stimmen*:
Wir wollen Deinen Krieg nicht mehr. Gib Frieden!

*Der Hirnmeister* (in geheimer Furcht, doch äußerlich beherrscht):
Glorreicher Frieden steht uns noch bevor.
Soll jetzt in letzter Stunde unsrer Helden
Gewalt'ge Arbeit innrer Hader stören?
Bedenkt, der Feind gewinnt, wenn uneins wir,
Erneuten Mut. So, Frieden rufend, dehnt
Ihr nur den Krieg.

*Eine Stimme*:
Der Feind will Frieden!

*Eine andere Stimme*:
      Ihr,
Ihr seid der Feind!

*Viele Stimmen*:
      Schleppt sie ins Feuer … alle!

*Der Hirnmeister* (pathetisch):
Wir alle beten um den goldnen Frieden.
Wir alle schaudern vor dem Menschenmord.
Doch jene, die uns überfielen, frech
Des Meeres Fall und Steigen wider uns
Verheerend lenkten …
(Gelächter in der Menge.)

*Eine Stimme*:
Der Feind ist tot und eingesperrt und wehrlos,
Ohnmächtig jeder Tücke. Doch die Ebbe
Und Flut bewegt sich immer noch. Wer glaubt
Wohl noch, daß sie des Meeres Strömung trieben!
Ihr habt den Krieg gewollt, alberne Märchen
Dem blinden Volk erzählt, das gläubig folgte.

*Der Hirnmeister*:
Ich will nicht längst Bewiesnes wiederholen.
Vor Göttern, Menschen, Nachwelt steht es fest,
Unwiderleglich, daß der Feind mit Arglist
Das Meer auf uns gewälzt und uns entzogen,
Sodaß wir Ruhe nimmermehr gewannen.
Für unser Leben zogen wir hinaus,
Friedfertig, nur durch bittre Not gezwungen,
Mit Waffen unser Dasein zu beschirmen.
Das ist die Wahrheit. Sie bestreitet nur,
Wer seinen König, Land und Volk verrät.
Von fremden, feil gedungnen Lügen laßt

Euch nicht Vernunft, den klaren Sinn verwirren.
Noch kurze Zeit seid standhaft, habt Vertrauen,
Und ich gelobe Euch ...

(In der Menge wächst die Unruhe. Guldar drängt sich hin durch bis
zu den Stufen des Throns. Die Leute des Hofstaats schreien schimp-
fend auf ihn ein, ballen die Fäuste gegen ihn, doch wagen sie sich
nicht an ihn heran. Guldar betrachtet mit ruhiger Verachtung das
Schauspiel der aufgeregten Höflinge. Chorisch-rhythmische Rufe,
die immer wieder einsetzen.)

*Die Menge*:
> Guldar soll reden!

*Der Hirnmeister*:
Und ich gelobe Euch ...

*Die Menge*:
> Guldar soll reden!
(Die Rufe schwellen so stürmisch an, daß die Stimme des Hirnmeisters in dem Gewühl ertrinkt und seine Rede abbricht.)

*Der König* (kreischend):
Hier redet *einer* nur, der König – – Ich!

*Die Menge*:
> Guldar soll reden!
(Die Aufregung der Menge wird immer größer und bedrohlicher.
Die Volksbändiger suchen vergebens, mit ihren Giftschlangen die
Menge zurückzudrängen.)

*Die Volksbändiger*:
Zurück! Zurück! Zurück! Ihr seid des Todes!
(Die Menge lacht und greift nach den Schlangen.)

*Ein Knabe*:
Zahnlos, gezähmte Bestien !

*Eine junge schwangere Frau*:
    Gib sie her:
Ein Spielzeug für die Wiege meines Kindes,
Das bald mir fröhlich kräht.

*Die Menge*:
    Guldar soll reden!
(Der König schreit und gestikuliert fortwährend, ohne sich ver-
nehmlich zu machen. Endlich verschafft sich der Hirnmeister durch
energische Gebärden Ruhe.)

*Der Hirnmeister*:
Wir haben nichts zu hehlen, zu verbergen.
Wir wollen gern Euch hören. Guldar rede!
(Der König will widersprechen, beruhigt sich aber auf eindringliche
Gesten des Hirnmeisters. Wie Guldar zu reden beginnt, wird rings-
um alles totenstill.)

*Guldar*:
Die Stunde fragt. Die Zukunft ruft. Die Wahrheit
Gebietet. Götzen stürzen. Götter stürmen!
Wir hörten nicht das stumme Raunen rings,
Den Sinn gelähmt vom Gellen Deiner Macht.
Nun aber schwoll die Stimme der geheimen,
Erwachten Freiheit, breitete das Brausen
Gewaltig über alle Fernen, Himmel
Und Erde voll von neuem Klang erfüllend;
Und aus der Tiefe selbst dringt frohe Kunde.
Ich ließ mich vom Gesang der Welten ganz
Durchdringen, und in das verstockte Ohr
Geworfen sei Dir junger Worte Weise. – –
Wer gab Dir Recht, zu sprechen Recht, zu richten
Die Menschen, die aus eignem Rechte sind?
Wer gab Dir Macht, den Dingen zu gebieten,
Die Du nicht selbst erschufst? Nur Deiner Arbeit,
Der selbst getanen, bist Du Herr! Du herrschest
Wie jeder andre auch in Deines Hirns
Und Deiner Hände schmal begrenzter Runde.

Wer hat in Deinen Willen Dir gelegt
Den Tod – – das Werk der waltenden Natur?
Der Tod, den nicht Natur gebeut, ist Mord.
Wer schrieb die Vollmacht Dir für Menschenmord?
Nichts hast Du selbst geschaffen und – – zerstörst!
Wer ohne eignes Werk, ist ohne Recht.
Ich klage an und spreche schuldig Dich:
Zurückzugeben das gestohlne Recht!

*Der König* (irrsinnige Angst in Größenwahnsdelirien wollüstiger
Grausamkeit austobend):
Zusammenrottung wider mich? Wohlan,
Ihr sollt gerottet ausgerottet werden!
Je sieben binde man zusammen, Kopf
An Kopf, die Arme, Beine, Leiber fest
Geschnürt in eins, gleich siebenfachen Mumien,
Unlösbar also gegen mich verbunden.
Auf dieser Stätte, die für alle Zeit
Ob solcher Greuel ich verfluche, werdet,
Je sieben eins, Ihr aufgestellt, wie Puppen
Gemähten Korns im kahlen Feld verstreut.
Kein Mensch betrete die verfluchte Stätte,
Um Speise, Trank den Lechzenden zu reichen.
Denn unablässig kreist der Tigergott
Um Orte, die vom Fluch getroffen, jeden
Erwürgend, der sich naht. Ich aber werde
Auf diesem Throne sitzen, ganz allein,
Und werde warten, wie Ihr vielen Euch
Auf mich, den einen, stürzt. In Eurer Wut
Sollt Ihr vor meinem Blick verwesen. Hören
Will ich den letzten Schrei, das letzte Röcheln
Des Hasses gegen mich. Ich will betrachten,
Wie bald die Zäheren vergebens mühen
Sich von den Toten zerrend abzulösen,
Indem sie gierig ihre Hungerzähne
Zugleich in den verbundnen Leichnam hacken.
Des Aufruhrs Augen will ich brechen sehn,
Im faulen Fleische die Empörung riechen.

Und seid Ihr endlich still geworden, schwälen
Nur über Euch die *Dünste* Eurer Frevel,
Dann springt mein treuer Wächter, Gott, der Tiger,
Zu mir und schmiegt sich wie ein Hündchen kauernd
Zu Füßen und wird lind die Hände lecken,
Die müd vom ungelohnten Herrschen sanken.
Denn wen die Götter krönen, dem zu dienen
Sind sie gezwungen auch, wie Sklaven willig:
Ich herrsche über alle Götter – – Ich – –
(Die Krone erlischt plötzlich. Das scheue Volksgemurmel schwillt
allmählich zum Aufruhr.)


*Einer der Verschworenen*:
Sieh da, die Götterkrone gleicht der Lampe,
Die, wenn des Krämers Öl verbraucht, erlischt.


*Frauenstimmen*:
Du Lügenkönig, gib das Blut uns wieder,
Die Männer, die, zum Krieg getrieben, fielen!
(Die ganze Volksmasse umzingelt eng den Thron.)


*Der Hirnmeister* (leise):
Verdammt, daß ich vergaß, sie frisch zu ölen.
(Er flüchtet; mit ihm der andere Hofstaat.)


*Der Oberste der Weisen*:
Die Weisheit – –


*Der Rat der sechs Weisen*:
        Das Gesetz der Offenbarung – –


*Der Oberste der Weisen*:
Das All entgleitet, alles nichtig … nichts …
(Sie klappen wie abgespielte Marionetten leblos zusammen.)


*Der König* (bleich, schlotternd, reißt die Krone ab, daß sie die Stufen
herabkollert, hilflos stammelnd):
Die Kraft erlosch … die Macht… Wer sprach zuvor? …

Ich war es nicht … Es sprach in mir … Laßt mich
Entgelten nicht, was dieser König schwatzte …
Ich war nicht Euer König … niemals … List,
Betrug gab mir zuvor der Fragen Kenntnis
Und lieh die Lösung mir …;
(Der Oberste und der Rat der Weisen versuchen sich aufzuraffen,
fallen aber gleich wieder zusammen.)
　　　　　Denn ich aus meinem
Gehirn verstand nicht Rätsel aufzulösen.
(weinerlich)
Verzeiht … ich wußte nicht … ich armer Mensch …
(Er steigt vom Thron. Wutschreie der Menge.)


*Frauenstimmen*:
Du Lügenkönig, gib das Blut uns wieder,
Die Männer, Söhne. Lügenkönig! Mörder!


*Jubelnde Stimmen*:
Heil, Guldar, unser wahrer König, Heil!


*Eine wilde Stimme*:
Der Lügenkönig muß in Guldars Ketten!


*Guldar*
(beklommen, unschlüssig am Fuß des Thrones verharrend):
Wollt Ihr ihn strafen, laßt ihn dann als König,
Geschmiedet fest an diesen Thron, und zwingt
Ihn immerfort zu herrschen, immerfort
Vor allem Volke Tag und Nacht zu herrschen. –
Wenn Strafe Sühne, Auferstehung wäre
Zerstörten Seins, gebührt ihm Foltertod.
Doch keine Marter läßt die Toten atmen
Und Leben wecken wie vom Schlaf. Wer darf
Ihm Richter sein? Wollt *Ihr* ihn richten? Ihr,
Die feigen Hehler seiner Schuld, die Sklaven
Und Dulder der Gewalt, die *Schuldigsten*! –
Nein, schleppt die alten Qualen nicht in neuen
Gebrauch! Laßt ihn in Frieden sich verbergen!

*Helga* (drängt eilig dem König entgegen und zieht ihn an der Hand fort):
Komm, kleiner Agab, komm! Wir züchten Bienen,
Wir melken Ziegen, ziehen Hyazinthen,
Und wenn die Götter wollen, wächst uns auf
Vielleicht auch eine Herde Agab-Lämmer,
Schreihälse, rund an meinen Brüsten quellend,
Mit meiner Milch genährte – – Königskinder.

*Agab* (schaudernd):
Doch wenn die kleinen Lämmer Königshammel
Nachäffend spielen – pfui – ich schlag' sie tot!
(Beide verschwinden rasch.)

*Die Menge*:
Heil, Guldar, unser wahrer König, Heil!


VIERTE SZENE.

*Eine schwangere Frau* (aufschreiend):
Weh! Wehe! Weh! Verflucht in unserm Schoß
Die Kinder sind, gottlästernder Umarmung
Gezücht! Ein Lügenkönig war uns Kuppler!

*Die Frauen* (durcheinander jammernd):
Weh! Wehe! Weh! Vom Fluche schwangre Mütter!

*Eine Frau* (in ekstatischer Vision):
Weh! Ungeheuer wachsen uns im Leib,
Hechtköpfig, krötenfleckig. Wo die Augen
Sonst leuchten, stieren grüne Eitererbsen,
Verschrumpft und blind, von zähem Schleime triefend.
Statt Haare Stacheln. Offne Schädel Schüssel
Voll blut'gem Brei. Die Leiber rohes Fleisch,
Zermartert, ungeschützt von weicher Haut.
Sie hören nicht, sind stumm. Die Lippen hängen
Wie schlaffe Schläuche, Ausguß ekler Jauche.

Sie sind nicht Mann, nicht Weib. Greuliche Zwitter
Halb Mensch, halb Vieh, als hätten geilen Affen
Wir uns gemischt, Schakalen, Füchsen, Hunden.
Die Leiber bersten lebende Verwesung, –
Unzücht'ge Brut, die kriecht und heult – – vor Schmerz
Und Wut zerkrallte Mißgestalten. Wehe!
Wir müssen sterben, ehe Sünde lebt.
Mit unsern Händen laßt uns würgen. – – Wehe!

*Schreie der Frauen*:
Weh! Tötet uns – – von Ungheuern Mütter!

*Warana* (schreitet ruhig unter die Rasenden, ihr Kind an der Brust):
Welch neuer Irrwahn geißelt Eure Glieder!
Seht doch mein Kind, seht nur, wie schön es ist,
Und wie es lacht. Und habe doch mein Kind,
Mein lachend Kind, in hundertfach ertrotzten
Verbrechen tausendfältig starker Liebe
Empfangen. Törinnen beschaut mein Kind,
Mein lachend Kind – –
(Sie streckt mit beiden Händen das Kind empor, das durch einen
verwehenden Wolkenriß von einem Sonnenschimmer matt beglänzt
wird.)
          mein sündhaft Kind, mein Kind!
So schön und hell und froh geboren werden
Auch Eure Kinder, Spender Eurer Liebe!

*Eine junge Frau*:
Ein Kind, empfangen schon, als das Gesetz
Dir wehrte, jedoch licht und lebensstark! – –
Ich glaube an die Süße meiner Frucht,
Mein Schoß ist Segen. Also glauben alle!

*Rufe der Frauen*:
Warana, sel'ge Schwester, Deines Kindes
Abbild im Herzen werden wir gebären.

*Die Menge*:
Heil, Guldar, Heil!

*Guldar* (den Thron langsam, zögernd hinaufsteigend, die aufgehobene Krone lässig spielend in der Hand, von oben):
    *Das war die letzte Angst* !

*Der Hirnmeister* (stürzt atemlos herbei, hüpft die Stufen des Throns empor, leise zu Guldar):
Nehmt diesen Saft, den Auszug eines Krauts,
Das einst die Sonne trank, und tränkt den Reif,
Sonst leuchtet die Magie auf Eurem Kopf
Nicht so, wie's Volk von seinen Göttern heischt.
(Er klettert herunter und spricht, auf den Knien, den Kopf tief auf die Stufen gebeugt, laut:)
Erhabenster, Du Gütiger, Du Weiser
Gebiete über Recht und Land, vom freien
Beschluß des Volks und so von Götter Gnaden,
Des Alters Thron auf jungem Grund begabt, – –
Setz' Dir aufs Haupt mit *eigner* Hand die Krone!

*Guldar*:
Das hat noch Zeit, bedarf der Überlegung!
Des Wunders *Spender* sei des Wunders Träger!
(Er gießt das Fläschchen mit dem Elixier auf den *Hintern* des knienden *Hirnmeisters*. Die fetten Wölbungen leuchten auf und entblößen plastisch durchsichtig ihre ungeheure Größe – der Hirnmeister trägt eine Art enger weißer Eskarpins –, das Volk starrt auf das groteske Mirakel, begreift und bricht in ein mächtiges bis zur Raserei sich steigerndes Gelächter aus. Der Hirnmeister versteht erst nicht, was vorgegangen ist. Endlich entdeckt er den Grund des Gelächters, springt auf, und während er vergeblich sich bemüht, die Glorie auf dem Arsch mit ausgebreiteten Händen zu verhüllen, flüchtet er stolpernd. Mitten in das Gelächter dröhnt ein furchtbarer Donnerschlag. Es wird schwarze Nacht.)

*Schreie der Menge*:
Die Erde bebt!
(Alles flieht, ratlos, wohin.)

*Ein Bote* (herbeieilend):
> Die Erde ist gespalten!
Ein tiefer Schlund schlang Tempel, Mumie, Tiger!

(Mit steifen, langen Schritten stelzt die Mumie des Krieges am Meer entlang, versteinert alsbald wieder und richtet, in die Erstarrung zurückfallend, den Bogen. Ein heulender Wirbelsturm bricht los. Der Siegesbogen stürzt ein. Eine gebirgshohe Flutwelle steigt empor, verschlingt die unbewegliche Mumie des Krieges und wälzt sich wachsend vorwärts auf die ineinander gedrängte Menge):

*Die Menge* (panisch):
Seht Ihr den Tigergott? Er schwimmt, er springt
Gewaltig aufgebläht, das Meer im Bauche!
(Die Menge stößt sich immer enger zum Thron, klammert sich an ihn, steigt die Stufen empor.)

*Eine Stimme*:
So hilf uns, Guldar, hilf!

*Guldar* (tiefernst, ruhig):
> Ich kann nicht helfen.

*Eine zweite Stimme*:
Die Götter zürnen, weil Du sie verhöhnt!

*Guldar* (fest):
Ich habe Trug entblößt.

*Eine dritte Stimme*:
> Die Götter wehren,
Daß ihres Waltens Künste Menschen kennen.

*Guldar*:
Für freche Menschenränke gab ich Wahrheit !

*Eine vierte Stimme*:
Wahrheit ist Sünde !

*Guldar*:
        Mir ist Götterdienst:
Nach Wahrheit forschen, Wahrheit finden, Wahrheit
Bekennen!

*Eine fünfte Stimme*:
        Um uns alle zu vernichten !

*Guldar* (mit mächtiger Stimme, feierlich):
*Wenn also Wahrheit will* !
(Ruhiger)
        Doch *vor* uns sei
Noch dieser Reif des Wahns der Flut verfallen.
(Er schleudert die Krone in die Flutwelle. Die Woge verschlingt sie
und weicht zurück. Der Wirbelsturm erstirbt. Das Meer wird ruhig.
Die Wolken zerteilen sich.)

*Die Menge* (lärmend jauchzend):
Heil Guldar, Retter, All-Erretter, König
Der Könige! Uns ewig Stirn und Stern !
(Während der Schlußrede Guldars wird der Himmel klar und leuch-
tet strahlend.)

*Guldar* (in einfacher, fester, doch innerlich tiefbewegter Würde).
Verachtet habt Ihr mich, verhöhnt, gekränkt,
Gefürchtet auch, gesteinigt und – – gekrönt!
Und war doch immer ich, der gleiche Mensch.
Ich lieb' Euch nicht, und darum kann ich nicht
Beherrschen Euch. Ich acht' Euch nicht, und darum
Vermag ich nicht, Euch Stirn zu sein und Stern.
Ich liebe sehnsuchtsvoll, was jenseits ruft
Von dieser Zeit und fern von diesen Menschen.
Ich achte, was Ihr *werdet*; und dem Werden
Bin ich bereit zu helfen, Euch zu raten,
Wann Ihr zu Taten, Großes fühlend, drängt.
Verlangt: ich soll für Euch den Tod erleiden,
Damit Ihr wahrhaft lebt – – ich bin bereit.
Arbeiten will ich Euch, doch Euch nicht sehen.

Euch opfern will ich mich, doch Euch nicht glauben.
Euch Treue wahren und doch Euch verachten.
Nur über Euer Schicksal zu *gebieten*,
Das fordert nicht von mir. Das kann ich nicht.
In einer Welt kann ich nicht leben, wo
Nicht jeder lebt; beherrschen nicht ein Volk,
In dem nicht *jeder gleicher* Würde Herrscher.
Nicht Fürsten sollen sein, nicht Führer vor
Den Menschen. Sklaven nur sind unterwürfig
Betäubten Sinns dem Götzenstein, ihn fürchtend
Und schlagend. Ihre plumpen Steine nennen
Sie Könige und Führer. Glied der Menschheit
Wird nun das Volk, wo *jeder* König, jeder
Bewußter Führer ist, und nah des Geistes
Still reifendem Gesetz der *Freiheit* Kraft
Das Schicksal lügt; – – wo jeder Blitz, den Mühsal
Beglückter Leidenschaft dem spröden Schoße
Verschlossener Natur entringt, zum Strahle
Des Daseins wird, zur Seele jeden Dinges; – –
Wo Zeit und Geist geschwisterlich die Hände
Sich reichen zu beschwingtem Tanz; – – wo wild
Der jüngste Höhensturm des Denkens all
Den abgestorbnen Wahn in tiefe Schlünde
Verweht, weithin in *gleichem* Fluge braust
Mit *einem* Prall durch jedes Menschenhirn,
Und die erneuten Wesen schaffend eint. – –
Die Götter prüfen, also wird verkündigt,
Uns Menschen. Diese Götterprüfung ward
Zur Prüfung für sie selbst, und sie bestanden
Die Prüfung nicht; denn sie bestanden selber
In nichts, wie in dem blöden Menschenwitz.
Doch Götter sind in unsern Seelen. Ihnen
In Ehrfurcht wir uns beugen, wenn wir *rein*
Sie uns erschufen als das weise Wunder
Und tiefste Schöpfung, heil'ger Träume Künder,
Was einst wir werden und wohin wir steigen
Empor zur Freiheit hoch ins Grenzenlose.
Baut solchen Göttern auch Altäre fromm

*In Euch,* und laßt von ihnen Euch beherrschen. – –
Ein Spott dünkt jetzt Euch das Verbot, zu lieben,
Umarmung und Empfängnis zu verketten
Mit Tigergöttern und mit Herrscherhirnen.
Doch wenn es zum Gelächter ward, das *Werden*
Durch eines Menschen Willen zu entscheiden,
Um wieviel toller ist der Wahn, dem *einen*
Gewalt und Recht des *Todes* auszuliefern!
Denn jener hindert nur, daß Leben werde,
Doch dieser drängt sich in das Leben selbst
Und würgt, was ist, und quält, was Freude will,
Verpestet alles Dasein tief im Urquell. – –
Und haltet heut Ihr die *verbotne Liebe*
Für eines Possenreißers lust'gen Einfall,
Und lacht des Märchens, das Euch einst geängstigt, – –
Die Weltenposse der Zerstörung grinst
Aus gleichem und aus größrem Narrentum,
Auch wenn Ihr *glaubt,* weil Euch der Trug noch *bändigt,*
Auch wenn Ihr weint, weil sie mit *Blut* geleimt …
Nichts ist Gewalt, ein Schemen Sieg. Der Ruhm
Des Kriegs verweht, der Opfer Flüche dauern.
Das Jubeljohlen des Triumphes stickt
Im Hauch, der es aus heisern Kehlen lärmt.
Begrenzungen der Menschheit sind Verwirrung.
Rückt tausend Meilen vor des Reiches Grenzen,
Erduldet knirschend, daß man es zerspaltet – –
Ein Wechselspiel: nicht wert, das nur *ein* Mensch
Verblutet und ein Halm zertreten wird! – –
Und so beginne neuer Götter Dienst:
Ihr alle schließet Frieden! Helft sogleich
Mit Euren Händen, sühnend schwere Schuld
Der Duldung Fremden Frevels, pflügen, pflanzen
Die Wüstenei des Reichs, das wir verödet. –
Auf buntbewimpelten, vertrauten Schilfen
Sei freundliche Verbindung zwischen Feinden ! …
*Doch Du, Warana, wandere mit mir*
*Zu unerreichbar fernen Höh'n, die Herzen*
*Wie rote Fackeln tragend und erleuchtend*

*Den dunklen Wolkenpfad geheimster Götter!*

(Während Guldar und Warana langsam von der Bühne schreiten und das ergriffene Volk still sich verläuft, tauchen aus dem beruhigten Meer in hellem Sonnenglanz, mystisch verklärt, nackte Kinder, Frauen, Männer. Sie tanzen, blumenbekränzt, am Strande einen feierlich heiteren, verschleiert schimmernden Reigen – Geister der Zukunft.)

E n d e.

# Wachsen und Werden

Aphorismen / Gedichte / Tagebuchblätter …
(Anthologie von 1926 – eine Auswahl)[1]

[GELEITWORT ZUR ANTHOLOGIE
„WACHSEN UND WERDEN"][2]

Einen 1848er Märzkämpfer ließ Kurt Eisner diese wehmütigen
Worte sprechen: „Wir passen nicht mehr in diese Welt. Sie lachen
über uns Toren, die für ein Ideal in den Tod gingen. Was liegt ihnen
an Freiheit und Völkerglück; sie treiben Handel …"

Und heute mehr denn je. So hat unsere Zeit noch keinen Abstand
zu den Ereignissen der Kriegszeit und noch weniger zu ihrem Untergang gefunden, der in einer auflodernden und wieder jäh zerfal-
lenden Bewegung jene alte deutsche Sehnsucht nach Menschen-
würde und sittlicher Freiheit kurz erweckte, die immer noch unter
der Asche schwält trotz Schiller, Kant, Hölderlin und den andern
unglücklichen großen Deutschen, deren Buchstaben gesetzt sind,
aber deren Werke dennoch in dem Volke nicht leben. Nur aus dieser
verhängnisvollen Ablehnung eines Volkes gegenüber dem Wollen
seiner besten Männer ist es erklärlich, daß unsere Zeit auch Kurt Eisner, den deutschesten der Empörer und guten Europäer nicht so
sieht, auch nicht sehen will, wie er aus seinen innersten, sittlichen
Motiven sich erschließt; teils gehässig, teils verständnislos ist das
Urteil der Zeitgenossen.

---

[1] Textquelle | Kurt EISNER: *Wachsen und Werden.* Aphorismen / Gedichte / Tage-
buchblätter / Dramatische Bruchstücke / Prosa / usw. Leipzig: Roter Türmer Verlag 1926, S. 3-13, 16-27, 31-34, 47-48, 70-78. – Leider wird in dieser wohl überwiegend auf frühe ‚Blätter' zurückgreifenden Edition den Lesenden oft nichts über
die Entstehungszeit der einzelnen Texte mitgeteilt. Eine Nachlasshandschrift,
aus der die Texte vermutlich ausgewählt wurden, soll demnächst im Donat-Ver-
lag veröffentlicht werden (Herausgeber Gerhard Eisner & Wolfram P. Kastner).
[2] [Im Buch 1926 ursprünglich als „Nachwort" dargeboten; ohne Autorenangabe.]

Es ist noch nicht an der Zeit, das Lebenswerk Kurt Eisners den unbefangen Wartenden zu unterbreiten. Aber es ist höchste Zeit, denen die guten Willens sind, einen Einblick zu geben in die Wachstumsentwickelung dieses Mannes, dessen Charakterbild aus ohnmächtiger Wut schmählich verzerrt wurde.

Diese Blätter zeigen nicht den handelnden Politiker, sie bringen nur wenig endgültig Gereiftes des Schriftstellers Eisner, den in einer noch nicht verhetzten Zeit ein bürgerlicher Gelehrter in seiner Schrift über das Zeitungswesen als den „besten Journalisten und Stilisten Deutschlands" bezeichnet hat. Aber aus den Worten, Versen, Aufzeichnungen und Briefstellen gestaltet sich einheitlich die tragische Verpflichtung zu der begnadeten Sendung, die Eisner sein ganzes Leben hindurch nicht verläßt und als tiefster Antrieb hinter allen seinen Taten steht. Wer auf kurze Zeit das materialistische Getriebe dieser Welt vergißt und sich einfühlt in das jugendliche Gestammel eines von innerer Berufung Zerquälten, der auch in reiferer Form und bei abgeklärter Durchdringung, schonungslos gegen sich, treu seiner Mission sich hingibt, der wird einen reinen, unerschütterlich wahrhaftigen, Welt und Menschen nüchtern erkennenden und dennoch liebenden Menschen finden, einen jener seltenen Menschen, die eben dadurch leben, weil sie sich der Menschheit und der ewigen Idee verschenken. [1926]

EINFÄLLE UND SINNSPRÜCHE

Wenn an der Welt der Geist gereift,
dann wird der Geist die Welt begreifen.

*

Ich lieb im Menschen, was er morgen ist,
Drum geb ich heut ihm all die Rechte,
Daß er sein Morgen sich erfechte,
Und bild, was in ihm verborgen ist.

*

*Tatkraft*

Es gibt Menschen, die stolz auf ihre Tatkraft sind, wenn sie eine Stunde in sechzig Minuten gehen.

*

Der Einsame ist ein Narr, der sich an seinem heißen Atem zu erwärmen wähnt und nächtlich elend erfriert.

*

Wenn die Welt nur gemein wäre, dann ginge es noch; dann könnte man ihr noch einreden, daß die Gemeinheit nicht glücklich macht. Aber leider ist sie auch so dumm, daß sie nicht begreift, was man ihr beweist.

*

Lebensfessel dem Mann ist die Frau. Nur eins ist die Frage: fesselt das Leben sie ihm, fesselt ans Leben sie ihn?

*

Das Schicksal nahet nicht gigantisch,
Zermalmt uns nicht mit einem Schlag –
Nein, langsam reibt es und pedantisch
Zu feinem Staub uns nach und nach.

*

*Ziel der Menschenarbeit* | Aufgabe der Kultur ist, den Zufall durch das Gesetz auszurotten. Das Wort „Glück" muß aus dem Lexikon des menschlichen Denkens gestrichen und „Verdienst" an deren Stelle gesetzt werden.

*

Für wie viele Männer ist wohl der Traualtar ein Hochaltar der Freiheit und Selbstherrlichkeit?

*

Die Gesellschaft hat weder Inhalt noch Form, sie hat nur Formen.

*

Was bet ich Narr zur Göttin Reinheit,
Was dien ich fromm dem staubentrückten Geist?
Ein lustig Leben blüht nur in Gemeinheit,
Und nur im Schweinekoben wird man feist.

*

*An die Sitteneiferer* | Wieviel Neid auf die Unsittlichen mag wohl
schlummern in dem Haß gegen die Unsittlichkeit?

*

Menschen, die durch die Welt getrieben werden, schleppen entweder allen Kehricht mit sich, oder nehmen in ihre Seele alles Schöne,
Große und Gute auf; sie werden entweder ganz niedrig oder ganz
erhaben; sie sprechen entweder in Zoten, oder die Weisheit aller
Sprachen.

Die Juden, die Weltwanderer der Geschichte, sind ein Beispiel
für diese Wahrheit.

*

Leute mit Kopfattrappen statt Köpfen, sind weiter verbreitet als man
gemeinhin annimmt.

*

Die Sonne vertieft und erfüllt die echten Farben, die unechten aber
verblassen, wenn das grelle Licht auf sie fällt. Sind die Farben der
Welt echt?

Man könnte zweifeln. Wie grau, wie blaß, wie verschlissen wird
das Antlitz der Erde, wenn die Erkenntnis, die satte Begierde, es beleuchten.

*

Die Bäume einer Oase schatten nicht über ihre Grenze hinaus. So
breitet die Oase der Lust keine Kühlung über die Oase des Leides.

*

Der idealste und innerlichste Mensch (ausgenommen ein Genie,
dem man solche Absonderlichkeiten verzeiht) gerät in Verzweif-

lung, wenn er mit zerrissenen Stiefeln in eine Gesellschaft gehen soll. Ist die Armut vielleicht wirklich ein Laster?

Hat die Natur in den Menschen die Scham der Armut gepflanzt, damit sie das Laster Armut auszurotten suchen und nach Besitz streben?

*

Die Tränen des Elends leuchten in dem Diamanten, in welchem der Reichtum erstrahlt. Der Glanz ist der Schuldner der Not. Aber der Schuldner wird feist und fett, während der Gläubiger verhungert. Wann wird der Richter kommen, der dem Geprellten zu seinem Recht verhilft?

*

An den „Brüsseler Kanten" hat sich die arme Arbeiterin den Schädel blutig gerannt. Mir erscheinen die Spitzen immer wie Spinngewebe, in denen die dicke Spinne, der Reichtum, behaglich haust, nachdem sie den Leib sich mit einer Unzahl Fliegen der Armut gemästet hat.

*

*Wahl*

Spinnen oder Fliegen,
Das ist die Wahl.
Giftgeschwollen siegen,
Schuldlos unterliegen,
Mord oder Qual –
Das ist die Wahl.

*

Schicksal ist die Gesamtheit aller Wirkungen, die Natur und Menschen ausüben. Jeder Mensch ist ein Teil, ein Glied des Schicksals, das zugleich bewegt und bewegt wird.

*

*Leitspruch*

Mit Schurken streiten,
Die Dummen leiten,
Sein Hirn stets weiten:
Das ist das Leben
Der Gebenedeiten.

(andere Lesart)
Mit Schurken streite,
Die Dummen leite,
Dein Hirn stets weite:
Bald gehst du Pleite.

\*

Die Wahrheit soll sich das Genie
Zur Muse werben,
Zerfiele selbst die Poesie
Dabei in Scherben.

\*

Mit Unrecht singst du zorn'ge Weisen,
Wie all dein Schaffen gold'nen Lohn nicht find't.
Das Publikum will dir ja nur beweisen,
Daß die Gedanken – unbezahlbar sind.

\*

Die Alten glaubten, daß die Seele sich im Atem äußere. Mit Recht:
denn auch die Seele offenbart sich erst in den Frösten des Lebens.

\*

Die Erkenntnis der Wahrheit ist nicht ein Flug zur Höhe, sondern
ein Sturz in die Tiefe.

\*

Eine furchtbare und doch dem Denken
sich immer wieder aufdringende Wahrheit:
Der Mensch schleppt hinter sich die Ketten seiner
Ahnen und ist Galeerensträfling im Bagno der Zeit.

\*

Nur der lebt wahr, der lebt in andern,
Und sterben ist's, allein zu wandern.

\*

Genie ist Krankheit. Warum nicht auch: der Kranke
hat Zeit, Einsamkeit, Sammlung, um ein Genie zu sein.

\*

Religion ist ein sanfter Gaul,
Geht stets seinen frommen Trab;
Reit' ihn, wer im Denken faul.
Er wirft ihn nicht ab.

Ein feuriger Hengst ist die Philosophie,
Stürmt außer Rand und Band;
Wer nicht besitzt viel Reitgenie,
Sitzt balde auf dem Sand.

\*

Wir beurteilen am besten und rügen am stärksten die Fehler, die wir
selbst haben.

\*

Gibt es einen Gott, so hätte auch dieser einmal gesündigt: denn er
schuf den Menschen.

\*

Jeder mag nach seiner Façon selig werden, aber nach keiner Façon einen anderen unselig machen.

*

Die sogenannte Erfahrung *trübt* oft das Urteil, anstatt es zu *klären*.

*

*Rätsel*

Stößt du mich aus in den Wald, dann stets noch kehr' ich dir wieder.
Hast du verloren mich, nimmer ach kann ich zurück.
(Der Ruf.)

*

*An die Frauen*

Tilget aus des Luxus große Schmach,
Wie ich euch rate.
Verderben bringt, ach denket nach,
Der Staat dem Staate!

*

*Lebensregel*

Ein Bischen Lüge,
Ein Bischen Intrigue,
'ne Menge Geld:
Dann geht's in der Welt.

*

Wer stets zu besonnen, hat nimmer gewonnen,
Wer nie gespielt den Toren, wär besser nie geboren.

*

Lehrt ihr doch selbst, ihr Frommen: unsterblich seien die Seelen.
Macht ihr die Leiber auch tot, ewig verführt noch der Geist.

\*

Pietät ist diejenige Tugend, welche jeden verpflichtet, die von den
Vätern vererbte Dummheit getreulich zu konservieren.

\*

*Selbstmord* | Wir sind nicht befragt worden, ob wir in die Welt wol-
len; darum brauchen wir auch niemanden zu fragen, wenn wir aus
der Welt wollen.

\*

*Ein Wortspiel ums Leben* | Wer sich nicht wegwerfen will, muß jeden
Augenblick bereit sein, das Leben – wegzuwerfen.

\*

Der Verfolgte ist der wahrhaft Freie.

\*

Wer die Welt erleuchten will, muß selbst verglühen. Das Werk des
Künstlers ist der Dämon, dem er seine Seele verschreibt. Beseelt tri-
umphiert die Schöpfung über den entseelten Schöpfer.

\*

*Wehrlose Weisheit*

Dem dummen Schuft ist es nicht schwer,
Den klugen Edlen zu betrügen.
Der Weiseste ist ohne Wehr,
Begießt man ihn aus schmutzgen Krügen.

\*

*Quittung*

Mein Leben ist entwurzelt. Mein Dasein hat den entscheidenden
Beilhieb empfangen, wofür dankend quittiert

Berlin, den 13. Nov. 1889.          Kurt Eisner,
                                                     leidender Romanheld.

\*

Im Meer der Leiden versanken
Die Lieder voll Lebensglut,
Ich hab' nur noch böse Gedanken,
Geronnenes Seelenblut.

\*

Man hat mehr Aussicht in der Lotterie das große Los zu gewinnen,
als aus einer Gesellschaft den kleinsten Gewinn heimzubringen. Wie
kann man gewinnen, wo lauter Nieten sind.

\*

Es gibt Weiber, die in die Höhe fallen. Selbst die Naturgesetze sind
galant gegen das schöne Geschlecht und beugen sich vor ihm.

\*

Den kurzen Augenblick unseres Lebens engen wir ein durch Wälle
und Mauern, die ausreichen würden, die Ewigkeit zu schirmen und
zu befestigen.

\*

Am schnellsten ist der Gedanke, dem eine fürsorgliche Regierung
Ketten angelegt hat.

\*

Krieg ist die Fortsetzung der Politik mit anderen Mitteln (Clausewitz). Ist dann nicht Diebstahl, Raub, Mord, Fortsetzung der individuellen Selbsterhaltungspolitik mit anderen Mitteln? Wozu dann Staatsanwalt, Zuchthaus und Scharfrichter?

*

*Stimmung* | Wie würgt sich mein Leben, mühsam, müde. Ein Aufwälzen ist's, schwerer, moderfeuchter Steine, und ein Aufscheuchen, eklen, dunklen Gewürms.

*

Die moderne Menschheit zersplittert sich in millionenfacher Ausstrahlung, geistig, körperlich, materiell. Ist das der Anfang des Aufgehens und Sichverlierens im All, die Vorschule der Erlösung und Vernichtung?

*

Sterben = Aufgehen in das All, gleich wie das Licht aufgeht am Morgen. Des Menschen Untergang ist zugleich sein Aufgang. (1892)

*

Die Erlösung der Welt wird erzielt durch eine „Scheidung von Tisch und Bett".

*

Parlament, zu deutsch: Dunkelkammer.

*

Der gewaltigste Feldherr, der genialste Schlachtendenker, ist der gemordete Märtyrer, der unsichtbar an der Spitze seiner Gläubigen marschiert.

*

Die Welt schluckt von Zeit zu Zeit große Männer (Märtyrer!), um ihre Schönheit zu konservieren und zu steigern.

*

Das ist das Ende jedes Sterblichen: Ein Funken, der im Aug' der Ruh erlischt.

Durch's Leben unbeachtet
Die großen Geister gehn.
Erst, wenn die Erde nachtet,
Kann man die Sterne sehn.

\*

Beendet ist die rasche,
Qualvolle Lebenszeit,
Dann steigt aus müder Asche
Der Phönix Ewigkeit.

\*

Im Leben tot,
Im Tode lebend –
Wie Morgenrot.

In Nacht verschwebend –
Wie Abendglühn.

Dem Wahn versunken,
Herrlich entsprühn –
Des Tages Funken.

\*

*Martyrium*

Das ist der Jammer dieser Welt,
Daß all die Dummheit der Millionen
Den Wen'gen, deren Geist erhellt,
Den Weisen wird zu Dornenkronen,
Daß sich der Massen Unverstand
Frech an des Genius Schwingen heftet,
Ihn zerrt aus seinem hohen Land,
Bis er zu Boden sinkt entkräftet.

\*

Ich weiß es nicht, ich kann's nicht gründen,
Längst sank die Zeit, längst in des Ew'gen Schoß.

Ich kann mich in die Welt nicht finden,
Sie ist so weit, so leer, so seelenlos.

Ein neues Leben muß ich schaffen,
Da frei ich bin, frei und allein.

Nicht mag das Einst ich blöd begaffen:
Zu neuen Taten zwingt ein neues Sein.

\*

Laß meinen Geist in deiner Seele weilen
Und treib die andern Gäste schnell hinaus.

Mit keinem mag ich meine Ruh'statt teilen,
Einsiedler will ich sein in deinem Haus.

Ich kranke an der Unrast, sollst mich heilen,
Sollst glätten meine Stirn, die sorgenkraus

Der Erde Rätsel und der Menschheit Ringen
In eitler Müh' begreifend will durchdringen.                    (1889)


*Phantasie*

Hoch ragt des Berges trotz'ges Haupt,
Wild vom Orkan umtost.
Steil am Abgrund vorbei
Führt der schwindelnde Steg.
Mädchen, wagst du's mit mir,
Aufzuklimmen die felsige Wand'?
Brauch' dein leuchtendes Aug',
Deines Mäulchens albern' Geschwätz.
Frischen soll mich dein lachender Mund,
Stärken die Ruh' an dem quellenden Busen. …

Auf denn, mein treues, mutiges Lieb!
Nur hinweg von der Erde stinkendem Dunst.

Oben will ich sturmumbraust
Luftige Zwiesprach halten
Mit des Ewigen wissendem Geist.
Stolz schau' ich hinab
Auf das sieche Menschengewürm,
Das der faulige Schoß der Erde
Täglich zeuget in kalter unfroher Gewohnheit,
Nicht befruchtet von Sonnenliebe des Äthers.

Sonne und Sterne, ihr meine Vettern,
Schmückt euch, den nahenden Gast zu empfangen.

Schmerzt schon das Füßchen, keucht schon die Brust?
Noch sind wir kaum dem Boden entstiegen.
Elende Wurzeln, spitzige Dornen,
Und der schwächliche Anstieg
Machen dich müde schon und schwankend den Gang?
Schwindelnd schauderst du schon
Vor dem zwerghaften Abgrund?
Armes, kraftloses Geschöpf,
Geh' den Weg nur eilends hinab,
Kann auch allein den Gipfel finden
Ohne den Trunk deiner zitternden Lippen!

Wie du schwatzest von Liebe und Treue,
Klammerst dich fest an mich
Und ziehest mich flehend hinab.
Glaub' wohl, daß treuliche Hütten
In den Tälern bergen die Liebe,
Süß sich schlummert's in Lindenduft,
Eng geschmiegt an den Leib der Geliebten,
Wenn die mondscheindurchflutete Luft
Leise sich wiegt nach der Nachtigall Sang.
Süß ist's, wundersam süß,
Lockend und süß – und gemein.

Laß mich nur! Geh' zur Erdenbrut!
Mag dich ein and'rer Mann

Kaufen als Eh'gemahl.
Halte mich nicht! Blendet dich Wahnsinn?
Siehst du an zorniger Schläfe
Schwellen die bläuliche Ader?
Fürchte mich, fürchte die Wut!

Weg mit dem krampfenden Leib,
Weg mit den kettenden Armen.
Ei, wie stark macht der Irrsinn!
Stärker ist dennoch der strebende Wille.
Fort mit dir und hinab!
Kämpfst du mit mir? Du ringst – in den Abgrund.
Höllischer Schrei! – Zur Fahrt in die Hölle
Trieb dich dein eigener, frevelnder Trotz.
Höllischer Schrei! – Verschließ dich, mein Ohr,
Vor dem Gellen des sterbenden Lebens!

Ist denn so schwer der Abschied vom Sein?
Schreist du, weil dein ahnender Blick
Sieht den zerschmetterten, blutigen Leib?
Aus dem Sinn den höllischen Schrei!
Mutig mit schnellerem Schritt hinauf,
Frei und fessellos.

Nur über Leichen führt es zum Gipfel,
Näher winkt schon das krönende Ziel.
Leichter die Luft und leichter die Brust.
Rüst dich, Unendlicher, da ist dein Gast.

Grausig schrie sie, die Dirn,
Immer noch tönt das gelle Geheul
Mir von allen Felsen entgegen,
Grausig rauscht es der stürzende Bach,
Grausig kreischt es der krächzende Adler,
Grausig hallt es der knirschende Schritt.
Seid doch still! Konnt ich dafür?
Schuf sie sich selbst doch zermalmenden Sturz.
Schweigt und dämpft

Den riesenhaft schwellenden,
Brausenden, tobenden, donnernden,
Höllischen Schrei.
Rett' mich, Unendlicher,
Rette den nahenden,
Schwindelnden Gast.
Weh mein Ohr. Wollt ihr's zersprengen?
Schuldlos bin ich, Gott schrieb das Gesetz:
Nur über Leichen führt es zum Gipfel.

Freches Gesindel, ihr könnt nicht betören
Johlend den strebenden Geist.
Auf in den Kampf mit euch!
Schreite hinweg über euch,
Wie über törichte Dirnen.
Packt ihr Töne auch grimmig den Schädel,
Gellt ihr, zerfleischend das wogende Hirn;
Rast ihr bacchantisch im donnernden Taumel –

Mitten hindurch schreite ich stolz,
Ein *von Gott geladener Gast.*

Frisch denn hinauf zum göttlichen Wirt.
Nur über Leichen – – Weh mir … ich … stürze.


*Sturmvogel*

Es schweiget die Seele todesschwer
Wie das sturmbang unbewegte Meer.
Es sanken bleigrau die Wolken herab'
Und stummer ist's wie des Schweigens Grab.
Das ist des Sturmes Nebelpalast,
Der lauert in sprungbereiter Rast
Des Rufers, der ihn zur Tat erweckt.
Halt schon die gewaltige Tatze gereckt.
Da kommen die Wecker, ein Mövenpaar
Erwecken die Ruh' von der Totenbahr'
Und flattern und kreischen den Sturm heraus.

Es schweiget die Seele todesschwer
Wie das sturmbang unbewegte Meer.
Gedanken flattern in ängstlicher Hast
Und gellen und kreischen den Sturm hervor.

Ich bin von wilder Ahnung erfaßt,
Und Mövenschrei umtost mein Ohr,
Sturmglocken hör ich wogen vom Turm.

Noch schweigt die Seele, bald braust sie Sturm!


*Der Unselige*

Und gehen muß ich, denn ich hab kein Recht
Auf fremdes Schicksal.

Auf meiner Stirne steht geschrieben: Denke !
In meinem Herzen brennt das Blutwort: Kämpfe !
In meinem Auge weint's entsagend: Leide !

Und so gezeichnet flieh' ich ruhlos immer,
Der Erde süßes Glück in blauer Ferne ahnend,
Von Tag zu Tag, ein Müder ohne Schlummer.

Begeistert streite ich für meine Sehnsucht
Nach einer reinen, lichten Sonnenzeit.
Ich will die Welt nach meinem Bilde formen,
Mein hungernd Leben zehrt von ihrer Zukunft.

Ich brenn auf meines Geistes Scheiterhaufen,
Der täglich mich verzehrt und neu erzeugt,
Ein Märtyrer zugleich und Ketzerrichter.

(Bruchstück)

*Vom Seziertisch meines Lebens*

Ich habe schon einmal ein Tagebuch zu führen begonnen. Aber ich wollte mein ganzes bisheriges Leben in den ersten Aufzeichnungen ausschöpfen und bloßlegen. Die Schnitte waren zu tief, und ich lag die ganze Nacht wach am Wundfieber.

Für einen Menschen aber, der einmal etwas Bedeutendes leisten will und boshaft von Natur ist, ist es ein höllisches Vergnügen, seinen künftigen scharfsinnigen Konjekturen, lüsternen Biographen und Interpreten, das Geschäft durch genaue, eigenhändige Buchführung zu verderben.

*Bruchstück aus dem Tagebuch*

… Es wäre mir freilich lieber, wenn ich überhaupt nicht mehr aufzuwachen brauchte, sondern still des Nachts verschiede.

Mag man mich immerhin tadeln, ich habe jederzeit, selbst in meiner frühesten Jugend gern sterben wollen. Der Tod erschien mir nie als etwas Furchtbares. Stets dachte ich ihn mir als einen Heiland, der die armen, müd' gepeitschten Menschen bettet zu ewigem Frieden.

*Bruchstück aus dem Tagebuch*

O, könnte ich alle meine Empfindungen in Worte bannen, könnte ich den stummen Gesang der Seele, die schemenhaften, luftigen Lieder des Geistes formen in irdische Rhythmen. Aber das Wort ist ungefügiger als Marmor, flüchtiger als die Welle des Meeres. Es treibt mit den Gedanken sein neckisches Spiel. Sie lieben einander, Wort und Gedanke; doch sind sie beide launenhaft und stolz. Sie fliehen sich, obwohl sie heiß sich begehren. Nur manchmal bezwingt sie die übermächtige Liebessehnsucht. Trunken ruhen sie Herz in Herz, ein Leib, eine Seele – dann ist Freude und Jubel auf Erden – ein Dichter ist der Menschheit erstanden.

*An meinen Biographen*
das heißt „Grabsteindichter"

Kurt Eisner lieget hie,
Der Plänereiche:
Einst zweifelhaft Genie,
Jetzt sicher Leiche.                                3.12.1888


*Weltaufgang*


Wenn morgen bräche die Welt in Scherben –
Der Wahngedanke pocht an alle Pforten
Und brütet Ungeheures in verdorrten,
Verdorb'nen Herzen: Wenn wir morgen sterben!

Wie wollen *heute* wir das Leben gerben!
Wir schlecken bis zum Bersten alle Torten,
Wir saufen, schänden, rauben, und den Worten
Von Recht, Gesittung ist der Zwang gestorben.

Wir spotten aller Scham und aller Bande.
Denn nun ist alles gleich, kein Strafen gilt.
Die Gier zerbricht der Feigheit hehlend Schild ...

Mich aber lüstet nicht enthemmte Schande,
Zur Sonne blickend wird mein Sinn gestillt:
*Weltaufgang* schaue ich, die *Freiheit* quillt.       (1912)


*Abgetan*
Spruch

Vergang'ne Arbeit und getaner Dienst
Vergelten niemals dir versagte Freuden;
Wenn du, geschäftig, gestern Herrscher schienst,
Fühlst morgen, ausgeschirrt, nur dein Vergeuden.

                                          19.10.1916

[*Versuch einer unmöglichen Übersetzung'*]

La vie est vaine:
un peu de haine,
un peu d'amour, –
et puis bonjour.

La vie est trève:
un peu de rève,
un peu d'espoir, –
et puis bonsoir.

(Roher Versuch einer unmöglichen Übersetzung)

Das Sein ist Wahn:
Von Haß ein Gran,
Von Lieb ein Schmack, –
Dann Gutentag.

Bald ist's versäumt:
Ein Sehnen träumt,
Ein Hoffen wacht, –
Dann Gutenacht.

Mit der Übersetzung habe ich mich eine halbe Nacht geplagt. Es ging nicht. Obige Verse: wie wenn ein feldgrauer Minenwerfer aus Niederbayern einen Schmetterling mit Handgranaten jagt.

(Gefängnis Neudeck, 19.6.1918 nachts)


*Traumverse*

Nächtlich wandert' ich durch leere Weltenzeiten,
Lauschend tiefenhallenden Erhabenheiten
Des gestaltet Unsagbaren.
Und ich schrie mit allen Kräften meiner Seele
Fernenhin, daß sich ein Echo zu mir stehle,
Körperhaft als Klang des Lebens:
Ha o–o–o–a, ha o–o–o–a, ha o–o–o–a–.
Rief es, bis des Atems Kraft die Brust zersprengte
Und ich lechzend hinsank in die erdversenkte
Stille weher, letzter Ruhe.

(Gefängnis Neudeck, 25.6.1918 nachts)

AUS DEM EINAKTER „DER IFRIT" –
geschrieben im Untersuchungsgefängnis
zu Stadelheim, Herbst 1918.[3]


Langsam schreitet *Eropsyche*, mit beiden Händen das Gesicht ver-
hüllend, wie erblindet, durch die toten Straßen bis zum Rand der
Bühne und verharrt dort, das Antlitz noch immer mit den Händen
bedeckt. Endlich löst sie die Hände, streckt die Arme weit mit sehnsüchtig flehender Gebärde in den Zuschauerraum und spricht:


Ich liebe Euch – die Ihr im Dunkeln schaut
Und fühlt und denkt, in dieser Stunde frei
Von jeglicher Begierde des Gemeinen,
Nach Hoheit sehnend und nach Liebe dürstend.
Ihr Unbekannten, sonst verfeindet noch
Und wahrem Leben eitel wirr entfremdet:
Geht nicht von mir, eh' neu sich nicht die Seelen
Euch wandelten. Ich gehe in den Abend
Mit Euch hinaus auf Eure müden Straßen,
In Euer hart versteinert zackig' Dasein.
Ich öffne alle Häuser, löse Riegel
Und rufe Alle, daß wir diese Nacht
Zum Morgen wandern und vor neuer Sonne

---

[3] [Der vollständige Text dieses Bühnentextes – kritisch ediert nach den Nachlass-
manuskripten – ist zugänglich in Kurt EISNER: *Mors Immortalis*. Stimmungen, Szenen und Phantasien aus dem großen Kriege. Herausgeben von Sophia Ebert,
Frank Jacob, Cornelia Baddack und Doreen Pöschl. (= Kurt Eisner-Studien, 5).
Berlin: Metropol-Verlag 2019, S. 20-25 (Einleitung) und 127-170. – Vgl ebd., S. 25
den Kommentar von S. Ebert und F. Jacob: „In der Manier des expressionistischen Verkündigungsdramas wird am Ende des ‚Ifrit' schließlich auch die Grenze zwischen Theaterillusion und Zuschauerraum eingerissen: Wenn Eropsyche
als Erlösergestalt an die ethische Verantwortung des Publikums appelliert, wird
die Theaterbühne zum politischen Podium und das Auditorium zum aktiven
Raum umfunktioniert. Während die ersten drei Stücke des Zyklus ihre Protago-
nistinnen und Protagonisten als Gefangene einer maroden Gesellschaft zeigen,
in der die einzige Möglichkeit auf Selbstbehauptung der Freitod scheint, endet
das letzte Stück hoffnungsvoll. Mag der Ifrit sich auch zu Tode lachen, der Anspruch auf eine neue Welt, in der eine zwanglose, friedliche Selbstentfaltung des
Menschen wieder möglich sein wird, bleibt am Ende auf der Bühne bestehen."]

Anbetend fromm in heil'gen Reigen leuchten.
Ich tanze vor Euch hin, und meine Arme
Entflatternd, schwingen über Euch, die Augen
In Eure Herzen meine Liebe strömen,
Daß Eure Sinne, Eure Seelen flammen.
Und hold umfangen frohe Kinderspenden
Den mütterlichen Schoß – alle gehegt
Im weisen Glück der auferstand'nen Menschheit.
Ein selig' Wiegenlied wird sie geleiten
Durch ihre Tage, bis es still verklingt
Als sanfter Grabgesang erfüllten Seins …

Ich liebe Euch! Vergeßt mich nicht! Ich wand're
Mit Euch durch alle Nächte weit zu jedem
Ersehnten Morgen hellen Lebens. Treibt
Von Eurer Schwelle uns'rer Zeiten Wirrnis –
Dann *seht Ihr mich*! Verschließt das Ohr dem Lärm
Des aufgewühlten Markt's – *dann hört Ihr mich*,
Der Eropsyche lockende Gesänge.
Dann strömt aus meinem Blut Euch junge Kraft.
Ich bette Euch in meinem dunklen Haar.
Auf Euren Lippen fühlt Ihr meinen Kuß
Der Weggefährtin, Freundin und Geliebten.
Beruhigt schläft in meiner Liebe ein
Der Hader dieser grell zerriß'nen Tage;
Das alte Leben stirbt gelind veratmend …
Unsterblich ist der Tod, der jätend austilgt,
Was feig in Haß und Angst dem Lichte wehrt.
Verfallen ist dem Tode, der nicht stirbt,
Was *war*; und über Euch ist Wehen, Werden
Erhab'ner Schönheit und der Sinne Geist.
Ich aber geh' umher und *liebe* …

… Ich habe die Sehnsucht mich zu opfern, der Menschheit, der Arbeit, der Liebe – und will dafür nichts weiter, als ein bischen Wärme und zartes, schmiegendes Verständnis …

\*

… Ich komme von Zirndorf, wo ich wieder ein und einhalb Stunden am Kreuz gehangen habe, vom Wahn besessen, die Leute zur Politik zu erziehen, und doch zugleich von der Erkenntnis zerrissen, daß es ein Wahn ist –

\*

… Wie wenig kennt man mein Wesen. Betrügen kann man mich freilich leicht. Aber nicht, weil ich aus leidenschaftlicher Blendung die Menschen nicht sehe wie sie sind (meine kühle Ruhe in der Beobachtung der Menschen, die ich liebe, ist mir vielmehr oft selbst unheimlich), sondern weil es meine tiefste Weltanschauung ist, den Menschen und der Menschennatur solange zu vertrauen, bis der Betrug nicht mehr zu verbergen ist. Ich glaube an das Gute im Menschen und noch mehr an die schrankenlose Besserungsmöglichkeit – das ist die Tragödie meines Lebens geworden, die ich doch nicht missen möchte …

\*

Heute ist mir zum ersten Mal das Rätsel meines Wesens aufgegangen. Ich habe immer nach der großen, reinen, opfernden Leidenschaft gesucht. Darum ward ich ein Schriftsteller, darum Politiker. Und immer fand ich nur einen Markt, Schmutz und Öde. Danach suchte ich auch in der Liebe. Ich zitterte darum, daß mir diese Leidenschaft entweichen könnte, wo ich sie fand, diese Leidenschaft der Vernunft und einer zitternden Kinderseele, die in einem undurchdringlichen Panzer bewehrt ist …

… Als ich gestern Nacht einsam durch die Stadt zum Hotel wanderte – am Landwehrkanal entlang – überfielen mich schwermütige Gedanken. Da beschloß ich, mich von ihnen zu befreien, indem ich sie Dir anvertraue. Es bedrängte mich eine trübe Ahnung, als ob sich mein Schicksal bald vollenden könnte. Ich weiß, daß ich durch Gefahren wandere, die ich deutlich sehe, und gegen die ich doch blind sein will. Aber ich kann nicht anders. Ich könnte niemals mehr frei atmen, wenn ich nicht jetzt das täte, was ich für meine Pflicht halte. Dieser persönlichen Verantwortung und Verpflichtung kann ich nicht mehr ausweichen – um meiner Seele willen. Aber ich gestehe: ich bringe damit ein sehr schweres Opfer. Niemals war ich so innig und freudig ins Leben verflochten, wie in diesen Jahren: Ich hänge an Dir, an den Kindern, an der vielen Arbeit, die noch nicht getan, an den Gedanken, die in mir noch keimen, an dem Häuschen in der Stille, an den Büchern. Dennoch muß ich mit all dem spielen. Ich sehe klar das Licht in der Finsternis, zu dem ich wandern muß. Ich kann nicht los davon. Aber dieser Weg wird mir nicht leicht, gerade jetzt nicht, wo ich mich in der Blüte der Kraft unvollendet fühle.

Das wollt ich Dir einmal sagen! Diese Zeilen sollen Dich nicht ängstigen, es liegt ja nichts Greifbares vor, nur jene nächtliche Ahnung von Wesenlosem. Aber es soll mich nicht überraschen, bevor ich Dir einmal gebeichtet. Sei fröhlich und voll Zuversicht – wie ich auch – trotz Allem.

---

[4] [Es handelt sich um einen Brief Eisners an seine zweite Frau Else, geb. Belli (1883-1940) – in Berlin beratschlagte die USPD über den anstehenden Antikriegs-Streik im Land; vgl. *Kurt Eisner als Revolutionär und Ankläger des deutschen Militarismus*. Ein Lesebuch – eingeleitet durch die Darstellung des Weggefährten Felix Fechenbach. Herausgegeben von Peter Bürger. (= edition pace | Regal: Pazifisten & Antimilitaristen aus jüdischen Familien, Bd. 7). Norderstedt 2025, S. 401-402.]

# ERINNERUNG UND
# KONTROVERSEN

„München | Kurt-Eisner-Denkmal von Rotraut Fischer am Oberanger. Am 100. Jahrestag der Ermordung Eisners gedenkt die Landeshauptstadt des ersten bayerischen Ministerpräsidenten mit einem Blumengebinde. Der Freistaat Bayern übergeht den Todestag seines Gründers mit Schweigen." Aufnahme von Renardo la vulpo, 21. Februar 2019 (Bild via: commons.wikimedia.org)

# „Ausgeblendet": Kurt Eisner und die Notwendigkeit einer Erneuerung der „Erinnerungskultur"

*Helmut Donat*

Der folgende Beitrag zeigt auf, wie wenig in den letzten Jahrzehnten in der Bundesrepublik für die Erinnerung an Kurt Eisner getan worden ist. Zugleich geht er der Frage nach, welche tieferen Gründe dafür verantwortlich sind, dass Persönlichkeiten wie der erste Ministerpräsident des Freistaates Bayern oder der von ihm zum bayerischen Gesandten ernannte Friedrich Wilhelm Foerster es heute nach wie vor schwer haben, so gewürdigt zu werden, wie sie es verdienten. Viele Informationen zum „Fall Eisner" erhielt ich von Wolfram P. Kastner, dem ich dafür herzlich danke. – Der Text ist verfasst worden für das bislang unveröffentlichte Publikationsvorhaben: ‚Kurt Eisner, Lieben und Lehren – Ein Weihnacht-Bilderbuch für mein Lieb. Hrsg. von Gerhard Eisner und Wolfram P. Kastner. Mit Beiträgen von Volker Ullrich und Helmut Donat.' Eine stark erweiterte Fassung des abgedruckten Beitrags wird in Bälde im Donat Verlag erscheinen unter dem Titel „Gesinnungs- und Verantwortungsethik auf dem Prüfstein – Kurt Eisner, Friedrich Wilhelm Foerster und die Verfälschungen Max Webers".

### IM LAND DER „ERINNERUNGSKULTUR": KRIEGSGEGNER VERSCHWEIGEN, KRIEGSVERBRECHER EHREN

Demokratie und Menschenrechte, Frieden und Freiheit fallen bekanntlich nicht vom Himmel oder lassen sich im Lotto gewinnen. Oft unter erheblichem Risiko von Menschen erkämpft, kommt es auf uns heute Lebende an, diese Errungenschaften zu bewahren, zu verteidigen und weiter zu entwickeln. Sinnstiftend und hilfreich ist es dabei, die Namen und Gesichter, Einsichten und Geschichten jener Persönlichkeiten in Erinnerung zu rufen, die sich für ein von Zwang, Unterdrückung, Gewalt, Krieg und Bevormundung freies Leben engagiert haben.

Zu den Journalisten und Politikern, die sich in Europa, Deutschland, Bayern und München für ein menschenwürdiges Dasein eingesetzt haben, das auf Wahrheit und Recht, Versöhnung und Verständigungsbereitschaft beruhen sollte, gehört Kurt Eisner. Er beendete am 7. November 1918 gemeinsam mit den Friedenswilligen und Kriegsmüden als erster sozialistischer Politiker die Adels- und Militärdiktatur in einem besonders konservativen deutschen Land, führte das allgemeine Wahlrecht ein (selbstverständlich für Frauen und Männer), hob die klerikale Hoheit über das Bildungswesen auf, sorgte für die erste demokratische Verfassung und schaffte die Zensur ab. Kurt Eisner, so hat es Hans Paasche, im Mai 1920 ebenfalls ein Opfer rechter Lynchjustiz, ein Jahr zuvor in seiner Flugschrift „Das verlorene Afrika" formuliert, gehört zu den „Wenigen, die den Heldenmut hatten, in ‚Großer Zeit' zur Wahrheit zu stehen [und] den Zugang zur Welt neu geöffnet [haben], den uns die Militärs versperrt hatten."[1]

Die Erinnerung an Kurt Eisner ist heute nicht nur verblasst und bescheiden, sondern, um es frei heraus zu sagen, nachgerade erbärmlich. Es gibt eine Handvoll nach ihm benannter Straßen, so etwa am Münchner Stadtrand, schäbig und ohne Erklärung. Dagegen existieren nach wie vor viele Straßen und Plätze, die Paul von Hindenburg, dem militaristischen Steigbügelhalters Hitlers, gewidmet sind. Der Unterschied zwischen Hindenburg und Eisner besteht in dem Gegensatz von republikanisch-pazifistischer und autokratisch-militaristischer Gesinnung. In einem Schmähbrief vom 28. November 1918, verfasst von der Gruppe „Einige Bayern", gipfelten die Angriffe gegen Eisner am Schluss in den Sätzen: „Wir werden nunmehr … die schärfste Agitation … vor Allem gegen Sie einleiten. Sie wagen es, sich an einem Hindenburg zu reiben, Sie, der nicht mal wert ist, den Speichel eines Hindenburg aufzulecken."[2] Mehr noch als damals ist heute zu fragen: Wer von den beiden hat sich wirklich verdient gemacht? Hindenburg oder Eisner? Der Kriegsverbrecher oder der Kriegsgegner?

Nochmals sei der Pazifist und Revolutionär Hans Paasche zitiert, der Hindenburg und Ludendorff als Generäle charakterisierte, die einen „Geisteszustand von Sklaven" repräsentierten und die „Unfreiheit eines Volkes" symbolisierten. Weitsichtig mahnte Paasche in der bereits genannten Schrift: „Ehe das Volk nicht durchsetzt, dass alle Hindenburgstraßen in Eisnerstraßen umgetauft werden, und zeigt, dass es zwischen Gewalt und Geist unterscheiden kann, ist keine Hoffnung, dass Deutsche in die Welt hinausgehen dürfen. Dem freien Deutschland steht die Welt offen; den Knechten mag ihr Land zu einem Zuchthaus werden".[3] Offenbar gibt es in unserem Lande noch viele, die sich vom „Gehirnzustand General" (Paasche) nicht lösen wollen oder können – und dazu gehören offenbar nicht nur Generale. Denn selbst 100 Jahre nach dem 7. November 1918 brachte es ein Ministerpräsident fertig, bei einem Staatsempfang den Namen Kurt Eisner, des Begründers der Demokratie in Bayern, zu verschweigen. Den Abkömmling der bayerischen Dynastie hingegen begrüßte er mit „Eure Königliche Hoheit"!

Bestrebungen für eine demokratische Erinnerungsgeschichte gab und gibt es – und sie waren auch nicht ganz erfolglos. Aber es bedarf noch und weiterhin erheblicher Anstrengungen, gepaart mit einiger Phantasie, das demokratische Bewusstsein zu stärken und vor allem jene angemessen zu würdigen, die allzu leichtfertig von der gouvernementalen Traditionspflege links liegen gelassen und damit weiter vergessen gemacht werden. Insofern will der vorliegende Beitrag zu einem Nachdenken darüber anregen, an wen und aus welchen Gründen zu erinnern ist. Zugleich stellt es ein Plädoyer dafür da, nicht einfach weiter wichtige Teile der deutschen Geschichte auszublenden bzw. totzuschweigen. Und es ist danach zu fragen, welche Motive dabei eine Rolle spielen.

In dem historisch-politischen Diskurs über den Ersten Weltkrieg im Jahr 2014 sind die Ankläger der deutschen Kriegsschuld fast gar nicht zu Wort gekommen, ihre Schriften und Einsichten wurden vom Mainstream der Geschichtswissenschaft und Publizistik negiert. Die gesamte Kriegsopposition ist zumeist verdrängt worden, was mit der Verbreitung eines mehr als fragwürdigen Geschichtsbildes einhergegangen ist.[4] Häufig sind die Gegner des Krieges auch nach 1918 wie nach 1933 bekämpft, ausgegrenzt, als Feiglinge und Landesverräter behandelt, eingesperrt, ins Exil getrieben oder ermordet worden. Will man wirklich weiter so mit Persönlichkeiten umgehen, die sich in schwieriger Lage gegen die Kriegsbegeisterung gewandt und der Wahrheit die Ehre gegeben haben, während man ihren Gegnern und Feinden einen Platz in der Erinnerungskultur und im Straßenbild einräumt, der ihnen nicht zusteht? Man denke nur an den bereits genannten und aus der preußischen Kadettenerziehung hervorgegangenen Militärdiktator Paul von Hindenburg, der seine militärische Engstirnigkeit während seiner Zeit als Chef der Obersten Heeresleitung selbst offenbarte, indem er sich rühmte, seit seiner Jugend allein nur militärische Bücher gelesen zu haben und dass ihm der Krieg wie eine „Badekur" bekomme.[5] Kurt Eisner und die zahlreichen anderen Deutschen, die seit 1914 in Opposition zur Kriegspolitik des Kaiserreiches standen und einer u. a. von Hindenburg repräsentierten menschenverachtenden, dem Schwertglauben verpflichteten Politik widersprachen, gebührt längst ein Ehrenplatz in der deutschen Geschichte. Dass man ihren Einsichten nicht gefolgt ist, ihre Warnungen in den Wind geschlagen und dadurch den Zweiten Weltkrieg erst möglich gemacht hat, ändert weder an ihren Verdiensten etwas noch an ihrer Bedeutung.

EXKURS:
KURT EISNER IN FRÜHEN JAHREN

Kurt Eisners bislang unveröffentlichten Aufzeichnungen aus frühen Jahren zeigen einen jungen Menschen, der um Klarheit ringt, mitunter romantisch und verliebt, mitunter zart und satirisch, kritisch und treffsicher. Noch ist nicht klar, dass aus dem Autor einer der großen Protagonisten der Demokratie in Deutschland werden sollte. Er hält seine Zweifel, Träume, Wünsche und Beobachtungen fest, wartet mit Wortspielen, Nachdenklichem, Heiterem und Kritischem auf, offenbart sein Innerstes und damit einen Charakter, der nichts mit dem zu tun hat, was später seine militaristischen, nationalistischen und antisemitischen Feinde und sein Mörder über ihn behaupteten und ihm anhefteten. Auch wenn diese Aufzeichnungen keinen hohen literarischen Wert beanspruchen – darüber mögen sich die Fachleute ein Urteil bilden und darum ging es dem Verfasser auch nicht –, sind sie doch das außergewöhnliche Zeugnis eines jungen Mannes, der seiner Bewunderung für eine Frau Ausdruck verleiht, wie es wohl selten der Fall ist. Zu berücksichtigen sind die Zeitumstände der Entstehung: Kurt Eisner hatte gerade sein Studium an der Friedrich-Wilhelms-Universität zu Berlin und sein Dissertationsvorhaben über Achim von Arnim aufgegeben. Und bedenkt man, mit welcher Begeisterung und Beharrlichkeit der Autor zu Werk gegangen ist, verstärkt sich der Eindruck noch, wie sehr seine

damit verbundenen Absichten von einer Offenheit und Aufrichtigkeit zeugen, an der noch heute manche Frau Gefallen finden dürfte.
Zumindest bei der Angebeteten haben die Aufzeichnungen ihre
Wirkung nicht verfehlt: Die Malerin Lisbeth Hendrich wurde 1892
seine Ehefrau. Wenige Jahre später erregte Kurt Eisner als Journalist
mit seinen geschliffenen Texten und Kritiken große Aufmerksamkeit – und das nicht zuletzt in literarischen Kreisen. Wie blendend
er mit der deutschen Sprache umzugehen verstand, darauf geben
seine „Tagebuchaufzeichnungen" bereits einen Vorgeschmack. Weder hier noch anderenorts hat er eine „weltfremde Ideologie" vertreten, wie es Anton Ritthaler 1959 in der „Neuen Deutschen Biographie" unterstellt hat. Und selbst noch heute ist das Eisnerbild nicht
frei von dubiosen Fehleinschätzungen, die seine bleibende Aktuali-
tät in Abrede stellen.

## Weder Ehrengrab noch Gedenktafel

Dem Vermächtnis des hinterrücks ermordeten Pazifisten, Sozialisten und ersten Ministerpräsidenten des „Freistaates Bayern" diente
1922 ein Ehrengrab auf dem städtischen Ostfriedhof Münchens – mit
der Urne, die seine Asche enthielt. Eine Bronzetafel des Medailleurs
Karl Roth – ursprünglich am Ort der Ermordung vorgesehen, was
aber infolge des Widerstandes der Gegner des Opfers unterblieb –
war schon 1920 im Hof des Gewerkschaftshauses zu Ehren Kurt Eisners angebracht worden. 1933 schändeten die Nationalsozialisten
das Grab, rissen die Urne heraus und drängten sie der Israelitischen
Kultusgemeinde auf, deren Mitglied Eisner nicht gewesen ist. Die
Beisetzung der Urnen Kurt Eisners wie des ebenso brutal ermordeten Gustav Landauer erfolgte schließlich auf dem jüdischen Fried-
hof. Die Gedenktafel im Hof des Gewerkschaftshauses zerstörten
die Nazis im Mai 1933.

Erst 25 Jahre später und 13 Jahre nach dem Ende des NS-Regimes
ist in der SPD-regierten Stadt das Denkmal am Ostfriedhof mit der
Widmung „Den Toten der Revolution" und dem Namen Kurt Eisner wieder errichtet worden – allerding ohne die Urne. 1969 musste
eine für das „Montgelas-Palais" vorgesehene Gedenktafel mit der

Aufschrift „Kurt Eisner wurde an dieser Stelle vor 50 Jahren ermordet" sofort wieder entfernt werden, weil die Eigentümer des Gebäudes dafür keine Genehmigung erteilten. Im selben Jahr wollte die SPD eine Straße nach Kurt Eisner im Außenbezirk Neu-Perlach benennen. Die Straße hingegen, in der das Attentat auf Kurt Eisner stattfand, trägt weiterhin den Namen des antijüdischen Demokratiegegners Kardinal Faulhaber, der alljährlich zu Hitlers Geburtstag die Kirchenglocken läuten ließ. Im Stadtrat entbrannte wegen der angeregten Würdigung Eisners ein heftiger Streit. Vertreter der CSU bezeichneten ihn als Kommunisten und Verursacher von Gewalt. Sie befürchteten, die Witwe des rechtsextremen Mörders Anton Graf von Arco auf der Valley könnte sich verletzt fühlen. Offenbar wirkte die antisemitische Diskriminierung, der Eisner sich ausgesetzt sah, noch immer nach.[6] Dabei unterschied sich die Haltung der CSU lediglich in Nuancen von der gegen die „Symbolgestalt der Novemberrevolution" gerichtete Abwehrfront all jener, „die der behaglichen Zeit vor dem Ersten Weltkrieg nachtrauerten und sich noch viele schönere Zeiten erträumt hatten". Eisner galt ihnen „als vermeintlicher Anstifter der Räteherrschaft und ihrer Wirren. Als Jude wurde er zum Bolschewisten stilisiert und als Urheber aller Unordnung und allen Übels nach dem Ersten Weltkrieg verleumdet."[7]

1973 scheiterte der Versuch erneut, eine Gedenktafel am „Montgelas-Palais" anzubringen. Stattdessen legte man die Bronzetafel weit entfernt in den Boden neben Trambahngeleise – wo sie niemand vermutet und keinem auffällt.

Am 21. Februar 1986 initiierten Mitglieder des *Vereins für demokratische Kultur „Das andere Bayern"* als Kunstaktion ein „unterirdisches Denkmal", an dem, unsichtbar und begehbar, niemand Anstoß nähme und in die Verlegenheit käme, etwaige Fragen nach Demokratie und Erinnerung zu beantworten. Es folgte eine Strafanzeige gegen die ungenehmigte Aktion.

Genau zwei Jahre später stellten dieselben „Unruhestifter" einen „Stein des Anstoßes" mit der Aufschrift „Kurt Eisner" auf, den die Polizei umgehend entfernte und später zurückgab. Danach ging der Stein als Geschenk an die Stadt München, welche ihn seither vermutlich an einem geheimen Ort verwahrt.

Kurt-Eisner-Platz in Erlangen, 30. März 2024
(Aufnahme: Ailura | commons.wikimedia.org)

Ein weiterer Versuch im Münchener Stadtrat, eine Gedenktafel am Ort der Ermordung Eisners zu installieren, stieß wiederum auf heftige Ablehnung der CSU-Mitglieder. Da Kurt Eisner zu den wenigen deutschen Politikern gehörte, die Politik und Kunst nicht als Gegensätze begriffen, stifteten zwanzig Künstler auf Initiative von Wolfram P. Kastner Grafiken für die Kurt-Eisner-Mappe „Die Freiheit erhebt ihr Haupt". Ziel war es, eine Stiftung ins Leben zu rufen, die einen politischen Kunstpreis verleiht und damit Kurt Eisner ehrt. Die Gründung der „Kurt Eisner-Kulturstiftung" erfolgte am 21. Februar 1989.

Im selben Jahr wurde nach heftigen Auseinandersetzungen im Stadtrat eine von der Künstlerin Erika Lankes gestaltete Bodenplatte mit dem Umriss eines Menschen an der Stelle der Ermordung Kurt Eisners angebracht. Die CSU setzte durch, dass der Begriff „Freistaat" nicht genannt ist. Offenbar will sie ihn gern für sich selber in Anspruch nehmen – als hätte sie ihn erfunden. Seither gehen Passanten über den Text: „Kurt Eisner, der am 8. November 1918 die bayerische Republik ausrief, nachmaliger Ministerpräsident des Volksstaates Bayern, wurde an dieser Stelle am 21. Februar 1919 ermordet."

Nach dem Abriss der Matthäser-Bierhallen 2003, wo 1918 die Streikversammlungen und die Zusammenkünfte des Arbeiter-, Bauern- und Soldatenrates stattfanden, errichtete man in dem Neubau eine Stele für Kurt Eisner, gut versteckt und ohne Verwendung des Begriffs „Freistaat".

Am 25. Juni 2008 beschloss der Stadtrat, für Kurt Eisner ein würdigeres Denkmal zu setzen und beauftragte das Baureferat mit der Durchführung eines Kunstwettbewerbes. Die Jury forderte zwölf Künstler auf, ihre Arbeiten abzugeben. Am 20. Oktober 2009 entschied sie sich in geheimer Sitzung für eine Skulptur aus grünlich schimmernden Glaselementen von Rotraut Fischer. Besonders überzeugt soll die Jury die Wahl des Zitates aus der Rede Eisners anlässlich der Ausrufung des Freistaates Bayern haben (siehe unten).[8]

Am 21. Februar 2009 legten Mitglieder der „Kurt Eisner-Kulturstiftung" und des Kulturvereins *Das andere Bayern* an der Stelle der Ermordung wie jedes Jahr Kränze nieder. In alter Tradition beteiligen sich daran weder der Oberbürgermeister der Landeshauptstadt noch der amtierende Ministerpräsident. Wo sie ihre Kränze niederlegten? Nirgendwo …

Ruth Oppl und Wolfram Kastner brachten ein Porträt Kurt Eisners in die Staatskanzlei, da ein Bild des Begründers des Freistaates Bayern dort nicht vorhanden ist. Berittene bayerische Polizei begleitete ihren Weg zum Rathaus. Der Pförtner nahm das Werk entgegen. Ministerpräsident Horst Seehofer ließ mitteilen, dass das Porträt nicht aufgehängt werde. Es würden nur Bilder von Ministerpräsidenten ab 1948 in der Staatskanzlei gezeigt; sonst müsste man auch Ritter von Kahr präsentieren, der sich mit den Nazis eingelassen habe. Ihn wolle man aber nicht würdigen. Die Stifter des Porträts gaben dem Ministerpräsidenten zu bedenken, nichts dagegen zu haben, wenn auch der NS-Bündnispartner zu sehen sei – vielleicht 33 cm tiefer als die anderen und mit einem Hinweis darauf, wozu es führt, wenn man mit den Nazis gemeinsame Sache macht. Eine Antwort steht bis heute aus, und das Porträt dürfte wohl im Hauptstaatsarchiv gelandet sein.

Am 19. Mai 2009 veranstalteten Wolfram P. Kastner und Ruth Oppl eine Kunstaktion zur Umbenennung des zentralen Marienhofs in „Kurt-Eisner-Platz" und forderten, das Denkmal dort zu errichten sowie den 7. November zum Feiertag auszurufen.

An einem wenig belebten Ort am Oberanger wurde am 30. Mai 2011 die gläserne Zickzackwand von R. Fischer (s. o.) mit dem halbierten Zitat „Jedes Menschenleben soll heilig sein" errichtet. Das vollständige Zitat aus der Rede Eisners zur Ausrufung des Freistaates Bayern lautet: „In dieser Zeit des sinnlos wilden Mordens verabscheuen wir alles Blutvergießen. Jedes Menschenleben soll heilig sein." Hat man den ersten Satz weggelassen und damit den Text verfälscht, damit niemand auf die Idee kommt, Eisners Aussage könne sich womöglich auf Kriege wie etwa in Afghanistan oder Mali beziehen?

Kurt Eisner (dargestellt von Wolfgang Blaschke) sprach bei der Eröffnung Oberbürgermeister Christian Ude an und sagte ihm: „Das hat mit mir nichts zu tun." Der antwortete wenig humorvoll und betonte: „*Wir* lassen uns von *niemand* vorschreiben, wie *wir* zu *gedenken* haben." Wie respektvoll Eisner gegenüber. Warum hätte sich Ch. Ude auch bereitfinden sollen, den ersten bayerischen Ministerpräsidenten alias W. Blaschke in die Ratsstuben auf ein Glas Wein und zu einem Gespräch einzuladen?

Die Landtagspräsidentin Barbara Stamm lehnte es am 21. Februar 2014, dem 95. Todestag Kurt Eisners, schriftlich ab, ein Porträt von ihm im Landtag anzubringen, weil sonst die Gewaltenteilung aufgehoben werde. *„Das andere Bayern"* übergab es daraufhin der SPD-Fraktion im Bayerischen Landtag.

Auf mehrfach erhobene Forderungen, den Marienhof nach Kurt Eisner zu benennen, reagierten das Kommunalreferat und der Oberbürgermeister der Stadt München 2017 stets mit Ausflüchten und fadenscheinigen Ausreden. Angeblich würden Grünflächen keine Bezeichnung erhalten. In Wirklichkeit ist das längst geschehen. Und: Da es bereits eine Kurt-Eisner-Straße (ohne Erläuterung) in einem Außenbezirk gebe, ließe sich der Marienhof nicht nochmals mit seinem Namen versehen. Doppelbenennungen führten zu Verirrungen bei Feuerwehr, Taxis und Krankenwagen. Tatsache aber ist, dass bereits verschiedene Marienplätze und -straßen existieren, die weit auseinander liegen, ganz zu schweigen von weiteren Doppelbenennungen. Aber was bei der „Mutter Gottes" möglich ist, hat noch lange nicht für einen ermordeten Ministerpräsidenten zu gelten.

ERINNERUNG NACH 100 JAHREN:
NICHT MEHR ALS NÖTIG, WENN ES AUCH ANDERS GINGE

Zum 100. Jahrestag der Demokratie und des Freistaats Bayern fanden Ausstellungen und viele Veranstaltungen statt, u. a. eine sehr gut besuchte des Vereins für demokratische Kultur im Freistaat Bayern (*„Das andere Bayern"*) im Alten Rathaus mit Max Uthoff und den Enkeln von Kurt Eisner, die auch zur Eröffnung einer Ausstellung des ver.di-Kulturforums zur Revolution von 1918 nach München ins Rathaus kamen. Zwar glaubte der Oberbürgermeister der Stadt München, die Nachfahren Eisners nicht offiziell einladen zu dürfen, handelte es sich doch um keine städtische Veranstaltung, immerhin aber fand er sich bereit, sie vorab persönlich zu begrüßen.

Schwieriger gestalteten sich die Ehrenbürgerschaft und die Pflege der letzten Ruhestätte Kurt Eisners als städtisches Ehrengrab.

Eine Ehrenbürgerschaft gehe schon deshalb nicht, so die Erklärung, weil er doch umgebracht worden sei, bevor er Ehrenbürger werden konnte. Warum eine Ausnahme machen? Und ein Ehrengrab darf es deshalb natürlich auch nicht geben.

Aber im Archiv der Stadt München fanden sich Dokumente, die eindeutig belegen, dass Eisners letzte Ruhestätte ein städtisches Ehrengrab war. Zunächst nahm das Direktorium der Stadt die neue Lage nicht zur Kenntnis und stritt sie ab. Schließlich stellte auf beharrliches Nachfragen sogar der Direktor des Stadtarchivs fest, dass die Dokumente zwar echt seien, aber in einem Zeitungsartikel stünde, das städtische Ehrengrab sei in die Obhut der USPD übergeben worden, weshalb sich die Grabschändung der Nazis von 1933 nicht einfach rückgängig machen ließe. Dazu bedürfe es schon anderer Bemühungen. Diese haben über zwei Jahre in Anspruch genommen.

2020 teilte der Oberbürgermeister den Enkeln Kurt Eisners mit, dass man das Grab in städtischen Unterhalt nehmen werde. Vielleicht wird es ja doch noch ein Ehrengrab? Man darf gespannt sein, was Politiker und Behördenvertreter sich noch einfallen lassen werden, um das berechtigte Anliegen, einen Mann, der für seine Überzeugungstreue und Versöhnungsbereitschaft sein Leben verloren hat, weiterhin mit den Füßen zu treten.

Die Vielzahl der Gründe, Kurt Eisner wie ein heißes Eisen anzufassen und für die Erinnerung an ihn nicht mehr zu tun, als unbedingt nötig erscheint, offenbart einen wenig überzeugenden und schlechten Umgang mit der Vergangenheit und mit demokratischen Traditionen. Einen Rechtsradikalen gegen ihn auszuspielen, um Eisner einen Platz in der Staatskanzlei zu verwehren, oder die anderen abweisenden Erklärungen sprechen nicht gerade für eine würdige und angemessene Haltung gegenüber einer Persönlichkeit, die in schwierigen Zeiten für Frieden und Freiheit, Recht, Völkerbund und für eine Welt ohne Krieg gestritten hat.

Ganz anders hat sich das digitale Innovationsprojekt „Ich, Eisner! 100 Jahre Revolution in Bayern" von Bayern 2 in Zusammenarbeit mit dem Referat Digitale Entwicklungen und Social Media um die Vergegenwärtigung der Ideale und Visionen Kurt Eisners bemüht.[9] Zu dem Team gehörten neben dem Redakteur Philipp Grammes und den MitarbeiterInnen Eva Deinert, Matthias Leitner,

Benedikt Angermann, Markus Köbnik und Susanne Dietrich auch der Eisner-Biograf Bernhard Grau, Direktor des Bayerischen Hauptstaatsarchivs. Vom Herbst 2018 bis ins Frühjahr 2019 ist aus der Sicht Eisners dessen 100-tägiges Wirken als Anführer der Revolution und erster Ministerpräsident geschildert, begleitet von zahlreichen Dokumenten, Bildern, Texten, Unterrichtsmaterialien, weiterführenden Lesehinweisen, Interviews etc. Über 15.000 Menschen haben die täglichen Meldungen und Mitteilungen verfolgt. An dem mehrfach preisgekrönten „Messenger-Projekt" waren zwar diverse bayerische und Münchener Einrichtungen (Archive, Museen etc.) beteiligt, die Initiative ging aber nicht von offiziellen Stellen aus. Unverständlich ist auch, dass es außer der von Laura Mokrohs kuratierten Ausstellung „Dichtung ist Revolution. Kurt Eisner, Gustav Landauer, Erich Mühsam, Ernst Toller – Bilder, Dokumente, Kommentare"[10] in der Monacensia im Hildebrandhaus anlässlich des 100-jährigen Jubiläums der Novemberrevolution in München kein Überblick über deren Ursachen und Folgen zu sehen war, abgesehen von einer fragwürdigen Einmalausstellung ohne Katalog im Stadtmuseum. Haben die Stadtoberen etwa die Revolution verschlafen? Oder wie lässt sich solche Abstinenz verstehen?

Letzten Endes ist es eine Frage der Überzeugung und des Willens, welche Bedeutung man Kurt Eisner, seinem Wirken und seiner herausragenden Persönlichkeit zueignen will. Offenbar haben die Damen und Herren PolitikerInnen ein Problem mit ihrer Anerkennung seines Lebenswerkes. Vielleicht ist es aber auch einfach so, dass sie einer Traditionspflege folgen, die ihn eher als unangenehm und störend denn bereichernd betrachtet? Haben sie vergessen oder nehmen sie es ihm gar übel, dass es ihm im Januar 1918 gelungen ist, etwa 4000 Krupp-Arbeiter zum Streik gegen die geplante deutsche März- und Giftgas-Offensive auf die Straße zu bringen, wofür er bis zum 14. Oktober 1918 im Gefängnis saß? Oder kreiden sie ihm an, dass er die „grausamste aller Ideologien, ... die Ideologie des Krieges und Militarismus"[11] öffentlich an den Pranger stellte und bestrebt war, die Schuldigen am Krieg und dessen unnötiger Verlängerung zur Verantwortung zu ziehen? Es ist zu fragen, in welchem Maße die Ablehnung Eisners sich auch heute noch an Vorurteilen orientiert, die auf Schmähungen, ungezügeltem Hass, antijüdischen Ressentiments, landesverräterischen Beschimpfungen, nationalistisch-militaristischem Dünkel etc. beruhen und von denen man sich, wo immer diese noch vorhanden sein mögen, schleunigst verabschieden sollte. Anderenfalls trägt man bewusst oder unbewusst dazu bei, die nach wie vor verbreiteten Voreingenommenheiten gegenüber Juden, Pazifisten und Sozialisten zu tradieren und ihnen im politischen Alltag eine Berechtigung – so auch dem Antisemitismus – einzuräumen.

Kurt Eisner hat sich in seiner letzten Rede, die er am 21. Februar 1919 im Bayerischen Landtag nicht mehr halten konnte, für eine „Politik der unbedingten Wahrhaftigkeit, der kühnen Offenheit und des gegenseitigen Vertrauens" ausgesprochen, um auf dieser Grundlage, frei von Rachegelüsten, einen dauerhaften Frieden zu erreichen.[12] Ein Tag zuvor erklärte er bei seinem Aufritt vor den Arbeiter, Bauern- und Soldatenräten: „Die zweite Revolution wird kein Plündern und kein Straßenkampf sein, die neue Revolution ist die Sammlung der Massen in Stadt und Land! Ich beschwöre Sie! Nur die Massen sammeln und entschlossen sein, das Werk der Revolution zu vollenden!"[13] Eine klare Absage an eine gewalttätige Erhebung – nach welchem Muster auch immer.

„NUR NOCH EIN TOTER AUS URLAUB":
EISNERS HALTUNG AUF DER BERNER SOZIALISTENKONFERENZ
UND DIE VERBRECHERISCHE DEUTSCHE KRIEGSFÜHRUNG

In besonderer Weise sind Eisner seine Reden auf der Arbeiter- und Sozialistenkonferenz in Bern im Februar 1919 übel genommen worden, vor allem die zur „Frage der Kriegsgefangenen" vom 9. Februar.[14] Darin brachte er die verbrecherische Kriegsführung der deutschen Militärs in dem besetzten Belgien und Nordfrankreich zur Sprache, die Verschleppung von Zehntausenden Zivilisten zur Zwangsarbeit, die systematische Zerstörung von Fabriken, Eisenbahnlinien, Brücken, Bergwerken, die menschenverachtende Behandlung von Deportierten und Soldaten in Kriegsgefangenen- und Konzentrationslagern etc. Vor dem Hintergrund der Tatsache, „dass der Potsdamer Geist [nicht] verschwunden ist" sowie der auf Befehl der Obersten Heeresleitung mutwillig herbeigeführten Zerstörungen und Verwüstungen in den besetzten Gebieten – es handelt sich

nicht um durch Kriegskämpfe verursachte Schäden! – stellte Eisner
die Frage: „Dürfen wir uns entrüsten über Zwangsarbeit, wo wir es
geschehen ließen, dass … wir Sitten wieder einführten in den Krieg,
die nicht einmal das Mittelalter gekannt hat und die vielleicht seit
dem Altertum niemals wieder angewendet worden sind?" Seine
Antwort fiel knapp und präzise aus: „Das sind alles Gründe, die
mich bewegen, nicht [gegen die Alliierten] zu protestieren und uns
das Recht zu versagen, zu protestieren." Damit trat Eisner in einen
deutlichen Widerspruch nicht nur zu führenden Vertretern der SPD,
sondern auch zu allen Deutschen, die nicht bereit waren, die durch
den Krieg geschaffenen Realitäten anzuerkennen und die Verantwortung für die Schuld am und im Krieg auf sich zu nehmen.

Noch heute dürfte Eisners Haltung bei vielen auf Widerspruch,
Ablehnung, Protest oder Kopfschütteln stoßen. Zu Unrecht. Führen
wir uns die Dimensionen der Verwüstungen – wie etwa die von der
Obersten Heeresleitung und Hindenburg angeordnete Ersäufung
aller Kohlebergwerke in Belgien und Nordfrankreich noch im Oktober 1918 oder die planmäßige und bösartige Zerstörung von Obst-
plantagen, Weinstöcken und fruchttragenden Bäumen in den okku-
pierten Landstrichen – vor Augen, so ist Eisners Position mehr als
nachvollziehbar.[15] Da viele sich noch an die verheerenden Schäden
und Folgen der Hochwasserkatastrophe in Teilen von Rheinland-
Pfalz und Nordrhein-Westfalen erinnern (2021), reicht es, sich nur
das Chaos vorzustellen, das mit dem Decknamen „Alberichbewegung" im Frühjahr 1917 verbunden gewesen ist. Es handelt sich um
die Verwandlung eines etwa 1800 km$^2$ umfassenden, zwischen Arras und Soissons, nördlich und südlich der Somme gelegenen Ge-
ländestreifens in eine öde, tote Wüste bei gleichzeitigem Abtransport aller Einwohner dieses Gebiets (weit mehr als 100000). Das
Plattmachen des etwa 125 Kilometer langen und 15 Kilometer breiten Geländes erfolgte als Frontbegradigung – ohne jedwede zivile
Rücksichtnahme und aus rein militärischen Erwägungen, nur um
eine bessere Ausgangsposition für weitere Kämpfe zu haben. Zu
den Vorgängen heißt es in dem Buch von Frieder Riedel „Das Gesicht des Krieges – Le visage de la guerre – The Face of War. Kriegs-
fototagebuch des Leutnant Armin Stäbler":[16] „Um das Gebiet zwischen dem alten Frontverlauf und der [neu errichteten] Siegfried-
stellung für den Feind gänzlich unbrauchbar zu machen, zerstörten

deutsche Pioniere systematisch die gesamte Infrastruktur. Konkret bedeutete dies, sie sprengten jeden Brunnen, jede Brücke, jeden Kirchturm und die meisten Häuser. 280 französische Dörfer wurden so dem Erdboden gleichgemacht. Diese Aktion nannte man Alberich-Arbeit. Man muss als Deutscher im Nachhinein feststellen, dass der Hass der französischen Zivilbevölkerung nach dem Ersten Weltkrieg … maßgeblich auch durch die blindwütige Zerstörung einer riesigen Kulturlandschaft ohne Kampfhandlungen sich entwickelt hat."[17]

Was sich damals ereignete, stellte für die betroffene Bevölkerung eine Katastrophe dar, nur war diese von Menschen gemacht und nicht von Starkregen und einer Hochflut verursacht. Ein weiterer Unterschied besteht darin, dass die Franzosen keine Hilfe hatten, nachdem das Unglück über sie gekommen war. Man mag einwenden, die beiden Ereignisse seien nicht vergleichbar, was sicher stimmt. Vielleicht aber dient die Erinnerung an das Geschehen im Frühjahr 1917 dem besseren Verständnis für die Lage der Entwurzelten. „Es ist lohnend", berichtete Hauptmann a. D. Willy Meyer in der „Münchener Post", „sich einmal anschaulich in die Lage und Seele der Bewohner zu versetzen … Wir werden dann manche Bedingungen des Friedensvertrages besser verstehen lernen. Es war damals harter Winter, als der Abtransport der Einwohner von Haus und Hof geschah. Alles, alles ging verloren. Es ließ sich auch nicht vermeiden, dass bei der ‚Verschleppung' die Familien getrennt wurden, der Mann von der Frau, die Mutter vom Kinde. Wann und wo mögen sie sich wiedergefunden haben? Sie und ihr Besitztum waren nichts weiter als seelenlose Faktoren im Kriegsplan des großen Generals … Vom menschlichen Standpunkt aus ist die ‚Alberichbewegung' ein fluchwürdiges Verbrechen."[18] Mehr noch. Die Zerstörungsmaßnahmen nehmen Zukünftiges vorweg: bedeutende Bestandteile des Vernichtungskrieg und die Politik der verbrannten Erde im Zweiten Weltkrieg in der Sowjetunion. Der Historiker Michael Geyer bestätigt diese Einschätzung und schreibt dazu: „Was in diesen Wintermonaten stattfand, war zuerst die Ausarbeitung, dann die Durchführung – also im wahrsten Sinne des Wortes: die Erfindung – des Vernichtungskrieges oder jedenfalls eines seiner zentralen Aspekte: der Krieg der Verbrannten Erde … Alberich war ein so ungeheurer, da kreativer Akt der Zerstörung, der in einem kleinen Stück Welt vorwärts der Linie von Arras bis Laon das zivile Leben vollständig zerschlug und eine historische Landschaft zu einer Wüste werden ließ."[19]

Nur wenige deutsche Politiker zeigten nach dem Ersten Weltkrieg Empathie für die vom preußisch-deutschen Militarismus geschundene Zivilbevölkerung in Belgien und Nordfrankreich. Einer der Wenigen, der sich unmissverständlich dafür aussprach, das begangene Unrecht wiedergutzumachen und sich für eine deutsche Aufbauhilfe in den zerstörten Gebieten einsetzte, war Kurt Eisner. Die deutschnational orientierte Propaganda hielt dem entgegen, dass die anderen ja auch nicht besser gewesen seien – ohne jemals dafür einen wirklichen Beweis anzuführen. So kann man es noch heute reden hören. Solche Einstellungen dürften auch weiterhin eine Rolle dabei spielen, Kurt Eisner eher abzulehnen als ihn zu würdigen. Denn, so stellte kein Geringerer als Friedrich Wilhelm Foerster im November 1930, fest: „Die allermeisten Deutschen haben keine Ahnung davon, dass der größere Teil der Reparationen auf planmäßige Zerstörungen zurückgeht, die gar keinen Zusammenhang mit der Kampfhandlung hatten."[20] Daran hat sich bis heute offenbar nicht viel geändert. Nach wie vor hängen viele einem Geschichtsbild an, das sie mehr an der Identifikation mit den Herrschenden festhalten lässt, statt sich auf den Standpunkt der Beherrschten und Opfer zu stellen. Das ist auch der wesentliche Grund dafür, warum es noch so viele Hindenburg- und nur wenige Eisnerstraßen gibt. Wer zum Beispiel der mehr als fragwürdigen Darstellung folgt oder anhängt, die Großmächte seien 1914 schuldlos in den Krieg „hineingeschliddert" oder deren Vertreter hätten sich wie „Schlafwandler" verhalten, wird um Eisner einen großen Bogen machen, woran ablesbar ist, dass solche Darstellungen Ausdruck einer politischen Geschichtsschreibung sind und nichts mit seriöser Wissenschaft und Forschung zu tun haben.

„Kurt-Eisner-Stele in der heutigen Mathäser Einkaufspassage in München: an dem Ort, an dem Kurt Eisner am 7.[/8.] November 1918 den Freistaat Bayern ausrief (seinerzeit war hier eine Großgaststätte)" – Aufnahme: Richard Huber, 1.11.2008 | commons.wikimedia.org.

An der Kriegsschuldfrage scheiden sich in Deutschland seit 1914 die Geister. Eisner zählte zu den Wenigen, die schon nach wenigen Wochen erkannten, dass die zivile und militärische Reichsleitung den Krieg gewollt und herbeigeführt hat. Indem sie jedweden Versuch zu vermitteln und den Konflikt auf einer internationalen Konferenz auf friedlichem Weg zu lösen ablehnte und hintertrieb, machte sie den Krieg unausweichlich und sich nicht nur in den Augen Eisners zum Angreifer. Angesichts der Tatsache, dass das Volk von den politisch und militärisch Verantwortlichen und den ihnen willfährig dienenden Propagandisten viereinhalb Jahre lang belogen und betrogen worden war, veranlasste ihn bereits am 24. November 1918, die bis dahin geheimen Dokumente der bayerischen Gesandtschaft in Berlin vom Juli 1914 zu veröffentlichen, mit denen er seine Auffassung von der Schuld der Reichsregierung am Ersten Weltkrieg belegte.[21] Als schwer belastet sah er wichtige Vertreter des Auswärtigen Amtes an, so etwa Gottlieb von Jagow, Staatssekretär, und Arthur Zimmermann, Unterstaatssekretär. Wenig später forderte Eisner ihre sofortige Inhaftierung. Der Münchener Arbeiter- und Soldatenrat sprach sich dafür aus, auch die Sozialdemokraten Philipp Scheidemann und Eduard David sowie Wilhelm Solf, bereits unter der kaiserlichen Regierung als Staatssekretär des Auswärtigen Amtes tätig, und Matthias Erzberger festzunehmen und als Kriegsschuldige aus dem Verkehr zu ziehen. Zunächst stimmten der „Vorwärts" in der Morgenausgabe des 25. November sowie einige andere Parteiorgane den Vorschlägen vehement zu. Doch ruderte der „Vorwärts" schon zwei Tage später zurück, und die SPD-Spitze eröffnete eine Rufmord-Kampagne gegen Eisner. Erich Kuttner, Verfechter des Burgfriedens und während des Krieges enger Vertrauter von Ernst Heilmann, kanzelte ihn am 30. November 1918 im „Vorwärts" als fragwürdiges Subjekt und „kompromittiertesten Sozialdemokraten in ganz Deutschland" ab, was den Beifall der gesamten bürgerlichen Presse fand. Die „Freiheit", das Zentralorgan der USPD, kommentierte die Gehässigkeiten gegenüber Eisner und die damit einhergehenden wutschäumenden Ausfälle am 28. November 1918 mit den Worten, dass er in „das Wespennest des Auswärtigen Amtes" gegriffen und „die betrügerischen Praktiken an den Pranger" gestellt habe.[22]

Die alten Seilschaften, von Wilhelm Solf gepflegt und bedient, dabei von bedeutenden Zeitungen gegen Eisner unterstützt, funktionierten noch immer und wandten sich vehement gegen ihn und damit gegen all jene, die sich für eine vollständige Abkehr vom kaiserlichen Regierungsstil, von den Trägern des alten Systems und vom Verharren im „Freund-Feind"-Denken einsetzten. Zugleich wirkte sich der „Ebert-Groener-Pakt" aus, der u. a. verantwortlich dafür war, dass der kaiserliche Generalstab und das Offizierskorps zu neuen Ehren gelangten. Die Hoffnungen Eisners und derjenigen, die im Militarismus preußischer Provenienz und nicht im Kapitalismus oder Imperialismus schlechthin den Ursprung für den Ersten Weltkrieg und die Fehlentwicklung der deutschen Geschichte erkannten und die bereit waren, mit einer Politik und einem System zu brechen, das aus Deutschland einen Fremdkörper im zivilisierten Europa gemacht hatte, zerbarsten an dem Unwillen der SPD-Führung, die sich verhielt, als sei sie gemäßigt revolutionär, während sie insgeheim bis offen mit der Bürokratie und den Militärs des Hohenzollernreiches, also den Vertretern jenes Generalstabes, der im Juli 1914 alles getan hatte, um den Weltkrieg zu entfesseln, kollaborierte – gegen die revolutionären Sozialisten und die Kritiker der kaiserlichen wie ihrer Kriegspolitik. Sie war an Legalität und Kontinuität, nicht an Revolution und Bruch mit dem Alten interessiert.[23] Im Grunde orientierte sie sich weiter an ihrer im Weltkrieg eingenommenen Haltung, dabei die veränderte Lage berücksichtigend. Sie trat staatstragend auf, ihre Ziele waren die parlamentarische Republik, der Zusammenschluss aller Kräfte der Nation unter ihrer Führung, um einen möglichst ersprießlichen Friedensschluss zu erlangen zwecks rascher Wiederankurbelung der Wirtschaft. Viele Parteimitglieder unterstützten sie, ohne zu merken, um was es wirklich ging und dass es sich um ein Doppelspiel handelte.

Währenddessen hielt Eisner an seinem Credo „Wahrheit muss sein" fest als unabdingbarer Voraussetzung für einen Neubeginn und erklärte in seiner Rede vom 4. Februar 1919 auf der Berner Arbeiter- und Sozialistenkonferenz erneut: „Niemals ist ein so frevelhaftes Spiel mit einem Volke betrieben worden wie mit dem deutschen ... Ich bekenne die Schuld Deutschlands am Krieg und in der

Kriegsführung Deutschlands! Aber auch des deutschen Volkes? Des deutschen Volkes – nein! Das ist nicht verantwortlich für deutsche Kriegsführung. Das deutsche Volk ist nicht brutal. Alles, was die anderen Völker durch uns erlitten, war der Ausdruck jener deutschen Militärwissenschaft, die ein *System* aus dem Terror gemacht hatte, war eine Folge der Entwicklung der militärischen Theorie in Deutschland und Österreich, die auf dem psychologischen Rechenfehler begründet war, dass man die feindlichen so sehr misshandeln müsste, dass sie mit erhobenen Händen um den Frieden flehen. Dieses *System* wurde angewendet, nicht aber kam die Brutalität der Menschen zum Ausdruck."[24]

Das waren mutige und klare, durchaus differenzierte Worte. Eisners Einschätzung ist von kritischen Historikern und Autoren entgegen allen revisionistischen Verlautbarungen und Behauptungen bestätigt worden. So hielt Heinrich August Winkler etwa „Christopher Clark (‚Die Schlafwandler') und Herfried Münkler (‚Der Große Krieg') die folgenreiche Ausblendung der nationalistischen deutschen Kriegspartei vor, die vorwiegend aus innenpolitischen Gründen auf Krieg setzte, nämlich um das vorparlamentarische System des Kaiserreichs zu bewahren, den unaufhaltsam erscheinenden Aufstieg der Sozialdemokraten aufzuhalten und so eine ‚Gesundung' der inneren Verhältnisse zu bewirken … Kriegsparteien gab es überall, aber in keinem anderen europäischen Land war ihr sozialer Rückhalt und ihr politischer Einfluss so breit wie im Deutschen Reich."[25]

Das ist nicht weit entfernt von Eisner, der in seiner Berner Rede vom 6. Februar 1919 konstatierte, der Krieg sei von „einer kleinen Horde (preußisch-)wahnsinniger Militärs in Deutschland, die verbündet waren mit Schwerindustriellen, Weltpolitikern, Kapitalisten und Fürsten, gemacht worden" – ausgelöst „ohne jede politische Voraussicht und ohne jede militärische Einsicht". Wolle man die tiefere Ursache des Weltkrieges verstehen, müsse „man die Seelen und die Gehirne unserer leitenden deutschen Militärs" kennen und in Rechnung stellen.[26] In der Tat: Die Dominanz des militärischen Denkens über das zivile war kennzeichnend für den Militarismus im Kaiserreich in den Jahren vor 1914. Der Glaube an die Allmacht der Gewalt, die Glorifizierung des Krieges als „Kulturerrungenschaft", die Verächtlichmachung von auf Frieden und Verständigung beruhenden Politikkonzepten, der Nimbus der Unbesiegbarkeit, die Auffassung, dass Macht vor Recht gehe, Not kein Gebot kenne etc. hat nicht zuletzt die Köpfe der verantwortlichen Entscheidungsträger geprägt und ihre Handlungen stark beeinflusst. Wenn man sich die Geschichte als eine unabdingbare Abfolge von Kriegen vorstellt und davon durchdrungen ist, stets kampfbereit und -freudig zu sein, und dass nur der Stärkere sich behauptet und den Sieg davonträgt, dann liegt der Schritt nahe, in wirklichen oder vermeintlichen Krisensituationen schneller zu den Waffen zu greifen, als sich stattdessen daran zu orientieren, Konflikte auf der Basis von schiedsgerichtlicher Verständigung und friedlichem Interessenausgleich beizulegen.

### KRUMME WEGE DES HISTORIKERS GERD KRUMEICH

Am 18. Februar 2019 hat der Historiker Gerd Krumeich in der „Badischen Zeitung" in einem Leserbrief behauptet, Eisners Bestreben als Ministerpräsident Bayerns sei es gewesen, bei den Siegermächten mildernde Umstände für eine Republik zu erhalten, „die dem alten Militarismus abgeschworen hatte".[27] Damit habe er, so Krumeich, eine „politisch unreife Ansicht" gezeigt. Abgesehen davon, dass es dem bayerischen Politiker darauf in erster Linie gar nicht ankam, erhebt Krumeich den Vorwurf, „dass Eisner sich nicht scheute, aus den [von ihm im November 1918] publizierten Dokumenten [aus den bayerischen Archiven über die Kriegsschuld] all das zu streichen, was zur Entlastung des Verhaltens der deutschen Regierung in der Julikrise von 1914 führen konnte." Als Beispiel nennt Krumeich die in der diplomatischen Korrespondenz mehrfach vertretene Auffassung, der Krieg sei auf Österreich-Ungarn und Serbien zu beschränken bzw. zu „lokalisieren". Schließlich legt Krumeich nahe, Eisners Veröffentlichung habe den Siegermächten bei den Versailler Friedensverhandlungen in die Hände gespielt. Raymond Poincaré, dem französischen Staatspräsidenten, sei es so möglich gewesen zu verlautbaren, „dass die Beweise für die deutsche Kriegsschuld ‚bereits aus den kaiserlichen Archiven entwichen' seien", und damit sei „in erster Linie Eisners Publikation gemeint." Krumeichs Darstellung von Eisners Absichten sind typisch für jene deutschen Historiker, die den Unschuldspropagandisten nahestehen, in Machtkategorien denken, moralische Maßstäbe in der Geschichtsschreibung ablehnen und pazifistische Anschauungen ins Reich des Traumtänzertums verbannen. Krumeich wärmt alte Vorurteile wieder auf, denn Eisners Haltung wurde von seinen Gegnern schon während der Novemberrevolution und im Vorfeld der Friedensverhandlungen als politischer Fehler und Vaterlandsverrat gebrandmarkt. Lediglich viele Vertreter der Friedensbewegung, des Bundes Neues Vaterland[28] und der Unabhängigen Sozialdemokratie unterstützten ihn. Auch war Poincaré nicht auf die Berichte aus der bayerischen Gesandtschaft angewiesen, um die Verantwortung des Hohenzollernreichs an der Entfesselung des Weltkrieges festzustellen. Seit Herbst 1914, spätestens seit Richard Grellings Buch „J'accuse!" vom Frühjahr 1915 – ein Welterfolg und auf der Basis der von den Großmächten publizierten Dokumente über die Julikrise 1914 verfasst – pfiffen das die Spatzen von den Dächern. Ebenso offenbarten es die Anklageschriften von Hermann Fernau, Wilhelm Muehlon, Fürst Lichnowsky sowie weitere Publikationen Grellings, wer bewusst und sehenden Auges den Weltenbrand herbeigeführt hat. In Deutschland verfolgt und ausgegrenzt, waren sie in Frankreich, den USA sowie im neutralen Ausland hoch angesehen. Ebenso wie Eisner, Eduard Bernstein, Hans Schlieben, Georg Friedrich Nicolai und viele andere.

Als z. B. Ulrich von Brockdorff-Rantzau, Leiter deutschen Friedensdelegation in Versailles, von den Siegermächten „den materiellen Beweis für die deutsche Kriegsschuld" forderte, verdeutlichte die „Basler Nationalzeitung" Anfang Juni 1919: „Das Material dafür ist, schon insoweit es bekannt ist, erdrückend, und Deutschland selbst, das neue demokratische Deutschland der Revolution, hat sich schwer getan, die weiteren Dokumente zu veröffentlichen; [Karl] Kautsky, der sie zu prüfen hatte, wird gewiss bestätigen, dass dies nicht wegen der darin enthaltenen Beweise der deutschen Unschuld geschah. Es muss recht schlimm um sie bestellt sein, wenn man heute in Berlin angebliche russische diplomatische Akte aus 1912 ausgräbt; das erinnert peinlich an die berühmten belgischen Schuldbeweise, mit denen die deutsche Propaganda [1914] hausieren ging. Sollte in aller Öffentlichkeit, wie Brockdorff es verlangt, das Dossier ausgebreitet werden, so würde der Hass nur neu genährt werden, und man würde dann alsbald sehen, wie sich fast alle Parteien und Männer des heutigen Deutschland an der Kriegstreiberei, an den späteren Ausartungen der deutschen Kriegsführung und an den Schändlichkeiten der deutschen Propaganda beteiligten. Die Kriegsschuld Englands, der Union, Belgiens oder Serbiens, das in die schwersten Demütigungen einwilligte, würde sich niemals und bei keiner Untersuchung finden lassen – einfach weil sie eben nicht existiert."[29]

Deutschland täte gut daran, so das Blatt weiter, „Unhaltbares anzuerkennen und durch Aufrichtigkeit und rücksichtslose Bekenntnisse sich Sympathien zu gewinnen." Doch, beklagt der Verfasser des Artikels: „Davon ist leider in dieser dreizehnten Note Brockdorffs, ist in keiner seiner Noten, ist in keiner Handlung und keinem Worte des offiziellen Deutschland eine Spur zu finden. Deshalb ist es nicht eben leicht, Deutschland … zu unterstützen. Denn die Voraussetzung für eine solche Unterstützung wäre ein anderer Geist im Volke und dessen Führern, und stattdessen sehen wir … die nationalistische und soziale Reaktion im vollen Anwachsen." Eine solche Sichtweise ist G. Krumeich aus naheliegenden Gründen fremd.

Auch Krumeichs Vorwurf der Fälschung an Eisner reiht sich ein in die zahllosen offiziösen Versuche vor und nach 1918, die Kritiker der kaiserlichen Kriegspolitik zum Schweigen zu bringen, aus der öffentlichen Diskussion auszuschalten oder – wie im Falle Eisner, Hans-Georg von Beerfelde oder Hans Paasche – für vogelfrei zu erklären und damit zum Abschuss freizugeben. Eisners Darlegungen in Sachen Kriegsschuld lehnten neben den extremen Rechten vor allem führende Mehrheitssozialdemokraten vehement ab. Sie stellten seine Haltung außerordentlich verzerrt dar und entfachten gegen ihn eine überaus gehässige und kaum noch zu überbietende Hetzkampagne.

Zur „Lokalisierung". Warum, ist zu fragen, hat das preußisch-deutsche Kaiserreich Belgien völkerrechtswidrig überfallen und Frankreich mit lügenhaften Behauptungen den Krieg erklärt, wenn es doch den Konflikt auf Österreich und Serbien beschränken bzw. „lokalisieren" wollte? Auch hier orientiert sich Krumeich an einer Legende deutschnationaler Herkunft, die Richard Grelling bereits 1927 in seiner Schrift „Der Lokalisierungsschwindel – Das Steckenpferd der Unschuldspropaganda"[30] widerlegt hat. Statt aufzuklären und die deutsche Opposition und deren Bemühen zu würdigen, die regierungsamtlichen Verteidigungslügen zu widerlegen, ignoriert und bezichtigt Krumeich sie – wie im Falle Eisner –, nicht im deutschen, sondern im Interesse der Gegner zu handeln.

<br>

## PLÄDOYER FÜR EINE ERNEUERUNG DER ERINNERUNGSKULTUR"

Das durch Unrecht und Gewalt verursachte Leid und Elend macht nicht vor Grenzen halt. Und wo Unschuldige davon betroffen werden, ist ihnen zu helfen und danach zu fragen, wer und was sie ins Unglück gestürzt hat. Die dafür Verantwortlichen sind zur Rechenschaft zu ziehen, anzuklagen und zu verurteilen. Der Rechtsstandpunkt gilt auch für die Vertreter des eigenen Volkes, wenn sie Schuld auf sich geladen haben, und ist durch nichts aus der Welt zu schaffen. So die Haltung Eisners und der Deutschen, die nach 1918 eine Neuorientierung der deutschen Politik forderten, die sich nicht weiter auf Macht, Gewalt und Lüge, sondern auf Wahrheit, Recht, Frieden, Freiheit und Verständigung gründen sollte.

Wie Eisner als unausstehlich, unerwünscht und undeutsch bekämpft worden ist, so auch viele andere. Wenn sie nicht parteilos waren, standen sie in Opposition zu ihren Parteivorständen. Sie sind nicht dem Mainstream gefolgt, sondern haben das Odium, als Abtrünnige oder „Verräter" behandelt zu werden, in der Überzeugung auf sich genommen, an der Verhinderung eines erneuten Krieges mitzuwirken, auch wenn sie dadurch in Gefahr gerieten. Nach der Ermordung Hans Paasches schrieb Alfred Hermann Fried im Juni 1920 in der von ihm herausgegebenen Monatsschrift „Die Friedens-Warte": „Die Zahl der Kriegsgegner, die in Deutschland infolge ‚Zufalls' aus dem Leben schied, ist um eine Stelle wieder vermehrt worden. Das deutsche Volk wird sich ihre Namen und ihr Schicksal merken."[31] Fried sollte sich getäuscht haben. Warum?

Auf der Basis einer breit angelegten, jeden Winkel der Republik erreichenden Kampagne, ausgestattet mit riesigen Mitteln und über viele Jahre hinweg in die Köpfe gepflanzt, wurde dem Volk eingeredet, dass ihm durch die Siegermächte ungeheures Unrecht getan worden sei, man ihm riesige Lasten aufgezwungen habe, derer es sich erwehren müsse.[32] Die Kriegsgegner und jene Persönlichkeiten, die sich für eine gerechte Beurteilung des Versailler Vertrages aussprachen und ihn nicht als „Racheakt der Sieger" verdammten, störten als Sand im Getriebe der Revisions- und Unschuldspropaganda und galten in weiten Kreisen des Volkes als deutschfeindlich und „Landesverräter".

Der Erfolg dieser Agitation und der damit verbundenen Manipulation der Gehirne war, dass die Nationalsozialisten ohne sie nie so stark geworden wären und dass viele Millionen Deutsche noch heute an die Unschuld der kaiserlichen Machthaber glauben, zumal, von wenigen Jahren nach 1945 abgesehen, die Entlastungskampagne in der Bundesrepublik unter veränderten Vorzeichen fortgeführt wurde. So hat man uns im Geschichtsunterricht noch Anfang der 1960er Jahre beigebracht, dass Deutschland von den Ententemächten Frankreich, Russland und England eingekreist worden und deshalb der Erste Weltkrieg entstanden sei.

Die Vorbehalte Eisner und allen anderen gegenüber, die nach einem Neuanfang ohne Militarismus, Klassen- und Militärjustiz, ohne Offiziers- und Beamtendünkel, ohne Heiligsprechung des Kriegsmordens und Gewaltverherrlichung, ohne Revanchedenken und Hurrapatriotismus gestrebt haben sowie nach einer Verwirklichung von sozial gerechten Lebens- und Arbeitsverhältnissen, sind einem Geschichtsbild geschuldet, das wichtige Zusammenhänge negiert sowie auf Legenden und Rechtfertigungsideologien beruht. Damit einhergehend, werden die besten Traditionen der jüngeren deutschen Geschichte ausgeblendet – nämlich jene Gruppen, Vereinigungen und Persönlichkeiten, die sich dafür eingesetzt haben, mit den Nachbarn in Ost und West in Frieden und Eintracht zu leben. Sie sind aus dem Gedächtnis der Deutschen weitgehend ausgelöscht, was ihre Rehabilitierung immens erschwert und all jenen, die davon wenig bis nichts halten oder dieser gleichgültig gegenüberstehen, in die Karten spielt. Die Ehre, die ihnen gebührt, haben sie zumeist nie erhalten. Es ist hohe Zeit, das zu ändern und einen zentralen Platz in der Landeshauptstadt München, in Berlin und anderen Orten nach Kurt Eisner und jenen Persönlichkeiten zu benennen, die sich im Ersten Weltkrieg und danach für ein demokratisches und friedliches Deutschland eingesetzt haben. Wenn nicht jetzt, wann dann?

1    Hans PAASCHE, Das verlorene Afrika [= Flugschriften des Bundes Neues
     Vaterlande, Nr. 16]. Abgedruckt in: Ders., „Ändert Euren Sinn!" Schriften
     eines Revolutionärs. Hrsg. von Helmut Donat und Helga Paasche [= Schrif-
     tenreihe Geschichte & Frieden, Bd. 2], Bremen 1992, S. 254.

2    Zitiert nach Frank JACOB, Kurt Eisner, der unvollendete Revolutionär. In:
     Zeitschrift für Geschichtswissenschaft (ZfG), 66. Jg., Nr. 10/2018, S. 839.

3    H. PAASCHE, Das verlorene Afrika. In: Ders., „Ändert Euren Sinn!" S. 249.

4    Vgl. H. DONAT, Hermann Fernaus „Weltbürger" und die Bedeutung seines
     Tagebuches „Paris 1914" in Vergangenheit und Gegenwart. In: H. Fernau,
     Paris 1914. Tagebuch eines deutschen Republikaners und Pazifisten (25.
     Juli-22. September 1914). Hrsg., kommentiert und mit Beiträgen von H. Do-
     nat und Lothar Wieland [= Schriftenreihe Geschichte & Frieden, Bd. 26], Bre-
     men 2014, S. 272 ff.

5    Vgl. August SIEMSEN, Preußen. Die Gefahr Europas. Hrsg. von Anna Siem-
     sen, Paris 1937. Neudruck mit einem Vorwort von Arno Klönne und Helmut
     Donat, Berlin 1981, S. 88.

6    Wolfgang BENZ, Ressentiment und Trauma. Juden und Novemberrevolu-
     tion in Bayern. In: ZfG, 66. Jg., Nr. 10/2018, S. 848.

7    Ebd.

8    Vgl. https://www.muenchen.de/rathaus/Stadtverwaltung/baureferat/oeffe
     ntlicher-raum/denkmaeler/kurt-eisner-denkmal.html (undatiert) und Kurt-
     Eisner-Denkmal entsteht am Oberanger. In: Münchner Wochenanzeiger, 14.
     April 2011 – https://www.yasni.info/ext.php?url=https%3A%2F%2Fwww.
     wochenanzeiger.de%2Farticle%2F108934.html&name=Rotraut+Fischer&s
     howads=1&lc=de-de&lg=de&rg=de&rip=

9    Siehe dazu: https://www.br.de/extra/themen-highlights/kurt-eisner-revolu
     tion-bayern-whatsapp-100.html

10   Das Buch dazu unter demselben Titel erschienen Regensburg 2018.

11   Zitiert nach F. JACOB, Kurt Eisner, der unvollendete Revolutionär, S. 835.

12   Ebd., S. 838.

13   Tagung der Arbeiter-, Bauern- und Soldatenräte. In: Münchner Post – Ta-
     geszeitung für die werktätige Bevölkerung von Südbayern, 33. Jg., Nr. 43,
     21. Februar 1919. Zitiert nach: Nanette von TUCHER, Der Mord an Kurt Eis-
     ner durch Anton Graf von Arco auf Valley [= Rechtswissenschaftliche For-
     schung und Entwicklung, Bd. 842], München 2021, S. 29.

14   Die Rede einsehbar unter: http://www.kurt-eisner-werke.org/III487.html –
     Über einen Besuch in einem Gefangenenlager bei München berichtete Eis-
     ner: „Ich erinnere mich an die unmenschlichen Szenen, … wohl 12000 Men-
     schen schwärmten unruhig hin und her. Ich habe eine Revolution mitge-
     macht, ich habe Stürme auf Kasernen und Gefängnisse erlebt, aber nichts
     reichte heran an die furchtbare Unruhe und Qual dieser hin- und hergetrie-
     benen Menschen, die hofften, die erwarteten, nun könnten sie hinaus, nun
     würden sie frei, und es war erschütternd zu erfahren, dass dieser armen

Gefangenen, im Augenblick als sie hörten, in München sei die Revolution ausgebrochen, erster Gedanke war, nun werden auch wir frei. Das kam aber nicht sofort, und da kam die Verzweiflung … Aber, Parteigenossen, in welcher Stimmung waren diese Menschen! Sie wollten nicht mehr arbeiten, sie blieben am liebsten liegen. Die Zustände in diesem Gefangenenlager waren derart, dass wir wohl kein Recht haben, uns über Missstände in fremden Gefangenenlagern zu entrüsten, obwohl es ganz zweifellos ist, dass auch in den Ländern der Entente arme Gefangene misshandelt worden sind. Aber wer gesehen hat, wie in diesen dunklen Holzbaracken, in denen die Seuche herrschte, eine furchtbare Seuche, die man Grippe nannte, aber die wohl nicht viel anders war als die Pest, wer gesehen hat, wie diese sterbenden Menschen neben gesunden dicht beieinander gedrängt lagen, Tote, Leichname und Särge, der hat wohl ein Gefühl dafür bekommen, dass unter allen Schrecken dieses Krieges das Los der Gefangenen die fürchterlichste und schwerste Anklage gegen die Menschheit gewesen ist, und nur aus dieser Erwägung heraus stelle ich die Forderung, dass man die Gefühle des Hasses und der Vergeltung nicht aufkommen lasse, sondern anfange, neu zu denken, neu zu fühlen, und unverzüglich die Gefangenen freigebe." Vgl. auch Kurt EISNER, Reden und Schriften. Hrsg. von Riccardo/Cornelia Baddack/Sophia Ebert/Frank Jacob/Swen Steinberg [= Reihe Kurt Eisner-Studien, Bd. 7], Berlin 2019; die wichtige Rede vom 9.2.1919 dort allerdings nicht abgedruckt. Es wäre interessant zu erfahren, aus welchen Rücksichtnahmen, Gründen und „Zufälligkeiten" das nicht geschehen ist. Inzwischen aber wiedergegeben in: Peter BÜRGER (Hrsg.), Kurt Eisner als Revolutionär und Ankläger des deutschen Militarismus – Ein Lesebuch. Eingeleitet durch die Darstellung des Weggefährten Felix Fechenbach [= edition pace, Bd. 31], Norderstedt 2025, S. 366-370.

15  Hierzu sowie zur folgenden Schilderung der „Alberichbewegung" vgl. H. DONAT, Armenien-Retter Otto Liman von Sanders und die „Ehre der deutschen Armee". In: Muriel Mirak-Weißbach, Retter oder Täter? Ein General zwischen Staatsräson und Moral: Otto Liman von Sanders und der Völkermord an den Armeniern [= Schriftenreihe Geschichte & Frieden, Bd. 49], S. 180-183 und 190 f.

16  Leinfelden-Echterdingen 2006, S. 115.

17  Einige Fotos der Verwüstungen abgedruckt ebd., S. 120-129.

18  Der Artikel W. Meyers erschienen in: Münchener Post, 33. Jg., Nr. 216/1919, zitiert nach Friedrich Wilhelm FOERSTER, Das ewige Reparationsproblem. In: Die Zeit – Organ für grundsätzliche Orientierung, 1. Jg., Heft 21, S. 660, 5.11.1930.

19  Michael GEYER, Rückzug und Zerstörung 1917. In: Gerhard Hirschfeld/Gerd Krumeich/Irina Renz (Hrsg.), Die Deutschen an der Somme 1914-1918. Krieg, Besatzung, verbrannte Erde, Essen ⁵2016, S. 240 und 246.

20  F. W. FOERSTER, Das ewige Reparationsproblem, S. 659.

21  Vgl. hierzu wie zum Folgenden H. DONAT, Kein Abkehr vom Militarismus – Hans Paasche und das Scheitern der Novemberrevolution 1918. In: Zeit-

schrift für Geschichtswissenschaft (ZfG), 66. Jg., Nr. 11/2018, S. 928 f.

22   Hierzu vgl. Lothar WIELAND, In drei deutschen Staaten verfolgt – Hans-Georg von Beerfelde (1977-1960) und die gescheiterte Revolution der Wahrheit. Unter Mitwirkung und mit einem Geleitwort von Helmut Donat [= Schriftenreihe Geschichte & Frieden, Bd. 44], Bremen 2019, S. 193-197.

23   Vgl. A. SIEMSEN, Preußen – Die Gefahr Europas, S. 105; ebenso L. Wieland , Hans-Georg von Beerfelde und die „Revolution der Wahrheit". In: ZfG, 66. Jg., Nr. 11/2018, S. 907 f.

24   Die Rede einsehbar unter http://www.kurt-eisner-werke.org/III230.html – Abgedruckt auch in: P. BÜRGER (Hrsg.), Kurt Eisner als Revolutionär und Ankläger des deutschen Militarismus, S. 346-361.

25   H. A. WINKLER, Die Hundert-Männer-Geschichte. Deutschland, der Erste Weltkrieg und die Schuldfrage: Eine Erwiderung. In: Süddeutsche Zeitung, Nr. 198, S. 12, 12.8.2014; ausführlicher und noch bedeutsamer vgl. Stanislaw SALMONOWICZ, Preußen – Geschichte von Staat und Gesellschaft, Herne 1995; Wolfram WETTE, Ernstfall Frieden – Lehren aus der deutschen Geschichte seit 1914 [= Schriftenreihe Geschichte & Frieden, Bd. 38], S. 145-168; DERS., Militarismus in Deutschland. Geschichte einer kriegerischen Kultur, Frankfurt am Main 2008; Hartwin SPENKUCH, Preußen – eine besondere Geschichte. Staat, Wirtschaft, Gesellschaft und Kultur 1658-1947, Göttingen 2019.

26   Wie Anmerkung 23.

27   G. Krumeichs Kritik richtete sich gegen die ihm offenbar zu positive Würdigung K. Eisner von Franz SCHMIDER, Der Heimatlose. In: Badische Zeitung, 9.2.1919. Der Leserbrief von Krumeich erschienen unter der irreführenden Überschrift „Entlastendes wurde aus Dokumenten gestrichen." In: Ebd., 18.2.2019, S. 19 (Forum); dort auch die folgenden Zitate.

28   Der Bund Neues Vaterland, im Herbst 1914 von Kriegsgegnern gegründet, die für einen raschen Verständigungsfrieden und innenpolitischen Reformen eintraten, wurde von den Militärbehörden in seinen Aktivitäten zunächst massiv eingeschränkt und im Februar 1916 für die Dauer des Krieges verboten. Vgl. dazu Lothar WIELAND über den 1922 in Deutsche Liga für Menschenrechte umbenannten Bund in: H. Donat/Karl Holl (Hrsg.), Die Friedensbewegung. Organisierter Pazifismus in Deutschland. Österreich und in der Schweiz, Düsseldorf 1983, S. 76-80.

29   Der Artikel unter dem Titel „Schuld – Das Ausland über uns" abgedruckt in: Die Republik. Tageszeitung für die deutschen Arbeiterräte, 2. Jg., Nr. 114, S. 2 f., 8. Juni 1919; dort auch das folgende Zitat.

30   Erschienen Olten 1927.

31   Zitiert nach Helmut DONAT (Hrsg.), „Auf der Flucht" erschossen... Schriften von und über Hans Paasche [= Schriftenreihe Das Andere Deutschland, Bd. 1], Bremen/Zeven 1981, S. 81.

32   Siehe hierzu vor allem Hermann KANTOROWICZ, Der Geist der englischen Politik und das Gespenst der Einkreisung Deutschlands, Berlin 1929, S. 447-468.

# Die Kontroverse von Friedrich Wilhelm Foerster mit Hans Delbrück und Max Weber sowie deren Bedeutung – vor dem Hintergrund der Verdrängung Kurt Eisners

Im Spätsommer 1919 gerät Friedrich Wilhelm Foerster (1869-1966) ins Visier von Hans Delbrück, den, wie ein rechtsliberales Blatt Jahre später lobpreisend bemerken wird,[1] „Vorkämpfer in dem Kampf, den das deutsche Volk um seine Ehre führt". Ein durchschlagender Beweis dafür, dass Foerster nicht nur in deutschnationalen Kreisen auf Unverständnis, Empörung und Zurückweisung stößt! Auch gemäßigte, aber einflussreiche Kräfte, oftmals mit DDP und DVP verbandelt, positionieren sich mit Vehemenz gegen ihn und seine Interpretation des Versailler Vertrages. Zwar sind sie loyal zur Republik, distanzieren sich von deutschnationalen Verirrungen, vertreten jedoch in der Schuldfrage eine strikt apologetische Haltung, die sich im Kern kaum von derjenigen der rechts von ihnen stehenden Kreise unterscheidet[2] – obwohl sie wie im Fall Delbrücks mutig, mit offenem Visier das im Weltkrieg grassierende Alldeutschtum und die verhängnisvollen Kapriolen der OHL bekämpft haben.[3] Letztlich gliedern sie sich in die „große deutsche Einheitsfront"[4] gegen das Versailler Friedenssystem ein, von der selbst gemäßigte, republikanische Politiker träumen und deren Ziel es ist, „die deutsche Freiheit

* Es handelt sich um einen bislang unpublizierten Beitrag von Lothar Wieland (1952-2021) aus dem im Donat Verlag in Bälde erscheinenden Buches *„Vergebliche Warnung vor dem Verhängnis – Friedrich Wilhelm Foersters ‚Kampf gegen den deutschen Militarismus und Nationalismus' im Ersten Weltkrieg"*. Es wird zusammen mit dem von F. W. Foerster 1920 veröffentlichten Band „Mein Kampf gegen das militaristische und nationalistische Deutschland – Gesichtspunkte zur deutschen Selbsterkenntnis und zum Aufbau eines neuen Deutschland" in der „Schriftenreihe Geschichte & Frieden" herauskommen und mit dem Geleitwort von Theodore Ruyssen (zur französischen Ausgabe von Foersters Buch) versehen sein. Wir danken Petra Wieland, Bremerhaven, und dem Donat Verlag für die freundliche Genehmigung des Abdruckes.

355

wieder zu erlangen". Fälschlicherweise glauben sie, mit der Widerlegung der „Schuldlüge" das angebliche Herz des Vertrages zerstören zu können. Beispiele gibt es viele, hier seien nur einige Historiker genannt: Friedrich Thimme,[5] Bernhard Dernburg,[6] Graf Montgelas,[7] Paul Rohrbach[8] und Pius Dirr.[9]

Auslöser für Delbrücks Zorn ist Foersters abermaliger Versuch, seinen Landsleuten den Friedensvertrag psychologisch erklären zu wollen – und das ausgerechnet im weitverbreiteten und hoch angesehenen „Berliner Tageblatt", das seinen Kommentar allerdings mit einem langen, relativierenden Vorwort verziert, in dem es Foersters Ablehnung des Versailler Vertrages gegen die „Unabhängigen und die hurtigen Unterschriftanbieter" ausspielt. Doch Foerster, das weiß Delbrück, ist wortgewaltig, besitzt enorme Überzeugungskraft und hat Einfluss bis in den linken Flügel der bürgerlichen Parteien – wenn auch nur vereinzelt, begrenzt! In zwei eindrucksvollen Artikeln appelliert Foerster an das deutsche Volk, die Erbitterung über den Vertrag nicht immer wieder auf den Kriegsgegner abzuleiten, ihn der Heimtücke und Verschlagenheit anzuklagen und sich selbst dabei als strahlende Unschuld darzustellen.[10] Wie so oft zuvor schon verlangt er von seinen Landsleuten Ehrlichkeit, Aufrichtigkeit und Anstand. Sie könnten nur dann von den Alliierten ein substanzielles Entgegenkommen erwarten, wenn sie bereit seien zu einem ehrlichen Eingeständnis ihrer eigenen Fehler. Zunächst wiederholt er seine These, dass alle Staaten eine gewisse Verantwortung am Krieg zu tragen hätten, es sozusagen „eine Solidarität der Schuld" gebe, wonach „die Sünde jedes einzelnen Volkes tief mit derjenigen aller anderen Völker" verknüpft sei. Hier rekurriert er auf seine Generalthese, dass der Materialismus den egoistischen Gedanken in die Völker getrieben und damit die Mächterivalität erzeugt habe, die wiederum Konflikte verursachte. Innerhalb dieses Schuldkomplexes sieht er jedoch eine besondere Schuld Deutschlands: „Wir haben den bösen Geist, der seit der Renaissance in der Politik aller Völker lebendig war, in einer Weise systematisiert, mit einem Zynismus bejaht, mit einer Gründlichkeit theoretisiert, wir haben ihn mit so gewissenverwirrendem Erfolge praktiziert, haben durch dieses leidenschaftliche und gründliche Identifizieren mit diesem Geiste unsere Seele mehr damit befleckt als alle anderen Völker." Er fragt seine Landsleute, wie sie sich die „moralische Blockade durch die ganze

Umwelt" erklärten, erinnert sie an „unser Auftreten in der Welt seit fünfzig Jahren, unsere Sabotierung des Haager Werkes, unsere Kriegführung mit ihren systematischen Verwüstungen und Ausraubungen, ihren Massendeportationen von Frauen und Mädchen, ihrer furchtbaren Initiative in allen möglichen neuen Methoden der Zerstörung". Dann greift er die „Schreier" an, „denen das alles vollkommen gleichgültig gewesen ist", und fragt sie: „Womit habt ihr denn eigentlich das Recht auf eine humane Behandlung erworben? Ist das nicht das Weltgericht, das über uns hereinbricht, dass wir nun mit der gleichen rücksichtslosen Härte behandelt werden, die wir stets als letzten Schluss aller politischen Weisheit gefeiert und in den besetzten Gebieten praktiziert haben? Haben wir uns denn auch nur im geringsten um die künftigen Lebensmöglichkeiten der Bevölkerungen in den verwüsteten Gebieten bekümmert?"

Scharf kreidet er die unterlassene Aufklärung nach 1918 als „schwersten Fehler" an, der es „den besseren Elementen unsere Volkes" unmöglich gemacht habe, ein glaubwürdiges Wort der Versöhnung an Frankreich und Belgien zu richten. Dies habe zur Verhärtung der alliierten Haltung gegenüber Deutschland beigetragen,[11] und deshalb konnte der Pariser Frieden kein Wilson-Frieden mehr werden: „Es fehlte die Grundbedingung, der Glaube an ein erneuertes Deutschland." Nur mit einem zutiefst reformierten deutschen Staat hätte sich Wilson gegen Clemenceau durchsetzen könne. So aber sei die Rechtsidee zerbrochen an „der Wut der Völker und an ihrem Misstrauen gegenüber dem zwar am Boden liegenden, aber doch unbelehrbaren preußischen Militarismus." Abermals plädiert Foerster, ohne Rücksicht auf die Befindlichkeiten des Auslandes, für eine „ehrliche nationale Selbstanklage", um Deutschland auf ein neues moralisches Fundament zu stellen. Er fordert die Brandmarkung derjenigen Kreise, deren „wahnwitzige Politik und Kriegführung sowie deren böser Geist die Hauptschuld an der gegenwärtigen Lage" trügen. Da für Foerster deutsche Selbsterkenntnis und -reinigung absolute Priorität haben, weist er die in der deutschen öffentlichen Meinung virulente Forderung nach einer neutralen Untersuchung der Schuldfrage ebenso entschieden zurück wie den Hinweis auf die „Hungerblockade"[12]. Er erinnert daran, dass die Hungerblockade von Deutschland selbst als legitimes Kriegsmittel anerkannt worden sei. Nicht ohne Grund habe es den Vorstoß der englischen Regierung auf der Haager Konferenz von 1907 zwecks Abschaffung dieses Mittels zurückgewiesen.

Foerster redet Tacheles. Derart schonungslose Worte über die Politik des Kaiserreichs hat die deutsche Großstadtpresse zuletzt gegen Ende Oktober 1918 verbreitet. In den aufgewühlten Zeiten von Versailles sind sie ein absoluter Sündenfall für jeden Bismarck-verehrer und schädlich für die bereits damals auf vollen Touren laufende Revisionspropaganda. Gerade die Reaktion Frankreichs ist für sie kaum zu ertragen. Die Agentur Havas verbreitet noch am 17. Juli 1919, dem Tag, an dem der zweite Teil des Kommentars erscheint, eine Zusammenfassung der für Frankreichs Position wichtigen Punkte aus Foersters Artikel:[13] die Deportationen, die „Zerstörung französischer und belgischer Fabriken" und die vergebene Chance, einen Beweis seines Mentalitätswandels zu erbringen.

Doch die großen bürgerlichen Hauptstadtblätter und selbst die Presse der USPD übergehen Foersters Kommentar mit Schweigen. Nur der „Vorwärts" schickt einen jungen Redakteur vor, der von Versailles aus Einspruch erhebt und damit beweist, dass Foerster auch im Lager der Sozialdemokratie kaum Unterstützung findet.[14] Eine nationale Gewissenserforschung, behauptet er, sei angesichts von Wilsons Wortbruch in Versailles unangemessen. Der Friedensvertrag selbst sei der offenkundige Beweis dafür, dass Foerster mit seinen pazifistischen Konzepten Schiffbruch erlitten habe.[15] Diese Unterstellung weist der Angegriffene umgehend zurück und teilt dabei mächtig gegen die Sozialdemokratie aus:[16] Wilson habe sich nicht gegenüber „der ungeheuren Macht des Misstrauens und des Hasses" in Frankreich durchsetzen können. Foerster beklagt, dass nach dem Waffenstillstand die „alte deutsche Menschlichkeit und Universalität" gefehlt habe, die sich mit Wilson und seinen Anhängern hätten versöhnen müssen. „Immer nur Protest und Wehgeschrei über das, was Deutschland zugefügt wurde – kein einziges gutes Wort über den Jammer Nordfrankreichs, kein einziges Wort der Scham und Verdammung über die preußische Kriegführung, keine offene und tapfere Absage an 50 Jahre deutscher Verherrlichung von Blut und Eisen und Verhöhnung der Ideale der Völkerverständigung!" Mit großer Schärfe kritisiert er „die fatale Halbheit der neuen Männer" vom November 1918, die die Aufklärung des eigenen Volkes über die „deutsche Kriegslüge" verweigerten. Es wäre gar nicht notwendig gewesen, neue Akten zu publizieren. „Es genügte für jeden, der lesen kann und will und der mit offenen Augen die deutsche Politik der letzten beiden Jahrzehnte beobachtet hat, die offenkundige Selbstisolierung Deutschlands durch die verblendete Stellungnahme der machthabenden Kreise zu allen generellen und partiellen Verständigungsversuchen des Auslandes" zu erfassen. „Keine Akten der Welt werden den preußischen Militarismus von der Hauptschuld an der Verrohung Europas und am Weltkriege entlasten." Versailles sei „eine nur zu begreifliche Antwort" auf „vier Jahre Verbrechen und Wahnsinn". In seiner Erwiderung verteidigt Schiff die Politik der Ebert und Scheidemann, ohne auf die deutschen Verfehlungen von vor 1918 einzugehen.[17] Kritiker wie Foerster, von Gerlach oder Grelling hätten das Misstrauen des Auslandes gegenüber Deutschland genährt, behauptet er trotzig.

Im August 1919 meldet sich der Herausgeber der „Preußischen Jahrbücher" zu Wort, der Foersters Kommentar nicht unwidersprochen durchgehen lassen kann und will. Auch deshalb nicht, weil sich Delbrück schon vor Monaten als Gutachter der „Professoren-Denkschrift" offiziell und unmissverständlich in der Schuldfrage exponiert hat. Nach der Übergabe der Friedensbedingungen am 6. Mai 1919 lädt die deutsche Regierung eine Kommission nach Versailles ein, in die sie neben Felix Mendelssohn-Bartholdy, Montgelas und Max Weber auch Hans Delbrück entsendet.[18] Zur gleichen Zeit verzögert sie die Drucklegung der Dokumente zum Kriegsausbruch, die Karl Kautsky zusammengestellt hat. Sie sind zu kritisch; Kautsky, der Experte, erhält auch keine Einladung.[19] Die Professoren redigieren ein ihnen vom Auswärtigen Amt vorgelegtes Gutachten, mit dem die Regierung die Alliierten über die Verantwortlichkeit am Weltkrieg zu beeindrucken hofft. In der letzten Maiwoche als Teil der deutschen „Gegenvorschläge" übergeben, konzediert es zwar „Fehler und Schwächen des alten Systems",[20] bürdet aber dem zaristischen Russland die Kriegsschuld auf. Deutschland hingegen habe sich im Juli 1914 deeskalierend verhalten und sich sodann einem Angriff aus dem Osten stellen müssen. Wie von der USPD befürchtet,[21] schadet dieser „Vertuschungsversuch" Deutschland erheblich. Das Ausland sieht in der Denkschrift einen abermaligen Beweis dafür, dass sich die „deutsche Geistesart" seit der Revolution nicht geändert habe. In der Mantelnote, dem Ultimatum vom 16. Juni, wird sie ihre Haltung zum Kriegsausbruch präzisieren und Deutschland nun der Alleinschuld bezichtigen.[22]

In seiner Entgegnung auf Foerster konzediert Delbrück zwar,[23] dass „die militaristisch-nationalistische Überhebung" einen Verständigungsfrieden und eine innerstaatliche Reform des Kaiserreichs verhindert und damit zur Revolution geführt habe. Auch stimmt er mit Foerster darin überein, dass die deutsche Belgien-Politik falsch gewesen sei. Um den Krieg im Sommer 1917 zu beenden, hätte die Reichsleitung ein klares Plädoyer für die Restitution des Landes abgeben müssen. Aber in wesentlichen Punkten widerspricht Delbrück seinem Kontrahenten dezidiert, unterstellt ihm Naivität und Parteilichkeit. Heftig wehrt er sich gegen Foersters „Zumutung" (305), Deutschland müsse „vor der Kulturwelt ein Bußgeständnis" ablegen, um zu einer „neuen Mentalität" finden zu können.[24] Die Alliierten seien mindestens genauso schlimme „Kriegsdemagogen" (306) und „Pharisäer", die das Recht der Macht untergeordnet hätten. Als Beispiel nennt er Wilsons Weigerung, in Versailles auf seinen 14 Punkten beharrt zu haben. Entschieden die deutsche Politik in der Julikrise 1914 verteidigend, die sich einer französisch-russischen Intrige zu erwehren hatte,[25] fordert Delbrück Foerster auf, zum Gutachten der vier Professoren Stellung zu beziehen, das „die völlige Nichtigkeit der gegnerischen Anklagen" (307) beweise. Ebenso wenig vermag er Foersters Kritik an der deutschen Vorkriegspolitik zu akzeptieren. Anders als er es suggeriere, sei das Kaiserreich „mit Ängstlichkeit jedem Konflikt aus dem Wege gegangen" (307), während die anderen Großmächte die Welt eroberten. Die Verbrechen der deutschen Kriegführung entschuldigt er mit einer durchaus hilflos wirkenden Art von „Gegenrechnung",[26] wie sie damals in Deutschland verbreitet ist: Im amerikanischen Bürgerkrieg seien die Nordstaaten genauso brutal vorgegangen, und die Briten hätten im Weltkrieg deutsche Handelsstützpunkte rücksichtslos zerstört. Noch hilfloser ist die Behauptung, die gegnerische „Handelsspionage" (308) sei ebenso schonungslos gewesen.

Mit großer Chuzpe fordert Delbrück Foerster Anfang September 1919 in einem Privatbrief auf, Eisners Aktenveröffentlichung vom November 1918 „öffentlich an den Pranger zu stellen".[27] „Im Interesse der Wahrheit" müsse die Welt über dessen Manipulation des

Schoen-Dokuments informiert werden, das „eine wesentliche Grundlage" des Friedensvertrages geworden sei. Foerster lässt sich nicht beeindrucken, zumal er weiß, dass sein Kontrahent während des Krieges zum Kreis der gemäßigten Annexionisten gehörte und sich im November 1918 nur unter dem Druck der Gegebenheiten zum „Vernunftrepublikaner" wandelt, also keineswegs über die moralisch-ethische Standfestigkeit verfügt, die ihn selbst durch dick und dünn geführt hat.[28] Entschieden verwahrt er sich gegen Delbrücks Vorwurf, er trage die Verantwortung für Eisners Aktion. Ebenso deutlich streicht er heraus, dass die Aktenveröffentlichung keinen Einfluss auf den Versailler Vertrag habe ausüben können, weil die Entente keinen Zweifel an Deutschlands Kriegsschuld habe. Auf der Hauptschuld Deutschlands beharrend, kündigt er eine Entgegnung für die „Preußischen Jahrbücher" an.

In einer zwölfseitigen Replik bekräftigt er wenig später seine Auffassung, dass sich das deutsche Volk seit fünfzig Jahren „trotz der Friedfertigkeit seiner breiten Unterschichten"[29] mit der Verherrlichung des „weltpolitischen Faustrechts" und seinem „säbelrasselnden und brüskierenden Auftreten an allen Ecken und Enden der Welt" selbst isoliert habe. Als beispielhaft für dieses Verhalten hebt er Deutschlands Versagen auf den beiden Haager Konferenzen hervor, das den anderen Mächten das Desinteresse des Kaiserreichs an der Etablierung einer internationalen Rechtsordnung vorgeführt habe. Er bestreitet Delbrücks Behauptung, alle Nationen seien imperialistisch aufgetreten. Denn wer das „Faustrecht" auch weiterhin pflegen wolle, der werde schon aus diesem Grund als „Hauptschuldiger" (118) eines künftigen europäischen Konfliktfalls angesehen werden müssen. Die Annexion Bosnien-Herzegowinas 1908, das Ultimatum an Serbien im Juli 1914, die Ablehnung der britischen Vermittlungsvorschläge und die „überstürzte" (121) Kriegserklärung an Russland – all diese Vorgänge bewiesen Deutschlands Abneigung gegen die friedliche Schlichtung von Konflikten. Als „Hauptpropheten" der militärischen Betrachtungsweise prangert er „Oberlehrer, Professoren und Pastoren" an, die noch vor den eigentlichen Militärs die Verantwortung für den „Zusammenbruch" zu tragen hätten. Gelehrte und Generäle wiederum seien nur „die Exekutoren einer weitgreifenden nationalen Verirrung", von der, anders als Delbrück es behauptet, nicht nur die Alldeutschen, sondern die Bildungsschichten allgemein ergriffen gewesen seien. Den Versuch der Vierer-Kommission, Russland die Schuld am Kriege aufzubürden, weist Foerster als oberflächlich zurück. Zweifellos habe es panslawistische Strömungen gegeben, aber erst die aggressive deutsch-österreichische Balkanpolitik habe sie zu einem gefährlichen Faktor anwachsen lassen. Selbst in den Julitagen 1914 wäre eine friedliche Regelung des Konflikts mit Russland möglich gewesen. Das scharfe Ultimatum an Serbien und die schroffe Zurückweisung des „ganz außerordentlichen serbischen Entgegenkommens" (124) hätten indessen die Weichen auf Krieg gestellt.[30] Delbrücks Anschuldigungen gegen Frankreich und England lässt Foerster ebenfalls nicht gelten. Frankreich sei seit der Jahrhundertwende „ganz und gar mit Pazifismus" (126) durchtränkt gewesen, erst die deutsche Marokkopolitik habe es wieder zum „Militarismus" bekehrt. Für Englands Friedfertigkeit führt er drei Aspekte an: die „ehrlich pazifistische" Gesinnung der englischen Politik seit 1900, die Bereitschaft, Kolonialbesitz an Deutschland abzutreten, und die Förderung des deutschen Handels. Foerster unterstreicht die Notwendigkeit der „tiefdringenden, nichts beschönigenden, nationalen Selbsterkenntnis" (127 f.), ohne die es keine „deutsche Erneuerung" geben könne.[31] Als er bezüglich der deutschen Kriegführung bemerkt, die Berichte der nachrückenden alliierten Truppen über die Zerstörungen hätten die Verbitterung gegen die Deutschen maßlos verschärft, annotiert Delbrück (128, Anm. 21): „Welche Sophisterei! … Merkt Foerster nicht, dass er wieder auf heuchlerische Beschönigungsreden rücksichtsloser Gewaltpolitiker hereingefallen ist?" Foersters Versuch, den Versailler Vertrag mit der verweigerten deutschen Vergangenheitsbewältigung zu erklären (128), quittiert Delbrück (128, Anm. 22) mit der Behauptung, Foerster habe „merkwürdig milde Ausdrücke für alle Verbrechen, die an Deutschland begangen werden, und einen ebenso strengen Maßstab für alles, was wir etwa Verwerfliches getan haben."

Die vielen relativierenden Anmerkungen, mit denen Delbrück Foersters Stellungnahme in der offenkundigen Absicht versieht, dessen wissenschaftliche Seriosität erschüttern zu können, zeigen unmissverständlich, dass er sich nur vordergründig dem Ziel einer offenen Diskussion verpflichtet fühlt. Es widerstrebt ihm sehr, seinem Kontrahenten freie Rede einzuräumen:[32] „Aber der Schade, den

Herr Foerster dem deutschen Volke ebensowohl wie den Idealen des Weltfriedens und der Völkerversöhnung zufügt, ist so groß, dass ich die Gelegenheit benutzen musste, die ganze Hohlheit seiner politischen Gedankenwelt zu beleuchten." Er bezichtigt Foerster, „unbewiesene Verdächtigungen" (131) über Deutschlands Kriegsschuld zu verbreiten, und beharrt auf der These der vier Professoren, es habe eine russisch-serbische „Verschwörung" gegen Österreich gegeben, um die Monarchie „anzugreifen und aufzulösen". Delbrück exkulpiert die führenden deutschen Staatsmänner und Militärs als „friedlich, sogar mehr oder weniger pazifistisch gesinnt". Selbst General Moltke zählt er zu den Pazifisten.[33] Die Alldeutschen hätten dagegen keinen Einfluss gehabt. Abschließend definiert er „die kriegerische Aktion" (132) gegen Serbien als einen medizinischen Eingriff, um „den Kranken", das von Krebs befallene Europa der Vorkriegsjahre, und damit „den Weltfrieden" zu retten. „Sind sie", die deutschen Staatsmänner, die mit Krieg den Frieden retten wollten, „Mörder, weil der Kranke an der Operation gestorben ist?" Aus dieser rabulistischen Interpretation leitet er die Forderung ab, den „wahnwitzigen Frieden von Versailles" (134) aufzuheben. Für diese Tirade zollt ihm Max Weber, Mitverfasser der „Professoren-Denkschrift", grenzenloses Lob:[34] „An Foerster ist Hopfen und Malz verloren. Die professionale Eitelkeit des Mannes, durch Schweizer Schmeicheleien aufgepeitscht, ist gegen das eigene Vaterland interessiert. Da ist nichts zu machen, aber Ihr Verdienst ist darum nicht minder groß."

Webers Lob für Delbrück ist aus mehreren Gründen mehr als verständlich: Zunächst lehnt er Foerster als Politikberater „unbedingt"[35] ab, obschon er ihn wegen der „zweifellosen Lauterkeit seiner Gesinnung" persönlich hochschätzt. Schon im November 1917 hat sich der Heidelberger Professor in die an der Universität München schwelende Kontroverse zwischen Foerster und dem „Kriegsprofessorentum" eingemischt. Von der dortigen Freistudentenschaft, aus der sich viele Anhänger Foersters rekrutieren, zu einem Vortrag über „Wissenschaft als Beruf" eingeladen, spürt er offenbar, dass sein Kollege mit der Fortdauer des Krieges einen stetig steigenden Einfluss auf die Studenten zu bekommen scheint. Deshalb gestaltet er seine am 7. November 1917 gehaltene Rede zu einer ersten Abrechnung mit Foersters Wissenschaftsbegriff und seiner politisch-pädagogischen Ideenwelt.

Foerster versteht sich als politischer Pädagoge oder, wenn man so will, als pädagogischer Politiker, dessen Friedenspädagogik anthropologische Wurzeln besitzt,[36] nämlich die christlich-ethische Prämisse, dass im Privatleben der Menschen das Recht immer der Macht übergeordnet sein müsse: Heimtücke, Betrug und Gewalt seien verboten, verstießen gegen die christliche Sittenlehre. Verankert in der spezifischen Mentalität des Bürgers, hat sich damit „der Staat in der Seele" konstituiert, aus dem sich der „Staat im Großen" entwickelt. Diesen moralpädagogischen Ansatz auf das Feld der Politik übertragend, formuliert Foerster eine neue staatsphilosophische Richtlinie: „Was sittlich schlecht ist, könne politisch nicht gut sein." Foerster postuliert, dass der Staat nur dann den Anspruch auf Humanität und Sittlichkeit erheben könne, wenn seine Ziele und Werte in den menschlichen Grundrechten und Grundtugenden verankert seien, also in Menschenliebe, Mitgefühl, Verantwortlichkeit und Ehrerbietung – letztlich der Bergpredigt. Eine politische Sonderethik, die „Realpolitik", in der aus nationalegoistischen Motiven skrupellos agiert wird, existiert für ihn nicht. Vertragstreue, Achtung fremder Rechte, die Bereitschaft zum Ausgleich, zur Verständigung müssten die Politik beherrschen. Entferne sich der Staat von diesen moralisch-sittlichen Wurzeln, schaffe er sich ein institutionelles Ich auf der Grundlage eigener, sittlichkeitswidriger Gesetze, dann trenne er sich von den Citoyen, den Staatsbürgern, deren Interessen er gemäß Gesellschaftsvertrag ursprünglich zu vertreten habe. Ein solcher Staat könne per se nicht mehr den Anspruch auf politische Sittlichkeit erheben.

In seiner epochalen Schrift *„Politische Ethik und politische Pädagogik"*[37] liefert Foerster die theoretische Begründung dafür, dass sich nicht nur Individuen, sondern auch Völker unter dem Einfluss von Erziehung und Bildung positiv entwickeln könnten. Friedenserziehung stellt sich damit gleichermaßen als Individual- und Sozialerziehung dar: Der einzelne Mensch muss zu friedlichem Denken und Handeln angeleitet werden, bevor Staat und Gesellschaft einen friedlichen Charakter annehmen können. Insofern resultiert der friedliche Staat aus der psychischen Konstitution seiner Bürger. Foerster lehnt die Glorifizierung der eigenen Nation bei gleichzeitiger Missachtung der anderen Völker als Erziehungsziel ab. Im „politischen Egoismus"[38] glaubt er, die Ursache von Kriegen und internationalen Konflikten erkannt zu haben. Er könne nur dann entstehen, wenn sich ein Volk gegenüber anderen Völkern überlegen fühlt und eine multilaterale Zusammenarbeit verschmäht. Also müsse der Staat politisch auf friedfertige Pfeiler gesetzt werden, um – wie im Verhältnis der Individuen zueinander – potentielle Konflikte oder politische Differenzen mit Nachbarstaaten durch einen friedlichen Ausgleich aus der Welt schaffen zu können. Damit hat Foerster den Weg zu einer Weltfriedensordnung beschritten, die sich einen Völkerbund als Exekutivorgan schafft.

Aus diesen Überlegungen leitet sich die Eckpunkte einer modernen Friedenspädagogik ab: eine übernationale Erziehung, bei der die Völker voneinander lernen und sich gegenseitig respektieren sollen, die Vermittlung der Erkenntnis, dass der Frieden die ultima ratio des menschlichen Zusammenlebens sei und nur im internationalen Rahmen gesichert werden könne. Im Mittelpunkt des Unterrichts stehen Menschenrechte, Humanität und Toleranz. Gegen den im Kaiserreich praktizierten vaterländischen Unterricht gerichtet, legt Foerster damit die Fundamente einer freiheitlich-demokratischen Pädagogik.

Damit kommt der Faktor Gewalt ins Spiel, auf den, folgt man Foerster, moralisch hochentwickelte Staaten in der Innen- und Außenpolitik verzichten könnten, wenn sie Teil einer internationalen Sicherheitsordnung seien. Klassenkampf und Angriffskrieg wären somit durch Sozialpolitik und internationale Verständigung zu ersetzen. Auf Preußen-Deutschland bezogen, heißt das: die von Bismarck aus der Politik verbannte Moral müsse zurückkehren. Damit kollidiert Foerster explizit mit dem vor 1918 herrschenden preußischen Staatsverständnis, der „Realpolitik", an deren Wiege Hegel stand und die im Zuge der Bismarckschen Reichseinigung auf ganz Deutschland übertragen wurde. Sich als Ausdruck des „objektiven Geistes" definierend, hat dieser Staat eine eigene, besondere Moral entwickelt, in der es keine Rücksichtnahme auf individuelle Bedürfnisse oder ideengeschichtliche Wertesysteme gibt, die Staatsräson. Die von Foerster geforderte Verknüpfung mit allgemein gültigen moralischen Prinzipien kennt dieser Staat nicht; er hat sich von ihnen gelöst und die „Politik" zur „Kunst des Machbaren" erhoben, die situativ aus den augenblicklich, also real existierenden Bedingungen und Möglichkeiten geformt wird. Zu jeder Zeit diskutier- und modifizierbar, reduzieren sich sittliche Werte und Überzeugungen zu einem Anhängsel, einer bloßen Variablen des gewünschten Verhandlungsziels, auf die, falls erforderlich, auch verzichtet werden kann. Ohne Verankerung in den Grundprinzipien der Ethik zielt die im Kaiserreich an den Universitäten praktizierte Pädagogik darauf ab, die junge, nachrückende Generation zu treuen Untertanen des autoritären Machtstaates zu formen.

In „*Wissenschaft als Beruf*" entwickelt Weber sehr zum Unmut so mancher der anwesenden Studenten seine Theorie von der Werturteilsfreiheit der Lehre und seinem universitären Pendant, der Lehr- und Lernfreiheit.[39] Während Foerster an die Studenten appelliert, sich für einen Verständigungsfrieden starkzumachen, der den Willlen zur Selbstkritik und zum Eingeständnis eigener Fehler voraussetzt, verweigert Weber das persönliche Engagement des Wissenschaftlers und plädiert für Wertneutralität im Wissenschaftsbetrieb. Individuelle Meinungen und Wünsche des Gelehrten sollten nicht in seine theoretischen Überlegungen oder Deduktionen einfließen. „Politik gehört nicht in den Hörsaal", lautet sein Diktum.[40] Wenn im Hörsaal seines früheren Kollegen Dietrich Schäfer in Berlin pazifistische Studenten gegen dessen alldeutschen Vorlesungen protestierten, würde er dies ebenso ablehnen wie die antipazifistischen Aktionen gegen Foerster in München, „dem ich in meinen Anschauungen in vielem so fern wie möglich stehe." Im gleichen Atemzug kritisiert Weber eine „Krankheit",[41] die in den kontroversen Diskussionen der vergangenen Monate deutlich zu Tage getreten sei und vor allem die Freistudentenschaft befallen habe, also die Unterstützer Foersters. Ihm missfällt der Wunsch dieses Teils der akademischen Jugend nach Überwindung des rationalistisch-materialistischen Zeitalters, nach Hinwendung zu Natur und Romantik. Professoren wie Foerster, klagt er, befeuerten diese Fehlentwicklung, indem sie sich der Verpflichtung zur Neutralität an der Hochschule entzögen und als eine Art von Führer der nach Orientierung suchenden Jugend aufträten.

Angestoßen von Eisners Aktenveröffentlichung, vertieft Weber nach dem Weltkrieg in einem zweiten Vortrag, dem bekannten

„Politik als Beruf", seine Kritik an Foerster und damit auch dem bayerischen Ministerpräsidenten Kurt Eisner, den er unmittelbar vor Beginn seiner Rede am 28. Januar 1919 als den „Hanswursten des Blutigen Karnevals"[42] verleumdet und für dessen wenig später erfolgende Ermordung er kein Mitgefühl zeigen kann. Intensiv beschäftigt er sich mit der „Gesinnungsethik" seines Kollegen, der er keine positiven Seiten abgewinnt.[43] Dabei bleibt er in den Spuren der tonangebenden deutschen Staatsphilosophie: Er trennt die Moral von der Politik. Als strikter Gegner des Pazifismus verwirft er Foersters Plädoyer für Gewaltverzicht und Friedenssicherung als gesinnungsethische Schwärmerei, die den Herausforderungen des politischen Tagesgeschäfts nicht gerecht werden könne. Wer als Allheilmittel internationaler Konflikte „die rein gesinnungsethischen akosmistischen Forderungen der Bergpredigt" anpreise, der finde sich im Lager „radikal-pazifistischer Sekten" wieder, die in der Vergangenheit schon immer gescheitert seien. Schon 1917 hat er sich von der Bergpredigt als politischen Leitsatz distanziert: Wer sie zum Eckpunkt seiner Politik erhebe, der sage sich von der „Manneswürde" los und begebe sich auf die Ebene der „Würdelosigkeit".[44] Weber feiert das realpolitische Handeln des Staates mit dem Begriff der „Verantwortungsethik", verteidigt die Macht- und Gewaltpolitik, die sogenannten „diabolischen Mächte", als probates Mittel der Staatskunst, das der Politiker anwenden müsse, wenn er seiner Nation „Gutes" tun wolle. Denn: Aus „Gutem" folge keineswegs immer „nur Gutes", aus „Bösem nur Böses". Oft sei es „das Gegenteil". Und: „Wer das nicht sieht, ist in der Tat politisch ein Kind."

Im Übrigen steht Weber in der Kriegsschuldfrage fest an der Seite Delbrücks, obwohl er fern der Öffentlichkeit sein Grauen „vor unseren Akten"[45] nicht verhehlen kann. Einen Tag bevor die Friedensverhandlungen in Versailles ohne deutsche Beteiligung eröffnet werden, empört er sich ausgerechnet in der demokratischen „Frankfurter Zeitung" mit drastischen, herabsetzenden Worten über die „Literaten",[46] die die Schuldfrage zum Nachteil Deutschlands beantworten wollten. Sie seien an „Erbärmlichkeit" und Würdelosigkeit kaum zu überbieten, erklärt er in dem wahrscheinlich mit dem Auswärtigen Amt abgestimmten Artikel. „Im Namen der Ehrlichkeit" ruft Weber der Welt, vor allem aber den Alliierten zu: „Es ist nicht wahr, dies Literatenvolk ist nicht Deutschland und sein Gebaren entspricht nicht der wirklichen inneren Stellung der Deutschen zu ihrem Kriegsschicksal." Hofft er wirklich, im gegnerischen Lager mit solchen Formulierungen Eindruck schinden zu können? Weiß er nicht, dass die Formulierung „Es ist nicht wahr" bei Franzosen und Engländern, vor allem aber Belgiern den *Aufruf der 93*" vom Oktober 1914 in Erinnerung ruft, dass der Begriff „Kriegsschicksal" nur ungläubiges Kopfschütteln auslöst, als wäre der Krieg nicht durch eine deutsch-österreichische Intrige, sondern ein überirdisches, von Menschen nicht beeinflussbares „Schicksal" verursacht worden? Weber sieht wie Delbrück im zaristischen Russland denjenigen Staat, der 1914 leichtfertig mit der Kriegsfackel gespielt habe. Unisono hätten alle tonangebenden russischen Kreise den Krieg gewollt; deshalb sei der Waffengang gegen Russland „ein guter Krieg" gewesen. Den deutschen Heerführern spricht Weber seine höchste Anerkennung aus: Ihr Sieg über das Zarenreich werde eines Tages zu den „Ruhmesblättern der deutschen Geschichte" gehören. Obwohl Weber so einiges auf Deutschlands Schuldkonto bucht – die „Tirpitzsche Gernegroßpolitik", „die verstockte parvenümäßige Großsprecherei im Zeitalter Wilhelms", den „deutschen Einmarsch in Belgien" und die „Angliederungspläne" gegenüber diesem Land – spricht er seine Heimat von jeder Verantwortung an der Entfachung des Kriegs frei. Wen wundert es dann, dass er den Siegermächten mit einer „Irredenta" droht, zu der sich Arbeiter und Intellektuelle zusammenschließen müssten, um gegen „Fronknechtschaft" und Zwangszahlungen für Schäden aufzubegehren, „welche die Folge des Krieges *rein als solche* sind"?

Weber hat starke Verbündete. Er repräsentiert einen illustren, überaus aktiven und international vernetzten Kreis gemäßigter deutscher Revisionspolitiker mit erheblichem Einfluss bis in die Politik, der nach dem Kriege im Umfeld der DDP entsteht. Namhafte Persönlichkeiten aus Politik und Wissenschaft wie Max von Baden, Conrad Haussmann, Ludwig Haas, Friedrich Curtius, Graf Montgelas, Alfred und Max Weber, Hermann Oncken und Friedrich Meinecke gründen im Februar 1919 die *„Arbeitsgemeinschaft für Politik des Rechts"* (Heidelberger Vereinigung), die gegen die „Grundlage der Vergewaltigung des deutschen Volkes"[47] angehen möchte, die These von der Alleinschuld Deutschlands. Wie viele andere politische Gruppierungen – egal, ob rechts oder links – streben sie die „Revision des Erdrosselungsfriedens von Versailles" an. Sie wünschen sich im Einvernehmen mit der deutschen Regierung die Einrichtung „einer in jeder Hinsicht unbefangenen Instanz",[48] vor der sich alle europäischen Staatsmänner über ihre Motive im Juli 1914 erklären müssten, notfalls im Kreuzverhör. Schließlich hätten alle Großmächte eine Teilverantwortung für den Weltkrieg.[49]

Gegen eine solche Phalanx von prominenten Persönlichkeiten kann eine Einzelstimme wie Foerster wenig ausrichten. Erst recht nicht, wenn sie die Gegenposition vertritt! Weber und Genossen sorgen dafür, dass er noch stärker zum Außenseiter, zu einem Subjekt degradiert wird, das am Schicksal des „vergewaltigten Vaterlandes" desinteressiert sei.

ANMERKUNGEN

1   Die DAZ (10.11.1928) bemerkt zu seinem achtzigsten Geburtstag, dass er auf diesem Feld „eine gute und scharfe Klinge" fechte. Vgl. exemplarisch Delbrücks Kontroverse mit dem Pariser Professor Aulard, die er in Form von „Offenen Briefen" austrägt (BT, 17.2., 8.3., 12.4., 25.5.1922). Im Verlauf dieser Kontroverse, in der es auch um die deutschen Vorwürfe geht, Frankreich habe vor der deutschen Kriegserklärung Bomben auf deutsche Gebiete geworfen, meldet sich der ehemalige Präfekt von Meurthe-et-Moselles zu Wort (L'Allemagne et la guerre. In: Le Temps, 22.2.1922). Er behauptet, dass ein deutsches Flugzeug schon vor der Kriegserklärung „Bomben auf Lunéville" geworfen habe.). Delbrück lehnt es ab, ein Manifest der Deutschen und Französischen Liga für Menschenrechte zu unterzeichnen, in dem Deutschland zur juristischen und moralischen Wiedergutmachung aufgefordert wird für die Schäden, die Frankreich durch den deutschen Angriff erlitten habe (Abgedruckt in: Vorwärts, 21.2.1922 „Für eine Verständigung mit Frankreich." Deutscherseits unterzeichnet u. a. von E. Bernstein, Albert Einstein, Graf Keßler, Heinrich Mann, Heinrich Ströbel, Hans Wehberg, Georg F. Nicolai und Lothar Persius). Er begründet seine Verweigerung abermals mit der französisch-russischen Kriegsschuld: Iswolski und Poincaré seien die „Hauptanstifter des Krieges". Gleichzeitig bestreitet er, dass sich Deutschland insgeheim gegen die im Friedensvertrag festgelegte Abrüstung sperre, und fordert Frankreich seinerseits zur Abrüstung auf, weil Deutschland „bereits abgerüstet hat" (alle Zitate nach BT, 17.2.1922 „Offener Brief an Herrn Professor A. Aulard, Paris"). Daraufhin greift ihn Aulard als „Vergifter der deutschen Volksseele" (Brief Aulards in: Ere nou-

velle, 7.2.1922. Vgl. BT, 8.2.19122) an. In seinen „offenen Briefen" erweist sich Delbrück als Meister der Doppelzüngigkeit und mutwilligen Verdrehung von Fakten. So fragt er seinen Kontrahenten, ob „die Last der dreijährigen Dienstezeit für Frankreich so schwer war, dass es sie entweder wieder abschaffen oder in kurzer Frist den Krieg führen musste?" Um diese anmaßende Frage zu beantworten, ließen sich etliche deutsche und österreichische Pressemeldungen aus den unmittelbaren Vorkriegsjahren anführen, zum Beispiel aus der Wiener „Neuen Freien Presse", 11.5.1914 („Ein Sieg der Friedenspolitik in Frankreich") nach den französischen Kammerwahlen vom Mai 1914, also wenige Wochen vor dem Kriegsausbruch. Das Urteil über Frankreich ist unmissverständlich: „Die große Mehrheit des französischen Volkes will den Frieden und eine besonnene und der Würde der französischen Republik angemessenen auswärtige Politik. Der Ausdruck dieser Meinung und deren Verkörperung ist das jetzige französische Ministerium. Der Sieg des Kabinetts ... ist ein wichtiges Ereignis, das für Frankreich günstig, aber auch für Europa beruhigend ist und dazu beitragen kann, eine gewisse Entspannung in den Sorgen der europäischen Völker herbeizuführen."

2   Den ermordeten Eisner als einen „unglaublichen Narren" (Die deutsche Kriegsdiplomatie. In: DF, 3.5.1922). Ursprünglich hat er ihn als „Schurken" diskreditiert. Diese Verunglimpfung nimmt er im Fechenbach-Prozess zurück und bezeichnet Eisner nun „einen unglaublichen Narren", weil „er mit Clemenceau, Lloyd George und Wilson zu einer Verständigung zu kommen hoffte." Ebd.) und „Phantasten" (H. DELBRÜCK, Der Münchener Eisner-Prozess. In: Vorwärts, 12.5.1922); diffamierend, spricht Delbrück während des Fechenbach-Prozesses die Hoffnung auf „die Herstellung einer Einheitsfront" (Das Ergebnis des Eisner-Prozesses. Feststellungen Delbrücks. In: VoZ, 13.5.1922) „aller Parteien" (Vorwärts, 12.5.1922), ungeachtet ihrer politischen Differenzen, gegen die „Versailler Schuldlüge" aus, in die er auch den deutschnationalen Paul Nikolaus Cossmann, Herausgeber der „Süddeutschen Monatshefte" einzubeziehen bereit ist, einen der ruppigsten, zum Teil antisemitisch agierenden Agitatoren gegen die „Kriegsschuldlüge". Seine Forderung wird umgehend von Volkspartei und Deutschnationalen in getrennten Interpellationen im Reichstag aufgenommen. Sie drängen die Reichsregierung dazu, beim „Feindbund" (RT, S. 4683, Nr. 4328 und 4329, 20.5.1922) „die Revision des Friedensvertrags von Versailles" anzumahnen. Seine Grundlage, das „wahrheitswidrige deutsche Bekenntnis zur Kriegsschuld", sei mit dem Ausgang des Fechenbach-Prozesses, der Verurteilung von Fechenbach, Eisners Sekretär, hinfällig geworden.

3   Vgl. Ludwig QUIDDE, Der deutsche Pazifismus während des Weltkrieges 1914-1918. Hrsg. von Karl Holl unter Mitwirkung von Helmut Donat. (= Schriften des Bundesarchivs, Bd. 23), Boppard am Rhein 1979, S. 345; Der Bankrott Ludendorffs. Eine öffentliche Hinrichtung. In: DF, 19.2.1922 (Auszüge aus Delbrücks Kampfschrift „Ludendorffs Selbstporträt", Berlin 1922); Zur Geschichte eines Erledigten. In: Vorwärts, 19.2.1922. Anfang September

1918 drängt Delbrück die Regierung zu einer Kriegserklärung an die Alldeutschen, deren „Verhetzungen" (Ehrlicher Friedenswille. In: Pr Jb 173 (1918), S. 421 f.) aus den Vorkriegsjahren gesammelt werden müssten, um zu zeigen, wie sehr sie „zur Entzündung der Kriegskatastrophe" beigetragen hätten. Gleichzeitig betont er aber auch (S. 429): „Ehe nicht der Feldmarschall Hindenburg die Westfront wieder festgemacht hat, ist politisch nichts zu tun. Für Friedensangebote ist heute kein Raum." Diese Widersprüchlichkeit zeigt sich auch einige Monate später. Keineswegs ist er sich zu schade, seinen angesehenen Namen einem „kolonialpolitischen Komitee" zur Verfügung zu stellen, das Anfang 1919 das Empfangsfest für „unsere Helden aus Ostafrika" (zitiert nach Vorwärts, 20.12.1918) organisiert. Für ihn und seine Mitstreiter steht fest: „Nicht als Besiegte, sondern als Sieger kehren sie heim; es gebührt ihnen auch der Empfang als Sieger."

4    Johannes BELL (Zentrum) im RT, 24.6.1929, S. 2872, Bd. 425.

5    Friedrich THIMME, ein typischer „Vernunftrepublikaner" (der DVP nahe stehend) und einflussreicher Historiker, spricht sich zwar dezidiert gegen den deutschvölkischen Revisionismus aus. Doch wenn es um die Schuldfrage geht, dann teilt er rücksichtslos gegen die Kritiker des Kaiserreichs aus. In höchsten Tönen lobt er die „unermüdliche und hingebende Tätigkeit" (Emil Ludwigs neuester Tendenzroman. In: BBZ, 2.8.1929) der Unschuldspropaganda und „zahlreicher ernsthafter Historiker", die dafür gesorgt hätten, dass „die Kenntnis der wirklichen Kriegsursachen" schon „tief" in das Bewusstsein des Volkes eingedrungen sei. Foersters „Streiflichter" in der „Menschheit" denunziert er als „das pathologische Gebaren eines Flagellanten" (Aus der Werkstatt der Pazifisten. Ein Briefwechsel über Fr. W. Foerster. In: BBZ, 8.2.1928), der sein eigenes Volk „mit fortgesetzten Geißelhieben blutig schlägt". Er verstoße regelmäßig gegen das achte Gebot, denn falsches Zeugnis abzulegen sei es zu behaupten die Welt stehe „am Vorabend einer neuen Katastrophe", weil Deutschland als „reißender Wolf" über die friedlichen Unschuldslämmer des Auslandes" herfallen wolle.

6    Im Reichstag fordert Dernburg (DDP) 1922 die Regierung auf, den Zeitpunkt zu bestimmen, wo die Schuldfrage neu diskutiert und „in unserem Sinne geregelt" werde. „Sonst gibt es keinen Frieden in unserm Hause und keinen Frieden in unserer Seele." Allerdings anerkennt er die „deutsche Verpflichtung zur Leistung der von Deutschland geschuldeten Reparationen". Sitzung vom 30.5.1922, S. 7733, http://www.reichstagsprotokolle.de/ Blatt2_w1_bsb00000039_00413.html.

7    Vgl. seinen auflagenstarken „Leitfragen zur Kriegsschuldfrage" (Berlin / Leipzig 1923, S. 4): Anders als Großbritanniens außenpolitische Bestrebungen, die sich auf die Eroberung von Kolonien in Übersee konzentrierten, hätten „die territorialen Bestrebungen Frankreichs, Russlands und der russischen Schutzbefohlenen" allein „auf europäischen Schlachtfeldern Erfüllung finden" können. Das Zarenreich habe vom Zugang zu den Meerengen Bosporus und Dardanellen geträumt, Frankreich von Elsass-Lothringen und dem Saarland.

8    Auch der Baltendeutsche Paul ROHRBACH ist ein entschiedener Gegner der Alldeutschen. Als evangelischer Theologe, Publizist und Verfechter eines „ethischen Imperialismus" favorisiert er während des Krieges eine antirussische „Randstaatenpolitik", die den westlichen Staaten im russischen Reich die Unabhängigkeit bringen soll – zugunsten des Deutschen Reichs. Der Ursprung des Krieges liegt für ihn in dem russischen Drang nach Konstantinopel, der nach der deutsch-englischen Verständigung vom Frühsommer 1914 nicht mehr hätte befriedigt werden können. Denn nun stand Deutschland den Russen im Weg. Also habe sich Russland entschlossen, den Krieg „um jeden Preis" (Woher es kam, Stuttgart 1919, S. 5. Vgl. DERS., Die Beweise für die Verantwortlichkeit der Entente am Krieg, Stuttgart 1921, S. 25: Russland und Serbien hätten sich verschworen, Österreich-Ungarn „zu zertrümmern") vom Zaun zu brechen.

9    Pius DIRR, Archivdirektor in München, der die DDP-Fraktion im bayerischen Landtag führt, diffamiert Foerster als Landesverräter und naiven Sonderling (Vgl. Kriegs-Schuldfrage und Bayerische Dokumente. Eine Abrechnung, 2. Auflage der zu Ostern 1922 erschienenen 1. Auflage, München/Berlin 1924, vor allem S. VIII-X). Foerster und Eisner handelten im November 1918 wie weltfremde Dilettanten, die sich von hinterlistigen, eiskalten, nur auf ihr Vorteil bedachten Franzosen vorführen ließen. Er unterstellt ihnen eine „revolutionäre Sonderpolitik" (S. XXV), die bei „den auf die Zerstückelung und Verkrüppelung Deutschlands bedachten Eroberungspolitikern an der Seine" großes Entzücken ausgelöst habe. Der französische Imperialismus, weiß er zu berichten, habe an die antideutsche Politik Napoleons anknüpfen wollen, um das „von Not, Hunger und Feindesmacht gepeinigte Deutschland" als politischen Faktor in der Mitte Europas ausschalten zu können. Foerster selbst bezeichnet Dirrs Aktenpublikation als „ein trojanisches Pferd" (SSZ, 30.4.1922), weil es die Welt keineswegs über die deutsche Unschuld aufkläre, sondern die Entente abermals daran erinnere, „wie leicht man im Juli 1914 in Berlin die Möglichkeit eines Weltkrieges genommen hat, ja wieviel Indizienbeweise vorhanden sind dafür, dass die preußische Kriegspartei, die hinter dem Rücken Bethmann Hollwegs die Drähte zog und die auch im Auswärtigen Amte ihre Vertreter besaß, die letzte günstige Gelegenheit für eine europäische Abrechnung gekommen glaubte und die Dinge demgemäß dirigierte."

10   Nach Friedensschluss. In: BT, 15. und 17.7.1919. Hektographierter Entwurf mit handschriftlichen Korrekturen, in: BARCH Berlin. NL Friedrich Dessauer N 2363-3: Deutschland und die Versailler Entscheidungen. Hier auch das Folgende.

11   Aus vielen Beispielen vgl. *Bulletin du jour*. In: LT, 30.3.1919: Das von Bismarck und Treitschke geprägte Deutschland, urteilt eines der meinungsprägenden Pariser Blätter im Frühjahr 1919 unter Rückgriff auf Foersters Anschauungen, besitzt nicht mehr „den gleichen Glauben wie der Rest der zivilisierten Welt". Es sei in „eine Art von politisches Heidentum" versunken,

in „eine grundlegende Unsittlichkeit", die „unvereinbar" sei mit dem von „uns" gewollten Frieden. Es sei „besiegt" worden, und das sei „notwendig" gewesen. „Aber es hat sich nicht gewandelt, und das ist unzureichend."

12  BARCH Berlin. NL Friedrich Dessauer N 2363: Foerster an Friedrich Dessauer, 15.5.1919. Hier auch das Folgende. Vgl. Foerster, Zur Aufklärung des hungernden deutschen Volkes. In: DF, 5.3.1920.

13  Vgl. *Quelques vérités d´un Allemand á ses compatriotes*. In: Le Matin, 18.7.1919. Vgl. auch *Un déclaration du professeur Foerster*. In: LT, 19.7.1919.

14  Friedrich STAMPFER, der Leiter des „Vorwärts", spielt ihn sogar gegen den Versailler Vertrag aus, indem er eine Bemerkung Foersters über England durchaus bösartig aus dem Kontext reißt, um den Gelehrten als Kronzeugen zu instrumentalisieren (Das letzte Mittel. In: Vorwärts, 24.3.1919): „Ein so vollkommener Friedensfreund wie der Professor Foerster hat einmal Englands Verhalten gegenüber Deutschland so gezeichnet: England suche ein großes Volk auszuhungern wie ein Tier, bis es aus seiner Höhle gekrochen käme. Jetzt ist es soweit. Der Hunger hat uns aus unserer Höhle getrieben, und wir betteln um Brot. Der Feind aber steht vor uns und sagt: Gib uns deine Kolonien! Gib uns Danzig, das Saarrevier, das Rheinland, Deutschösterreich. Beweise deine Reue, mache gut, stelle wieder her, zahle!" Vgl. E. BERNSTEIN, Die nächsten Aufgaben in der Friedensfrage. In: Vorwärts, 4. und 5.7.1919 mit einem Nachwort der Redaktion, in dem sie „schärfsten Widerspruch" gegen Bernsteins Versuch einlegt, Verständnis für den Friedensvertrag aufzubringen und seine Haltung auf dem Weimarer Parteitag der SPD vom Juni 1919 zu rechtfertigen. Bernsteins eindringlicher Appell an die Delegierten des Parteitages, sich durch ein Schuldbekenntnis von der fatalen Abstimmung des 4. August 1914 loszusagen, sich gewissermaßen aus dem Turm zu befreien, in den man sich selbst eingeschlossen habe, löst heftige Reaktionen aus, die, sichtlich von der nationalistisch gefärbten Entrüstung über den Versailler Vertrag beeinflusst, den Boden innerparteilicher Sachlichkeit verlassen und zutiefst beleidigenden Charakter annehmen. Sie münden in die Attacken zweier prominenter Sozialdemokraten auf den verdienten Parteiveteranen, die mehr als entlarvend sind, zeigen sie doch, dass der Antisemitismus des Kaiserreichs auch die Sozialdemokratie infiltriert hat. In der Bedrängnis spielt der Umstand, dass Bernstein bereits 1877 aus der jüdischen Gemeinde ausgetreten ist, keine Rolle mehr. Hemmungslos wird er von seinen eigenen Genossen wegen seines Judentums an den Pranger gestellt. Hermann Müller greift dabei in die tiefste ideologische Schublade und diffamiert den damals 69jährigen Bernstein als „Hosenhändler", weil er zunächst neun, dann aber acht Zehntel des Friedensvertrages als annehmbar bezeichnet hat. Ferner glaubt er ihn darüber belehren zu müssen, dass in der praktischen Politik „nicht alle Dinge unter dem Gesichtspunkt des Rabbiners von Minsk" betrachtet werden dürften. Alle Zitate nach: Protokoll über die Verhandlungen des Parteitages der Sozialdemokratischen Partei Deutschlands in Weimar 1919, Berlin/Bonn/Bad Godesberg 1973 (Nachdruck von 1919), S. 256 und 257. Vgl. Heinrich August WINKLER, Die

verdrängte Schuld. Angst vor dem „Wahrheitsfimmel": Das Versagen von 1914 blieb unbewältigt. In: Die Zeit, 17.3.1989.

15  Vgl. Viktor SCHIFF, Wilsons Versagen – unsere Schuld? In: Vorwärts, 18.7.1919. Zu Schiff vgl. *Bestellte Arbeit*. In: DF, 27.5.1919: Er sei „ein junger Mann des Ernst Heilmann" und habe Friedrich Stampfer in der Vertretung des „Vorwärts" in Versailles abgelöst. Sein Versuch, so die „Freiheit" (Die Schuld am Frieden. In: Ebd., 8.7.1919), „die Geschichte im Interesse derer zu fälschen, die unendliches Leid über Land und Volk gebracht haben", müsse energisch zurückgewiesen werden.

16  Zuschrift FOERSTERS: Zur Psychologie des Friedensschlusses. In: Vorwärts, 3.8.1919. Hier auch das Folgende.

17  Vgl. Zur Psychologie des Friedensschlusses. In: Vorwärts, 11.8.1919.

18  Vgl. Die Friedensverhandlungen. In: Vorwärts, 19.5.1919.

19  Vgl. Komödie. In: DF, 20.5.1919. Als die vier Bände der Deutschen Dokumente endlich im Dezember 1919 herausgegeben werden, erhalten die Zeitungsvertreter auf einer Pressekonferenz, die die Bände vorgestellt, auch einen „Leitfaden" mit einer Auswahl von Schriftstücken. Dazu kommentiert BREITSCHEID (Die Kautsky-Akten. Amtliche Irreführung. In: DF, 10.12.1919). Vgl. HEINEMANN: „Das aber sind durchweg Depeschen und Noten, die die deutsche Politik für den, der die Zusammenhänge nicht kennt, in ein verhältnismäßig günstiges Licht rücken können. Kein einziges Schriftstück ist darunter, aus dem sich das aus Überheblichkeit und Leichtfertigkeit zusammengesetzte Verhalten der amtlichen deutschen Stellen in den kritischen Tagen wirklich erkennen ließe."

20  Vgl. HEINEMANN, S. 45. Die Denkschrift bestreitet energisch, dass Wien und Berlin im Juli 1914 das Ziel verfolgten, Serbien eine militärische Lektion zu erteilen. Ebenso leugnet sie die Relevanz der von Eisner gemachten Enthüllungen. Gegenüber Frankreich und England schlägt die Denkschrift gemäßigtere Töne an, allerdings bekommen beide auch ihr Fett ab: Frankreich sei vom Revanchismus geprägt gewesen, und England habe einen lästigen Konkurrenten ausschalten wollen. Selbst den Eroberungskrieg im Osten nach der Oktoberrevolution rechtfertigt die Denkschrift mit der Behauptung, es sei nicht zweifelsfrei bewiesen, dass der Gegner zu einem Frieden ohne Sieger und Besiegte bereit war. Abschließend fordert die Denkschrift eine neutrale Untersuchungskommission. Vgl. Die Schuldfrage. In: Vorwärts, 4.6.1919.

21  Komödie. In: DF, 20.5.1919. Hier auch das Folgende. Vgl. On attend à Versailles de nouveaux délégués allemands. In: Homme Libre, 20.5.1919 (Das Kalkül sei „klar". „Unsere Gegner halten uns für noch naiver, als wir es sind."). Folgt man der österreichischen „Arbeiter-Zeitung" (Noten und Noten. 27.5.1919), dann klingt die Denkschrift „nicht nur sehr entschieden, sondern stellenweise sogar spöttisch". Dort zum Beispiel, wo der Entente erklärt werde, es sei zu spät für sie, den Frieden von Brest-Litowsk zu kopieren.

22  Vgl. HEINEMANN, S. 46.

23  War unser Niederbruch unabwendbar. In: Preußische Jahrbücher, Bd. 177 (1919), 305. Die folgenden Zitate werden im Text nachgewiesen.

24  In Delbrücks „Jahrbüchern" herrscht in den damaligen Monaten, kurz nach Versailles, ein ganz anderer Ton. Foersters „Belehrung" über den Irrweg der preußisch-deutschen Geschichte empfindet ein Rezensent seiner „Politischen Ethik" als „Schlag ins Gesicht" (K. WELAND, Rezension von *Politische Ethik und Politische Pädagogik*, 3. Auflage 1918. In: Preußische Jahrbücher Bd. 177, 1919, S. 439). Und zwar gerade weil das deutsche Volk „dem Machtgebot erbitterter Feinde" preisgegeben sei, „die es auf Menschenalter hinaus knechten wollen". Er verwahrt sich gegen die von Foerster praktizierte „Selbsterniedrigung" (444), die „die stolzesten und heiligsten Erinnerungen unserer Geschichte" verleugne. Allein aus „Bismarcks Größe" (443) könne Deutschland „die Kraft zu einem neuen Aufstieg des nationalen Bewusstseins" schöpfen. Assoziiert man diese „Größe" mit der Anwendung von „Blut und Eisen", dann gibt es keine Zweifel über die Bedeutung dieser Botschaft und die Gesinnungsverwandtschaft der künftigen Exekutoren dieser erhofften Politik mit dem „eisernen Kanzler".

25  Diese Behauptung ist eine Konstante, die sich durch Delbrücks Forschung und Polemik zur Kriegsverantwortung zieht. Vgl. Deutschland und Belgien. Unterredung mit Staatsminister a. D. Geheimrat Professor Dr. Delbrück. In: Neues Wiener Journal, 5.3.1918: Die Schuld sei „weder bei England noch bei Deutschland, sondern beim Panslawismus zu suchen". „Vier Personen" (H. DELBRÜCK, Der Münchener Eisner-Prozess. In: Vorwärts, 12.5.1922), erklärt er während des Fechenbach-Prozesses, hätten den Krieg „bewusst und absichtlich herbeigeführt und entzündet": Fürst Nicolai Romanow, Chef der russischen Streitkräfte, Iswolsky, russischer Botschafter in Paris, Präsident Poincaré und der französische Botschafter in St. Petersburg, Paléologue. „Dem verschlagenen Treiben dieser vier Männer war die deutsche Diplomatie nicht gewachsen." – In modifizierter Form siehe auch H. DELBRÜCK, Der Stand der Kriegsschuldfrage. 2. verbesserte und ergänzte Auflage, Berlin 1925, S. 24 f.: Poincaré sei derjenige, der Russland im Juli 1914 zum Krieg gegen Deutschland „gehetzt" (25) habe. Den Bruch der belgischen Neutralität stellt er als „Notstand" (29) dar, um sich gegen die Aggression der Russen erwehren zu können. Beinahe neumodisch klingen seine Worte, dass der „Angriff" (29) Deutschlands eine ihm „aufgedrungene Defensivmaßnahme" (29) gewesen sei. General Moltke wünschte also den „offensiv geführten Defensivkrieg" (30).

26  In den Novembertagen steht Delbrück den alliierten Anklagen gegen die deutsche Kriegführung noch verständnisvoller gegenüber. Die Vorwürfe der Gegenseite, erklärt er in einem Aufruf von liberalen und sozialdemokratischen Politikern (Verspätete Einsicht. In: DF, 21.11.1918), beruhten zwar überwiegend auf „Verleumdungen und Übertreibungen", würden aber auch von deutschen „Volksgenossen an der Front und in den Gefangenenlagern" bestätigt. Sie seien „zum Teil so schwer", dass „wir sie nicht überhören dürften".

27 Zitiert nach Christian LÜDTKE, Hans Delbrück und Weimar. Für eine konservative Republik – gegen Kriegsschuldlüge und Dolchstoßlegende, Göttingen 2018, S. 205. Hier auch das Folgende. 2018 veröffentlicht, spricht der Verfasser immer noch – oder schon wieder? – von „Eisners Fälschungen". Kommentar- und kritiklos lässt er Delbrücks Behauptung durchgehen, Eisners Veröffentlichung sei „eine der frechsten und niederträchtigsten diplomatischen Fälschungen der Weltgeschichte". Welche Auffassung er in der Frage der Verantwortung für den Ersten Weltkrieg vertritt, wird schon durch den Untertitel seiner Arbeit deutlich: Delbrück habe gegen die „Kriegsschuldlüge" gekämpft.

28 Delbrück vertritt in diesen Jahren die These, dass „die Ausdehnung der Machtsphäre Deutschlands nach dem Osten auf der Befreiung der östlichen Völkerschaften von der moskowitischen Herrschaft beruhen müsse" (Zuschrift Delbrücks an die „Frankfurter Zeitung", 18.11.1925 „Delbrück gegen Ludendorff"), nicht aber auf einer „neuen Unterjochung durch das Deutschtum". Dieses Ziel sei „im Grunde nicht weniger als was die Alldeutschen wollten", jedoch sei es etwas für „die übrigen Völker Erträgliches und deshalb Erreichbares", anders als die plumpe Annexion Belgiens, die die Alldeutschen forderten. Noch im Juni 1917, als Deutschland in eine große Krise taumelt, weckt er Hoffnungen auf einen Sieg, in dessen Folge „das ganze mittlere Afrika mit unserem alten Südwest" (Versöhnungs-Friede. Macht-Friede. Deutscher Friede. In: PrJb 168 (1917), S. 491) vereinigt werden könnte. Entsprechend dieser Orientierung lehnt die „Delbrück-Dernburg"-Eingabe an Reichskanzler Bethmann Hollweg vom 27. Juli 1915 „die Einverleibung oder Angliederung politisch selbständiger und an Selbständigkeit gewöhnter Völker" (Zitiert nach Vorwärts, 30.8.1915 mit der bezeichnenden Überschrift „Gegen Annexionen – für Grenzberichtigungen") ab.

29 Zur Frage der deutschen Schuld am Weltkrieg. In: PrJb 178 (1919), S. 117. Die weiteren Nachweise werden im Text gegeben.

30 An dieser Stelle fügt DELBRÜCK eine Anmerkung ein (S. 124, Anm. 12): „Das vielgerühmte serbische Entgegenkommen" sei „nichts als eine Kriegslist" gewesen, weil Russland noch „nicht ganz kriegsbereit" gewesen sei oder um Österreich durch „den Schein der Versöhnlichkeit ins Unrecht zu setzen".

31 Hier bemerkt DELBRÜCK (127, Anm. 20): „Wir demütigen uns nicht vor Menschen, die weil sie uns besiegt haben, nun auch die Welt glauben machen wollen, dass sie die moralisch Überlegenen seien."

32 Nachwort des Herausgebers. In: PrJb 178 (1919), S. 130. Die weiteren Nachweise werden im Text gegeben.

33 Auf dieser Linie beharrt DELBRÜCK auch in den nächsten Jahren. So stilisiert er 1922 Wilhelm II. in einem Interview mit einem österreichischen Blatt zum „größten Pazifisten" (Die Kriegsschuldfrage. In: Neues Wiener Tageblatt, 16.4.1922) und Frankreich zum europäischen Problemfall.

34  Brief vom 8.10.1919. Zitiert nach Michael DREYER / Oliver LEMBCKE, Die deutsche Diskussion um die Kriegsschuldfrage 1918-19. (= Beiträge zur Politischen Wissenschaft, Bd. 70), Berlin 1993, S. 196, Anm. 42.

35  Geistige Arbeit als Beruf. Vier Vorträge vor dem Freideutschen Bund. Zweiter Vortrag: Max Weber, Politik als Beruf, München/Leipzig 1919, S. 59.

36  Detailliert entwickelt bei Ludwig PILGER, Friedrich Wilhelm Foerster als Ethiker, Politiker und Pädagoge, München 1922, S. 57 ff. Hier auch das Folgende.

37  Erstmals erschienen 1910 in München mit mehreren aktualisierten Folgeauflagen, u. a. im Herbst 1918.

38  Vgl. FOERSTER, Politische Erziehung, Freiburg/Basel/Wien 1948, S. 11 f.; DETJEN, S. 68.

39  Vgl. Einleitung zu M. WEBER, Wissenschaft als Beruf 1917/19 und Politik als Beruf 1919. Hrsg. von Wolfgang J. Mommsen etc., In: Gesamtausgabe. Hrsg. von Horst Baier etc., Abteilung I: Schriften und Reden, Bd. 17, Tübingen 1992, S. 28 f.

40  Geistige Arbeit als Beruf. Vier Vorträge vor dem Freideutschen Bund. Erster Vortrag: Max Weber, Wissenschaft als Beruf, München/Leipzig 1919, S. 23. Hier auch das Folgende.

41  Vgl. Einleitung zu M. WEBER, Wissenschaft als Beruf 1917/19 und Politik als Beruf 1919. Hrsg. von Wolfgang J. Mommsen etc., In: Gesamtausgabe. Hrsg. von Horst Baier etc., Abteilung I: Schriften und Reden, Bd. 17, Tübingen 1992, S. 28 f.

42  Einleitung zu M. WEBER, Wissenschaft als Beruf 1917/19 und Politik als Beruf 1919. Hrsg. von Wolfgang J. Mommsen etc., In: Gesamtausgabe. Hrsg. von Horst Baier etc., Abteilung I: Schriften und Reden, Bd. 17, Tübingen 1992,, S. 41, Anm. 162.

43  Geistige Arbeit als Beruf. Vier Vorträge vor dem Freideutschen Bund. Zweiter Vortrag: Max Weber, Politik als Beruf, München/Leipzig 1919, S. 59 f. Hier auch das Folgende.

44  Geistige Arbeit als Beruf. Vier Vorträge vor dem Freideutschen Bund. Erster Vortrag: Max Weber, Wissenschaft als Beruf, München/Leipzig 1919, S. 28.

45  Brief an Delbrück, 8.10.1919. Zitiert nach Wolfgang JÄGER, Historische Forschung und politische Kultur in Deutschland – Die Debatte 1914-1980 über den Ausbruch des Ersten Weltkrieges, Göttingen 1984, S. 29.

46  Zum Thema der „Kriegsschuld". In: M. Weber, Zur Neuordnung Deutschlands. Schriften und Reden 1918-1920. Studienausgabe der Max Weber-Gesamtausgabe, Bd. I/16. Hrsg. von Wolfgang J. Mommsen etc., Tübingen 1991, S. 60 ff. Hervorhebungen im Original.

47  Entwurf des Programms der „Arbeitsgemeinschaft für Politik des Rechts" (Heidelberger Vereinigung), 6.3.1920. Zitiert nach https://www2.landesarchiv-bw.de/ofs21.php (Hauptstaatsarchiv Stuttgart Q 1/2 Bü 92: NL C. Haussmann). Vgl. JÄGER, S. 29 f. Graf Kessler formuliert die Ziele der „Arbeitsgemeinschaft" deutlich moderater (Tagebucheintrag von Harry Kessler, 17.2.1919, in: Harry Graf KESSLER. Das Tagebuch 1880-1937. Online-Aus-

gabe, hrsg. von Roland S. Kamzelak, Marbach am Neckar: Deutsche Schillergesellschaft 2019, https://www.dla-marbach.de/edview/?project=H GKT A&document=8134): Sie verfolge das Ziel, im Ausland durch „Vertretung eines humanitären Rechtsstandpunkts" wieder Vertrauen in Deutschland zu wecken. Entschieden verurteile sie die deutsche Kriegspolitik gegenüber Belgien, betone aber zugleich „das deutsche Recht", wo es ihr möglich erscheine. Überhaupt wolle sie „national wirken, das deutsche Nationalbewusstsein wieder aufrichten." Das, urteilt er, unterscheide sie von Foerster, der durch „rücksichtsloses Bekennen nur der deutschen Schuld bei der Entente Sympathien" erzielen wolle.

48   M. WEBER an Redaktion der Frankfurter Zeitung, 20.3.1919. Zitiert nach https://www2.landesarchiv-bw.de/ofs21.php (Hauptstaatsarchiv Stuttgart Q 1/2 Bü 92: NL C. Haussmann).

49   Vgl. M. von BADEN, Völkerbund und Rechtsfriede. In: Preußische Jahrbücher 175 (1919), S. 319.

———

*Die Verfasser der Beiträge*

HELMUT DONAT, geb. 1947, Bankkaufmann, Lehrer, Historiker, Verleger und freier Autor, Mitbegründer des Arbeitskreises Historische Friedensforschung, Publikationen zum Militarismus und Pazifismus, zum Völkermord an den Armeniern und zu Historikerdebatten über die Ursachen und Folgen von 1933, ausgezeichnet u. a. mit dem Carl von Ossietzky-Preis der Stadt Oldenburg (1996). Verlagsseite: https://www.donat-verlag.de

Dr. LOTHAR WIELAND (1952-2021), nach dem Studium an der Bremer Universität als Oberstudienrat am Niedersächsischen Gymnasium in Bremerhaven vor allem in den Fächern Englisch und Geschichte bis 2020 tätig, 1984 Mitbegründer des Arbeitskreises Historische Friedensforschung. Veröffentlichung von Aufsätzen, Studien und Büchern (u. a. Biographien über Heinrich Ströbel und Hans-Georg von Beerfelde) zu Themen der deutschen Zeitgeschichte und der organisierten Friedensbewegung.

# Mein Zusammenwirken
# mit Kurt Eisner
## (1953)[1]

*Friedrich Wilhelm Foerster*

Wenige Tage nach dem Ausbruch der sogenannten „Novemberre-volution" in München (9. November 1918) erhielt ich in Zürich ein Telegramm des neuen bayrischen Ministerpräsidenten Kurt Eisner, das mich einlud, vorübergehend, also für die Dauer der Friedens-vorbereitung, das neue Bayern diplomatisch in Bern zu vertreten. Ich lehnte zunächst ab mit der Begründung, daß ich kein Sozialist sei, worauf dann Eisner antwortete, daß das neue Ministerium Mit-glieder verschiedenster Parteien in sich schlösse, so zum Beispiel den liberalen Justizminister von *Frauendorfer*. Er, der Ministerpräsi-dent, lege großen Wert darauf, daß ich in Bern die moralische Seite der bayrischen Revolution verträte. Also sagte ich zu, und ich habe diesen Entschluß niemals bereut, weil mir diese provisorische dip-lomatische Mission in Bern außerordentlich interessante Einblicke in die damals wirkenden weltpolitischen Kräfte gestattete.

Viele meiner Freunde haben es damals nicht verstanden, daß ich die Zusammenarbeit mit Eisner akzeptierte. Der einfache Grund da-für lag nicht nur in den weltpolitischen Aufgaben, die damals zu lösen waren, sondern auch in der schon früher erwähnten freund-schaftlichen Beziehung, die mich seit Beginn der 90er Jahre des vo-rigen Jahrhunderts mit den fortschrittlichen Elementen der deut-schen Sozialdemokratie verbunden hatte. Sie hatte dazu geführt, daß die Frankfurter „Volksstimme", das Organ des Reichstagsabge-ordneten Dr. Quarck, anläßlich der Angriffe der nationalen Presse

---

[1] Textquelle des dokumentarischen Buchauszugs | Friedrich Wilhelm FOERSTER: *Erlebte Weltgeschichte 1869 – 1953*. Memoiren. Nürnberg 1953, S. 211-214.

gegen mich, und ebenso angesichts der früher erwähnten Angriffe der bürgerlichen Parteien des bayrischen Landtags gegen mich, ausdrücklich erklärte, es solle nur zur allgemeinen Kenntnis kommen, daß die deutsche Arbeiterschaft geschlossen hinter Professor Foerster stehe.

Im Januar 1918 war ich mehrere Male abends mit Kurt Eisner zusammengetroffen, wobei wir uns über alle Möglichkeiten aussprachen, die verzweifelte deutsche Giftgas-Offensive zu vereiteln. Eisner teilte mir seinen Plan mit, einen Streik der Krupp-Arbeiter zu entfesseln. Ich warnte ihn dringend vor diesem Unternehmen, das ihm das Leben kosten könne, ohne daß dadurch der Gang der Geschichte geändert werden könne. Er antwortete: „Ach, was macht das bißchen Leben — die Giftgas-Offensive muß verhindert werden!"

Es gelang Eisner, 4000 Krupp-Arbeiter auf die Straße zu bringen. Aber am nächsten Tage wurde er verhaftet, und die Giftgas-Offensive ließ sich nicht verhindern. [...]

[*Später — als bayerischer Ministerpräsident —*] kam Eisner in die Schweiz, um in Bern auf dem internationalen Sozialisten-Kongreß eine Rede über die gegenwärtige Lage zu halten. Er hatte sich dazu genaues Material von mir erbeten, um den Umfang der böswilligen Verwüstungen in Nordfrankreich zu schildern und dem deutschen Volke anschaulich zu zeigen, wofür es Reparationen zu zahlen habe. Nach dem Vortrag kam er zu mir und sagte mir: „Heute habe ich mein Todesurteil gesprochen. Ich bin nur noch ein Toter auf Urlaub." [...] später wurde er in München auf dem Wege zum Landtag vom Grafen Arco von hinten erschossen.

Der italienische Historiker und Soziologe Guglielmo Ferrero hat einmal darauf hingewiesen, daß im Grunde alle die großen modernen politischen Richtungen Unternehmungen und Philosophien, einschließlich der Napoleonischen Kriege und der Philosophie Nietzsches, auf gänzlich ungenügenden und schlecht durchdachten Voraussetzungen beruhten und daher von vornherein zu baldigem Zusammenbruch und zu völliger Resultatlosigkeit verurteilt seien. Dies galt auch in kleinerem Maßstabe von der bayrischen Revolution des Jahres 1918 und ebenso von der darnach folgenden bolschewistischen Revolution in München. Alles beruhte auf völlig unzureichender Abschätzung der Realitäten, nichts war durchdacht, nichts für die Dauer begründet. Die Revolutionäre des Jahres 1918, die sich alle als Nachfolger des Jahres 1848 betrachteten und in Deutschland die Demokratie begründen wollten, begannen diese Neuschöpfung in widerspruchsvoller Weise damit, daß sie mit Hilfe einer tapferen Truppe von Matrosen, Urlaubern und heimgekehrten Soldaten die Diktatur einer Minderheit aufrichteten.

Wollte man aber wirklich die Demokratie, so blieb doch logischer Weise nichts anderes übrig als den Willen der Majorität des deutschen Volkes durch eine demokratische Abstimmung zum Ausdruck kommen zu lassen. Dies aber mußte automatisch zur Rückkehr der unbelehrten und unbekehrten Elemente in ihre alten Machtstellungen führen. Alle jene revolutionären Führer hatten sich völlig in bezug auf die Proportion der Kräfte im deutschen Volke getäuscht und eine Massenerhebung und Massenbekehrung für möglich erachtet, von der dann weit und breit nichts zu spüren war. Das deutsche Volk ist eben seit Jahrhunderten hierarchisch und nicht revolutionär. Ich unterhielt mich einmal in München einige Wochen nach Ausbruch der Revolution mit einigen Matrosen, die vor dem Außenministerium neben ihren Maschinengewehren standen. Ich fragte sie, wie es ihnen gehe, und welche Erfahrungen sie auf ihrem Wege von der Wasserkante bis zum bayrischen Hochland gemacht hätten. Da gaben sie mir folgende überaus bezeichnende Antwort: „Haben Sie einmal beobachtet, wie eine große Meereswelle über den Strand läuft und dort vom Sande aufgefressen wird? So ist es uns ergangen; unsere Welle lief über ganz Deutschland, wurde aber nur zu bald vom Sande aufgefressen." Was war der „Sand"? Der Sand war die deutsche Arbeiterschaft, die niemals einen wirklich revolutionären Geist in sich getragen hat. Anfang Januar 1919 veröffentlichte ich einen Artikel in der *Münchner Post* unter dem Titel: „Die unhaltbare Lage in Bayern", worin ich die Innenpolitik des Ministerpräsidenten scharf kritisierte und auf den Widerspruch zwischen dem demokratischen Programm und der tatsächlichen Diktatur hinwies und auf schleunige Einberufung der Nationalversammlung drängte. Dieser öffentliche Angriff eines offiziellen Gesandten gegen seinen Vorgesetzten, den Ministerpräsidenten, war natürlich etwas ganz Ungewöhnliches; aber Eisner war eine sehr groß angelegte Natur. Er konnte sich meiner Feststellung des Widerspruchs zwischen seinen Prinzipien und seiner Politik nicht entziehen, gab nach und berief den Landtag ein, wo er sein Amt niederzulegen entschlossen war. Auf dem Wege dorthin wurde er erschossen.

So endete diese Tragödie eines wahrhaft edlen Menschen, der ohne jede Eitelkeit und von den besten Absichten beseelt, in der Niederlage der deutschen Armeen eine vom Schicksal gegebene Gelegenheit sah, im Interesse der ganzen Welt und des deutschen Volkes selber, der deutschen Kriegspolitik ein definitives Ende zu setzen. Er sah nicht, daß diese Kriegspolitik das deutsche Volk in weit durchgreifenderer Weise ideologisch in Besitz genommen hatte, als er es auch nur von ferne zu ahnen vermochte. Aber wie hätte er das wohl begreifen können, wenn doch selbst heute, nach einem zweiten Weltkriege, der durch jene zu neuem Leben erweckte Kriegspolitik entfesselt wurde, weder die immer aufs neue überraschte Welt noch das deutsche Volk begriffen zu haben scheinen, welcher Täuschung sie zum Opfer gefallen sind?

––––

FRIEDRICH WILHELM FOERSTER, geboren am 2. Juni 1869 in Berlin; gestorben am 9. Januar 1966 in Kilchberg bei Zürich. Pädagoge, Philosoph, Universitätsprofessor und Politiker; seit dem späten Kaiserreich einer der führenden Kritiker des preußischen Militarismus und der deutschen Kriegspolitik – mit Einfluss auf sehr unterschiedliche Strömungen der Friedensbewegung.

# ANHANG

## Zeittafel | Kurt Eisner

**1867** | Geboren am 14. Mai in Berlin in einer jüdischen Unternehmerfamilie; Eltern: Emmanuel Eisner (bis 1866 *selbständiger* Hoflieferant von ‚Effekten'/Zubehör für Militäruniformen) und Hedwig, geb. Levenstein.

**1886-90** | Abitur, anschließend Verbleib im Elternhaus und Aufnahme eines Studiums (Fächer: Philosophie, Germanistik) an der Universität Berlin (geplante Promotion über den Romantiker Achim von Arnim); im achten Semester jedoch offenbar ohne hinreichende materielle Absicherung: Suche nach Erwerbsarbeit (1889 Artikellieferungen für den Pressedienst „Universal-Correspondenz" von Ludwig Klausner).

**1890-91** | Nach Rückstellung des Studiums: Journalist für das „Depeschenbüro Herold" (bis 1. Juli 1891); hernach Wohnortwechsel und Anstellung bei der linksliberalen *Frankfurter Zeitung* (bis 1. April 1893).

1891/92 | Buch *Psychopathia spiritualis. Friedrich Nietzsche & die Apostel der Zukunft*

**1892** | Heirat mit Elisabeth Hendrich (dem Ehepaar werden insgesamt fünf Kinder geboren).

**1893-98** | Politischer Redakteur der *Hessischen Landeszeitung* (General-Anzeiger) Marburg; gleichzeitig Arbeiten für andere Zeitungen – und Hörer u. a. beim Neukantianer Hermann Cohen (Universität Marburg).

**1896** | *„Wir müssen uns zur Sozialdemokratie flüchten, selbst wenn wir ihre wirtschaftlichen und taktischen Grundanschauungen nicht teilen. Sie ist die einzige Zuflucht aller Idealisten, um sie kreisen die Sympathien der Gesund-Gebliebenen."* (Eisners frühes Votum für einen ‚ethischen Sozialismus')

**1897/98** | Nach einem Neujahrsartikel für die Zeitschrift „Kritik" (Berlin) Verurteilung zu neunmonatiger Haft wegen „Majestätsbeleidigung" (Gefängnis Plötzensee); E. ist bewährter Preußenkritiker & Antimilitarist.

**1898** | Aufnahme in die Sozialdemokratische Partei.

**1898-1905** | Im Dezember 1898 Eintritt in die Redaktion des SPD-Parteiorgans „Vorwärts" (ab August 1900: ‚primus inter pares'); im Zuge der ‚Revisionismus'-Vorwürfe (*Bebel, Kautsky*) verlässt er mit anderen Kollegen 1905 die Redaktion. (Eisner hat sich selbst ausdrücklich *nicht* als ‚Revisionist' verstanden, jedoch als Kritiker einer selbstherrlichen ‚Orthodoxie' im Partei-Machtapparat, der nichts ferner lag als Veränderung !)

1899 | Buch *Eine Junkerrevolte*

1900 | Buch *Wilhelm Liebknecht. Sein Leben und Wirken*

| 1901 | Buch *Taggeist (Culturglossen)* |

| 1904 | Buch *Der Geheimbund des Zaren* |

| 1906 | Bücher: *Der Sultan des Weltkriegs / Feste der Festlosen* |

| 1907 | Buch *Das Ende des Reichs* |

**1907-10** | Leitender Redakteur der sozialdemokratischen „Fränkischen Post" in Nürnberg; Bildungs- und Vortragstätigkeit (hierbei Stärkung rhetorischer Fähigkeiten als Politiker).

**1909-17** | Herausgabe des *„Arbeiter-Feuilletons"* (ca. wöchentlicher Textdienst für sozialdemokratische Presseorgane; ‚kultursozialistisches' Pionierprojekt – eingestellt erst unter dem Vorzeichen der faktischen Militärdiktatur im Land und einer sich fügenden Sozialdemokratie).

**1910-14** | Umsiedlung nach München (Partnerschaft mit Else Belli); *Politischer Redakteur* bei der ‚Münchener Post' (SPD-Organ).

**1912-14** | Chefredakteur Adolf Müller (Münchener Post, SPD) „informiert" Eisner beharrlich über einen angeblich bevorstehenden Überfall des zaristischen Russlands (Basis: staatliches ‚Wissen' der SPD-Spitze); Eisner stellt deshalb seine Warnungen vor der wilhelminischen Kriegstüchtigkeit zurück, wirbt im März 1913 sogar anonym für ein ‚Militärprogramm der Linken' und stützt bei Kriegsbeginn 1914 den SPD-Kurs.

**1914/15** | Nach anfänglicher Zustimmung Eisners zur SPD-Mehrheitslinie (tradierte antirussische ‚Formatierung'; Stützung der Kriegskredite) schon ab dem Weißbuch der Regierung vom 4. August 1914 zunehmende Erkenntnisse zur ‚Kriegslüge' der Herrschenden und nachfolgend Aufklärungsarbeit wider die deutsche Kriegspolitik (u. a. Bund Neues Vaterland, Deutsche Friedensgesellschaft; wichtige Beiträge auch zur Kritik der Kriegsmedien/Presse sowie ‚dichterische Texte').

**1914-17** | Jetzt nur noch *Theaterkritiker* bei der ‚Münchener Post'; Finanznöte.

**1915** | *Treibende Kräfte* = Aufklärung über den ‚Alldeutschen Verband' (April-Heft „Neue Zeit"; auch als Antikriegs-Flugschrift des Bundes ‚Neues Vaterland')

**11. Aug.** | Eisner hält als erklärter Kriegsgegner in einem Brief an Eduard Bernstein immer noch fest an einer gewundenen bzw. komplizierten Rechtfertigung von SPD-Voten für Kriegskredite (Mittel, die den einfachen Soldaten als Opfern zugutekommen, nicht der Regierung)!

**3. Dez.** | Eisners Brief an Karl Kautsky: *„Wir müssen die Regierung zu wirklichem Friedenswillen zwingen, indem wir ihre Verantwortlichkeit für Anfang und Fortsetzung des Krieges (zu Expansionszwecken) feststellen und eine neue Regierung des Friedens fordern."*

**1916-18** | Ab 7.12.1916 Veranstaltung politischer Diskussionsabende im ‚Goldenen Anker' München mit einem pluralen Teilnehmerspektrum (*mündliche* Kriegskritik vor / mit Menschen als neuer Weg – nach faktischer Kaltstellung des *schreibenden* Journalisten, s. Zensurerfahrungen schon ab 1915); Verbindung insbesondere auch mit jungen Sozialisten.

**1917** | Nach Scheidung von der 1. Ehefrau (13.4.) am 30.5. Heirat mit Else Belli (das Paar hatte zwei Töchtern); anhaltend prekäre Erwerbslage.

**1917** | *Der Bruch mit dem militär-gefügigen SPD-Parteiapparat wird endgültig:*

Januar | Eisners Teilnahme an der Konferenz der oppositionellen Sozialdemokraten (Kriegsgegner*innen) in Berlin.

Februar | Das Generalkommando des Bayerischen Armeekorps verbietet Eisner jegliche Veröffentlichung seines aufklärenden Aufsatzes *„Die Mobilmachung als Kriegsursache und anderes".*

April | Eisners aktive Teilnahme an der Gründung der „Unabhängigen Sozialdemokratische Partei Deutschlands" (USPD) in Gotha.

16. Mai | Unter polizeilicher Überwachung Gründung des Vereins „Unabhängige Sozialdemokratische Partei Stadt und Land" in München; Eisner tritt als führende Persönlichkeit in Erscheinung.

Dezember | Eisner ist auch überregional aktiv an Planungen zu politischen Streiks beteiligt und setzt schon stärker als andere in der USPD auf ein Kriegsende durch beharrliche Massenproteste.

**1918** | K. Eisner tritt bei den großen Ereignissen des Jahres als der maßgebliche Gegenpol zu den obrigkeitstreuen, sowie national-militäraffinen MSPD-Führern Bayerns in Erscheinung.

10. Jan. | Von Berlin aus schreibt Eisner seiner Frau: *„Ich weiß, dass ich durch Gefahren wandere, die ich deutlich sehe, und gegen die ich doch blind sein will. Aber ich kann nicht anders. Ich könnte niemals mehr frei atmen, wenn ich nicht jetzt das täte, was ich für meine Pflicht halte."*

27. Jan. | Eisner ist als Impulsgeber & Organisator federführend am Antikriegs-Streik der Münchener Munitionsarbeiter (27.-31. Januar) beteiligt. – Zu den Persönlichkeiten des friedensbewegten Widerstandes gehörten u. a. *Sarah Sonja Lerch-Rabinowitz* und der junge *Felix Fechenbach.*

1. Febr. | Verhaftung von Eisner u. a. durch die Staatsmacht am 1. Februar 1918.

14. Okt. | Nach über acht Monaten Gefängnis (u. a. bedeutsame Tagebuch-Reflektionen zur politischen Praxis, Arbeit an zeitkritischen Bühnentexten) erfolgt die Haftentlassung; denn: Kurt Eisner ist von der USPD als Reichstagskandidat für eine Nachwahl vorgeschlagen worden.

3. Nov. | USPD-Kundgebung Theresienwiese; Demonstration Stadelheim; Eisners Abstimmung mit den Brüdern Gandorfer (Bauernvertreter).

5. Nov. | Nächtliche Kundgebung (USPD); Eisner verspricht, das Aufstehen wider das alte System werde binnen 48 Stunden einsetzen.

7. Nov. | Revolte für den Frieden: Der Kriegsgegner Kurt Eisner wird – trotz Brems- und Kontrollstrategie der bayerischen MSPD-Spitze – Leitgestalt der gewaltfreien Revolution (zentral für den Erfolg: Gewinnung der Soldaten) und proklamiert schließlich den „Freistaat Bayern"; Bildung eines Arbeiter-, Soldaten- und Bauernrats.

8. Nov. | Zusammenkunft eines vorläufigen Nationalrats für Bayern; Eisner wird Ministerpräsident und Außenminister (Regierung unter dem Einschluss von MSPD und unabhängigen Experten).

12. Nov. | Eisners Regierung verwirklicht *Frauenwahlrecht & Achtstundentag.*

| 23. Nov. | Veröffentlichung eines bis dahin geheimen bayerischen Gesandtschaftsberichts zum ‚Kriegsausbruch' 1914 (bis heute wird im Gefolge der Bellizisten die redaktionelle Kürzung als Fälschung hingestellt); Eisner strebt Aufklärung über die deutsche Kriegsschuld an. |

**1919** | Trotz Sympathien für Eisner in der Bevölkerung bringen im Januar Neuwahlen für die bayerische USPD eine ultimative Niederlage.

| Zwei pazifistische Veröffentlichungen: *Unterdrücktes aus dem Weltkriege* (Verlag G. Müller) / *Schuld und Sühne* (Verlag E. Berger).

| Zwei Folgen *„Die neue Zeit"* (Aufrufe und Reden des Ministerpräsidenten).

Februar | Eisners Teilnahme am Internationalen Sozialistenkongress in Bern (Anklage des deutschen Kriegskomplexes, scharfe Kritik auch an der systemstützenden Mehrheits-SPD); die Hetze der mehrheits-sozialdemokratischen, bürgerlichen und rechtsextremen Medien verdreht mit freien Erfindungen seine Friedensmissionen und arbeitet z. T. auch gezielt mit antisemitischen Strategien.

21. Febr. | Auf dem Weg zur ersten Sitzung des neugewählten Landtags wird (Noch-)Ministerpräsident Kurt Eisner von dem völkisch-antisemitischen Reserveleutnant Anton Graf von Arco auf Valley (1897-1945, mütterlicherseits jüdische Vorfahren) auf offener Straße ermordet. – Ende des gewaltfreien und ‚integrativen' Revolutionsweges in Bayern.

17. März | Minderheitsregierung unter dem neuen bayerischen Ministerpräsidenten Johannes Hoffmann (*M*SPD).

7. April | Ausrufung einer (Münchener) Räterepublik; ab dem 13. April dominiert von der KPD (am 30. April ermorden eigenmächtige Rotgardisten im Luitpoldgymnasium München als Racheaktion zehn Gefangene aus dem rechten Lager); die Räterepublik besteht bis zum 1. Mai.

2. Mai | Eisners Weggefährte *Gustav Landauer* wird von rechten Freikorps-Soldaten auf bestialische Weise ermordet.

Das Ende der 2. Räterepublik durch die Konterrevolution geht einher mit Massenmordterror der ‚Weißen Truppen' (viele hundert Tote).

In der Folgezeit erweist sich München (völkische Umtriebe schon ab ca. 1900) als früher ‚Gründungsschauplatz' des Hitler-Faschismus.

1919 | postum: *Gesammelte Schriften* (Zwei Bände, sie enthalten Kurt Eisners eigene Auswahl von 1918).

**1920** | postum: *Die Götterprüfung. Eine weltpolitische Posse in fünf Akten* (1918 abgeschlossener politischer Bühnentext Eisners, Expressionismus).

**1933** | Am 7. August wird *Felix Fechenbach* (Eisners Sekretär 1918/19) als Gefangener auf dem Transportweg ins KZ Dachau von zwei Nazi-Schergen (SA/SS) im Kleinenberger Wald nahe Warburg ermordet.

**1942** | Am 26. August wird *Hans Kurt Eisner* (geb. 1903), Sohn des ersten Ministerpräsidenten des Freistaates Bayern, als Häftling im KZ Buchenwald von einem SS-Lagerarzt ermordet. [pb]

# Selbständige Veröffentlichungen von Schriften Kurt Eisners

EISNER 1892 = Kurt Eisner: *Psychopathia spiritualis*. Friedrich Nietzsche und die Apostel der Zukunft. [Erstveröffentlichung in: „Die Gesellschaft" 1891]. Leipzig: Verlag von Wilhelm Friedrich 1892. [99 Seiten] [Online-Ausgabe: books.google.de] [www.kurt-eisner-werke.org/VI.html].

EISNER 1899 = Kurt Eisner: *Eine Junkerrevolte*. Drei Wochen preußischer Politik. Berlin: Buchhandlung „Vorwärts" 1899. [32 Seiten] [www.digi-hub.de]

EISNER 1900 = [Kurt Eisner:] *Wilhelm Liebknecht*. Sein Leben und Wirken. Unter Benutzung ungedruckter Briefe und Aufzeichnungen herausgegeben von Kurt Eisner. Berlin: Buchhandlung „Vorwärts" 1900. [64 Seiten] [Die erweiterte Zweite Auflage erschien 1906, s. u.]

EISNER 1901 = Kurt Eisner: *Taggeist. Culturglossen*. Berlin: Dr. John Edelheim Verlag 1901. [392 Seiten; Online-Ausgabe: archive.org]

EISNER 1903a = Kurt Eisner: *Eugen Richters Sozialistenspiegel*. Die Wahlfälschungen der Aktiengesellschaft Fortschritt. Berlin: Buchhandlung „Vorwärts" 1903. [64 Seiten]

EISNER 1903b = Kurt Eisner: *Christliche Arbeiterpflichten*. Jesuitische Fragen und sozialdemokratische Antworten. Zur Wahlagitation. Berlin: Buchhandlung „Vorwärts" 1903. [24 Seiten]

EISNER 1904a = Kurt Eisner: *Der Zukunftsstaat der Junker*. Manteuffeleien gegen die Sozialdemokratie im preußischen Herrenhaus am 11. und 13. Mai 1904. (= Sozialdemokratische Agitationsbibliothek, Zeitbilder aus dem Klassenstaat, 2). Berlin: Buchhandlung „Vorwärts" 1904. [48 Seiten] [Online-Auszug daraus für Seite 3-10: www.mlwerke.de/ke/ke_003.htm]

EISNER 1904b = Kurt Eisner: *Der Geheimbund des Zaren*. Der Königsberger Prozeß wegen Geheimbündelei, Hochverrat gegen Rußland und Zarenbeleidigung vom 12. bis 25. Juli 1904. Berlin: Verlag der Expedition der Buchhandlung Vorwärts 1904. [48 Seiten; Online-Ausgabe: archive.org]

EISNER 1906a = [Kurt Eisner:] *Wilhelm Liebknecht*. Sein Leben und Wirken. Unter Benutzung ungedruckter Briefe und Aufzeichnungen herausgegeben von Kurt Eisner. Zweite, erweiterte Auflage. Berlin: Buchhandlung „Vorwärts" 1906. [104 Seiten] [Online-Ausgabe: archive.org]

EISNER 1906b = Kurt Eisner: *Der Sultan des Weltkrieges*. Ein marokkanisches Sittenbild deutscher Diplomaten-Politik. Dresden: Kaden 1906. [72 Seiten]

EISNER 1906c = Kurt Eisner u. a.: *Der Vorwärts-Konflikt*. Gesammelte Aktenstücke. München: Birk [1906]. [142 Seiten; Online-Ausgabe: SLUB Dresden]

EISNER 1906d = Kurt Eisner: *Feste der Festlosen*. Hausbuch weltlicher Predigtschwänke. Dresden: Kaden & Comp. 1906. [296 Seiten; Online-Ausgabe unter: archive.org]

EISNER 1907 = Kurt Eisner: *Das Ende des Reiches*. Deutschland und Preußen im Zeitalter der großen Revolution. Zweite Auflage. Berlin: Buchhandlung „Vorwärts" 1907. [384 Seiten, Online-Ausgabe: archive.org]

EISNER 1909a = Kurt Eisner: *Goethe*. Faust I. (Reihe: Die Volksbühne – Eine Sammlung von Einführungen in Dramen und Opern). Herausgegeben vom Bildungsausschuß der Sozialdemokratischen Partei Deutschlands. Berlin: Buchhandlung „Vorwärts" 1909. [7 Seiten (?)]

EISNER 1909b = [Kurt Eisner:] *Der dumme Teufel*. Die Katastrophe der Zentrumspolitik. Dritte Auflage. Nürnberg: Fränkische Verlagsanstalt 1909. [32 Seiten]

EISNER 1914 = Kurt Eisner: *Fichte*. Zum Gedächtnis des 100. Todestages. Berlin: Verlag „Vorwärts" 1914. [8 Seiten]

EISNER 1915 = Kurt Eisner: *Treibende Kräfte*. (=Flugschriften des Bundes „Neues Vaterland", Nr. 4). Zweite, unveränderte Auflage. Berlin: Verlag „Neues Vaterland" 1915. [16 Seiten; Online-Ausgabe: archive.org]

EISNER 1918 = Kurt Eisner: *Kleine Schriften aus der Kriegszeit*. München 1918. [Nicht eingesehen; bibliographisch unklare, vermutlich irreführende Buchnennung I urn:nbn:de:bvb:12-bsb00013248-9] [Kontext ist die digitale Darbietung ‚Kurt Eisner: *Zur Kenntnisnahme*. München, 29.11.1918': MDZ München I digitalesammlungen.de].

EISNER 1919a = Kurt Eisner: *Unterdrücktes aus dem Weltkriege*. München/Wien/Zürich: Georg Müller Verlag 1919. [85 Seiten; Online-Ausgabe: archive.org]

EISNER 1919b = Kurt Eisner: *Schuld und Sühne*. Mit einer Einleitung von Heinrich Ströbel. (= Flugschriften des Bundes „Neues Vaterland", Nr. 12). Berlin: E. Berger & Co 1919. [32 Seiten; Online-Ausgabe: MDZ München I digitalesammlungen.de]

EISNER 1919c = Kurt Eisner: *Die neue Zeit* [*Erste Folge*]. Herausgegeben von Benno Merkle. München: Georg Müller Verlag 1919. [125 Seiten; mit Vorwort des Herausgebers vom November 1918 (Reden und Aufrufe aus der Regierungszeit); Online-Ausgabe: archive.org]

EISNER 1919d = Kurt Eisner: *Die neue Zeit*. Zweite Folge. München/Wien/Zürich: Georg Müller Verlag 1919. [55 Seiten]

EISNER 1919e = Kurt Eisner: *I nuovi tempi*. Con prefazione di Mario Mariani. Milano 1919.

EISNER 1919f = Kurt Eisner: *La Révolution en Bavière* (Novembre 1918). Préface de Jean Longuet. Paris 1919.

EISNER 1919g = Kurt Eisner: *Der Sozialismus und die Jugend*. Vortrag, gehalten zu Basel auf Einladung der Baseler Studentenschaft im Grossen Musiksaal am 10. Februar 1919. Basel: Verlag National-Zeitung 1919. [21 Seiten] [Online-Ausgabe: MDZ München I digitale-sammlungen.de]

EISNER 1919h = Kurt Eisner: *Gesammelte Schriften*. Erster Band. Berlin: Paul Cassirer 1919. [527 Seiten; Online-Ausgabe: archive.org]

EISNER 1919i = Kurt Eisner: *Gesammelte Schriften*. Zweiter Band. Berlin: Paul Cassirer 1919. [366 Seiten; Online-Ausgabe: archive.org]

EISNER 1920 = Kurt Eisner: *Die Götterprüfung*. Eine weltpolitische Posse in fünf Akten und einer Zwischenaktspantomine. Berlin: Paul Cassirer 1920. [123 Seiten; Online-Ausgaben: ds.ub.uni-bielefeld.de I digitale-sammlungen.de]

EISNER 1926 = Kurt Eisner: *Wachsen und Werden*. Aphorismen / Gedichte / Tagebuchblätter / Dramatische Bruchstücke / Prosa / usw. Leipzig: Roter Türmer Verlag 1926. [79 Seiten]

EISNER 1929 = Kurt Eisner: *Welt werde froh!* Ein Kurt-Eisner-Buch. Zum 10. Jahrestag der Ermordung, herausgegeben von Erich Knauf. Berlin: Büchergilde Gutenberg 1929. [215 Seiten]

EISNER 1969 = Kurt Eisner: *Die halbe Macht den Räten*. Ausgewählte Aufsätze und Reden, herausgegeben von Renate und Gerhard Schmolze. Köln: Verlag Jakob Hegner 1969. [292 Seiten]

EISNER 1975 = Kurt Eisner: *Sozialismus als Aktion*. Ausgewählte Aufsätze und Reden, hg. von Freya Eisner. Frankfurt a. M.: suhrkamp 1975. [152 Seiten]

EISNER 1988 = Kurt Eisner: *Der Geheimbund des Zaren*. Der Königsberger Prozeß wegen Geheimbündelei, Hochverrat gegen Rußland und Zarenbeleidigung vom 12. bis 25. Juli 1914. [Neuausgabe]. Berlin: Dietz 1988. [469 Seiten]

EISNER 1996 = Kurt Eisner: *Zwischen Kapitalismus und Kommunismus*. Herausgegeben und mit einer biographischen Einführung [Seiten 9-123] versehen von Freya Eisner. Frankfurt a. M.: suhrkamp 1996. [311 Seiten]

EISNER 2016 = Kurt Eisner: *Gefängnistagebuch*. Ediert, eingeleitet und herausgegeben von Frank Jacob, Cornelia Baddack, Sophia Ebert und Doreen Pöschl. (= Kurt Eisner-Studien, 1). Berlin: Metropol-Verlag 2016. [224 Seiten]

EISNER 2018a = Kurt Eisner: *Arbeiter-Feuilleton. Band 1: 1909–1911*. Ediert, eingeleitet und herausgegeben von Swen Steinberg, Frank Jacob, Cornelia Baddack, Sophia Ebert und Doreen Pöschl. (= Kurt Eisner-Studien, 2). Berlin: Metropol-Verlag 2018. [188 Seiten]

EISNER 2018b = Kurt Eisner: *Arbeiter-Feuilleton. Band 2: 1912–1913*. Ediert, eingeleitet und herausgegeben von Cornelia Baddack, Swen Steinberg, Frank Jacob, Sophia Ebert und Doreen Pöschl. (= Kurt Eisner-Studien, 3). Berlin: Metropol-Verlag 2018. [162 Seiten]

EISNER 2018c = Kurt Eisner: *Arbeiter-Feuilleton. Band 3: 1914–1917*. Ediert, eingeleitet und herausgegeben von Doreen Pöschl, Swen Steinberg, Frank Jacob, Cornelia Baddack und Sophia Ebert. (= Kurt Eisner-Studien, 4). Berlin: Metropol-Verlag 2018. [172 Seiten]

EISNER 2019a = Kurt Eisner: *Mors Immortalis*. Stimmungen, Szenen und Phantasien aus dem großen Kriege. Herausgeben von Sophia Ebert, Frank Jacob, Cornelia Baddack und Doreen Pöschl. (= Kurt Eisner-Studien, 5). Berlin: Metropol-Verlag 2019. [172 Seiten]

EISNER 2019b = Kurt Eisner: *Reden und Schriften*. Ediert, eingeleitet und herausgegeben von Riccardo Altieri, Sophia Ebert, Swen Steinberg, Cornelia Baddack und Frank Jacob. (= Kurt Eisner-Studien, 7). Berlin: Metropol-Verlag 2019. [242 Seiten]

EISNER 2025a = Kurt Eisner: *Texte wider die deutsche Kriegstüchtigkeit*. Zusammengestellt von Peter Bürger – mit einem einleitenden Essay von Volker Ullrich. (= edition pace I Regal: Pazifisten & Antimilitaristen aus jüdischen Familien, Bd. 6). Norderstedt: BoD 2025. [448 Seiten]

EISNER 2025b = *Kurt Eisner als Revolutionär und Ankläger des deutschen Militarismus*. Ein Lesebuch – eingeleitet durch die Darstellung des Weggefährten Felix Fechenbach. Herausgegeben von Peter Bürger. (= edition pace I Regal: Pazifisten & Antimilitaristen aus jüdischen Familien, Bd. 7). Norderstedt: BoD 2025. [464 Seiten]

EISNER 2025c = Kurt Eisner: *Revolte für den Frieden*. Nachlese, Erinnerung und Kontroversen. Zusammengestellt von Peter Bürger – mit Beiträgen von Helmut Donat und Lothar Wieland. (= edition pace I Regal: Pazifisten & Antimilitaristen aus jüdischen Familien, Bd. 8). Norderstedt: BoD 2025. [404 Seiten]

———

*ONLINE-PORTALE I INTERNETRESSOURCEN*

www.kurt-eisner-werke.org

www.kurt-eisner-kulturstiftung.de

www.bayern.rosalux.de/kurt-eisner/material-zu-eisner

www.bavarikon.de/object/bav:BSB-CMS-0000000000003602

www.muenchner-stadtmuseum.de/revolutionaer-und-
ministerpraesident-kurt-eisner-1867-1919

https://www.raete-muenchen.de

https://www.br.de/extra/themen-highlights/
kurt-eisner-revolution-bayern-whatsapp-100.html

https://www.youtube.com/watch?v=X-XsmDEcc2Y&t=2s
[Vorzügliche TV-Produktion zu Kurt Eisner und zur Revolution
in München I 3sat – ohne filmographische Angaben]

# Literatur über Kurt Eisner
## und seine Zeit I Auswahl

ALTIERI 2015a = Riccardo Altieri: *Der Pazifist Kurt Eisner*. (= Studien zur Zeitgeschichte, Bd. 95). Hamburg: Dr. Kovač 2015. [194 Seiten; maßloser Buchpreis]

ALTIERI 2015b = Riccardo Altieri: *Die deutsche ‚Linke' und die Russische Revolution*. In: Riccardo Altieri / Frank Jacob (Hg.): Die Geschichte der Russischen Revolutionen – Erhoffte Veränderung, erfahrene Enttäuschung, gewaltsame Anpassung. Bonn 2015, S. 314-345.

ALTIERI 2017 = Riccardo Altieri: *Kurt Eisner und der Antisemitismus in München*. In: Studienreihe I Zivilgesellschaftliche Bewegungen – Institutionalisierte Politik Nr. 34/2017 (Heft: RevolutionsWerkstatt – Die bairische Revolution und Räterepublik 1918/1919), S. 7-8.

ANGERMAIR/HEUSLER 2020 = Elisabeth Angermair/Andreas Heusler(Hg.): *Machtwechsel. München zwischen Oktober 1918 und Juni 1919*. München: Volk 2020. [Eine Publikation des Stadtarchivs München]

ARETIN 1994 = Karl Otmar von Aretin: *Kurt Eisner – Gründer des Freistaates und sein erster Ministerpräsident*. In: Friedrich Weckerlein (Hg.): Freistaat! Die Anfänge des demokratischen Bayern 1918/19. München 1994, S. 82-98.

ASHLEY 1971 = *Die Münchner Räterepublik*: Teil 1. Kurt Eisner – Zwischen Demokratie und Diktatur. I Teil 2. Ende mit Schrecken. Film-Drama. Regie: Helmuth Ashley. BRD 1971. [TV-Premiere: ZDF 10.03. und 12.03.1971; DVD]

ATTENHOFER 1919 = Adolf Attenhofer [1879-1950; Schweizer Schriftsteller, Pädagoge, Philosoph]: *„Kurt Eisner"* [Nachruf]. In: Süddeutsche Freiheit. Zeitschrift für das neue Deutschland, Nr. 15/16 vom 3. März 1919 [Titelblatt]. [Als Online-Ressource auf: www.historisches-lexikon-bayerns.de].

AY 1968 = Karl-Ludwig Ay: *Appelle einer Revolution. Dokumente aus Bayern zum Jahr 1918/1919*. Das Ende der Monarchie, das revolutionäre Interregnum, die Rätezeit. München: Süddeutscher Verlag 1968.

BARON/BAYER 1983 = Bernhard M. Baron / Karl Bayer: *Eisner in Weiden*. In. Oberpfälzer Heimat, Band 27 (1983), S. 96-101.

BAUER u. a. 1987 = *Die Regierung Eisner 1918/19* [neunzehnhundertachtzehn neunzehn]. Ministerratsprotokolle und Dokumente. Eingeleitet und bearbeitet von Franz J. Bauer, unter Verwendung der Vorarbeiten von Dieter Albrecht. Düsseldorf: Droste 1987. [486 Seiten] [Online-Ausgabe: kgparl.de/publikationen/die-regierung-eisner-1918-19-ministerratsprotokolle-und-dokumente/]

BEYER 1988 = Hans Beyer: *Die Revolution in Bayern 1918/19*. Berlin (Ost) ²1988.

BLESSING 1992 = Werner Blessing: *Kirchenglocken für Eisner? Zum Weltanschauungskampf in der Revolution von 1918/19 in Bayern*. In: Jahrbuch für fränkische Landesforschung (JfL) 53 (1992), S. 403-420.

BOSL 1983 = Erika Bosl: *„Eisner, Kurt."* In: Karl Bosl (Hg.): Bosls bayerische Biographie. Regensburg: Pustet 1983, S. 172.

BOSL 2002 = Karl Bosl: *Kurt Eisner, die Münchner Revolution von 1918 und die baye-rische Geschichte seit 1890*. In: K. Bosl (Hg.): Vorträge zur Geschichte Europas, Deutschlands und Bayerns. Stuttgart: Hiersemann 2002, S. 277-288.

BRAUNS 2005 = Nikolaus Brauns: *Kurt Eisners Ermordung. Am 21. Februar 1919 be-endete ein Attentat die ,hundert Tage der Regierung Eisner'*. In: Nikolaus Brauns (Hg.): Revolution und Konterrevolution – Ausgewählte Beiträge zur Ge-schichte der Arbeiterbewegung. Bonn 2005, S. 38-40.

BRENNER 2019 = Michael Brenner: *Der lange Schatten der Revolution. Juden und An-tisemiten in Hitlers München 1918-1923*. Berlin: Jüdischer Verlag im Suhrkamp Verlag 2019, bes. S.41-74, 124-180.

BRONNER 2002 = Stephen Eric Bronner: *Persistent memories: Jewish activists and the German revolution of 1919*. In: Stephen Eric Bronner (Hg.): Imagining the pos-sible. New York 2002, S. 25-38.

BÜRGER/NEUHAUS 2022 = Peter Bürger / Werner Neuhaus: *Am Anfang war der Hass*. – Der Weg des katholischen Priesters und Nationalsozialisten Lorenz Pieper (1875-1951). Erster Teil. Schmallenberg: Woll-Verlag 2022. [Bezug: An-tisemitischer Hass und Mordwunsch Piepers bzgl. Kurt Eisner.]

DIRR 1922 = Pius Dirr: *Auswärtige Politik Kurt Eisners und der Bayerischen Revolu-tion, nach unveröffentlichten Geheimakten*. Leipzig/München: Süddeutsche Mo-natshefte G.m.b.H 1922.

DOMBROWSKI 1919 = Johannes Fischart [= Erich Franz O. Dombrowski]: *Kurt Eis-ner* (Politiker und Publizisten, T. 45). In: Die Weltbühne Jg. 15/I, Nr. 2 vom 09.01.1919, S. 29-34.

EFFENBERGER 2013 = Wolfgang Effenberger: *Deutsche und Juden vor 1939. Stationen und Zeugnisse einer schwierigen Beziehung*. Ingelheim a. Rhein 2013, S. 261-268.

EISNER 1919 = Else Eisner: *Brief über Kurt Eisner*. In: Die Weltbühne Jg. 15/I, Nr. 16 vom 10.04.1919, S. 403.

EISNER 1979 = Freya Eisner: *Kurt Eisner. Die Politik des libertären Sozialismus*. Frank-furt a. M.: Suhrkamp 1979.

EISNER 1991 = Freya Eisner: *Kurt Eisner, der Publizist und Politiker*. Seine Einschät-zung durch Zeitgenossen und in jüngerer Literatur. Bremen 1991.

EISNER 1994 = Freya Eisner: *Eisners dritter Weg zwischen Kapitalismus und Kommu-nismus*. In: Friedrich Weckerlein (Hg.): Freistaat! Die Anfänge des demokra-tischen Bayern 1918/19. München u. a. 1994, S. 99-108.

EISNER 1995 = Freya Eisner: *Kurt Eisners Ort in der sozialistischen Bewegung*. In: Vierteljahrshefte für Zeitgeschichte (VfZ) 43 (1995), S. 407-435.

EISNER 1996 = Kurt Eisner: *Zwischen Kapitalismus und Kommunismus*. Hrsg & mit einer biographischen Einführung versehen von Freya Eisner. Frankfurt 1996.

EISNER 1998 = Freya Eisner: *Kurt Eisner und der Begriff ,Freistaat'*. In: Vierteljahrs-hefte für Zeitgeschichte (VfZ) 46 (1998), S. 487-496.

FECHENBACH 1919 = Felix Fechenbach: *Von Eisner*. In: Die Weltbühne Jg. 15/II, Nr. 49 vom 27.11.1919, S. 677.

FECHENBACH 1929 = Felix Fechenbach: *Der Revolutionär Kurt Eisner. Aus persönli-chen Erlebnissen*. Berlin: J. H. W. Dietz Nachf. G.m.b.H. 1929.

GERSTENBERG 2018 = Günther Gerstenberg: *Der kurze Traum vom Frieden*. Ein Beitrag zur Vorgeschichte des Umsturzes in München 1918, mit einem Exkurs über Sarah Sonja Lerch in Gießen von Cornelia Naumann. Lich: Verlag Edition AV 2018.

GERSTENBERG/NAUMANN 2017 = Günther Gerstenberg/Cornelia Naumann: *Steckbriefe gegen Eisner, Kurt und Genossen wegen Landesverrates*. Ein Lesebuch über Münchner Revolutionärinnen und Revolutionäre im Januar 1918. Lich: Edition AV 2017.

GILBHARD 1994/2015 = Hermann Gilbhard: *Die Thule-Gesellschaft. Vom okkulten Mummenschanz zum Hakenkreuz*. München: Kiessling 1994/Neuauflage 2015.

GÖRL 2008 = Wolfgang Görl: *„Die Revolution hat gesiegt – doch Kurt Eisner wird ermordet ...“*. In: Joachim Käppner: München. Die Geschichte der Stadt. München 2008, S. 268-271.

GRAF 1919 = Otto Graf: ,*Kurt Eisner'*. In: Die Weltbühne, Jg. 15/II, Nr. 45 vom 30. Oktober 1919, S. 550-551.

GRAF 1927 = Oskar Maria Graf: *Wir sind Gefangene. Ein Bekenntnis aus diesem Jahrzehnt*. München. Drei Masken Verlag 1927. [Zeitzeugnis Grafs zur Beteiligung am revolutionären Geschehen in Bayern; diverse Folgeauflagen.]

GRASBERGER 2014 = Thomas Grasberger: *„Die Revolution in München“*. In: Oliver Braun (Hg.): Revolution in München: 1800 – 1848 – 1918 – 1933 – 1968. Regensburg: Pustet 2014, S. 67-95.

GRAU 1989 = Bernhard Grau: *Studien zur Entstehung der Linken. Die Münchner USPD zwischen 1917 und 1920*. München 1989. [Nach: bayern.rosalux.de]

GRAU 1992 = Bernhard Grau: *Parteiopposition – Kurt Eisner und die Unabhängige Sozialdemokratische Partei*. In: Hartmut Mehringer (Hg.): Von der Klassenbewegung zur Volkspartei. München u. a. 1992, S. 126-137.

GRAU 1999 = Bernhard Grau: *Kurt Eisner und die Weimarer Republik*. In: Stefan Neuhaus (Hg.): Ernst Toller und die Weimarer Republik. Würzburg 1999, S. 47-58.

GRAU 2001/2017 = Bernhard Grau: *Kurt Eisner: 1867-1919. Eine Biografie*. München: C. H. Beck 2001. [Gebundene Ausgabe] [Neuauflage als Paperback I München: C. H. Beck 2017; 651 Seiten] [Mit sehr umfangreicher Bibliographie zu zeitgenössischen Quellen und zur Sekundärliteratur, Eisner betreffend.]

GRAU 2006 = Bernhard Grau: *„Und plötzlich war Revolution. – Nach einer Friedensdemonstration auf der Münchner Theresienwiese rief Kurt Eisner die Republik aus“*. In: Ernst Fischer/Hans Kratzer (Hg.): Unter der Krone. 1806 bis 1918 – Das Königreich Bayern und sein Erbe. München: Süddeutsche Z. 2006, S. 144-149.

GRAU 2014 = Bernhard Grau: *Revolution in Bayern. Kurt Eisner und das Ende der bayerischen Monarchie*. In: Ulrike Leutheusser/Hermann Rumschöttel (Hg.): König Ludwig III. und das Ende der Monarchie in Bayern. München: Allitera Verlag 2014, S. 189-206.

GURGANUS 2018 = Albert E. Gurganus: *Kurt Eisner. A Modern Life*. Rochester, New York: Camden House 2018. [Englisch]

HAFFNER 1969 = Sebastian Haffner: *Die verratene Revolution 1918/19*. Bern/München/Wien: Scherz Verlag 1969. [Neuausgabe: rororo 2018.]

HANKO 1988 = Helmut Hanko: *Kurt Eisner (1867-1919). Bayerischer Ministerpräsident*. In: Manfred Treml/Wolf Weigand (Hg.): Geschichte und Kultur der Juden in Bayern. Lebensläufe. München: Haus der bayerischen Geschichte 1988, S. 251-255.

HARTMANN 2012 = Peter-Claus Hartmann: *Bayerns Weg in die Gegenwart: Vom Stammesherzogtum zum Freistaat heute*. Regensburg: Pustet 2012, S. 466-474.

HITZER 1988 = Friedrich Hitzer: *Anton Graf Arco. Das Attentat auf Kurt Eisner und die Schüsse im Landtag*. München: Knesebeck & Schulter 1988.

HÖLLER 1999 = Ralf Höller: *Der Anfang, der ein Ende war*. Die Revolution in Bayern 1918/19. Berlin: Aufbau-Taschenbuch-Verlag 1999. [298 Seiten]

JACOB 2019 = Frank Jacob: *Der Kultursozialismus Kurt Eisners (1867-1919). Das „Arbeiter-Feuilleton" und die Aufklärung der deutschen Arbeiterschaft*. In: Arbeit – Bewegung – Geschichte, Heft I/2019, S. 9-26.

JACOB 2021 = Frank Jacob: *Kurt Eisner. Ein unvollendetes Leben*. (= Jüdische Miniaturen, Bd. 274). Leipzig: Hentrich & Hentrich 2021. [https://nbn-resolving.org/urn:nbn:de:0168-ssoar-75274-7] [72 Seiten]

JACOB 2022 = Frank Jacob: *Der Kampf um das Erbe der Revolution*. Berlin: Technische Universität Berlin 2022.

JACOB/BADDACK 2019 = *100 Schmäh- und Drohbriefe an Kurt Eisner, 1918/19*. Ediert, eingeleitet und herausgegeben von Frank Jacob und Cornelia Baddack. (= Kurt Eisner-Studien, 6). Berlin: Metropol-Verlag 2019.

JUNG 1986 = Otmar Jung: *Felix Fechenbach als ‚politischer Testamentsvollstrecker' Kurt Eisners? Um die Bekanntmachung der bayerischen Kriegsschuld-Dokumente im Jahre 1919*. In: Internationale wissenschaftliche Korrespondenz zur Geschichte der deutschen Arbeiterbewegung (IWK) 22 (1986), S. 451-470.

KARL 2008 = Michaela Karl: *Die Münchener Räterepublik. Porträts einer Revolution*. Düsseldorf: Patmos 2008. [276 Seiten]

KENT 1919 = Hans Natonek [= O. Kent]: *„Kurt Eisner"*. In: Die Weltbühne Jg. 15/I, Nr. 11 vom 06.03.1919, S. 243.

KOHLER 2024 = George Y. Kohler: *Kantianische Irrtümer und freiheitlicher Sozialismus – Hermann Cohens Einfluss auf Kurt Eisner*. In: Bettina Bannasch / G. Y. Kohler (Hg.): Emanzipation nach der Emanzipation – Jüdische Literatur, Philosophie und Geschichte um 1900. Göttingen: V&R unipress 2024, S. 81-102.

KRAMER 2011 = Hilde Kramer: *„Rebellin in München, Moskau und Berlin"*. Autobiographisches Fragment 1900-1924. Herausgegeben von Egon Günther unter Mitarbeit von Thies Marsen. Berlin: Basis Druck Verlag 2011.

KROCHMALNIK 2002 = Daniel Krochmalnik: *Jüdische Tradition und bayerische Revolution*. In: Jüdisches Leben in Bayern 17. Jg. (2002) Nr. 89, S. 42-44.

KÜHNL 1964 = Reinhard Kühnl: *Die Regierung Eisner in Bayern 1918/1919*. In: Geschichte in Wissenschaft und Unterricht, 15. Jg. (1964) Nr. 7, S. 681-693.

LANDAUER 1919/2011 = Gustav Landauer: *Gedächtnisrede auf Kurt Eisner. Gehalten am 26.2.1919 bei der Totenfeier im Münchner Ostfriedhof*. In: Gustav Landauer: Nation, Krieg und Revolution – Ausgewählte Schriften. Band 4. Herausgegeben von Siegbert Wolf. Lich: Verlag Edition AV 2011, S. 302-308.

LANGER 2009 = Bernd Langer: *Die bayerische Räterepublik*. In: B. Langer (Hg.): Revolution und bewaffnete Aufstände in Deutschland. Göttingen: AktivDruck 2009, S. 252-263.

LASCHITZA 1967 = Anneliese Laschitza: *Kurt Eisner – Kriegsgegner und Feind der deutschen Reaktion. Zu seinem 100. Geburtstag*. In: Beiträge zur Geschichte der deutschen Arbeiterbewegung 9 (1967), S. 454-489.

LESSING 1919 = Theodor Lessing: *Kurt Eisner* [Fragment]. In: Die Aktion (Wochenschrift für Politik, Literatur und Kunst) Nr. 19 vom 17. Mai 1919, Sp. 291 f.

LÖW 2008 = Konrad Löw: *Die Münchner und ihre jüdischen Mitbürger 1900-1950 im Urteil der NS-Opfer und -Gegner*. München: Olzog 2008, S. 37-40.

MANN 1919 = Heinrich Mann: *Kurt Eisner. Gedenkrede gehalten am 16. März 1919*. In: Heinrich Mann: Macht und Mensch. München: Kurt Wolf 1919, S. 107 f.

MANN 1921 = Heinrich Mann: *„Kurt Eisner"*. In: Die Weltbühne Jg. 17/I, Nr. 7 vom 17.02.1921, S. 191-194.

MÄRZ 2014 = Stefan März: *Ludwig III. Bayerns letzter König*. Regensburg: Pustet Verlag 2014.

MICHELS 1929 = Robert Michels: *Kurt Eisner. (Unter Benützung von persönlichen Erinnerungen)*. In: Archiv für die Geschichte des Sozialismus und der Arbeiterbewegung 14. Band (1929), S. 364-391.

MITCHELL 1967 = Allan Mitchell: *Revolution in Bayern 1918/1919. Die Eisner-Regierung und die Räterepublik*. [Zuerst: Princeton 1965]. München: Beck 1967.

MOKROHS 2018 = Laura Mokrohs: *Dichtung ist Revolution – Kurt Eisner, Gustav Landauer, Erich Mühsam, Ernst Toller. Bilder. Dokumente. Kommentare*. Regensburg: Pustet Verlag 2018.

MÜHSAM 1929 = Erich Mühsam: *Mein Gegner Kurt Eisner*. In: Die Weltbühne Jg. 25/I, Nr. 8 vom 19.02.1929, S. 290.

MÜHSAM 1929 = Erich Mühsam: *Von Eisner bis Leviné. Die Entstehung der bayerischen Raeterepublik*. Persönlicher Rechenschaftsbericht über die Revolutionsereignisse in München vom 7. November 1918 bis zum 13. April 1919. Berlin-Britz 1929. [MDZ-Online-Ausgabe: urn:nbn:de:bvb:12-bsb00013261-2]

NAUMANN 2018 = Cornelia Naumann: *Der Abend kommt so schnell. Sonja Lerch – Münchens vergessene Revolutionärin*. Meßkirch: Gmeiner Verlag 2018. [Roman]

POHL 1994 = Karl Heinrich Pohl: *Eisner, Fechenbach und die Revolution in Bayern. Zur Rolle der Persönlichkeit und zu den strukturellen Voraussetzungen von 1918/19*. In: S. Klocke-Daffa (Hg.): Felix Fechenbach. Detmold 1994, S. 42-59.

POHL 2015 = Karl Heinrich Pohl: *Kurt Eisner (1867-1919): Vom Reformer zum Revolutionär*. In: Detlef Lehnert (Hg.): Vom Linksliberalismus zur Sozialdemokratie. Politische Lebenswege in historischen Richtungskonflikten 1890-1945. Köln u. a.: Böhlau 2015, S. 67-92.

RITTHALER 1959 = Anton Ritthaler: *„Eisner, Kurt"*. In: Neue Deutsche Biographie, Band 4. Berlin: Duncker & Humblot 1959, S. 422 f. [offensiv antipazifistisch]

ROTHENFELDER 1922 = Franz Rothenfelder: *Eisners Ermordung*. In: Die Weltbühne Jg. 18/II, Nr. 39 vom 28.09.1922, S. 330.

SCHADE 1961 = Franz Schade: *Kurt Eisner und die bayerische Sozialdemokratie*. Hannover 1961.

SCHAUPP 2018 = Simon Schaupp: *Der kurze Frühling der Räterepublik: Ein Tagebuch der bayerischen Revolution*. Münster: Unrast Verlag 2018.

SCHEPPER 2004/2010 = Gerhard Schepper: *Hundert Tage Eisner*. Ein Stück über die Revolution von 1918/19. [Erste Auflage 2004]. Münster: G. Schepper 2010.

SCHMOLZE 1969 = Gerhard Schmolze (Hg.): *Revolution und Räterepublik 1918/19 in München in Augenzeugenberichten*. Mit einem Vorwort von Eberhard Kolb. Düsseldorf: Karl Rauch 1969. [426 Seiten] [archive.org] [Neuaufl. dtv: 1978]

SCHWEND 1954 = Karl Schwend: *Bayern zwischen Monarchie und Diktatur*. Beiträge zur bayerischen Frage in der Zeit von 1918 bis 1933. München: Pflaum 1954.

SEITZ 2000 = Norbert Seitz: *Eisner – Auer: haarscharfe politische Distinktionen*. In: Die neue Gesellschaft 47 (2000) 1/2, S. 40-41.

SPERR 2013 = Franziska Sperr: *Kurt Eisner: 1867-1919*. In: Norbert Lewandowski (Hg.): München. Eine Stadt in Biographien. München 2013, S. 66-73.

SPROLL 1982 = Heinz Sproll: *Messianisches Denken und pazifistische Utopie im Werk Kurt Eisners*. In: Walter Grab (Hg.): Gegenseitige Einflüsse deutscher und jüdischer Kultur. Von der Epoche der Aufklärung bis zur Weimarer Republik. Tel-Aviv 1982, S. 281-332.

TOLLER 1920 = Ernst Toller: *Unser Weg*. Dem Andenken Kurt Eisners. In: Die Weltbühne Jg. 16/II, Nr. 51 vom 16.12.1920, S. 709.

TOLLER 1933 = Ernst Toller: *Eine Jugend in Deutschland*. Amsterdam: Querido Verlag 1933. [Erstauflage, XV, 287 Seiten; u. a. Rowohlt-Neuausgabe 1963.]

TUCHER 2021 = Nanette von Tucher: *Der Mord an Kurt Eisner durch Anton Graf von Arco auf Valley*. (= Rechtswissenschaftliche Forschung und Entwicklung, Bd. 842). Dissertation. München: utz Verlag 2021.

TUCHOLSKY 1919a = Kaspar Hauser [= Kurt Tucholsky]: *„Eisner"*. In: Die Weltbühne Jg. 15/I, Nr. 10 vom 27.02.1919, S. 224.

TUCHOLSKY 1919b = Kurt Tucholsky: *„Eisner"*. In: Fromme Gesänge von Theobald Tiger. Charlottenburg: Felix Lehmann Verlag 1919, S. 51-53.

ULLRICH 2009 = Volker Ullrich: *Mord in München. Im Februar 1919 starb der bayerische Ministerpräsident Kurt Eisner durch die Kugeln eines Attentäters*. Die Folgen waren dramatisch. In: Die Zeit, Nr. 9 vom 19.02.2009, S. 92.

VIESEL 1980 = Hansjörg Viesel: *Literaten an der Wand. Die Münchner Räterepublik und die Schriftsteller*. Frankfurt a. M. Büchergilde Gutenberg 1980.

WEIDERMANN 2017 = Volker Weidermann: *Träumer. Als die Dichter die Macht übernahmen*. Köln: Kiepenheuer & Witsch 2017.

WIELAND 1983 = Lothar Wieland: *„Kurt Eisner"*. In: Helmut Donat / Karl Holl (Bearb.): Die Friedensbewegung: Organisierter Pazifismus in Deutschland, Österreich und der Schweiz. Hermes Handlexikon. Düsseldorf: Econ Taschenbuch Verlag 1983, S. 110-111.

WIESEMANN 1969 = Falk Wiesemann: *Kurt Eisner. Studie zu seiner politischen Biographie*. In: K. Bosl (Hg.): Bayern im Umbruch. Die Revolution von 1918, ihre Voraussetzungen, ihr Verlauf und ihre Folgen. München: R. Oldenbourg 1969, S. 387-426.

WINTER 1928 = Albert Winter: *Der Rentenprozeß Eisner*. In: Die Weltbühne Jg. 24/I, Nr. 11 vom 13.03.1928, S. 397.

# Ernst Toller
## *Nie wieder Friede*

Eine bittere Komödie über Militarismus
und Antipazifismus aus dem Jahr 1936.

Norderstedt: BoD 2014. – ISBN: 978-3-7583-8246-8
(Paperback; 140 Seiten; 7,80 Euro)

Über Nacht haben Militarismus und Kriegsertüchtigung wieder die Kontrolle über das öffentliche Leben übernommen. Noch gestern hatte man den Ewigen Frieden in der Verfassung beurkundet und sich stolz gebrüstet, bei den ‚Lehren aus der Geschichte' alle anderen zu überflügeln. Doch jetzt bläst dieselbe Fraktion zur Hetze gegen die ‚Lumpenpazifisten', bringt Militainment zur besten Sendezeit und setzt eine gigantische Aufrüstung der Waffenarsenale ins Werk. Die angestrebte Weltmeisterschaft gilt nunmehr dem Sektor der Totmach-Industrien.

Ernst Tollers bittere Komödie „Nie wieder Friede" (1934/36) klärt uns auf, wie so etwas möglich ist. Das falsche Friedensplakat trug auf seiner Rückseite immer schon die Parole für neue Kriegsabenteuer: „Man muß es nur umdrehen." Ob Kosmopolitismus oder nationale Weltgeltung, ob Freiheitspredigt oder autoritäre Staatspolitik, ob Krieg oder Frieden – das entscheidet sich stets an der jeweiligen Lageeinschätzung der Besitzenden und Herrschenden. Zu folgen ist den Einflüsterungen der Kriegsprofiteure.

Wer wird beim Experiment zur Kriegstauglichkeit der Erdenbewohner gewinnen: Soldatenkaiser Napoleon oder Franziskus aus Assisi? Der Verfasser des hochaktuellen Bühnenstücks war linker Pazifist mit jüdischer Herkunft. Damit passte er gleich dreimal ins Feindbildvisier der Nazis. 1933 setzte NS-Deutschland Toller auf die allererste ‚Ausbürgerungsliste' und warf seine Werke ins Feuer. Nach neun Jahrzehnten sollten wir die „verbrannten Bücher" wieder unter die Leute bringen, denn der Militarismus scheint unausrottbar zu sein.

Zu den Beigaben dieser friedensbewegten Edition gehören acht Kapitel aus Tollers Autobiographie „Eine Jugend in Deutschland" (1933), die Schluß-Szene des Dramas „Hinkemann" (1923) und eine Warnung des Schriftstellers vor dem deutschen Faschismus aus der ‚Weltbühne' vom Oktober 1930.

Ein Band der *edition pace*,
herausgegeben von Peter Bürger

# Johann von Bloch
## *Die wahrscheinlichen politischen und wirtschaftlichen Folgen eines Krieges zwischen Großmächten*

Neuedition der Übersetzung von 1901 mit Begleittexten von
B. Friedberg, Manfred Sapper und Jürgen Scheffran.

(*Regal: Pazifisten & Antimilitaristen aus jüdischen Familien* 1)
Norderstedt: Bod 2024. – ISBN: 978-3-7597-2313-0
(edition pace – Paperback; 176 Seiten; 9,90 Euro)

Der russische Staatsangehörige und Eisenbahnmagnat Johann von Bloch (1836-1902), aufgewachsen in Polen als Sohn einer ärmlichen jüdischen Handwerkerfamilie, veröffentlichte 1898 in sechs Bänden sein in mehrere Sprachen übersetztes monumentales Werk über den modernen Krieg im Industriezeitalter – ein „Klassiker der Friedensforschung" (M. Sapper). Der vorliegende Band enthält eine erst nach der Jahrhundertwende erschienene kleine Arbeit *„Die ... Folgen eines Krieges zwischen Großmächten"* (Übersetzung: Berlin 1901) sowie drei ausführliche Begleittexte zu Blochs pazifistischem Wirken.

Im Juli 1919 schrieb Dr. B. Friedberg in der jüdischen Monatsschrift Ost und West rückblickend: Die Anstifter des Weltkrieges „werden sie sich nicht damit entschuldigen können, sie wären nicht gewarnt worden; denn Gott wird zu ihnen sprechen: Habe ich nicht Propheten zu euch geschickt, die euch zur Umkehr und zum Frieden mahnten ... Es war etwas ganz Neues, bis dahin Unerhörtes, als im Jahr 1899 aus den Reihen der *Wirklichkeitsmenschen*, der Führer und Organisatoren des europäischen Wirtschaftslebens dem Völkerfrieden ein mächtiger Fürsprecher, dem Kriege ein heftiger und unerbittlicher Gegner erstand, nämlich *Johann von Bloch*, der wirkliche Urheber der *Haager Friedenskonferenzen*."

In seinen Studien zum Krieg der Zukunft „wollte Bloch nicht nur beschreiben, er wollte den Gang der Geschichte auch beeinflussen. ... Die Analysen Blochs wurden mit geradezu unerbittlicher Präzision im Ersten Weltkrieg bestätigt. Viele Überlegungen zum Krieg wie zum Frieden bleiben bis heute aktuell. Die Vernichtungswirkung der Waffentechnik wurde gegenüber dem Ersten Weltkrieg ins Unermessliche gesteigert und führte zum Totalen Krieg, der ganze Gesellschaften erfasste ... Damit Krieg unmöglich wird, gilt es ..., die zum Kriege drängenden Sachzwänge zu vermeiden und alternative Entscheidungsspielräume zu schaffen. Hierzu gehört, den Bedingungen für einen neuen großen Krieg entgegen zu wirken ..." (*Jürgen Scheffran*).

# Rudolf Goldscheid

## *Menschenökonomie, Weltkrieg und Weltfrieden*

Ausgewählte Schriften 1912 – 1926.
Herausgegeben von Peter Bürger, in Kooperation
mit dem Lebenshaus Schwäbische Alb.

(*Regal: Pazifisten & Antimilitaristen aus jüdischen Familien* 2)
Norderstedt: Bod 2024. – ISBN: 978-3-7597-7885-7
(edition pace – Paperback; 268 Seiten; 11,90 Euro)

Der Österreicher Rudolf Goldscheid (1870-1931) zählte zu den Pionieren der Soziologie im deutschsprachigen Raum und votierte für einen demokratischen Sozialismus. Der vorliegende Band erschließt zentrale pazifistische Texte aus seiner Forschungswerkstatt. Für Goldscheid waren Vernunft und Menschlichkeit keine Gegensätze, sondern notwendige Entsprechungen. Nur unter dem Vorzeichen des Friedens und eines neuartigen Internationalismus lässt sich eine Zukunft des homo sapiens überhaupt denken:

„Nichts kurzsichtiger, als zu glauben, in dem Ringen um Vermeidung von Kriegen handle es sich nur um eine politische oder gar lediglich um eine parteipolitische Angelegenheit. Hier stehen wir vielmehr vor der alles Politische weitaus überragenden Grundfrage unserer Gattung überhaupt. Zu so gewaltiger Größe hat die Entwicklung des wissenschaftlichen und organisatorischen Genius die Kriegstechnik entfaltet, dass die Kulturmenschheit sich nur vor Selbstmord zu bewahren vermag, wenn sie dafür sorgt, die selbstgeschaffene Höllenmaschine nicht in Funktion geraten zu lassen. Das sicherste Mittel hierzu ist natürlich ihr systematischer Abbau. Zu diesem schreiten heißt aber, die Friedenstechnik in noch viel vollkommenerer Weise ausbauen wie bisher die Kriegstechnik, heißt also mit glühendstem Eifer die allgemeine pazifistische Wehrpflicht verfechten, sich mit Leib und Seele in den Dienst des allumfassenden Vaterlandes friedlicher Kultur stellen. – Nie wieder Krieg, nie wieder Völkermord, nie wieder planmäßige, bestialisch organisierte Massenschlächterei!" (R. Goldscheid: Friedenswarte, 1924)

# Moritz Adler

## *Wenn du den Frieden willst, bereite Frieden vor*

Texte wider den Krieg 1868 – 1899.
Herausgegeben von Peter Bürger, in Kooperation
mit dem Lebenshaus Schwäbische Alb.

*(Regal: Pazifisten & Antimilitaristen aus jüdischen Familien* 3)
Norderstedt: Bod 2024. – ISBN: 978-3-7597-9450-5
(edition pace – Paperback; 272 Seiten; 11,99 Euro)

Der vorliegende Quellenband zum „Regal: Pazifisten & Antimilitaristen aus jüdischen Familien" erschließt Schriften des Österreichers Moritz Adler (1831-1907). Schon im Alter von 20 Jahren verschrieb dieser Kritiker des preußischen Bellizismus sich der Friedensidee und veröffentlichte dann 1868 eine der Zeit weit vorauseilende Europa-Vision unter dem Titel „Der Krieg, die Kongressidee und die allgemeine Wehrpflicht". In einem Sendschreiben an den Chirurgen Professor Theodor Billroth verglich er 1892 systematische Maßnahmen für eine verbesserte Medizinversorgung des Kriegsapparates mit der Bereitstellung neuer Kanonen für den institutionalisierten Massenmord.

Im Rahmen seiner zahlreichen Beiträge für Bertha von Suttners Zeitschrift „Die Waffen nieder!" schrieb Adler im November 1898: „Ist es nicht beschämend unlogisch, dass jede Großmacht zwei mit hunderten Millionen ausgestattete Ministerien für den Krieg zu Lande und zur See besitzt, für den Krieg, den man in den Thronreden und Botschaften zu hassen behauptet; und nicht eine einzige Million für den Frieden aufwendet, den man doch liebt und um die Wette preist, und den man offenbar auf dem direkten Wege, durch ein verschwindendes Opfer für ihn, weit sicherer, dauerhafter und edler haben könnte, als auf dem indirekten Wege über Krieg, permanente Rüstung, Spionage und Diplomatie. Denn dass die Ministerien des Äußeren nichts anderes als Affiliierte der Kriegsministerien sind, die den letzteren hauptsächlich ihren Bedarf an Rüstungspressionen ... beizustellen haben, das lehrt gerade die neueste Geschichte und Tagesgeschichte auf jedem ihrer Blätter. Ein Ministerium für Frieden und Fortschritt würde uns mit der Zeit vom Ministerium des Krieges erlösen ..."

# Eduard Loewenthal

## *Der Krieg ist abzuschaffen*

Friedensbewegte Schriften für das Europa der Völker
und einen Weltstaatenbund, 1870 – 1912.

Herausgegeben von Peter Bürger, in Kooperation
mit dem Lebenshaus Schwäbische Alb.

(*Regal: Pazifisten & Antimilitaristen aus jüdischen Familien* 4)
Norderstedt: Bod 2024. – ISBN: 978-3-7583-5069-6
(edition pace – Paperback; 252 Seiten; 11,99 Euro)

Eduard Loewenthal (1836-1917) stammte aus einer jüdischen Familie in
Württemberg und musste aufgrund seiner publizistischen Arbeit wiederholt staatliche Repressionen erleiden. Er ist im 19. Jahrhundert als scharfer
Kritiker des Militarismus, Verfechter einer obligaten internationalen Frie-
densjustiz und Pionier der damals im deutschen Sprachraum noch kaum
entwickelten Friedensbewegung hervorgetreten. Der vorliegende Band enthält seine Friedensschriften aus den Jahren 1870 – 1903 sowie die autobio-
graphische Darstellung *„Mein Lebenswerk"* (1912).

„Krieg gegen den Krieg ..., dann werden wir Tausende von Millionen, die
jetzt zur Beschaffung von Werkzeugen des Todes verwendet werden, für die
Wohlfahrt des Volkes, für Zwecke des Lebens und echter Humanität verwenden können, dann wird Vereinigung der Völker und eine Friedenssi-
cherheit eintreten" (E. Loewenthal, Dezember 1868).

„Das Ministerium des *Kriegs-* oder *Mord-Kultus* hat dem Untertanen den
Glauben beizubringen, dass das *Kasernenleben* mit dem *Zuchthausleben* nicht
zu vergleichen sei, dass der Untertan, sobald er des Königs Rock trägt, nicht
mehr sich selbst, sondern mit Leib und Leben dem König gehöre, dass er
*nicht mehr selbst denken und wollen*, sondern *nur gehorchen* darf *bzw. muß.*
‚Stramm wie ein Corporal und stumm wie ein Leichnam' ist das erste Gebot
für den preußischen Gladiator. Dafür bekommt er auch seine schöne Uni-
form und ‚ein Gewehr, das er kann mit Pulver laden und mit einer Kugel
schwer'. Überlebt er seine Soldatenzeit, so ist in ihm auch ein gehorsamer
königstreu dressierter Pudel, wollte sagen Bürger erzogen, der ... im Sinne
der Regierung spricht und stimmt" (E. Loewenthal, 1871).

# Eduard Bernstein

## *Der Friede ist das kostbarste Gut*

Schriften zum Ersten Weltkrieg –
Mit einem Essay von Helmut Donat.

Herausgegeben von Peter Bürger, in Kooperation
mit dem Lebenshaus Schwäbische Alb.

(*Regal: Pazifisten & Antimilitaristen aus jüdischen Familien* 5)
Norderstedt: Bod 2024. – ISBN: 978-3-7693-1268-3)
(edition pace – Paperback; 353 Seiten; 14,99 Euro)

Im einleitenden Essay zu dieser Sammlung von Schriften zum Ersten Weltkrieg schreibt Helmut Donat: „Eduard Bernstein scheute sich nie, unpopu-
läre Ansichten klar und deutlich zu vertreten oder Irrtümer öffentlich ein-
zugestehen. Zunächst der allgemeinen Kriegsbegeisterung erlegen, bezeich-
nete er später den 4. August 1914 als den ‚schwärzesten Tag seines Lebens'.
Obwohl er sich mit dieser Haltung selbst in sozialdemokratischen Kreisen
keine Freunde machte, war die Erkenntnis, dass die deutsche Regierung in
hohem Maße für den Ersten Weltkrieg verantwortlich war, für sein weiteres
Handeln von überragender Bedeutung. Er fühlte sich von dem Regierungs-
personal hintergangen und betrogen, auch von der eigenen Partei, die sich
auf die Seite der herrschenden Kreise geschlagen und mit dem ‚System',
dem sie eigentlich keinen Groschen bewilligen wollte, einen ‚Burgfrieden'
geschlossen hatte. ‚Fast seherisch', so der spätere Reichspräsident Paul Löbe,
‚muten die Reden Bernsteins an, in denen er auf die verhängnisvollen Wirkungen der deutschen Flottenpolitik hinwies – zuletzt noch im Mai 1914 –,
in denen er die deutsche Regierung warnte, sich von der Habsburgischen
Politik Österreichs ins Schlepptau nehmen zu lassen.' Die Zustimmung der
Partei am 4. August 1914 im Reichstag zu den Kriegskrediten sei ‚ein Unheil
für unser Volk, ein Unheil für die Kulturwelt' gewesen. Und bereits Anfang
September 1914 erklärte er: ‚Die deutsche Regierung ist die Hauptschuldige
am Kriege, wir sind eingeseift worden, die Bewilligung der [Kriegs-]Kredite
war ein Fehler'."

# Kurt Eisner

## *Texte wider die deutsche Kriegstüchtigkeit*

Zusammengestellt von Peter Bürger – mit einem
einleitenden Essay von Volker Ullrich
(*Regal: Pazifisten & Antimilitaristen aus jüdischen Familien* 6)
Norderstedt: Bod 2025. – ISBN: 978-3-7693-5730-1
(edition pace – Paperback; 448 Seiten; 16,99 €)

Im April 1915 bemerkte der Linkspazifist und spätere bayerische Ministerpräsident Kurt Eisner (1867-1919) mit Blick auf den Weltkrieg: „Nur deshalb
wirken bei uns alle Ereignisse als über uns hereinbrechende Plötzlichkeiten
und Überraschungen, weil die allgemeine Öffentlichkeit sich für die Zirkel
nicht interessiert, in denen die deutsche Politik tatsächlich organisiert wird."
Seine hier in zwei Abteilungen zusammengeführten Aufsätze, Reden und
Dichtungen wider die deutsche Kriegstüchtigkeit aus den Jahren 1893-1918
zeigen, dass Eisner selbst zu jenen gehörte, die schon früh vor dem Militarismus im Kaiserreich und einem bevorstehenden Weltkrieg gewarnt haben.
Mit großer Klarheit durchschaute er – aus eigener Profession – insbesondere
die Rolle der militärgläubigen Medien und des „Kriegerjournalismus".

Die Auswahl der Sammlung erhellt jedoch andererseits Entwicklungen und
Irrwege. Anfang August 1914 schrieb Eisner zunächst gar, „dass es den Vernichtungskrieg gegen den Zarismus gilt, den wir gepredigt, solange es eine
deutsche Sozialdemokratie gibt." Erstaunlich lange versuchte er später auch
noch als Gegner des „Burgfriedens" und Aufklärer wider die regierungs-
amtliche Kriegslüge die Zustimmung der Sozialdemokratie zu den Kriegskrediten irgendwie zu rechtfertigen. Erst 1917 erfolgte ein endgültiger Bruch
mit jener SPD, die getreu der ihr von den Mächtigen zugewiesenen Aufgaben das Herrschafts- und Militärsystem weiterhin stützte. Vor allem eine
schonungslose Analyse der deutschen Kriegsschuld machte Kurt Eisner im
Zuge der bayerischen Revolution zur Zielscheibe der Hetze von Vorwärts-
Redaktion, bürgerlicher Presse und Rechtsextremisten – was schließlich
zum Mordattentat vom 21. Februar 1919 führte.

Eingeleitet wird der vorliegende Band mit einem Essay des Historikers Volker Ullrich: „Kurt Eisner, der glänzende Journalist und streitbare Sozialist,
war einer der ganz Großen der deutschen Arbeiterbewegung".

# Kurt Eisner als Revolutionär und Ankläger des deutschen Militarismus

Ein Lesebuch – eingeleitet durch die Darstellung
des Weggefährten Felix Fechenbach

Herausgegeben von Peter Bürger, in Kooperation
mit dem Lebenshaus Schwäbische Alb.

(*Regal: Pazifisten & Antimilitaristen aus jüdischen Familien* 7)
Norderstedt: Bod 2025. – ISBN: 978-3-7693-6836-9
(edition pace – Paperback; 464 Seiten; 17,99 Euro)

Dieser Band zur Schalom-Bibliothek ist dem *Revolutionär* Kurt Eisner (1867-1919) gewidmet, der Anfang 1918 die Münchener Munitionsarbeiter erfolgreich zum Streik ermutigt und nach monatelanger Haftzeit als politischer Gefangener unverdrossen danach trachtet, das System der deutschen Kriegerkaste zu überwinden. Im Zuge eines ganz und gar unglaublichen, weithin gewaltfreien Umsturzgeschehens wird dieser scharfe Kritiker des militärgläubigen Establishments der SPD erster Ministerpräsident des „Freistaates Bayern".

In vier Abteilungen versammelt das Lesebuch Texte von Kurt Eisner und mehreren Zeitgenossen. Ein Auswahl von Essays vermittelt, dass Eisner mitnichten ein „reformistischer Schöngeist" oder Träumer gewesen ist. Die einleitende Gesamtdarstellung stammt aus der Feder des Weggefährten Felix Fechenbach (1933 von den Nazis ermordet), der zu Beginn des Jahres 1918 auf Seiten der Jugend am linkspazifistischen Protest in München beteiligt war und nach der Revolution als Sekretär des Ministerpräsidenten gewirkt hat. Als Quellen treten Eisners Aufrufe und Reden bis zum Tag der Ermordung hinzu.

In der letzten Abteilung „Zeitgenossen über Kurt Eisner" sind mit Gustav Landauer, Kurt Tucholsky, Theodor Lessing und Ernst Toller vier weitere Autoren vertreten, die selbst den Attacken antipazifistischer Judenfeinde ausgesetzt waren. – Besondere Aufmerksamkeit verdient zudem eine Gedenkrede Heinrich Manns vom 16. März 1919: „Der erste wahrhaft geistige Mensch an der Spitze eines deutschen Staates erschien Jenen, die über die zusammengebrochene Macht nicht hinwegkamen, als Fremdling und als schlecht." Deshalb also musste Kurt Eisner – so oder so – beseitigt werden.